POCKET CHINESE DICTIONARY

学汉语小字典

汉语拼音字母音序排列
(附易五码查字法检索)

First Edition 2008

Second Edition 2009

ISBN 978-7-119-05470-4

Published by Foreign Languages Press
24 Baiwanzhuang Road, Beijing 100037, China
http://www.flp.com.cn
Distributed by China International Book Trading Corporation
35 Chegongzhuang Xilu, Beijing 100044, China
P. O. Box 399, Beijing, China
Printed in the People's Republic of China

编者名单

主　　编　蔡智敏

副 主 编　易　海

英文主编　杨夷平

副 主 编　李　毅

编写人员　中文：赵　尕　蔺　磊　孙砚文

王祖姝　胡　媛

英文：杨海斌　刘　颖　刘　琼

王一玲　罗　金

资料整理　黄　磊　刘　璐　周可阳

自序

用最常用的字，发挥最大的效用。

给中国人自己看的字典，文字或许可以文一点、深一点，而为外国留学生编的字典，就该把文字用到浅近明白，易懂易识。我们的作法是：用最常用的字，发挥最大的效用。这本字典共收单字约1700个，而所有解释的文字也都不超过这些字（说明部首时举出的例字除外）。

编这本字典的目的有四：首先，希望可以帮助一年级的留学生有机会反复认读、记忆这些字。其次，希望让他们有机会看到这些字可以有不同的组合形式。再者，借着能使用这本字典而建立起学习汉字、汉语的信心。最后，希望这本字典能成为所有外籍留学生终身喜爱的最佳学习帮手。总之，我们希望能针对一年级留学生的问题有效地解决他们看不懂字典、怕查字典的问题，缩短他们学习、掌握汉字、汉语的过程。

在处理一字多音的部分，不同于其它音序法字典的体例，我们有一项新的尝试：不同读法的字，虽然也按音序另立字头，但是释文并不因音序分开而是放在一起。这是希望学习者使用起来更方便，能及时加以比较，提高学习效果。

真诚感谢易洪川教授提供他所发明的“易五码”查字法，使这本字典更具实用与创新性。真心感谢杨夷平、李毅等先生提供精准的英译部分，使这本字典更出色。更要真情感谢湖北大学、广州大学劳苦功高的编写团队成员的全力相助。最后，还要深深感谢外文出版社全力协助出版，提供了最佳的编排技术与编务人员，让这本字典能完美问世。

蔡智敏

写于台北 台湾师大

2008. 07. 27

Preface

The most commonly used words are the most effective.

Literary and rare words, which are no obstacle for native speakers, should be avoided in a dictionary designed for foreign learners. This dictionary contains only the 1, 700 most commonly used Chinese words. The explanations are kept within the scope of the dictionary's vocabulary (except in the case of the examples illustrated to explain the radicals).

The compilers have striven to help beginners to master the characters, understand the respective meanings in different words or expressions, and give them confidence in the task of learning Chinese with this easy – to – use Chinese dictionary. Hopefully, it will be the best tool for beginners and shorten their process of learning Chinese.

For polyphones, the compilers have adopted a new method, by putting all the definitions together under the entry appearing first, while also listing other pronunciations under different entries. This method is convenient for users to make comparisons.

I extend my sincere gratitude to Professor Yi Hongchuan, inventor of Yiwuma, a new and practical method for searching for characters; to translators Yang Yiping and Li Yi; to the compilers of Hubei University and Guangzhou University; and to the Foreign Languages Press for editing and typesetting this dictionary.

Cai Zhimin

Taiwan Normal University Taipei

July 27, 2008

目　录

凡　例

1. 编写理念：释义及多音字的读音均按照对外汉语教学一年级汉字教学要求做出取舍。

2. 收录字数：本字典收录最常用汉字约 1700 字，另列出 80 多个部首以及 600 多个繁体字或异体字的字头。

3. 选取标准：所收汉字包括了中国国家汉办《高等学校外国留学生汉语言专业教学大纲·汉字表》的一年级汉字表全部汉字（一级字 795 个，二级字 696 个）；《现代汉语频率词典》的前 1000 个高频字；世界中文报业协会的 1000 个最常用字。还包括了《现代汉语频率词典》所载的前 450 个高频词用字；前 450 个高构词能力字；分布最广的 360 个词用字；同时收录当前媒体高频用字，如荣耻话题用字。

4. 字头：按汉语拼音字母表顺序排列。在不知道字音时，可使用《易五码查字法》查找。易五码查字法可以帮助您在不知读音、不知部首、不确定笔画数的情况下，很快地查到这个字的读音、部首、部首外的笔画数、主要意思及例词。（《易五码查字法》请参看附录中的查字法说明。）

5. 多音多义字：字音给出的先后顺序参照《新华字典》做法处理。为了方便使用、方便归纳做出比较做全面性了解，本字典多音多义字的各个义项一律集中放在第一次出现的字头里，同时分列字头；但是仅仅声调不同的多音字，不另立字头。

6. 部首：认定不一的部首，以兼收为原则，例如：由 田部/丨部 4 画。又例如：甲 田部/丨部 4 画。

又例如：相 目部4画/木部5画。

7. 笔画：指除部首外的笔画数。

8. 字音：有两种标注，先列汉语拼音字母，再列注音符号。例如：星 xīng，ㄒㄧㄥ。

9. 释义：主要给出该字最常用的义项，并以字典所收的字做最实用的说明，并附上英文的翻译。义项间以“，”隔开。每一个义项解释后面用“：”带出例词。例词间以“/”隔开。

10. 例词：给出最多的常用词。每一个义项之后，举出用该义项所构成的常用词、常见熟语。例如：唱 歌唱 sing：演唱/唱戏/唱本/唱词/唱工/唱和/唱机/唱名/唱片/唱票/高唱/歌唱/欢唱/绝唱/唱白脸/唱黑脸/唱反调/唱高调/一唱一和。有时也给出实用性较强的句子。

11. 以简带繁：一个字若有繁体形式时，在字头后用“( )”加列该字的繁体字形式。例：爱（愛）爪部6画，ài，ㄞˋ。

附注：字典给出的部首及所收录部首的释文中，有少量超出字典字表的字。例如匕，但释文的正文部分均严格控制在字典所收字中，这样，虽然给编者解释字义时带来一定麻烦，但能够使字典成为一个自足的系统，有利于使用者。

Guide to the Use of the Dictionary

1. Definitions of characters and pronunciations of polyphones are selected according to the curriculum for grade-one students learning Chinese as a foreign language.

2. This dictionary contains some 1, 700 of the most commonly used Chinese characters, and lists over 80 separate radicals as well as 600 traditional or variant forms of characters.

3. This dictionary includes all the characters of the grade-one Chinese character table of the Syllabus for Foreign Students Majoring in Chinese at Institutions of Higher Learning, 795 level-1 characters and 696 level-2 characters; the 1, 000 highest-frequency characters from the Frequency Dictionary of Modern Chinese Characters; and the 1, 000 most commonly used characters listed by the World Chinese Newspaper Association. It selects from the Frequency Dictionary of Modern Chinese Characters characters in the 450 highest-frequency words, and the top 450 characters for constituting words, and characters appearing in the 360 most widely used words, as well as characters frequently used in the current mass media.

4. Entries are listed in the Chinese Pinyin alphabetical order. Users may use Yiwuma to quickly find the character when not knowing its pronunciation, radical or stroke count. (See Appendix for Yiwuma.)

5. Entries of polyphone and polysemous characters are listed in the same alphabetical order as used in the

Xinhua Dictionary. For the convenience of use and comprehensive understanding, all the definitions of polyphone and polysemous characters appear under the first entry, while entries of other pronunciations are also listed. However, polyphones with the same spelling but different tones are put under the same entry.

6. Characters with more than one radical appear under all the possible radicals in this dictionary. For example, the character "由" has radical 田 or radical 丨 with stroke count 4; "甲," radical 田, or radical 丨, stroke count 4; "相," radical 目, stroke count 4 or radical 木, stroke count 5.

7. Stroke count refers to the number of character strokes, excluding the radical.

8. Each character has two transcriptions: Pinyin and national phonetic symbols. For example, 星 xīng, ㄒㄧㄥ.

9. For each character, the most commonly used definitions are listed under the entry, accompanied by practical explanations using only characters included in the dictionary, and an English translation. The definitions are separated by commas; after each definition is a colon and then sample words separated by slashes.

10. Sample words are the most commonly used ones. After each definition come commonly used words and idioms. For example, 唱 歌唱 sing: 演唱/唱戏/唱本/唱词/唱工/唱和/唱机/唱名/唱片/唱票/高唱/歌唱/欢唱/绝唱/唱白脸/唱黑脸/唱反调/唱高调/一唱一和。For further clarification, practical sentences are sometimes also listed.

11. For characters with a traditional form, the traditional form is included in brackets after the entry. For ex-

ample, 爱（愛）radical 爪, stroke count, 6. ài, ㄞˋ.

Note: Although this dictionary includes some characters beyond its glossary in radical entries and their definitions, such as 匕, the definitions mainly use characters from the dictionary glossary. This helps to make the dictionary a "self-sufficient" system.

汉语拼音音节索引

A

A，Y

阝阿阿阿阿阿阿

阝部
5画

ā，Y

① 词头 prefix，加在排行、小名或姓的前面 preceding rank，nickname，or family name：阿二/阿刘。

② 加在某些亲属称谓的前面（prefix）used with addressing family members or relatives：阿爸/阿伯/阿公/阿妈/阿婆/阿叔/阿兄/阿爷。

ē，さ

配合、迎合别人的心意 to attend to，to cater for，to pander to：阿附/阿其所好/刚直不阿。

啊啊啊啊啊啊啊啊啊啊

口部
7画

ā，Y

叹词，表示惊奇或赞美 exclamation for surprise or praise：啊！题目好难哪。

á，Yˊ

叹词，表示追问 exclamation for question：啊？你说什么？

ǎ，Yˇ

叹词，表示怀疑 exclamation for doubt：啊？这样子？

à，Yˋ

叹词 exclamation word：

a. 表示答应 exclamation for answer：啊，就这样吧。

b. 表示明白过来 exclamation for understanding：啊！原来是你呀。

c. 表示赞美或惊奇（音较长）exclamation

for praise：啊，我亲爱的故乡。

a，·Y

句末语气助词，要和前一音节连读 used at the end of a sentence to express admiration, confirmation or defence：你可真细心啊/你买衣服啊。

口部
5画

āi，ㄞ

叹词，表示不满意或提醒 exclamation for dissatisfaction or warning：哎，看着点儿！

衣部
3画
亠部
7画
口部
6画

āi，ㄞ

① 伤心 grief, sorrow：哀伤/哀叹/悲哀/喜怒哀乐。

② 追念死者 to grieve, to mourn：哀辞/哀歌/哀荣/哀思/哀乐。

唉

口部
7画

āi，ㄞ

① 表示应答 response：唉，我马上来。

② 表示叹息 to groan, to sigh：唉声叹气。

ài，ㄞˋ

表示伤感或后悔 to express sadness or pity：唉，这下可坏了。

(捱)

āi，ㄞ

① 靠近 to be next to, to get close to：挨次/挨着。

A

扌部
7画

② 依次进行 one by one, in sequence, by turns：挨个进。

ái，ㄞˊ

① 承受某种苦 to endure, to suffer from：挨打/挨饿/挨挤/挨批。

② 艰难地度过 to drag out, to pass through：好不容易挨到天亮。

③ 拖延 to delay, to play for time, to stall for time：挨时间。

矮 矮 矮 矮 矮 矮 矮 矮 矮 矮 矮 矮 矮

矢部
8画

ǎi，ㄞˇ

① 身材不高 short, low：矮胖/矮子/矮个子/身材矮小。

② 等级、地位低 be low in grade：矮化/我比她矮两级。

(愛)

爫部
6画

爱 爱 爱 爱 爱 爱 爱 爱 爱

ài，ㄞˋ

① 有真心喜欢的感情 affection, love：爱护/爱情/爱神/爱心/爱意/错爱/父爱/关爱/敬爱/母爱/亲爱/仁爱/谈情说爱/相亲相爱。

② 喜欢 to be fond of, to have a favour of, to like, to love：爱好/爱美/可爱/偏爱/喜爱/爱看书/爱爬山。

③ 容易 to be apt to, to be in the habit of：爱写错。

[爱人] ❶ 丈夫或妻子 the husband, the wife。❷ 相恋男女的一方 lover, sweetheart。

ān，ㄢ 见42页 chǎng，ㄔㄤˇ。

宀部
3 画

安安安安安安

ān，ㄢ

① 装上 to fit (sth. on/to sth.), to fix, to install：安灯/安装。

② 平静，稳定 stable, still, peaceful：安定/安静/安康/安乐/安然/安睡/心安理得/六神不安/坐立不安。

③ 使平静，使安定（多指心情）to stabilize, to soothe：安神/安心/安家立业/安身立命。

④ 与“危”相对，没有危险或事故 safe, not dangerous：安检/安全/安危/居安思危/转危为安。

姓 a surname。

岸

山部
5 画

岸岸岸岸岸岸岸岸

àn，ㄢˋ

水边的陆地 bank, shore：彼岸/对岸/海岸/河岸/江岸/靠岸/两岸/回头是岸。

扌部
6 画

按扌扌扌扌扌扌按按

àn，ㄢˋ

① 手向下压 to press, to push down：按开关。

② 依照 according to, in accordance with, on the basis of：按期/按时/按说/按部就班/按照你的意思办。

③（编者、作者）在正文之外附加说明或论断等话语 narrative, note：笔者按/编者按/引者按/作者按。

④ 控制 to control, to restrain：按兵不动。

àn，ㄢˋ

木部
6画

宀部
7画

① 长方形桌子 a rectangular table or desk：案头/拍案而起。

② 建议、计划类的文件 document of a proposal or a plan：备案/教案/提案。

③ 关于事件记录或处理的文书 file，record：答案/立案/有案可查。

④ 关系到法律或政治的事件 cases concerning law or politics：案件/案例/案情/案由/案子/断案/翻案/个案/归案/重案/专案/罪案/铁案如山/案中有案。

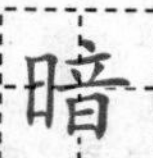

àn，ㄢˋ

日部
9画

① 不明亮的 dark，dull，gloomy：暗处/暗道/暗地/暗夜/暗影/黑暗/暗无天日/若明若暗/山洞里太暗。

② 偷偷的，不公开的 privately，secretly：暗暗/暗号/暗杀/暗算/暗喜/暗笑/暗语/暗中/暗地里/暗送秋波/明察暗访/明来暗往/明争暗斗/明人不做暗事。

ào，ㄠˋ

亻部
10画

① 自己觉得了不起，自大 arrogant，proud：傲慢/傲气/骄傲。

② 有自信，不愿输，不让步 lofty，unyielding：傲骨/傲然/骄傲。

B, ㄅ

八部

丿 八

bā, ㄅㄚ

① 数目字，8 eight。

② 形容多，大 almost, great, pretty, very：八成/才高八斗/耳听八方/七零八落/七上八下/四面八方/四通八达/五花八门/横七竖八/杂七杂八/八九不离十/十八般武艺。

乙部
3 画

巴 巴 巴 巴

bā, ㄅㄚ

① 急切地希望 eagerly, earnestly：巴望/巴不得/巴巴儿的。

② 紧靠着，粘住 to be close to, to stick to：巴结/饭巴锅了/巴高望上。

③ 词尾 suffix：泥巴/干巴/尾巴/嘴巴。

④ 巴士 autobus, coach：大巴/中巴。

口部
4 画

吧 吧 吧 吧 吧 吧 吧

bā, ㄅㄚ

某些人的活动场所 bar, pub：茶吧/酒吧/氧吧/网吧。

ba, ·ㄅㄚ

助词 an auxiliary word：

a. 用在句末，表示许可 used at the end of a sentence for permission：好吧，先买一点试试。

b. 表示猜测 indicating guess：今天不会点名吧。

c. 表示请求，命令 indicating request or order：你来吧/还是我去吧。

d. 用于停顿处 used to indicate a pause：说吧，怕她回绝；不说吧，我又不甘心。

把 把 把 扌 扌 扌 把

扌部
4画

bǎ, ㄅㄚˇ

① 拿 to take，握住 to grasp：把持/把手/把握/把持不住/两手把住方向盘。

② 看守 to guard，to watch：把关/把门。

③ 介词 prep.，将：把门打开。

④ 量词 classifier，a handful of：一把刀/一把米/使把劲。

bà, ㄅㄚˋ

手可以拿的地方 grip，handle：刀把儿/茶壶把儿。

爸 爸 爸 爸 爸 爸 爸 爸

父部
4画

bà, ㄅㄚˋ

称呼父亲 Dad，father，pa：阿爸/爸爸。

(罷)

罢 罢 罢 罢 罢 罢 罢 罢 罢 罢

罒部
5画

bà, ㄅㄚˋ

① 停，止 to cease，to halt，to stop：罢工/罢教/罢考/罢课/罢赛/罢市/罢手/罢演/罢战。

② 解除职务 to dismiss from office：罢官/罢免。

③ 完 to complete，to finish：吃罢了饭，就看电视。

B

白

白部

白白白白白

bái, ㄅㄞˊ

① 像雪的颜色 white：白净/白领/雪白/白马王子/白面书生/白纸黑字/黑白分明。

② 清楚，明白 clear, evident, plain：真相大白。

③ 空的，没有加上其他东西的 blank, plain, pure：白卷/白开水。

④ 做了但是没有效果 ineffective：白等/白送/白费力气。

⑤ 不必付钱 free of charge：白吃/白喝。

⑥（字音或字形）错误 error（wrongly written or mispronouced）：写白字。

⑦ 说出，陈述 to express, to state：表白。

⑧ 不满意地看 to glare or stare coldly at：白了他一眼。

⑨ 姓 a surname。

百

白部 1画

一部 5画

百百百百百百

bǎi, ㄅㄞˇ

① 数目字，100 a hundred：百分比/百儿八十/百分之百/百年不遇。

② 比喻很多 all kinds of, numerous, various：百般/百倍/百货/百事/百姓/百叶窗/百货公司/百发百中/百感交集/百花齐放/百科全书/百里挑一/百年大计/百思不解/百无一失/百无一是/成百上千/一呼百应。

bǎi, ㄅㄞˇ 见28页 bó, ㄅㄛˊ。

摆 (擺)

扌部 10画

bǎi, ㄅㄞˇ

① 放 to arrange, to lay, to place, to put：摆布/摆放/摆设/桌上摆着几个杯子。

② 列举，说明 to lay bare, to set an example, to state clearly：把条件摆出来。

③ 故意显示 to assume, to put on, to show off：摆架子/摆门面/摆样子。

④ 来回摇动 to swing, to sway, to wave：摆动/摇摆/摆了摆手/摇头摆尾/大摇大摆。

败 (敗)

贝部 4画
攵部 4画

bài, ㄅㄞˋ

① 输，失利 to fail, to lose：败北/败笔/败阵/成败/失败/我们队又败了/立于不败之地。

② 使失败 to spoil, to ruin：败家/败家子/大败敌人。

③ 破坏的，弄坏的 to damage：败坏/败兴/破败/腐败。

[败类] 群体中的腐败分子 corrupt people, dregs of society。

拜

丿部 8画
手部 5画

bài, ㄅㄞˋ

① 一种表示敬意的礼节 to make obeisance, to show one's respect：拜会/拜见/拜年/拜天地/拜父母。

② 结成某种关系的礼仪 to acknowledge sb. as one's master, godfather, etc.：拜师/结拜。

班

王部 6画

bān，ㄅㄢ

① 工作或学习的组织 class, team：班底/班级/班长/班子/带班/领班/戏班/同一个班。

② 按时间划分出的工作段落 duty, shift：当班/换班/加班/接班/晚班/夜班/早班/中班/值班/按部就班。

③ 定时开行的 scheduled (bus, train, plane, etc.)：班车/班次/班机/这是最后一班船。

般

舟部 4画　殳部 6画

bān，ㄅㄢ

① 种，样 kind, sort, type：百般/那般/万般/这般。

② 像……一样 as, like：花儿般的笑脸/兄弟般的感情。

搬

扌部 10画

bān，ㄅㄢ

① 移动位置 to move, to remove, to take away：搬动/搬家/搬运。

② 移用 to apply indiscriminately, to copy mechanically：照搬/生搬硬套。

板（闆）

木部 4画

bǎn，ㄅㄢˇ

① 板子 board, plank, plate：板书/地板/钢板/黑板/甲板/木板/跳板/纸板/拍板成交。

② 表情严肃 to keep a straight face：呆板/刻板/死板/板着脸/一板一眼。

③ 指音乐的快慢 beat, tempo：快板/慢板/一板三眼/有板有眼。

［老板］❶ 买卖的主人、资本的主人 capitalist, owner of the capital。❷ 过去尊称名演员 an honorific title for actors/actresses in the past。

版

片部 4画

丿 丿 片 片 片 版 版 版

bǎn，ㄅㄢˇ

① 书籍排印的次数 edition：版本/版权/出版/初版/改版/绝版/原版/再版/正版/第一版。

② 报纸的一面 page of a newspaper：版面/版主/头版头条。

③ 供印刷用的金属板 printing plate：底版/刻版/制版。

办（辦）

力部 2画

フ 力 力 办

bàn，ㄅㄢˋ

① 开设 to found, to run：办学/办学校/校办工厂。

② 做 to cope with, to do, to deal with, to handle，解决 to manage：办案/办报/办法/办公/办酒/办理/办事/办不到/办公室/办酒席/办事处/公事公办/一手包办。

③ 买 to buy, to purchase：办货。

半

丷部 3画 丶部 4画

丶 丷 𰀁 兰 半

bàn，ㄅㄢˋ

① 二分之一 half, semi-：半百/半尺/半年/半票/半数/半圆/对半/多半/过半/一半/半工半读。

② 在……中间 halfway, in the middle：半道/半夜/半路上。

③ 不完全 about half, partly：半懂不懂/门半开着。

④ 比喻很少或时间很短 very little
刻/一星半点。

B

扮 扌 扌 扌 扑 扮 扮

扮

扌部 4画

bàn，ㄅㄢˋ

化装成 to disguise oneself as, to
up as, to play the role of：扮酷/扮
扮装/扮老头儿。

[扮鬼脸] 做出怪表情 to mak
pull a face。

一 三 三 夫 邦 邦 邦 帮 帮

帮（幫）

巾部 6画

bāng，ㄅㄤ

① 助人 to aid, to assist, to
工/帮手/相帮/帮倒忙。

② 团伙 band, clique, gan
主/黑帮/红帮/青帮。

③ 量词 classifier，群 a
一帮人马。

亻 亻 亻 亻 仿 仿 傍

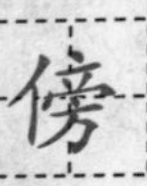

亻部 10画

bàng，ㄅㄤˋ

① 依靠，靠着 to be close to, to depe
依傍/傍大款/依山傍水。

② 时间上接近 to approach, to draw near：
傍黑/傍晚。

棒 十 木 木 木 杧 杆 栏 栋 栋 棒 棒

棒

木部 8画

bàng，ㄅㄤˋ

① 棍（gùn，ㄍㄨㄣˋ）子 club, stick：棒
球/棒子/冰棒/木棒/铁棒/棒棒糖。

② 好，强 excellent, fine, good：棒极了/他

⑩ 姓

胞

bāo，ㄅㄠ

① 同一父母生的 born of th

亻部
7画

① 守护且使其维持原状 to keep, to maintain, to preserve: 保持/保存/保护/保温/保养/保你没事。

② 不受到破坏，不失去 to defend, to guard, to protect: 保安/保管/保留/保值/保质。

③ 担保人 guarantor: 我为他作保。

④ 负起责任 to ensure, to guarantee: 保密/保命/保全/保人/保卫/保险/保证/确保。

报 (報)

扌部
4画

一 十 扌 扣 扣 报 报

bào, ㄅㄠˋ

① 告诉 to announce, to report, to state: 报表/报导/报到/报废/报告/报关/报名/报请/报数/报喜/报信/简报/警报/举报/通报。

② 报纸 newspaper: 报界/报社/日报。

③ 报答，报复，报应 to revaliate, to revenge: 报答/报恩/报复/报应/回报/恶有恶报/善有善报/因果报应。

抱

扌部
5画

一 十 扌 扚 扚 扚 抱 抱

bào, ㄅㄠˋ

① 用胳膊围住 to hug, to cling to, to hold in arms: 合抱/怀抱/抱孩子/抱头大哭。

② 围着 to embrace, to encircle, to surround: 环抱/环山抱水。

③ 心中存着想法或意见 to cherish, to cling fondly to (ideas, etc.): 抱负/抱不平/打抱不平。

爆

丶 丷 火 火 火 炉 炉 炉 炉 炉 炉 煤 煤 熼 爆 爆 爆 爆 爆

bào, ㄅㄠˋ

B

火部 15 画

① 烹调法，把菜放在高温的水或油中过一下 to quick-fry：爆炒/爆肉片。

② 猛地裂开 to burst，to erupt，to explode：爆裂/爆破/爆竹/引爆。

③ 忽然出现 to appear suddenly，to burst into：爆发/爆冷门/爆出丑闻。

杯 (盃)

木部 4 画

一 十 才 木 木 杧 杯 杯

bēi，ㄅㄟ

① 杯子 cup，mug：茶杯/干杯/酒杯/碰杯。

② 杯状的奖品 cup as a prize：奖杯/金杯/希望杯环保知识大赛。

悲

心部 8 画

丨 𠃌 ⺕ 彐 非 非 非 非 非 悲 悲 悲

bēi，ㄅㄟ

① 伤心 sadness，哀痛 sorrow：悲哀/悲剧/悲切/悲伤/悲壮/悲欢离合/悲喜交集/乐极生悲。

② 同情 compassion，pity，sympathy：慈悲/大慈大悲。

匕部 3 画

丨 丬 北 北 北

běi，ㄅㄟˇ

① 北方 north，northern part：北边/北部/北风/北极/北面/北欧/东北/华北/西北/正北/北半球/北方话/北极星/天南地北。

② 打败了往回逃 to be beaten，to be defeated：败北。

贝 贝 贝 贝

bèi，ㄅㄟˋ

meaning symbol. 贝字旁儿（bèizìpángr），

贝 as a meaning symbolis is related to treasure or money usually, such as 财（treasure），货（goods），账（account），负（to suffer or own sth.）。

B

备

(備)

夂部 5画 田部 3画

丿 夂 夂 夂 各 各 备 备

bèi, ㄅㄟˋ

① 具有 to be equipped with, to have：具备/德才兼备。

② 预备 to prepare，准备 to get ready for：备查/备份/备货/备课/备考/备料/备取/备选/备用/备战/备注/防备/乘其不备/攻其不备。

③ 设备 equipment，facilities：军备/警备/配备/装备。

背

月部 5画

丨 丬 丬 丬 北 北 背 背 背

bèi, ㄅㄟˋ

① 物体的反面或后面 the back of, in the behind of, the rear of：背后/背面/背景/刀背/后背/靠背。

② 用背部对着，避开 against, with the back towards：背风/背光/背向/背水一战/人心向背/大哥背着母亲自己去了医院。

③ 说了却做不到 to act contrary to, to break (one's word)：背离/背理/背信/背约/违背。

④ 根据记忆读 to read by heart，to recite：背诗/倒背如流。

bēi, ㄅㄟ。

(揹)

用背（bèi ㄅㄟˋ）来运送 to carry on the back：背负/背东西/背孩子/大哥背着母亲，两人赶往医院。

可以放在背上的东西 backpack，knapsack，rucksack，suspender：背包/背带。

承担责任 to bear, to shoulder：背罪/背了个坏名声。

B

倍

亻部
8 画

倍 倍 倍 倍 倍 倍 倍 倍 倍 倍

bèi，ㄅㄟˋ

倍数 double, times：加倍/身价百倍/倍感高兴/6 是 2 的 3 倍。

被

衤部
5 画

被 被 被 被 被 被 被 被 被 被

bèi，ㄅㄟˋ

① 介词 prep.，用于被动句 usually used in passive voice，常出现在做动作的人前面 used in front of a person, by：他被老师批评了一顿/我被坏人打了一顿。

② 用于动词前，表示被动的动作 used in front of a verb, referring to the meaning 'be done'：被打/被告/被吃了。

③ 被子 bedding, quilt：被面/棉被/毛巾被。

辈

(輩)

车部
8 画

辈 辈 辈 辈 辈 辈 辈 辈 辈 辈 辈 辈

bèi，ㄅㄟˋ

① 家属、亲戚间一代一代的关系 generation：辈分/长辈/晚辈/我堂叔大我一辈，但小我两岁。

② 某类人 people of a certain kind：等闲之辈/无能之辈。

木部
1 画

本 本 本 本 本

běn，ㄅㄣˇ

① 事物的本质 nature, trait，根 root：不忘本/本末倒置。

② 拿出来做生意的钱、资本 asset, capital：本钱/本息/成本/工本/一本万利。

③ 主要的 major, primary, principal, 中心的 central：这个公司的本部在南京。

④ 最初的 initial, original：本色/本意/本来面目。

⑤ 自己方面的 of one's own：本地/本分/本行/本家/本人/本题/本职/本乡本土。

⑥ 册子 brochure, pamphlet：笔记本/日记本。

⑦ 介词 prep.，按照 according to，根据 based on, on the authority of：本着原则办事。

⑧ 量词 classifier, 用于书籍 used for books：一本书。

竹部 5画

bèn, ㄅㄣˋ

① 不聪明 dull, foolish, stupid：老师说我不笨，但是不太努力。

② 不灵活 awkward, clumsy：嘴笨。

③ 粗重 cumbersome, lumpy, unwieldy：笨重。

[笨蛋] 骂人不聪明 fool, idiot。

辶部 9画

bī, ㄅㄧ

① 接近，迫近 to approach, to drive near, to get close to：逼近/逼视/逼真/紧逼。

② 强力迫使人听从 to compel, to coerce, to force：逼供/逼迫/强逼/官逼民反/形势逼人。

鼻部

bí, ㄅㄧˊ

自部 8 画

呼吸和闻气味的器官 nose (the organ for breathing and smelling): 鼻音/鼻子/针鼻儿。

比

比比比比

bǐ, ㄅㄧˇ

比部

① 比较 to compare with, 较量 to contrast with: 比较/比美/比赛/比试/比武/比值/对比/评比/将心比心/比一比大小。

② 介词 prep., 比较程度、性质等的差别 referring to the difference in degree or quality, etc.: 我的课程比你的 (课程) 多/我的脚比你 (的) 大。

彼彼彼彼彼彼彼彼

bǐ, ㄅㄧˇ

彳部 5 画

① 那 that: 彼岸/彼此/顾此失彼。

② 他 he, him, 对方 the other side: 知己知彼。

(筆)

笔笔笔笔笔笔笔笔笔笔

bǐ, ㄅㄧˇ

竹部 4 画

① 写字、画图的工具 pen, pencil: 笔头/铅笔。

② 组成汉字的横、竖、撇、点、折等笔画 (划) stroke, touch: 笔顺。

③ 用笔写 to write, to produce as author: 笔调/笔法/笔记/笔迹/笔力/笔名/笔试/笔误/笔友/笔者/落笔/妙笔/亲笔/主笔/笔记本/笔下生花/意在笔先/神来之笔/生花之笔。

④ 量词 classifier, a fund of, a sum of: 几笔账/一笔钱。

B

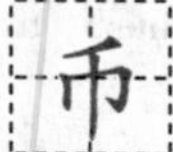

(幣)

丿部 3画

巾部 1画

bì，ㄅㄧˋ

钱 currency，money：币值/货币/假币/钱币/外币/硬币/纸币/纪念币/人民币。

心部 1画

丶部 4画

bì，ㄅㄧˋ

① 一定 absolutely，certainly，surely：必然/必不可少/必不得已/言多必失/三人行，必有我师。

② 一定要 must，should：必备/必得/必须/必要/必修课/必争之地/言必有据/寸土必争/分秒必争。

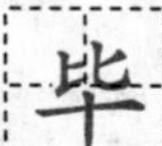

(畢)

十部 4画

比部 2画

bì，ㄅㄧˋ

① 完了 to be over，to finish，结束 to accomplish，to end up：毕业/完毕。

② 都 fully，totally，完全 completely，entirely：毕生/原形毕露。

[毕竟] 表示得到的最后结论，强调事实和原因 after all，all in all：虽然晚了一点，但他毕竟来了。

(閉)

bì，ㄅㄧˋ

① 关上 to close，合起来 to shut：闭嘴/封闭/关闭/禁闭/密闭/闭关自守/闭门造车/闭门思过。

门部
3画

② 结束，停止 to cease, to end, to finish, to stop：倒闭。

③ 不通 to close up：闭气。

辶部
13画

bì，ㄅㄧˋ

① 躲藏，躲开 to avoid, to escape, to evade：避风/避开/避乱/避重就轻/不避艰险。

② 事先预防 to prevent：避雷（léi，ㄌㄟˊ）针。

玉部
13画

bì，ㄅㄧˋ

圆形、中间有小洞的扁平玉器 jade (round, with a hole in the center)：璧还/璧玉/白璧无瑕/珠联璧合。

(邊)

辶部
2画

biān，ㄅㄧㄢ

① 用在多个动词前，表示动作同时进行 (used before verbs, expressing the idea of two or more movements happening at the same time) in the meantime, while：边走边看/边干边学。

② 物体的外沿或近旁 edge, side：边门/边线/岸边/身边/桌边儿。

③ 事物之间的交界处，界限 border, boundary：边防/边关/边界/边境/边远/无边。

④ 数学中的一种直线 a straight line in mathematics：四边形。

⑤ 方面 aspect，部分 part，side：多边协商。

B

⑥ 用在“上、前、左”类方位词后表地位、方向（used before nouns of locality to express the direction）：东边/后边/里边/外边。

编

（編）

纟部
9 画

biān，ㄅㄧㄢ

① 把条状物交叉组织起来 to plait, to weave：编织/编草鞋。

② 依顺序安排 order of arrangement：编次/编号/编列/编目/编年。

③ 加工、整理现成资料 to compile, to edit：编导/编发/编稿/编写/编印/编者/编著/合编/主编。

④ 整本的书或其中一部分 part of a book：下编/中编。

⑤ 创造 to fabricate, to invent, to make up：编歌曲/编舞蹈。

户部
5 画

biǎn，ㄅㄧㄢˇ

又宽又薄，不厚实 flat, not thick：扁担/扁豆/扁平/扁圆/把人看扁了（小看人）。

piān，ㄆㄧㄢ

［扁舟］小船 small boat。

亻部
7 画

biàn，ㄅㄧㄢˋ

① 顺利，容易做到 convenient, easy, handy, simple：便道/便利/便门/便民/便条/便于/不便/称便/方便/简便/就便/听便/以便/方便之门。

② 简单的，非正式的 casual, informal：便饭/便服/便鞋/便衣/便装/随便。

③ 大小便或排便 piss, shit: 便池/便血/便器。

pián, ㄆㄧㄢˊ
[便宜] ❶ 不应获得的利益 small advantages: 贪小便宜。❷ 价格低 cheap: 这儿的衣服卖得很便宜。

变 (變)

亠部 6画 又部 6画

变 变 变 变 变 变 变 变

biàn, ㄅㄧㄢˋ
形态、性质等跟从前不一样 to alter, to become different, to change: 变成/变动/变革/变更/变故/变化/变换/变节/变脸/变量/变卖/变色/变速/变态/变天/变心/变形/变样/变质/变种/改变/巨变/剧变/突变/演变/应变/转变/千变万化/临机应变/女大十八变。

遍

辶部 9画

遍 遍 遍 遍 遍 遍 遍 遍 遍 遍 遍 遍

biàn, ㄅㄧㄢˋ
① 每一处 all over, everywhere: 遍布/遍地/遍及/遍身/遍体/看遍/普遍/走遍/满山遍野。

② 量词 classifier, 次, 回 time: 把课文读一遍。

灬

灬 灬 灬 灬

biāo, ㄅㄧㄠ
meaning symbol. 四点儿 (sìdiǎnr), "灬" is modified from "火 (fire)"。灬 as a meaning symbol is relevant to fire, such as 热 (hot), 熟 (cooked), 熬 (to cook in water)。

标 标 标 标 标 标 标 标 标

biāo, ㄅㄧㄠ

(標)

木部
5画

① 表面可见的，非本质的 nonessential：标高/标号/标价/标题/标语/治标不治本。

② 记号，做记号 to label, to mark：标点/标明/标准/路标/指标/名标青史。

B

biāo, ㄅㄧㄠ

meaning symbol. 髦字头儿（máozìtóur），彡 as a meaning symbol is related to hair generally, such as 髦（children's bangs），髻（hair worn in a bun or coil）。

biǎo, ㄅㄧㄠˇ

一部
7画

① 外部 exterior, outside, surface：表层/表面/表情/表像/表里如一/一表人才。

② 明显表示 to express or show evidently：表白/表达/表功/表决/表示/表率/表态/表演/表扬/表心意/表意文字/表音文字。

③ 分类、分项目记下事物的东西 form, list, table：成绩表/统计表。

④ 较小的计时器 watch：钟表/跑表。

bié, ㄅㄧㄝˊ

刂部
5画

① 分开 to depart, to leave, to seperate：别离/道别/话别/离别/久别重逢/生离死别。

② 另外的 another, other, else：别称/别处/别个/别号/别名/别人/别体/别样/别具一格/别开生面/别有风味/别有天地/别有用心。

③ 不同之处 difference, distinction：区别/千差万别。

(彆)

④ 区分 to distinguish, to divide：分门别类。

⑤ 不同的种类、类别 class, kind, sort：个别/级别/性别。

⑥ 不要 to advise sb. not to do, don't：别动/别开玩笑。

biè, ㄅㄧㄝˋ
[别扭（niu, ·ㄋㄧㄡ）] 心里不舒服 awkward，难对付 an awkward situation。

(賓)

宀部
7 画

bīn, ㄅㄧㄣ
客人 guest, visitor：宾馆/宾客/宾主/贵宾/国宾/来宾/外宾/宾至如归。

bīng, ㄅㄧㄥ
meaning symbol. 两点水儿（liǎngdiǎnshuǐr），冫 is often related to being cool or cold, such as 冷（cold），冰（ice），凉（cool）。

冫部
4 画

bīng, ㄅㄧㄥ
① 特别冷时水形成的固体 ice：冰块/冰冷/冰山。

② 感觉到寒冷 to feel cold：这水真冰啊。

③ 用冰或其他方法使东西温度变低 to put on the ice：把西瓜冰上。

bīng, ㄅㄧㄥ
① 军人，军队 army, soldier：兵营/兵种/

B

丿部 6画
八部 5画

步兵/当兵/精兵/救兵/士兵/逃兵/兵强马壮/兵临城下/兵败如山倒。

② 关于军事的 military，war，warfare：兵书/兵车/兵法/兵火/兵家/兵权/兵马/交兵/收兵/草草收兵。

③ 武器 arms，weapon：兵器/短兵相接。

(餅)

饣部 6画

丿 𠂉 饣 饣 饣 饣 饼 饼

bǐng，ㄅㄧㄥˇ

① 一种扁而圆的面食 cake，pancake：薄饼/大饼/蛋饼/肉饼/烧饼/油饼/月饼。

② 像饼的 sth. shaped like a cake：豆饼/铁饼。

(併)
(並)

丷部 4画

丷 丷 䒑 䒑 并 并

bìng，ㄅㄧㄥˋ

① 合在一起 to amalgamate，to annex，to combine，to merge：并合/归并/合并。

② 并齐，平排着 equally，same，side by side：并存/并放/并进/并举/并联/并列/并排/并行/并用/口耳并重/相提并论。

③ 连词 conj. 表示进一步 and，besides，furthermore，moreover：并且/讨论并通过了这项决议。

疒部 5画

病 病 广 疒 疒 疒 疒 病 病 病

bìng，ㄅㄧㄥˋ

① 生物体的不正常状态 disease，illness，sickness：病变/病程/病毒/病号/病假/病历/病情/病容/病史/病危/病因/病状/生病/重病/病从口入/大病一场/十病九痛/一病不起/治病救人/生老病死/药到病除/病急乱投医/久病成良医/心病还须心药医。

② 错误，缺点 defect，error，fault，weakpoint：病句/毛病/通病。

B

波 波 波 波 波 波 波 波

bō，ㄅㄛ

氵部
5 画

① 水浪 ripple，wave：波动/波浪/水波。

② 比喻事情的意外变化 a sudden change of events：波折/风波/余波/一波三折/平地风波/一波未平，一波又起。

玻 玻 玻 玻 玻 玻 玻 玻 玻

bō，ㄅㄛ

王部
5 画

[玻璃] 多种矿物合成的透明物体 glass：玻璃板/玻璃门/玻璃球。

脖 脖 脖 脖 脖 脖 脖 脖 脖 脖 脖

bó，ㄅㄛˊ

月部
7 画

连接头和身体的部分 neck：脖颈/脖项/脖子。

播 播 播 播 播 播 播 播 播 播 播 播 播 播 播

bō，ㄅㄛ

扌部
12 画

① 撒种 to sow：播种/点播。

② 传布 to disseminate，to spread：播音/广播/新闻联播。

伯 伯 伯 伯 伯 伯 伯

bó，ㄅㄛˊ

亻部
5 画

① 对父亲哥哥的称呼 father's elder brother：伯伯/伯父/伯母。

② 称和自己父亲同辈的年长男子 uncle：大伯/老伯/伯父。

bǎi, ㄅㄞˇ
丈夫的哥哥 husband's elder brother: 大伯子。

bó, ㄅㄛˊ 见14页 báo, ㄅㄠˊ。

月部
10画

bó, ㄅㄛˊ 见126页［胳膊（bo, ·ㄅㄛ）］。

（補）

衤部
2画

bǔ, ㄅㄨˇ
① 用材料把坏了的东西修理完整 to fix, to mend, to repair: 补牙/修补/移东补西。
② 把缺少的加上去 to add, to fill up, to make up for, to supplement: 补办/补白/补充/补发/补给/补课/补考/补票/补习/补休/补选/补语/互补/添补/增补。

一部
3画

bù, ㄅㄨˋ
表示否定的副词 no, not: 不安/不必/不便/不才/不测/不曾/不成/不当/不得/不定/不服/不公/不管/不光/不过/不合/不及/不久/不快/不力/不利/不良/不料/不满/不配/不平/不然/不仁/不容/不是/不适/不详/不幸/不一/不宜/不用/不争/不止/不致/不成器/不成文/不得劲/不得了/不得已/不对劲/不敢当/不归路/不见得/不尽然/不经意/不起眼/不在乎/不至于/不自量/不足道/不打自招/不动声色/不即不离/不计其数/不见经传/不见不散/不近人情/不可救药/不可告人/不可开交/不可名状/

不可收拾/不可思议/不可一世/不毛之地/不期而遇/不求甚解/不三不四/不学无术/不以为然/不以为意/不由自主/不约而同/不知进退/不知死活/不知所终/不置可否/不着边际/不自量力/不足为奇/不足为训/一文不名/不费吹灰之力/不可同日而语/不到黄河心不死。

布 (佈)

巾部 2画

一部 4画

一 ナ 冇 布 布

bù，ㄅㄨˋ

① 用线织成的，可以做衣服或其他类似物品的材料 cloth，textile：布头/布衣/白布/棉布/麻布/土布/布衣之交。

② 宣告 to announce，to declare，to state：布告/传布/发布/公布/散布/宣布。

③ 安排 to arrange，to deplay，to dispose：布防/布景/布局/布置/布阵/除旧布新。

步

止部 3画

丨 卜 ⺊ 止 步 步 步

bù，ㄅㄨˋ

① 脚步或行走时两脚之间的长度 pace，step：步子/脚步/步步高升/步步为营/安步当车/走了几步。

② 用脚走 to go on foot，walk：步兵/步态/步行/举步/跑步/却步/信步/步行街。

③ 阶段 phase，stage：初步/进步/事情一步比一步顺利。

④ 情况 condition，situation：地步/让步/没想到他会落到这一步。

部

阝部 8画

部 部 部 部 部 部 部 部 部 部

bù，ㄅㄨˋ

① 全体中分出的单位 department，unit：部件/部落/部门/部首/部属/部下/部长/公

关部。

② 部分 part, section：部位/局部/内部/前部/外部。

③ 量词 classifier，用于书籍、影片或者车辆、机器 used with books, movies, vehicle or machine：一部电影/一部汽车。

竹部 13画

bù，ㄅㄨˋ

本子 book：簿子/登记簿/作业簿。

C，ㄘ

扌部 14画

cā，ㄘㄚ

① 抹 to rub, to wipe：擦脸/擦桌子。

② 贴近，紧靠着 to be nearly touched, to narrowly escape：擦肩而过/擦着屋顶飞过。

③ 伤了皮肉 to scratch：擦伤/擦破皮。

④ 涂抹 to brush up, to put on：擦粉。

犭部 8画

cāi，ㄘㄞ

① 推想，推测 to guess, to presume, to speculate：猜测/猜度/猜想。

② 怀疑 to doubt, to suspect：猜疑/两小无猜。

(纔)

一部
2 画

一 才 才

cái，ㄘㄞˊ

① 副词 adv.，短时间以前 a moment ago，just：方才/刚才/我才来/才坐了一会儿。

② 个人的能力 ability，capability，capacity，talent：才干/才华/才能/才气/才情/才识/才思/才学/才艺/口才/才高八斗/才高识远/才华出众/多才多艺。

③ 个人能力很强的人 talented person：才子/不才/干才/奇才/人才/诗才/天才/英才。

材

木部
3 画

一 十 才 木 木 村 材

cái，ㄘㄞˊ

① 木料 log，timber，也指一切材料 materials：材质/钢材/建材/教材/木材/器材/取材/素材/题材/选材/药材/就地取材。

② 资质 aptitude，intelligence：成材/不成材/因材施教/大材小用。

财

(財)

贝部
3 画

丨 冂 贝 贝 贝 财 财

cái，ㄘㄞˊ

钱或值钱的东西 money，properties，wealth：财宝/财产/财富/财力/财神/财物/财运/发财/理财/财大气粗/爱财如命/不义之财/和气生财/非分之财/见财起意/人财两空/生财有道/劳民伤财。

(採)

木部
4 画

采 采 采 采 采 平 采 采

cǎi，ㄘㄞˇ

① 外表，神色 expression，look，out-appearance：风采/精采/神采/文采/兴高采烈/没精打采/无精打采。

② 摘 to pick：采收/采春茶。

爫部
4画

③ 挖矿 to mine：采矿/采煤。

④ 选取 to adopt, to choose, to select：采办/采编/采访/采购/采光/采集/采买/采取/采用/采种。

(綵)

彡部
8画

爫部
7画

cǎi，ㄘㄞˇ

① 多种颜色 coloured, a variety of colours：彩带/彩灯/彩旗/彩色/彩云。

② 按一定规则比赛赢取的财物 lottery, prize：彩票/彩头/得头彩。

③ 彩色的丝织品 colored silk：张灯结彩。

⻊部
8画

cǎi，ㄘㄞˇ

脚踏在上面 to step, to trample, to tread：踩了一脚泥/啊呀，你踩着我脚啦。

艹部
8画

cài，ㄘㄞˋ

① 蔬菜 greens, vegetable：菜场/白菜/素菜/野菜/种菜/菜篮子/菜市场。

② 烹调过的食品 course, dish, menu：菜单/菜系/名菜/广东菜/中国菜/点一盘菜。

厶部
6画

cān，ㄘㄢ

① 加入 to enter, to join in, to participate in, to take part in：参加/参军/参赛/参试/参选/参与/参杂/参展/参战/参政/得失参半/疑信参半。

彡部 5画

② 对照别的数据，进行研究 to consult，to refer to：参见/参看/参考/参用。

shēn，ㄕㄣ

一种多年生草本植物药的通称，可入药 ginseng：党参/人参/西洋参。

cēn，ㄘㄣ

构成多音节的单纯词

[参差（cī，ㄘ）] 长短不齐 irregular，uneven。

食部 7画

cān，ㄘㄢ

① 吃（饭）to eat，to have a meal：聚餐/野餐/风餐露宿。

② 饭食 food，meal：餐饮/会餐/进餐/就餐/晚餐/午餐/西餐/早餐/中餐/快餐店。

（殘）

歹部 5画

cán，ㄘㄢˊ

① 伤害 to harm，to injure，破坏 to damage：残害/残杀。

② 凶恶 barbarous，savage：残酷/凶残。

③ 剩的 deficient，leftover，rest：残存/残冬/残货/残留/残阳/残兵败将。

④ 不完整的 broken，incomplete：残废/残破/残缺。

艹部 14画

cáng，ㄘㄤˊ

① 躲起来 to hide，to conceal：躲藏/隐藏/

藏头露尾/把钱藏在书里。

② 存放，保管 to store, to collect：藏书/保藏/收藏。

zàng，ㄗㄤˋ

① 存放东西的地方 depository, storage：宝藏。

② 佛教、道教的经书 Buddhist or Taoist scriptures：大藏经/地藏经。

③ 西藏自治区的简称，藏族的简称 Tibet, the Zang nationality。

操

扌部 13画

cāo，ㄘㄠ

① 拿在手里 to grasp, to take hold of：操着一把刀。

② 做 to behave, to do，干活 to act, to work, to take up a job：操之过急/重操旧业。

③ 说 to speak：操英语/操当地方言。

④ 健身的运动 drill, exercise, fitness：上操/体操/课间操。

⑤ 拿出力量来做 to work hard, to take pains：操持/操劳。

⑥ 品德 character, morality, virtue：操守/操行/节操/情操。

⑦ 姓 a surname。

cǎo，ㄘㄠˇ

meaning symbol. 草字头儿（cǎozìtóur）or 草头儿（cǎotóur），艹 as a meaning symbol is relevant to herbal plants, such as 花（flowers），菜（vegetable）。

草草草草草草草草草

cǎo，ㄘㄠˇ

艹部 6画

① 草本植物的总称 grass，weed：草地/草绿/草原/粮草/寸草不留/风吹草动/一棵小草。

② 马马虎虎 rough，不仔细 careless，hasty：草草/草草了事/草草收兵/字写得太草。

③ 初步的，未确定的 drafting，initiative，unsettled：草案/草创/草稿/草图/起草。

册

(冊)

丿 刀 刀 册 册

cè，ㄘㄜˋ

一部 4画 丿部 4画 冂部 3画

① 装订好的本子，古时称编起来的许多竹简 book，volume：第三册/点名册。

② 量词 classifier，用于书籍 used for books：一册书。

(廁)

厕厕厕厕厕厕厕厕

cè，ㄘㄜˋ

厂部 6画

厕所 lavatory，toilet：公厕/男厕/女厕。

(測)

测测测测测测测测测

cè，ㄘㄜˋ

① 量 to measure，to survey：测报/测定/测度/测量/测试/测算/测验/观测/检测/目测/变化莫测/深不可测/天有不测风云。

氵部
6画

② 猜想 to conjecture, to infer：测字/猜测/推测/预测/莫测高深。

策

丿 ⺮ 竹 竺 笁 笁 笞 笞 笞 笫 笫 策

cè，ㄘㄜˋ

竹部
6画

① 方法 measure, policy, strategy：策略/对策/计策/决策/上策/失策/下策/政策/万全之策。

② 计划做某事 plan, scheme：策动/策划/群策群力。

③ 用带尖刺的东西赶马快行 whip：策马/策励/乘坚策肥。

参

cēn，ㄘㄣ 见 33 页 cān，ㄘㄢ。

层（層）

㇇ 尸 尸 层 层 层 层

céng，ㄘㄥˊ

尸部
4画

① 重复的 superposed, overlapped：层次/层级/层出不穷。

② 堆起来的东西或其中一部分 layer, tier, stratum：表层/基层/里层/上层/内层/大气层/更上一层楼。

③ 量词 classifier，用于可一级一级加的事物 indicating layer/tier/stratum：二层楼/还有一层意思。

曾

céng，ㄘㄥˊ 见 499 页 zēng，ㄗㄥ。

叉

フ 又 叉

chā，ㄔㄚ

① 长齿的用具 fork：叉子/刀叉。

又部
1画

② 叉子取东西 work with a fork：叉鱼。

差

chā，彳丫 见 39 页 chà，彳丫。

扌部
9画

扌 扌 扩 扦 扦 抨 挿 插 插

chā，彳丫

① 放进 to insert，to put into，刺进 to plunge into，to stick in：插队/安插/穿插/红旗插上山顶/手插在口袋里。

② 加入 to cut in，to put in，to interrupt：插话/插手/插图/插足/插嘴。

木部
5画

一 十 木 木 杏 杏 杳 查

chá，彳丫ˊ

① 细心看 to check carefully，to examine，to investigate，to look into：查案/查办/查对/查看/查考/查实/查收/查问/查夜/复查/检查/考查/追查/查明来历/查无实据/有案可查。

② 翻书找出 to consult，to look up：查阅/查证/查字典。

zhā，业丫

姓 a surname。

艹部
6画

一 艹 艾 艾 芩 茶 茶 茶

chá，彳丫ˊ

茶叶，茶一类的饮料 tea：茶道/茶饭/茶馆/茶果/茶话/茶几/茶楼/喝茶/红茶/花茶/绿茶/奶茶/晚茶/早茶/茶话会/下午茶。

宀部
11 画

chá，ㄔㄚˊ
仔细看，调查研究 to examine，to investigate，to look into，to research：察访/察觉/察看/察验/观察/考察/觉察/明察/失察/视察/体察/察言观色/洞察一切/明察暗访。

工部
7 画
羊部
3 画

chà，ㄔㄚˋ
① 与标准不相合 not as much as，not good：差不多/差不离/差点儿/还差得远。
② 错 mistakes：走差了。
③ 缺，少 to fall short of，to owe：差一个人。
④ 不好 bad，poor：产品质量太差。

chā，ㄔㄚ
① 不同，区别 difference，discrimination，distinction：差别/差错/时差/视差/千差万别/千差万错。
② 两数相减所得的余数 difference：差数/落差/顺差/温差/误差。
［差强人意］大体满意 just passable，barely satisfactory。

chāi，ㄔㄞ
① 派 to appoint，to assign，to dispatch，to send on an errand：差遣/鬼使神差。
② 派做的事，差事 errand：出差/肥差/公差/美差。

cī，ㄘ 见 34 页［参差］。

chāi，ㄔㄞ

扌部
5 画

把整合好的东西分开 to pull down, to tear open, to take apart: 拆除/拆封/拆开/拆卖/拆墙/拆散/拆洗/把旧房子拆了。

[拆字] 通过提取、拆开或合并汉字的偏旁来解说人、事的吉凶 fortune-telling by analyzing the component parts of a Chiness character。

chāi, ㄔㄞ 见 39 页 chà, ㄔㄚˋ。

柴 柴 柴 柴 柴 柴 柴 柴 柴 柴

chái, ㄔㄞˊ

木部
6 画

做燃料用的草木等 firewood: 柴草/柴火/火柴/木柴/骨瘦如柴。

产 产 产 产 产 产

chǎn, ㄔㄢˇ

亠部
4 画
立部
1 画

① 人或动物生子 to give birth to, 有关生孩子的 about giving birth to a bady: 产道/产妇/产假/产子/难产/助产/妇产科。

② 制造、种植或自然生长 to produce, to yield: 产地/产量/产品/产物/产业/矿产/土产/国产/水产/生产/特产/物产/增产。

③ 可以换成钱的土地或房子 asset, real estate, property: 财产/房产/家产/遗产。

昌 昌 昌 昌 昌 昌 昌 昌

chāng, ㄔㄤ

日部
4 画

一天比一天好, 兴盛 flourishing, prosperous: 昌明/昌盛/繁荣昌盛。

(長)

长部

丿部 3画

一 长 长 长

cháng，ㄔㄤˊ

① 两端之间的距离 length：长度/长短/跑道长200米。

② 距离大 long in space：长跑/长风破浪。

③ 时间久 long duration，lasting：长存/长工/长假/长久/长期/长效/长夜/深长/长话短说/长年累月/长生不老。

④ 优点 advantage，strongpoint：长处/特长/长于画画/一技之长。

zhǎng，ㄓㄤˇ

① 变高变大，发育 to develop，to grow：长势/长相/成长/生长/增长/长得胖。

② 排行第一 the eldest：长兄/长子。

③ 增多一些 to increase：长进/长面子。

④ 年纪大或辈份高的 elder：长辈/长者/年长。

⑤ 领导人 chief，senior officer or official：长官/处长/局长/军长。

肠

(腸)

月部 3画

丿 刀 月 月 肠 肠 肠

cháng，ㄔㄤˊ

① 内脏之一，肠子 intestine：大肠/肥肠/羊肠小道。

② 比喻内心情感 heart：愁肠/断肠/心肠/热心肠/铁石心肠。

(嚐)(嘗)

⺊ 𫩏 𫩏 𫩏 尝 尝 尝 尝 尝

cháng，ㄔㄤˊ

① 吃，体会味道 to taste，to try the flavour of：尝新/品尝/尝一口/备尝艰辛。

② 试 to experience，to try：尝试/浅尝。

C

丬部
6画

③ 曾经 already，ever，once：何尝/未尝。

偿

(償)

亻部
9画

ノ亻亻亻亻亻亻亻亻偿偿

cháng，ㄔㄤˊ

① 还给，赔 to give back，to refund，to repay，to return：偿付/偿还/报偿/赔偿/清偿。

② 代替，相抵 to pay：抵偿/无偿/得不偿失。

③ 满足 to fulfill，to meet：偿其大欲/如愿以偿。

巾部
8画
丬部
8画

常常常常常常常常常常常

cháng，ㄔㄤˊ

① 普通的，一般的 common，normal，ordinary：常规/常例/常情/常识/常态/反常/家常/平常/通常/照常/正常/人之常情/习以为常。

② 时时，经常 frequently，often：常常/常见/常客/常用/常住/时常/往常/变化无常/胜败乃兵家常事。

③ 持久不变的 constant，fixed，invariable：常任/常委/好景不常。

④ 姓 a surname。

厂部

一厂

chǎng，ㄔㄤˇ

meaning symbol. 偏厂儿（piānchǎngr），厂 as a meaning symbol is related to buildings or construction，such as 厅（hall），厕（the rest room），厢（compartment），厦（the mansion）。

一厂

chǎng，ㄔㄤˇ

C

(廠) 工人工作的地方 factory，mill，plant，yard：厂房/厂规/厂家/厂商/工厂/钢铁厂。

厂部 ān，ㄢ
人名用字 a word for chinese first name。

场

(場)

土部
3 画

chǎng，ㄔㄤˇ

① 人们聚集的地方 place and site where people gather：场地/场合/场子/操场/广场/会场/考场/商场/市场/舞场/误场/现场。

② 量词 classifier，戏剧的一节 scene：过场/第三场。

③ 量词 classifier，用于计算次数 used for the frequency of occurrence：场次/一场电影。

亻部
8 画

chàng，ㄔㄤˋ

带领大家做，发起 to advocate，to initiate，to propose：倡导/倡议/首倡/提倡/倡议书。

唱

口部
8 画

chàng，ㄔㄤˋ

① 歌唱 to chant，to sing：唱本/唱词/唱工/唱机/唱名/唱片/唱戏/高唱/欢唱/绝唱/演唱/唱白脸/唱反调/唱高调/唱黑脸/一唱一和。

② 歌曲 song：唱本/唱儿。

扌部
4 画

chāo，ㄔㄠ

① 照原样写 to copy，to quote：抄本/抄件/抄录/抄写/传抄/摘抄/照抄。

② 查找并没收 to confiscate，to probe for，to

search for：抄家/查抄。

③ 走近路 to take a shortcut：包抄/抄小路。

④ 手交叉放胸前 to fold one's arms：抄着手站在旁边看。

C

钞 (鈔)

钅部 4画

丿 𠂉 𠂉 𠂉 钅 钊 钊 钞 钞

chāo，ㄔㄠ

纸币 bank note，paper money：钞票/外钞/现钞/掏出一张百元大钞。

超

走部 5画

一 十 土 丰 丰 走 走 起 超 超 超 超

chāo，ㄔㄠ

① 越过，胜过 to exceed，to surpass：超车/超过/超前/超重/超支/超值/高超。

② 越出范围，不受限制 beyond the bound，over the limit，without restriction：超常/超级/超人/超脱/超现实。

朝

月部 8画

一 十 𠮷 古 古 卓 卓 卓 朝 朝 朝 朝

cháo，ㄔㄠˊ

① 对着 on，towards：朝天/朝向/朝阳/船朝南行/门朝着湖。

② 朝代 dynasty，generation：朝见/朝政/明朝/前朝/王朝/上朝/天朝/得胜回朝。

③ 介词 prep.，向，往 to，towards：他朝我走来。

zhāo，ㄓㄠ

① 早晨 dawn，daybreak，morning：朝露/朝气/朝阳。

② 一天 day：今朝/明朝/三朝/有朝一日。

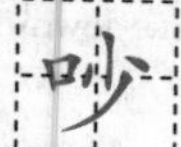

吵 吵 吵 吵 吵 吵 吵

口部
4画

chǎo，ㄔㄠˇ

① 声音打扰别人 noisy：吵闹/临街的房子太吵，买郊区的好。

② 用言语争斗 to bicker, to quarrel, to wrangle：吵架/吵嘴/争吵/他俩吵起来了。

炒 炒 炒 炒 炒 炒 炒 炒

火部
4画

chǎo，ㄔㄠˇ

烹调法，把东西放在锅里边翻动边烧 to fry, to stir-fry, to saute：炒菜/炒花生/炒肉丝。

车 车 车 车

chē，ㄔㄜ

meaning symbol. 车字旁儿（chēzìpángr），车 as a meaning symbol is likely relevant to vehicle such as 辆（measure word for vehicle），轮（wheel）。

车 车 车 车

（車）

车部

chē，ㄔㄜ

① 有轮子的陆上交通工具 vehicle：车队/车检/车况/车流/车票/车身/车险/车照/车阵/车种/火车/汽车/三轮车/自行车/安步当车/宝马香车/老牛破车/学富五车。

② 有轮子的器具 wheeled instrument, machine with wheels：风车/水车。

扯 扯 扯 扯 扯 扯 扯

扌部
4画

chě，ㄔㄜˇ

① 拉 to pull, to haul：拉扯/扯着孩子过马路。

② 拉下来 to pull down，拉掉 to draw downwards：把墙上的旧广告扯下来。

③ 没有重点的讲话 to chat，to gossip，to talk in an informal manner：闲扯/东扯西拉/扯了一上午也没个结论。

彻 (徹)

彳部 4画

彻 彻 彻 彻 彻 彻 彻

chè，ㄔㄜˋ

从头到尾 from beginning to end，throughout，贯通 to penetrate through：彻底/彻夜/贯彻/透彻/响彻/彻头彻尾。

沉

氵部 4画

沉 沉 沉 沉 沉 沉 沉

chén，ㄔㄣˊ

①（在水里）往下落 to sink，to submerge：沉没/船沉了/石沉大海。

② 落下或使落下 to deposit，to fall，to set：沉积/沉落/地基下沉/月落星沉。

③ 重 heavy，weighty：这只箱子真沉。

④ 心里感到难过 bitter，deep：沉痛/沉重/消沉/心里一沉。

(陳)

阝部 5画

陈 陈 陈 陈 陈 陈 陈

chén，ㄔㄣˊ

① 摆，放 to display，to lay out，to put in order：陈放/陈列/陈设。

② 说 to explain，to state：陈情/陈请/陈述/陈说/陈述句。

③ 时间久的 antiquated，old，outmoded，stale：陈规/陈货/陈酒/陈旧/陈粮/陈年/陈套/陈言/推陈出新/新陈代谢/越陈越香。

④ 姓 a surname。

晨

日部 7画
辰部 4画

chén，ㄔㄣˊ

早上 daybreak，dawn，morning：晨风/晨光/晨星/清晨/早晨。

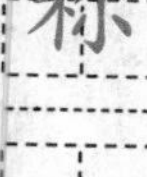

称

chèn，ㄔㄣˋ 见本页 chēng，ㄔㄥ。

衬（襯）

衤部 3画

chèn，ㄔㄣˋ

① 托在里面的 serving as a support：衬布/衬裤/衬里/衬托/衬衣/领衬/衬上一层纸。

② 配上 to match，to set off：红裙衬着白上衣。

趁

走部 5画

chèn，ㄔㄣˋ

利用时机做事 to seize the opportunity，to take the advantage of：趁便/趁机/趁空/趁早/趁热打铁/趁老师没来，快坐下。

称（稱）

禾部 5画

chēng，ㄔㄥ

① 量物体的轻重 to weigh：称东西。

② 称呼，叫作 to address，to call：称号/称王/称为/称谓/称作/称兄道弟。

③ 名称，叫法 name：爱称/别称/简称/敬称/美称/统称/职称/自称。

④ 说 to say，to speak，表达 to declare，to state：称便/称奇/称述/称谢/称雄/据称/

声称/宣称/拍手称快。

⑤ 赞美 to make a compliment to，肯定 to praise：称道/称许/称赞/著称。

chèn，ㄔㄣˋ

合适 to fit in，to match with，to suit：称身/称心/称职/对称/相称/称心如意。

chèng，ㄔㄥˋ

同“秤”，指量物体重量的器具 balance，scale，steelyard。

(撐)

扌部 12画

一 亅 扌 扌 扌 扌 扌 扌 扌 扌 扌 扌 撑 撑 撑

chēng，ㄔㄥ

① 支住，支持着 to keep up，to prop up，to support，to sustain：撑持/撑船/硬撑/支撑。

② 满到不能再容下的程度或吃得过饱 to fill out，to fill up to the neck：菜太好吃了，吃得快撑死我了。

③ 使张开 to prop open，to unfurl：撑伞/撑起来。

chéng，ㄔㄥˊ 见353页 shèng，ㄕㄥˋ。

成

戈部 2画

一 厂 万 成 成 成

chéng，ㄔㄥˊ

① 做好了，达到目的 to accomplish，to succeed，to help sb. to achieve his aim：成功/成婚/成事/成家立业/大功告成。

② 事物生长和发展到一定的形态或状态 to fully grow，to ripen：成才/成虫/成年/成器/成人/成熟/成效/成长。

③ 成为，变为 to become，to turn into：久雨成灾/一成不变/雪化成了水。

④ 经过努力后得到的最后结果 achievement, result：成果/成绩/成就。

⑤ 达到一定的数量 in considerable numbers or amounts：成千上万/成群结队/成天玩乐/成群的动物。

⑥ 允许 all right, OK：成，我去。

⑦ 量词 classifier，表示十分之一 one tenth：有三成希望/八成不会来。

口部
4 画

chéng，ㄔㄥˊ

① 显现出 to appear, to emerge, to show：呈现/天空呈红色。

② 恭敬地交上去 to present, to submit：呈报/呈递/呈献/呈上名片。

③ 报给上级的一种公文 document, an official petition, a memorandum to superior：呈文/辞呈/签呈。

乙部
7 画

chéng，ㄔㄥˊ

① 担当 to assume, to bear, to shoulder，接受 to accept, to undertake：承办/承包/承担/承受。

② 继续 to carry on, to continue：承继/承接/继承/承前启后/承上启下。

(誠)

讠部
6 画

chéng，ㄔㄥˊ

① 心意真实 honest, sincere：诚实/诚信/诚心/精诚/热诚/真诚/至诚/忠诚/开诚布公/推诚相见。

② 真正的，确实 real, true：诚然/诚心诚意/真心诚意。

城

一 十 土 圹 圹 圻 城 城 城

土部
6 画

chéng，ㄔㄥˊ

① 城墙 circumvallation, rampart, wall：长城/兵临城下。

② 都市 city, metropolis：城市/城乡/城镇/都城/府城/京城/省城/县城/满城风雨。

C

乘

丿 二 千 千 千 乖 乖 乖 乘 乘

禾部
5 画
丿部
9 画

chéng，ㄔㄥˊ

① 使用交通工具 to ride, to take：乘船/乘客/乘火车。

② 利用机会 to take advantage of, 顺便 to avail oneself of：乘便/乘势/乘胜/乘其不备/可乘之机/无机可乘/有机可乘/乘兴而来败兴而归。

③ 一种数学的运算方法 to multiply：乘法/2 乘以 3 等于 6。

丿 彳 彳 彳 征 征 征 征 征 惩 惩 惩

(懲)

心部
8 画

chéng，ㄔㄥˊ

处罚 to fine, to penalize, to punish, 警示 to warn：惩办/惩处/惩罚/惩治/严惩。

丿 二 千 禾 禾 禾 秄 秄 程 程 程 程

禾部
7 画

chéng，ㄔㄥˊ

① 一段路 journey, stage of a journey：长程/归程/里程/路程/旅程/回程/前程/全程/行程/专程/前程万里/走了一程又一程。

② 规则 rule, 法度 regulation：规程/进程/议程/章程。

③ 事物发展的经过 procedure, process：过程/历程/流程/日程。

吃吃吃吃吃吃

口部
3画

chī, ㄔ

① 食用食物 to eat, to have (some food), to take (some food)：吃饭/吃奶/吃素/吃食/吃药/小吃/吃白食/吃吃喝喝/吃喝玩乐/吃现成饭/坐吃山空。

② 靠某种方式生活 to live on：吃老本/靠山吃山，靠水吃水。

③ 吸收液体 to absorb：这种纸很吃水。

④ 接受，能承受 to bear, to incur, to suffer：吃苦/吃苦头/吃不开/吃不住/吃不准/吃板子。

⑤ 感觉到 to feel, to perceive, to be aware of：吃紧/吃惊/吃了一惊。

⑥ 费力气 to take pains, to take trouble：吃劲/吃力/吃力不讨好。

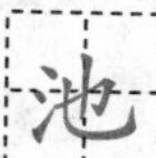

池池池池池池

氵部
3画

chí, ㄔˊ

① 较小的人工湖 pond, pool：池水/池子/水池/鱼池/游泳池。

② 像水池的 floor, a place resembling a pool：舞池/乐池。

(遲)

迟迟尸尺迟迟迟

辶部
4画

chí, ㄔˊ

① 慢 slow, tardy：迟延/说时迟，那时快。

② 晚 late：迟迟/迟到/推迟/延迟。

③ 姓 a surname。

C

持

chí, ㄔˊ

扌部 6 画

① 拿着 to grasp, to hold：持枪/持证报名。

② 拥有 to have, to own, to possess：各持己见。

③ 管理 to chair, to hold the balance, to manage：持家/主持。

④ 长期不变 to keep up, to remain unchanged, to sustain：持久/持续/保持/坚持。

匙

chí, ㄔˊ

日部 7 画 匕部 9 画

小勺 spoon：茶匙/汤匙。

shi, ㄕ 见 462 页［钥匙］。

尺

chǐ, ㄔˇ

尸部 1 画 乙部 3 画

① 尺子 rule, ruler：公尺/皮尺/市尺/直尺/尺有所短，寸有所长。

② 形状像尺的工具 ruler-like tools：三角尺/计算尺。

③ 市制长度单位 a unit of length (3 *chi* = 1 meter), 1 尺 = 10 寸，1 公尺 = 3 尺。

齿（齒）

chǐ, ㄔˇ

齿部 止部 4 画

① 牙 tooth：门齿/牙齿/义齿/没齿不忘。

② 像牙齿的 tooth-like thing：齿轮。

③ 说到，提及 to mention, to refer to：不齿/口齿不清/不足挂齿。

C

耻

(恥)

止部
6画
耳部
4画

chǐ, ㄔˇ

① 丢脸 to bring shame on, to lose face, 感到羞耻 to fall into disgrace: 耻辱/耻笑/可耻。

② 感到羞耻的事 disgrace, humiliation, shame: 国耻/无耻/不耻下问/奇耻大辱。

chì, ㄔˋ

meaning symbol. 双人旁儿 (shuāngrénpángr) or 双立人 (shuānglìrénr)。彳 as a meaning symbol is relevant to road or walking, such as 待 (to stay), 行 (to walk)。

儿部
4画
亠部
4画

chōng, ㄔㄨㄥ

① 满 enough, sufficient, 足 full: 充足/充分/充满。

② 填满 to fill, 装满 to charge: 充电/充气/填充/充耳不闻。

③ 当 to serve as, 担任 to act as: 充当/充任/充公/充数。

(沖)
(衝)

冫部
4画

chōng, ㄔㄨㄥ

① 用水泼, 或水流撞击 to pour water, to rinse, to wash out, to water: 冲茶/冲打/冲淡/冲凉/冲散/冲刷/冲洗/横冲直撞。

② 奋力向上 to shoot up: 兴冲冲/冲入云霄/气冲斗牛/气冲牛斗/一飞冲天。

chòng, ㄔㄨㄥˋ

① 对着，向 facing to，towards：别冲着我说。

② 劲头大，有强烈的动力 full of vigor and drive：这小伙子有股冲劲儿。

C

(蟲)

虫部

丨 冂 口 中 虫 虫

chóng，ㄔㄨㄥˊ

① 虫子 bug，insect，worm：虫害/虫灾/害虫/毛毛虫。

② 不愿说出某些可怕的动物（如：蛇、虎等）而用“虫”代替来称呼 for animal one wouldn't like to mention：长虫（蛇）/大虫（虎）

③ 某一类的人 a certain kind of people：网虫/应声虫。

chóng，ㄔㄨㄥˊ 见 522 页 zhòng，ㄓㄨㄥˋ。

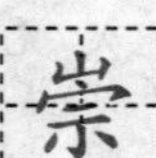

山部
8 画

丨 山 山 屵 屵 岸 岸 崇 崇 崇 崇

chóng，ㄔㄨㄥˊ

① 高 high，tall，lofty：崇高/崇山。

② 尊重 to advocate，to respect，to revere：崇拜/崇敬/崇尚/崇洋/推崇/尊崇。

扌部
5 画

一 扌 扌 扌 扪 扪 抽 抽

chōu，ㄔㄡ

① 从中取出一部分 to extract，to take out：抽查/抽回/抽空/抽选/抽样/抽空儿。

② 长出 to grow，to put forth：抽条。

③ 吸进 to breathe into，to take in：抽水/抽烟。

④ 用条状软物打 to lash，to whip：抽打/你

这么大劲抽牛，它怎么受得了？

愁愁愁愁愁愁愁愁愁愁愁愁愁

心部 9画

chóu，ㄔㄡˊ

① 担心 to be anxious about, to worry about: 发愁/犯愁/愁吃愁穿。

② 悲伤的心情 gloomy, sad: 愁肠/愁苦/愁绪/乡愁/愁容满面/多愁善感。

出出出出出

(齣)

凵部 3画

丨部 4画

chū，ㄔㄨ

① 从里面到外面 to come out, to go out: 出访/出击/出口/出来/出路/出门/出气/出口成章/不知所出/冲口而出。

② 来到 present: 出场/出席。

③ 离开 to go, to leave: 出神/出山。

④ 产 to produce: 出产/出石油/南方出水果。

⑤ 发生 to occur, to happen: 出事/出乱子/出问题。

⑥ 显露 to appear, to show: 出名/出头/人才辈出。

⑦ 超过 to exceed, to go beyond, to surpass: 出色/出众/出敌不意/出乎意料。

⑧ 花费 to bring out, to spend, to take out: 支出/饭钱我出。

⑨ 引文、典故等见于某处 authorship, source: 出处/语出《老子》。

⑩ 量词 classifier，中国戏曲的一个独立剧目叫一出 a separate program of a Chinese opera/play: 一出戏。

衤部 2画 刀部 5画

初 ㇇ 礻 衤 衤 初 初

chū，ㄔㄨ

① 最早的，排在前面的 basic，first，primary：初版/初步/初创/初春/初稿/初级/初交/初期/初赛/初试/初雪。

② 原来的，开始的 initiate，original，at the beginning：当初/起初/早知今日，何必当初。

除

阝部 7画

除 阝 阝 阶 阶 除 除 除 除

chú，ㄔㄨˊ

① 去掉 to eliminate，to get rid of，to remove：除草/除掉/除名/除去/开除/清除/排除/除恶务尽/排除万难/与民除害/药到病除。

② 不算在内 besides，except，with the exception：除了/除外。

③ 除法 divide：6除以3等于2。

厨（廚）

厂部 10画

厨 厂 厂 厂 厂 厂 厂 厂 厨 厨 厨 厨

chú，ㄔㄨˊ

① 做饭菜 to cook：厨房/厨艺/帮厨/下厨。

② 以做菜为职业的人 a cook：厨师/大厨/名厨。

chǔ，ㄔㄨˇ 见57页 chù，ㄔㄨˋ。

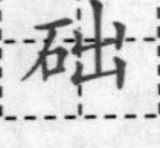

（礎）

石部 5画

础 丆 丆 石 石 石 矶 础 础 础

chǔ，ㄔㄨˇ

建筑物下方的石头 base，foundation，plinth：础石/基础。

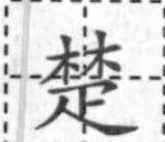

楚楚楚楚楚楚楚楚楚楚楚
楚楚

木部
9画

chǔ, ㄔㄨˇ

① 痛苦 ache, pain, suffering: 苦楚/酸楚/痛楚。

② 简单明白 clear, neat, in good order: 清楚/一清二楚。

[楚楚] ❶ 整洁 neat, tidy: 衣冠楚楚。❷ 秀美，令人疼爱 lovely and delicate: 楚楚动人。

处 (處)

处处处处处

丿部
4画
卜部
3画
夂部
2画

chù, ㄔㄨˋ

① 地方 place: 处处/处所/好处/大处着眼/安身之处/独到之处/一无是处。

② 机关或公司里的一个部门 department, office, section: 处长/教导处。

chǔ, ㄔㄨˇ

① 住在一起，交往 to communicate, to get along with: 相处/处得来/五方杂处。

② 罚 to fine, to punish, 处分 to sentence: 处决/处死/处以留校察看。

③ 存在 to exist, to be in a certain condition, 置身 to lie in: 处世/处于/立身处世/设身处地。

④ 办理 to deal with, to handle, to manage: 处理/处事/处置/淡然处之。

(觸)

触触触触触触触触触触触触
触

角部
6画

chù, ㄔㄨˋ

① 碰 to touch, 接 to contact: 触电/触角/触觉/触目/抵触/接触/触景生情/触类旁通/触目惊心。

② 引发 to evoke, to stir up, to trigger off：触动/触发/触犯/触怒/感触/一触即发。

穿

穴部 4 画

穿 穿 穿 穿 穿 穿 穿 穿 穿

chuān, ㄔㄨㄢ

① 把衣服、鞋等套到身上 to dress oneself, to put on：穿衣服。

② 破 to break through, to penetrate, to pierce：鞋底穿了洞。

③ 通过 through, across：穿入/穿心/穿行/穿针/穿越/穿过山洞。

④ 把事物从中间连在一起 to string together：贯穿/树枝上穿着几条小鱼。

⑤ 用于动词后，表示做得彻底（used after a verb）（to do sth.）thoroughly：看穿/说穿/望穿秋水。

传 (傳)

亻部 4 画

传 传 传 传 传 传

chuán, ㄔㄨㄢˊ

① 把东西交到别人手上 to deliver, to pass, to transfer：传球/传送/请把书传给他。

② 由上代交给下代 to abdicate, to hand down：传承/传统。

③ 把某种技艺教给别人 to impart to, to teach：传习/传手艺。

④ 大面积散布 to disperse, to spread, to scatter：传唱/传达/传染/传告/传教/传世/传说/传言/传扬/流传/宣传/一传十，十传百。

zhuàn, ㄓㄨㄢˋ

记录某人一生事情的书 biography：传记/传略/经传/立传/外传/自传/不见经传/言归正传。

船

舟部
5画

船 丿 ㇒ 月 舟 舟 舟 舡 船 船 船

chuán，ㄔㄨㄢˊ

水上交通工具，船只（conveyances on the water）boat，ship，vessel：船队/船家/船票/船身/船员/船运/船长/船主/飞船/拖船/小船/移船就岸。

C

穴部
7画

窗 窗 窗 窗 窗 窗 窗 窗 窗 窗 窗 窗

chuāng，ㄔㄨㄤ

窗子 window：窗洞/窗户/窗花/窗前/窗沿/开窗/窗明几净/十年寒窗/打开天窗说亮话。

广部
4画
木部
3画

床 床 床 庄 庄 床 床

chuáng，ㄔㄨㄤˊ

① 供人睡觉的家具 bed：高低床/双人床。

② 样子像床的东西 sth. shaped like a bed：河床/矿床。

闯 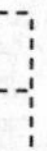

（闖）

门部
3画
马部
3画

闯 丨 门 门 闯 闯

chuǎng，ㄔㄨㄤˇ

冲向前 to dash，to break in，to force one's way into：闯红灯/闯禁区。

创

（創）

创 ノ 人 今 仓 创 创

chuàng，ㄔㄨㄤˋ

开始，开始做 to start（doing sth.），to set up：创办/创编/创见/创建/创举/创立/创设/创始/创新/创意/创造/创作/草创/开

刂部
4画

创/首创。

chuāng，ㄔㄨㄤ

① 伤 damage，scar，wound：创口/创伤/创痛/刀创。

② 使受伤 wound，trauma：重创。

C

吹

吹吹吹吹吹吹吹

口部
4画

chuī，ㄔㄨㄟ

① 用嘴送出长气 to blow，to puff：吹打/吹灯/吹一口气/吹吹打打/风吹浪打/风吹雨打/不费吹灰之力。

② 说大话 to boast：吹牛/吹拍/胡吹/吹吹拍拍。

③ 事情不成功 to fail，to break up：这个计划又吹了/他俩的婚事吹了。

春春春春春春春春春

日部
5画

chūn，ㄔㄨㄣ

① 四季之一 spring，也借指一年 referring to a year：春风/春光/春季/春假/春节/春秋/春日/春色/春游/春装/又一春/春花秋月/春去夏来/春色满园/春山如笑。

② 比喻生命力，活力 vigor，vitality：春风满面/春回大地/大地回春/着手成春。

③ 情欲 love，lust：春情/春心。

纯

(純)

纯纯纯纯纯纯纯

纟部
4画

chún，ㄔㄨㄣˊ

① 单一的，没有杂质的 pure，unique，unmixed：纯洁/纯净/纯利/纯朴/纯真/纯正。

② 熟练 experienced，practised，skilful：纯熟/工夫不纯。

chuò, ㄔㄨㄛˋ

meaning symbol. 走之儿（zǒuzhīr），辶 as a meaning symbol is relevant to the move of walking, going, such as 过（to pass），还（to return），送（to give）。

cī, ㄘ 见 39 页 chà, ㄔㄚˋ。

词词词词词词词

（詞）

讠部 5 画

cí, ㄘˊ

① 语言里能造句的最小单位 the smallest unit in a language that can be used in a sentence：词典/词根/词性/词序/词义/动词/文词/形容词。

② 语句 sentence, words：词令/义正词严/各执一词/过甚其词/一面之词/众口一词/你那么会说，怎么也没词了。

③ 一种文学形式 a kind of literary style：词人/诗词/这首词写得不错。

慈慈慈慈慈慈慈慈慈慈慈慈慈

心部 9 画

cí, ㄘˊ

① 和善，仁爱 kind, loving：慈爱/慈善/仁慈。

② 母亲 mother：家慈。

辞辞辞辞辞辞辞辞辞辞辞辞辞

（辭）

舌部 7 画

cí, ㄘˊ

① 跟人说再见 to say goodbye, to take leave：辞别/辞行/拜辞/告辞。

辛部
6 画

② 不接受 to decline, to reject, 离开 to resign：辞职/推辞/在所不辞。

③ 不任用 to discharge, to dismiss, to fire, to sack：辞去/辞退/老板辞了几个人。

C

④ 言词 diction, phraseology：辞林/辞令/辞章/文辞/言辞。

⑤ 古典文学的一种样式 a type of classical Chinese literature：辞赋。

[敬辞] 含敬意的用语 honorific。

磁 ㄏ 𠃌 石 石 石' 石'' 石䒑 砬 砬 磁 磁 磁 磁

cí, ㄘˊ

石部
9 画

能吸引铁和金属的性质 magnetism：磁带/磁卡/磁盘/磁石/磁铁。

丨 ㅏ 止 止 此 此

cǐ, ㄘˇ

止部
2 画

① 与"彼"相对，这，这个 this：此岸/此等/此刻/此后/此前/此人/此生/此时/此外/彼此/就此/因此/长此以往/多此一举/如此而已/此一时，彼一时。

② 这儿 here, hereby：到此为止。

次 次 次 次 次 次

cì, ㄘˋ

冫部
4 画
欠部
2 画

① 第二，在后的 next, second：次女/次要/次日/其次/再次。

② 品质较差的 secondary, second-class：次等/次品。

③ 顺序 order, sequence, in turn：次第/编次/车次/渐次/名次。

④ 远行途中住的地方 stopover：旅次。

⑤ 量词 classifier，回 round，time：次数/第一次来中国。

丆 丙 市 市 朿 朿 刺 刺

cì，ㄘˋ

刂部
6 画

① 像针尖的东西 prickle，thorn，spine：鱼刺/肉中刺。

② 尖东西进入或穿过物体 to prick，to stab，to string，to thrust：刺伤/被针刺到了。

③ 暗杀 to assassinate：刺客/刺杀/遇刺。

④ 受强烈的影响 to irritate，to stimulate：刺耳/刺骨/刺目/刺激。

一 丅 丆 F 耳 耳 耳' 耶 聁 聁 聪 聪 聪 聪

(聰)

cōng，ㄘㄨㄥ

耳部
9 画

① 听觉，特指听力好 acute hearing，sharp-eared：失聪/耳聪目明。

② 智力发达 bright，intelligent：聪明/小聪明/自作聪明。

丿 人 从 从

(從)

cóng，ㄘㄨㄥˊ

人部
2 画

① 跟着 to follow：从众/跟从/从王先生学中国画。

② 跟着的人 follower，attendant：侍从/随从。

③ 参加 to be engaged in，to join：从教/从军/从影/从政。

④ 采取某种态度或标准 in a certain manner or according to a certain principle：从速/从优/一切从简/欲购从速。

⑤ 依顺 to accept，to comply with，to obey：服从/顺从/听从/从善如流/从一而终/言听

计从。

⑥ 自，由 from：从此/从头/从古至今/从北京到上海。

C

粗

米部
5 画

cū，ㄘㄨ

① 与“细”相对，大，不精 coarse，thick，rough，unpolished：粗布/粗大/粗活/粗粮/好粗的树。

② 不小心，不仔细 careless，inattentive：粗笨/粗心大意。

③ 声音低而大 coarse：粗嗓子。

④ 说话和动作没礼貌 boorish，rude：粗话/粗野。

醋 醋 醋

酉部
8 画

cù，ㄘㄨˋ

酸味调料 vinegar：白醋/陈醋/黑醋。

[吃醋] 看到比自己好的就心里不满 to be jealous of。

催 催

亻部
11 画

cuī，ㄘㄨㄟ

① 让人赶快行动 to hasten，to press，to urge：催逼/催赶/催她快一点儿。

② 使事物的变化加快 to expedite，to facilitate，to speed up the process of：催产/催化/催肥/催生/催泪弹/催命鬼。

脆 丿 刀 月 月 月⺈ 肸 胪 胪 脆

cuì, ㄘㄨㄟˋ

月部
6画

① 容易裂开的 breakable, easily disrupted: 这种木头很脆，不能做桌腿。

② 不坚强，容易碎的 brittle, crisp, fragile, frail: 脆骨/脆弱/松脆/梨又甜又脆。

③ 嗓音清亮 clear and melodious: 清脆/小女孩儿的嗓子脆脆的，很好听。

村 十 木 木 朩 村 村

cūn, ㄘㄨㄣ

木部
3画

① 乡下的居民区，村子 country, hamlet, village: 村规/村口/村野/村镇/村庄/乡村/村夫野老/前不着村，后不着店。

② 不文明的 vulgar, rustic: 村夫/村话。

存 ナ 存 存 存 存 存

cún, ㄘㄨㄣˊ

子部
3画

① 留下，保留 to keep, to preserve, to store: 存查/存单/存底/存放/存根/存货/存款/存留/存念/存取/存疑/保存/残存/结存/把钱存起来/运用之妙，存乎一心。

② 活着 to exist, to live, to survive: 存在/一息尚存。

寸 一 寸 寸

cùn, ㄘㄨㄣˋ

meaning symbol. 寸字旁儿（cùnzìpángr）, 寸 as a meaning symbol is often related to hands or the movement of hands.

一 寸 寸

cùn, ㄘㄨㄣˋ

寸部

① 量词 classifier，市制长度单位，10 寸 = 1 尺 a unit of length，equal to 1/3 metre：尺寸/两寸长。

② 短 very short，little，small：寸步难行/鼠目寸光。

C

ノ 𠂉 𠂉 𠂉 钅 钅 钅 钅 钅 钅 错 错 错

(錯)

钅部
8 画

cuò，ㄘㄨㄛˋ

① 不对 faulty，wrong：错字/读错了。

② 过失 error，fault，mistake：错怪/错过/错解/错觉/错乱/错误/犯错/过错/大错特错/将错就错。

③ 差，坏（用于否定式）bad：他的歌唱得不错。

④ 互相夹杂交错 alternate，in disorder：错落/错杂/盘根错节。

⑤ 互相让开，不在同一时间做 to mix，to separate，to turn：错车/错开两次考试的时间。

D，ㄉ

搭

扌 扌 扌 扌 扌 扌 扌 扌 搭 搭 搭 搭

扌部
9 画

dā，ㄉㄚ

① 架起并使其一头挂下来 to hang over，to put over：被子搭在架子上。

② 乘坐交通工具 to go by，to take（a means of transportation）：搭乘/搭船/搭火车。

③ 建造 to build，to set up，组合 to put up：搭桥/搭脚手架。

④ 配合 to come into contact with：搭班/搭配。

⑤ 附加在某活动中 to add to, to be a part of：搭人情。

［搭头］附加的次要东西 added things which are not important。

dā，ㄉㄚ ˉ 见本页 dá，ㄉㄚ ˊ。

辶部 3 画

一 大 大 达 达 达

dá，ㄉㄚ ˊ

① 到 to arrive (in/at), to get to, to reach：达标/达到/传达/抵达/通达/四通八达/欲速不达/达成愿望/达到目标。

② 告诉，表明 to convey, to express, to inform：转达/表情达意/词不达意/下情上达。

③ 有权有势的 prerogative, privileged, rich and powerful：达官贵人。

竹部 6 画

答 答 答 答 答 答 答 答 答 答 答 答

dá，ㄉㄚ ˊ

① 给出问题的答案 to answer, to reply：答词/答复/答话/答声/答数/对答/回答/解答/应答/答非所问/对答如流/应答如流。

② 回报别人的好处 return, reward：答礼/答谢/报答。

dā，ㄉㄚ

回应 to feedback, to respond：答应/答理。

一 十 才 扌 打

dǎ，ㄉㄚ ˇ

① 击 to beat, to hit, to strike：打击/打人/

扌部
2画

大打出手。

② 常与名词组合表示各种动作，其意义从所搭配的名词和上下文推断出 When it is used with a noun, it makes sense based on the meaning of the noun or the context：打包/打虫/打点/打工/打毛/打铁/打水/打手/打杂/打针/打电话/打扑克/打下手/打圆场/打照面/碗打了/打成一片/风吹雨打/不打不相识/打开天窗说亮话。

③ 介词 prep.，从，自 from，since：打从/打今天起/你打哪儿来。

④ 动词词头 a prefix of verb：打扮/打动/打发/打开/打量/打破/打扫/打算/打听/打通/打造/打交道/打招呼。

dá，ㄉㄚˊ
量词 classifier，一打（十二个）a dozen of：一打铅笔。

大部

一ナ大

dà，ㄉㄚˋ
① 与“小”相对，超过一般的或超出比较物 big，great，huge，large：大半/大车/大度/大端/大多/大方/大节/大局/大全/大业/大众/大花脸/大忙人/大手笔/大错特错/大公无私/大功告成/大快人心/大器晚成/大千世界/大是大非/大手大脚/大书特书/大显身手/大兴土木/大有可为/大有人在/大有作为/小题大做/大眼看小眼/大鱼吃小鱼。

② 差不多的，不够精确地 assumably，generally，presumedly：大概/大体/大意/大约。

③ 时间更远的（of time）further ahead or behind：大后天/大前天

dài，ㄉㄞˋ
［大夫］医生 doctor。

口部
4 画

呆 呆 呆 呆 呆 呆 呆

dāi，ㄉㄞ

① 愚笨，不灵活 dull，silly，stupid：呆笨/呆子/书呆子/呆头呆脑/呆若木鸡。

② 表情死板 inflexible，rigid，straight-face：发呆/吓呆了。

歹 歹 歹 歹

dǎi，ㄉㄞˇ

meaning symbol. 歹字旁儿（dǎizìpángr）. 歹 as a meaning symbol is likely relevant to danger，death or hurt，such as 残（deformity），死（death），殃（disaster），殆（danger）。

dǎi，ㄉㄞˇ 见 71 页 dài，ㄉㄞˋ。

dài，ㄉㄞˋ 见 68 页 dà，ㄉㄚˋ。

亻部
3 画

代 代 代 代 代

dài，ㄉㄞˋ

① 替人做 to be in place of，to substitute，to take the place of：代办/代笔/代课/代理/代书/代替/代运/代职/代主任。

② 替换 to replace：代称/代词/代用。

③ 历史上不同的时期 date，dynasty，era：当代/古代/近代/年代/时代/现代/世代/百代过客/黄金时代。

④ 世系的顺序 generation：第二代。

(帶)

巾部
6 画

带 带 带 带 带 带 带 带 带

dài，ㄉㄞˋ

① 顺便一起做 do sth. incidentally/passingly：带话/路过菜场带点儿菜回来/天冷风大，请随手带上门。

② 随身拿着 to bring，to carry，to take with：带着/带一本书。

③ 率领 to command，to take the lead：带兵/带动/带领/带头。

④ 照顾 to look after，to take care of：带孩子。

⑤ 现出，含有 to appear，to show：带劲/面带笑容。

⑥ 长条状的东西 band，belt，fillet：带子/皮带/一衣带水/衣不解带。

⑦ 地区 area，region，zone：这一带/上海一带。

待

彳部
6 画

彳 彳 行 行 往 往 待 待 待

dài，ㄉㄞˋ

① 用某种态度对人或事物 to entertain，to treat：待遇/对待/交待/接待/看待/宽待/招待/待人接物/以礼相待/她待我不错。

② 等候 to wait for：待业/等待/急不可待/指日可待。

③ 将要 to be about to：待办。

dāi，ㄉㄞ

停留 to remain，to stay：就在这里待一会儿。

丿 亻 仁 代 代 代 岱 袋 袋 袋 袋

dài，ㄉㄞˋ

衣部
5 画

① 袋子 bag, pocket, sack：布袋/口袋/米袋/衣袋。

② 量词 classifier, a bag of：一袋茶/一袋纸。

ㄱ ⺕ ⺕ 肀 聿 聿 隶 隶 逮 逮 逮

辶部
8 画

dài，ㄉㄞˋ
捉 to arrest：逮捕（bǔ，ㄅㄨˇ）

dǎi，ㄉㄞˇ
抓 to catch, to capture，义同上，用于口语，usually used in spoken language：逮小偷。

戴 戴 戴 戴 戴 戴 戴 戴 戴 戴 戴
戴 戴 戴 戴 戴 戴

戈部
13 画

dài，ㄉㄞˋ
① 把东西加在身体的某处 to put on, to wear sth.：戴表/戴花/戴帽/戴耳环/戴手套/戴眼镜。

② 敬爱 to show one's love and respect，支持 to support：爱戴/拥戴。

③ 姓 surname。

单 单 单 单 单 单 单 单

丷部
6 画

dān，ㄉㄢ
① 一个，独自 one, single：单程/单词/单方/单名/单人/单线/单一/单字/单扇门/单相思。

② 不复杂 simple, unsophisticated：单纯/单句/简单。

③ 奇（jī，ㄐㄧ）数的 odd：单号/单日/单数。

④ 只，仅 only：不单/单说。

⑤ 大块的布 sheet：被单/床单。

⑥ 记事的纸片，单据 bill，list：传单/名单/清单/账单。

shàn，ㄕㄢˋ
姓 surname。

担 (擔)

扌部 5画

一 十 扌 扌 扣 扣 担 担

dān，ㄉㄢ
① 用肩挑 to carry on a shoulder：担米/担水。

② 负责，承当 to take on，to undertake：担保/担待/担当/担负/担任/担心/分担/负担/担风险。

dàn，ㄉㄢˋ
① 担子 burden，load：扁担/挑重担。

② 量词 classifier，a load of：一担白米/一担大豆。

耽

耳部 4画

一 厂 丌 丌 耳 耳 耳 耴 耽 耽

dān，ㄉㄢ
拖延 to be late，to delay，to postpone：耽搁/耽误。

dàn，ㄉㄢˋ 见356页 shí，ㄕˊ。

亻部 5画

丿 亻 亻 仴 仴 但 但

dàn，ㄉㄢˋ
① 只 only：但愿/但愿如此/不求有功，但求无过/我们不但要去，还要快去。

② 可是 but，however，yet：但是/人不美，但心很好。

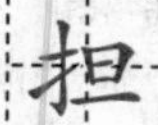

dàn，ㄉㄢˋ 见72页dān，ㄉㄢ。

弹 弹 弹 弹 弹 弹 弹 弹 弹 弹 弹

(彈)

弓部
8画

dàn，ㄉㄢˋ

① 用弹弓弹（tán，ㄊㄢˊ）射的小东西 ball, pellet：弹丸/铁弹。

② 爆炸（zhà，ㄓㄚˋ）物 bomb, explosive：弹道/弹片/弹头/弹药/炮弹/子弹/信号弹/原子弹。

tán，ㄊㄢˊ

① 用手指头猛力打 to flick, to flip：弹指/动弹/弹了弹衣服上的灰。

② 推动或敲打乐器 to play a stringed musical instrument, to pluck：弹吉它/旧调重弹。

③ 利用弹性发射 to launch, to send forth：弹跳/弹射/弹升。

④ 物体受外力变形后，立即恢复原状的性质 elasticity：弹力/弹性。

淡 淡 淡 淡 淡 淡 淡 淡 淡 淡 淡

氵部
8画

dàn，ㄉㄢˋ

① 与“浓”相对，味道不重或没味道 tasteless, weak：淡酒/冲淡/清淡/菜太淡。

② 颜色不深 dim, light, pale：淡化/淡黄色。

③ 不热心 indifferent, not interesting：淡薄/淡忘/冷淡/淡然处之。

④ 买卖不好，生意不好 dull, slack, sluggish (in business)：淡季。

⑤ 内容少 emptiness, lack of information：内容平淡。

D

蛋

(虫部 5画; 疋部 6画)

一 丆 丆 尸 尸 尸 否 否 蛋 蛋 蛋

dàn，ㄉㄢˋ

① 鸟类等所生的卵（luǎn，ㄌㄨㄢˇ）egg：蛋白/蛋糕/鸡蛋。

② 像蛋的 an egg-shaped thing：脸蛋/山药蛋。

③ 指不好的人 bad egg，bad person：笨蛋/坏蛋/混蛋/王八蛋。

当

（當）（噹）

(彐部 3画; ⺌部 3画)

丨 丨 丬 当 当 当

dāng，ㄉㄤ

① 做某种工作 to serve as，to work as：当班/当代表/当主席/不敢当。

② 主管 to manage，to take charge of：当家/当局/当权/当头。

③ 应该 ought to，should：当然/该当/应当/想当然/不当说的不说。

④ 就在某个时候、地方 just at a time or place：当场/当初/当代/当地/当即/当今/当年/当日/当时/当众/当下。

⑤ 面对 face，turn towards：当面。

⑥ 拟声字 onomatopoetic。

dàng，ㄉㄤˋ

① 把 A 看成是 B 一样 to regard…as：当成/当做/当真/以一当十。

② 当铺 pawnshop，把自己的物品交给当铺借钱 to pawn：抵当/典当/为了治好母亲的病，他把房子当了。

③ 同一时间 the same（day，etc）：当日/当时/回学校是星期五，当天下午就交了假期作业。

④ 做得好 appropriate，proper：得当/妥当/大而不当/用词不当。

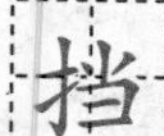

（擋）

扌部 6画

挡 扌 扌 扌 扌 扌 挡 挡 挡

dǎng，ㄉㄤˇ

① 拦住 to be in the way, to block, to keep off：挡风/抵挡/拦挡/别挡路/你挡着黑板了。

② 用来隔开的东西 blind, blockade, fender：挡子/窗户挡。

（黨）

儿部 8画

⺌部 7画

党 党 党 党 党 党 党 党 党 党

dǎng，ㄉㄤˇ

① 政治观念相同的人组成的团体 political party：党费/党纪/党派/党团/党务/党性/党员/党章/入党/政党/共和党。

② 因利益结合在一起的一群人 clique, faction：朋党/死党/结党营私。

当

dàng，ㄉㄤˋ　见 74 页 dāng，ㄉㄤ。

丨 刂

dāo，ㄉㄠ

meaning symbol. 刀旁儿（dāopángr）or 立刀儿（lìdāor），刂 as a meaning symbol is likely related to using knives, such as 刚（steel），刻（to chisel）。

丿 ⺈

dāo，ㄉㄠ

刀字旁儿（dāozìpángr），see 刂。

D

刀部

刀刀

dāo，ㄉㄠ

① 用来切、砍的工具，刀子 knife，sword：刀背/刀笔/刀兵/刀法/刀具/刀口/刀片/刀枪/刀术/菜刀/刀枪不入/刀山火海/单刀直入/借刀杀人/一刀两断/两面三刀。

② 量词 classifier，通常用来计算纸张 one hundred of sheets：一刀纸/一刀新钱。

(導)

巳部 3 画

寸部 3 画

导导

dǎo，ㄉㄠˇ

① 教 to conduct，to instruct，to teach，to tutor：辅导/教导/开导/指导。

② 传过去 to convey，to transmit，to send over：导电/导线。

③ 带领 to lead，指引 to guide：导读/导航/导论/导师/导向/导游/导言/导演/导语/导致/引导。

(島)

山部 4 画

岛岛

dǎo，ㄉㄠˇ

四面被水包围的陆地 island，isle：海岛/半岛/群岛。

亻部 8 画

倒倒

dǎo，ㄉㄠˇ

① 直立的东西横下来 to collapse，to fall：打倒/推倒/房子倒了/翻江倒海/排山倒海/移山倒海/兵败如山倒。

② 调换，转移 to change，to move，to replace：倒班/倒卖/倒运/倒手转卖。

dào, ㄉㄠˋ

① 位置反过来 converse, inverted, upside down：倒立/倒流/倒数/倒影/倒映/倒转/倒装/倒过来/书放倒/倒背如流/倒果为因。

② 向后，使后退 to move backwards, to reverse：倒车/倒退/把车倒过来。

③ 翻转容器使里面的东西出来 to empty, to pour：倒茶/倒水。

④ 相反的 on the contrary, 反而，却 instead, unexpected, indicating the notion that the matter is not as one thinks：倒是/人家没怪你，你倒怪人家！

刂部
6画

一 工 互 至 到 至 到 到

dào, ㄉㄠˋ

① 到达 to arrive, to get to, to reach：到场/到达/到底/到家/到职/迟到/药到病除/功到自然成/不到黄河心不死。

② 往 to go to, to head for, to leave for：到学校去。

③ 每一方面都考虑了 considerate, thoughtful：面面俱到。

④ 在动词后，表示动作有结果 to gain sth., to get sth., to obtain sth.：达到/得到/看到/找到。

dào, ㄉㄠˋ 见76页 dǎo, ㄉㄠˇ。

皿部
6画

盗 盗 盗 盗 盗 盗 盗 盗 盗 盗 盗

dào, ㄉㄠˋ

① 偷，抢 to burglarize, to pilfer, to rob, to steal：盗卖/盗取/盗用/防盗/偷盗。

② 偷，抢的人 burglar, robber, thief：盗匪/海盗/强盗。

道 道 首 首 首 首 首 首 首 道 道
道

辶部
9画

D

dào，ㄉㄠˋ

① 路 road，route，path，way：道路/大道/地道/街道。

② 一种做人做事的好样子 a fine example，a good model of doing（sth.）：道德/道理/道统/道学/道义/世道人心/直道而行/仁义道德。

③ 方法，技能 method，skill，way：茶道/医道。

④ 说 to say，to speak，to talk：道别/道歉/道谢/常言道/称兄道弟/说三道四/一语道破/指名道姓。

⑤ 线条 line，stripe：衣服上有不少红道儿。

⑥ 一种宗教 Taoism，a kind of religion：道教/道士。

⑦ 量词 classifier，（用于长条状的东西 used to describe long and narrow things）column，stream：一道红线。

⑧ 量词 classifier，（用于题目、命令等，和"则"，"条"的用法相同 used in questions，orders，etc.）clause，item，piece：一道难题。

⑨ 量词 classifier，用于连续的事件中的一次 indicating the number of times：上了两道菜。

稻 二 千 禾 禾 禾 禾 禾 稻 稻 稻 稻
稻 稻 稻

禾部
10画

dào，ㄉㄠˋ

一种谷类植物，子实里面是米 rice：稻草/稻米/稻田/水稻/晚稻/早稻/中稻/二季稻。

得 彳 彳 彳 彳 彳 得 得 得 得 得

彳部
8 画

dé, ㄉㄜˊ

① 拿到 to get, to obtain, to win: 得到/得奖/得势/取得/得人心/不得要领/各得其所/死得其所/如鱼得水/不可多得/求之不得/一无所得/罪有应得/不得其门而入/近水楼台先得月。

② 允许，可以 to be allowed to: 得以。

③ 适合 to be fit for, to be good for: 得当/得体/心安理得/一举两得。

④ 满意 to be pleased with, to be overjoyed with: 自得/得意忘形/得意洋洋/志得意满/自得其乐/春风得意。

děi, ㄉㄟˇ

① 必须，需要 must, should, to be obligated: 你得赶快去。

② 一定会 have to: 你再不走，就得等下一班了。

de, ·ㄉㄜ

① 助词，用在表示程度或结果的补语前 an auxiliary word: 吃得多/看得清/跑得快/雨下得急/气得发抖。

② 助词，用于表示可能、可以、允许 an auxiliary word, can, may, would: 吃得。

德 彳 彳 彳 彳 彳 彳 彳 彳 彳 德 德 德 德 德

彳部
12 画

dé, ㄉㄜˊ

① 好品行 kindness, merits: 品德/德才兼备。

② 社会公认的行为规范 moral excellence, virtue: 道德/功德。

③ 信念 belief, faith: 同心同德。

de，·ㄉㄜ 见83页dì，ㄉㄧˋ。

de，·ㄉㄜ 见83页dì，ㄉㄧˋ。

de，ㄉㄜ 见79页dé，ㄉㄜˊ。

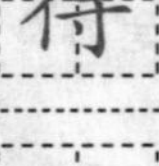

děi，ㄉㄟˇ 见79页dé，ㄉㄜˊ。

(燈)

火部
2画

dēng，ㄉㄥ

能发光、发热，用来照明的东西 lamp，lantern，light：灯光/灯会/灯火/灯节/灯具/灯品/灯塔/灯头/电灯/花灯/街灯/开灯/广告灯/红绿灯/走马灯/只许州官放火，不许百姓点灯。

豆部
5画
癶部
7画

dēng，ㄉㄥ

① 升 to mount，to rise，由下向上 to climb up，to step on：登岸/登临/登陆/登门/登山/一步登天。

② 记下或印出来 to publish，to record：登报/登录/稿子已经登了。

竹部
6画

děng，ㄉㄥˇ

① 等候 to await，to wait for：等待/等车/等

人/等一会儿。

② 程度，级别 class，degree，grade：等第/二等/头等/上等/下等/等而下之/等闲视之/罪加一等。

③ 类，种 kind，type：三六九等/居然有这等人。

④ 表示列举未完（可连用）so on and so forth，etc.：足球、篮球、排球等等。

⑤（程度、数量、地位）一样，没有不同 equal to，the same：等同/等于/平等/同等/相等/等量齐观/著作等身。

亻 部
5 画

丿 亻 亻 亻 氏 低 低

dī，ㄉㄧ

① 在一般或平均水平以下 bad，inferior，low，low-grade：低层/低调/低级/低落/低能/低声/低下/低温/低语/低人一等/不知高低/山高水低。

② 向下 to hang down，to let droop，lower：低头。

氵部
11 画

滴滴氵滴滴滴滴滴滴滴滴滴滴滴

dī，ㄉㄧ

① 落下的水珠 drip，drop：汗滴/水滴。

② 液体一点一点地落下 to drip：滴水/滴眼药/滴水成冰/水滴石穿。

dí，ㄉㄧˊ 见 83 页 dì，ㄉㄧˋ。

敌 敌 千 舌 舌 舌 舌 敌 敌 敌

dí，ㄉㄧˊ

D

(敵)

攵部
6画

① 敌对的 rival：敌对/敌机/敌情/敌人/敌视/敌意/敌阵。

② 敌人 enemy, foe：仇敌/公敌/劲敌/分清敌我。

③ 对抗 to oppose，抵抗 to fight against：少不敌多/军民团结如一人，试看天下谁能敌？

④ 相当的 to be equal to, to match with：富可敌国/举世无敌/所向无敌/天下莫敌/天下无敌。

广部
5画

底 底 广 广 庐 庐 底 底

dǐ, ㄉㄧˇ

① 东西的最下处 at the bottom or base of (sth.)：底层/底下/海底/脚底/箱底/笔底生花。

② 基础或内情 base or inside information, heart of a matter：交底/摸底/到底。

③ 留作根据的草稿 rough draft, draft text：底本/底稿/底片/底子。

④（年和月的）最后几天 end, the last days of a year or month：年底/月底。

扌部
5画

一 扌 扌 扌 扩 扩 抵 抵

dǐ, ㄉㄧˇ

① 用力支撑着 to resist, to support, to sustain：抵挡/抵抗/抵制/用桌子把门抵住。

② 相当，代替 to be equal to：抵换/抵罪/抵事/我们两个只能抵他一个。

③ 到 to arrive at, to reach：抵达。

④ 收入和支出相等 to balance, to make both ends meet：抵消/收支相抵。

的 亻 白 白 白 的 的 的

白部
3 画

dì, ㄉㄧˋ
目标 aim, goal, purpose：目的/有的放矢。

dí, ㄉㄧˊ
① 真的，确实 accurate, real, true：的当/的确。

② 出租车 taxi：的士/打的。

de, ·ㄉㄜ
助词 auxiliary word，用在定语的后面 used after an attribute, of：我们的学校/绿色的小草。

D

一 十 土 圠 地 地

土部
3 画

dì, ㄉㄧˋ
① 地球 the earth, the globe：地理/地震。

② 地球的表面 ground, land：地面/地表/地图/地形/地域。

③ 指某一地区 area, region, territory，地点 locality, place：地段/地方/地盘/禁地/内地/目的地/无地自容/设身处地。

④ 土地 fields, land：地基/地皮/地势/天长地久/五体投地。

⑤ 底子，背景 background, setting：白地蓝花。

de, ㄉㄜ
助词 auxiliary word，表示它前面的词或短语是状语 used after an adj., to form an adverbial adjunct：悄悄地笑了。

弟 弟 弟 弟 弟 弟 弟

弓部
4 画

dì, ㄉㄧˋ
① 同一辈的比自己年纪小的男性 cousin, younger brother：弟弟/弟兄/胞弟/老弟/师

丷部 5画

弟/小弟/称兄道弟/难兄难弟/如兄如弟。

② 学生对老师自称 disciple, follower: 弟子/女弟子。

巾部 6画 亠部 7画

dì, ㄉㄧˋ

① 君王 emperor, king, the Supreme Being: 帝王/帝制/称帝/黄帝/上帝/天帝。

② 指帝国主义 imperialism: 帝国。

递 (遞)

辶部 7画

dì, ㄉㄧˋ

① 传送，拿给 to hand over, to pass, to transmit: 递交/传递/投递/邮递/转递/请把杯子递给我。

② 按先后顺序进行 to happen one by one, to occur in order: 递补/递加/递减/递增。

第

竹部 5画

dì, ㄉㄧˋ

① 表示次序的词头 ordinal number: 第几个/第三者/第一名/第一手/第二职业/天下第一。

② 大房子 large house, household: 府第/门第/书香门第。

典

八部 6画

diǎn, ㄉㄧㄢˇ

① 标准，法则 criterion, principle, standard: 典范/典型/典章/法典/字典/引经据典。

② 典礼 celebration, ceremony, rite: 婚典/庆典/盛典。

(點)

灬部
5画

点点点点点点点点点

diǎn，ㄉㄧㄢˇ

① 细小的东西 drop：点滴/雨点儿。

② 少量 a bit，a little，some：一点儿。

③ 一定的地方或限度 place，point：冰点/地点/景点。

④ 部分 part，方面 aspect：基点/缺点/特点/要点。

⑤ 加评语 to appraise，to make a comment on：点评/评点。

⑥ 点火 to burn，to lighten：点燃/点油灯。

⑦ 美化 to beautify，to decorate，to dress：装点。

⑧ 指明 to point out：点明/点破/点题/指点。

⑨ 指定 to choose，to select：点播/点菜/点穿。

⑩ 一个一个查数 to check one by one：点名/清点。

⑪ 时间单位 o'clock：下午三点。

⑫ 规定的时间 appointed time：飞机误点了。

⑬ 指一个百分点 one per cent：十点利。

⑭ 小吃 refreshments，snatch：点心/糕点/早点。

⑮ 汉字的基本笔划，状如“丶”dot，stroke。

(電)

田部

电电电电电

diàn，ㄉㄧㄢˋ

① 一种能源 current，electricity：电厂/电力/发电/闪电。

② 用电力的 electric，electro-：电报/电波/

丨部
4画

电车/电传/电灯/电动/电话/电贺/电脑/电器/电视/电台/电信/电影/电唱机/电气化/电视剧/电视台/电影院。

店

D

广部
5画

丶 亠 广 广 庐 庐 店 店

diàn，ㄉㄧㄢˋ

① 在室内卖东西的地方 shop，store：店家/店面/店铺/书店/商店/店小二/前不着村，后不着店/只此一家，别无分店。

② 小旅馆 inn：酒店/客店/旅店。

diào，ㄉㄧㄠˋ 见 395 页 tiáo，ㄊㄧㄠˊ。

(釣)

钅部
3画

丿 𠂉 𠂇 钅 钅 钓 钓

diào，ㄉㄧㄠˋ

用钓具捉鱼 to angle，to fish，to troll：钓鱼/放长线，钓大鱼。

扌部
8画

一 丨 扌 扌 扌 扌 护 护 掉 掉 掉

diào，ㄉㄧㄠˋ

① 往下落 to fall，to drop，to shed：衣服掉到床下了。

② 落到后面 to fall behind，to lag behind：掉队。

③ 丢了，失去了 to lose，to be missing：掉了钱。

④ 减退 to die out，to fade：掉色。

⑤ 回转 to turn around：掉转/掉头而去。

⑥ 用在动词后，表示动作的结束 used behind a verb, indicating the end of an action: 丢掉/改掉/去掉/走掉。

顶 (頂)

页部 2画

顶顶顶顶顶顶顶顶

dǐng, ㄉㄧㄥˇ

① 最高的部分 summit, top: 顶点/顶端/顶峰/顶楼/山顶/头顶/屋顶。

② 用头支承东西 to carry on the head: 顶碗/顶天立地。

③ 代替 to take the place of: 顶班/顶替/顶用/顶罪/顶他的名去开会。

④ (多指下对上) 不客气的对答 to turn down, to retort: 顶撞/顶嘴/她顶了爸爸几句。

⑤ 副词 adv., 表程度高 very, extremely: 顶好。

(訂)

讠部 2画

订订订订

dìng, ㄉㄧㄥˋ

① 预先约定 to book or order (sth.) in advance, to subscribe for/to (sth.): 订报/订单/订户/订货/订金/订立/订约/改订/预订。

② 写下 to write down: 订合同。

③ 找出错误并改正 to check, to proofread, to revise: 订正/校订/修订。

④ 将散开的东西装在一起 to bind or staple together: 装订。

宀部 5画

定定定定定定定定

dìng, ㄉㄧㄥˋ

① 不能改变的 fixed, settled, unchanged: 定点/定稿/定见/定量/定论/定钱/定然/坚定不移。

② 使确定, 使不移动 to determine, to ensure, to fix: 定购/定规/定居/定价/定名/

定时/定向/定性/定义/人定胜天/大局已定/一言为定。

③ 安定 to be at ease, to be quiet, to calm down：定神/安定/心神不定/痛定思痛/定下心来学外语。

D

丢

丿部
5画

一 二 千 壬 丢 丢

diū，ㄉㄧㄡ

① 失去、失掉 to lose, to mislay：丢失/他丢了一个钱包。

② 失去名声 to lose face：丢脸/丢人。

③ 停止手边的工作 to put aside：丢开工作/丢下孩子不管。

④ 扔 to fling, to hurl, to throw, to toss：球丢得很远。

(東)

一部
4画

一 𠂇 车 东 东

dōng，ㄉㄨㄥ

① 太阳升起来的方向 east：东北/东边/东方/东风/东南/东西/东山再起/东张西望/声东击西/大江东去/福如东海/三十年河东，三十年河西。

② 主人 host/hostess, landlord/landlady, master, owner：东家/房东/东道主。

夂部
2画

冫部
3画

丿部
4画

丿 夕 夂 冬 冬

dōng，ㄉㄨㄥ

四季中的第四个季节 winter：冬季/冬天/冬衣/冬装。

懂

懂懂懂懂懂懂懂懂懂懂懂
懂懂懂懂

忄部
12 画

dǒng，ㄉㄨㄥˇ
明白 to understand：懂得/懂事/看懂/听懂/半懂不懂/似懂非懂/一看就懂。

D

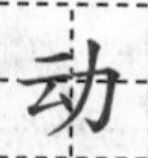

动动动动动动

(動)

力部
4 画

dòng，ㄉㄨㄥˋ

① 搬移，移动 to move，opposite of being quiet：移动/你别动/风吹草动。

② 动作 to act，行为 to behave：动感/动静/动力/动作/举动/行动/运动/一举一动。

③ 感情起了反应 to arouse，to be moved，to touch one's heart：动气/动情/动人/动容/动听/动心。

④ 使用，使起作用 to apply，to use，to utilize：动笔/动兵/动手/动用/动了心思/不动声色/灵机一动。

[动不动] 任何情况下都容易出现某种事 easily，frequently。

冻冻冻冻冻冻冻

(凍)

冫部
5 画

dòng，ㄉㄨㄥˋ

① 液体等遇冷变为固体 (liquid) to freeze：冻结/冻土/冷冻/冻豆腐/湖水冻住了。

② 感到冷，受冷 to feel cold，to get frozen：冻死/手冻麻了。

③ 结成一体的胶状物 jelly：果冻/肉皮冻。

洞洞洞洞洞洞洞洞洞

dòng，ㄉㄨㄥˋ

氵部
6 画

① 整体中的空缺部分 cave, cavity, hole, hollow: 洞府/山洞/袜子破了个洞。

② 完全明白 to have an insight into, to see through, to understand thoroughly: 洞察/洞见/洞悉。

D

dōu, ㄉㄡ 见 91 页 dū, ㄉㄨ。

丶 ⺀ 丷 斗

(鬥)

斗部

dǒu, ㄉㄡˇ

① 量词 classifier, 中国市制容量单位 Chinese measure for measuring decalities of grain: 100 升 = 10 斗 = 1 石。

② 量粮食的器具，方形或鼓形 a kind of measuring implement: 大斗进，小斗出，发了点横财。

③ 形状像斗的东西 sth. like a cup or dipper: 漏斗/烟斗。

④ 强调事物被认为大或小 used to emphasize the small or large size of sth.: 斗胆(dǎn, ㄉㄢˇ)/斗室。

dòu, ㄉㄡˋ

① 对打，比赛争胜负 to contest with, to compete, to fight, to struggle: 斗牛/打斗/决斗/争斗/明争暗斗。

② 吵架或互相不说话 to argue, to dispute, to quarrel: 斗气/斗嘴。

一 扌 扌 扌 扌 抖 抖

扌部
4 画

dǒu, ㄉㄡˇ

① 使动 to jerk, to shake, to vibrate: 抖一抖被子。

② 身体止不住地动 to quiver, to shiver, to tremble：抖动/发抖/战抖。

③ 形容过分得意 to be overproud, to stir up：这家伙有了几个钱更抖了。

dòu，ㄉㄡˋ 见 90 页 dǒu，ㄉㄡˇ。

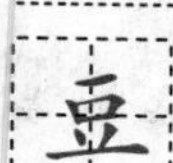

豆部

dòu，ㄉㄡˋ

① 豆类植物 legume, pea, soybean：大豆/绿豆/青豆。

② 豆类植物的种子 the seeds of legume：豆粉/豆腐/豆沙/豆子/豆腐干。

辶部 7 画

dòu，ㄉㄡˋ

① 停一下 to stay, to stop：逗留。

② 引发，招惹 to amuse, to play with, to tease：逗乐/逗趣/逗笑/逗人玩/逗小狗。

③ 有趣，好笑 amusing, funny, interesting：这人可真逗。

[逗号][逗点] 标点符号"，"的名称，表示句子中的较小停顿 comma。

dòu，ㄉㄡˋ 见 92 页 dú，ㄉㄨˊ。

阝部 8 画

dū，ㄉㄨ

① 大城市 city, metropolis：都城/都会/都市/钢都/煤都。

② 首都 capital：建都/京都/旧都。

dōu，ㄉㄡ

① 全部 all，entirely，whole：大家都去。

② 已经 already，yet：饭都凉了，快吃。

③ 甚至 even，indeed：连他都去了。

D

毒

母部 4画

一部 8画

dú，ㄉㄨˊ

① 有害的东西 poison：病毒/中毒/以毒攻毒。

② 有害的 poisonous，noxious：毒草/毒虫/毒气/毒素/毒品/毒手/毒药/恶毒。

③ 用毒伤害 to poison：毒害/毒老鼠/毒化社会。

读

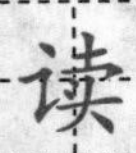

讠部 8画

dú，ㄉㄨˊ

① 照着字念 to read aloud：读稿子。

② 阅，看 to go over：读本/读物/读音/读者/精读/略读/速读/选读/阅读。

③ 上学 to attend school，to study at school：借读/就读/读大学。

dòu，ㄉㄡˋ

文中停顿的地方 a pause in reading：句读。

独

犭部 6画

dú，ㄉㄨˊ

① 单身一人，没有依靠或帮助 alone，all by oneself，singly：独白/独唱/独创/独力/独立/独门/独身/独行/独占/独资/独子/独自/独当一面/一花独放。

② 只 merely，only：大家都去，独他不去。

③ 特别 extraordinary, particular, special: 独到/独特/特立独行。

堵

土部 8画

一 十 土 圥 圥 坩 坩 堵 堵 堵 堵

dǔ, ㄉㄨˇ

① 挡住 to block, to jam, to stop: 堵车/围堵/别堵住了门。

② 呼吸或心情不顺 stifled, suffocated, oppressed: 胸口堵得慌/心里堵得慌。

③ 量词 classifier, used of walls: 一堵墙。

肚

月部 3画

丿 刀 月 月 月一 肚 肚

dù, ㄉㄨˋ

腹部的通称 abdomen, belly, stomach: 肚疼/吃坏了肚子。

dǔ, ㄉㄨˇ

动物的胃，可当作食物 tripe: 肚子/溜肚片。

度

广部 6画

度 度 广 广 庐 庐 度 度 度

dù, ㄉㄨˋ

① 按标准划分的单位 degree: 度量/度数/高度/角度/温度。

② 法则，标准 principles, standard: 法度/气度/态度/制度。

③ 限量，定量 bounds, limit: 过度/年度/限度/置之度外/吃穿用度/劳累过度。

④ 程度 extent, level: 进度/知名度。

⑤ 过 to pass, to spend: 度日如年。

⑥ 量词 classifier, 次 occasion, time: 春风一度/一年一度/三度来华访问。

D

渡

丶 丶 氵 氵 氵 广 疒 沪 浐 浐 渡 渡

氵部 9画

dù，ㄉㄨˋ

① 从水上到对岸 to cross a river, to ferry sb. through：渡船/渡海/渡河/渡轮/摆渡/轮渡。

② 上船的地方 ferry：渡口/渡头。

[偷渡] 从一个国家非法进到另一个国家 to cross the border illegally or stealthily.

端

丶 亠 亣 立 立 立 屮 屵 峁 峁 端 端 端 端

立部 9画

duān，ㄉㄨㄢ

① 用手很平正地拿着 to hold sth. level with both hands：端菜/端水。

② 东西的一头 end, side：笔端/两端/末端/变化多端/作恶多端。

③ 正，不偏 proper, upright：端正/行为不端。

丿 𠂉 仁 乡 矢 矢 矢 矩 矩 矩 短 短

duǎn，ㄉㄨㄢˇ

矢部 7画 豆部 5画

① 长度小 short：短跑/短评/短小/短语/短装/尺有所短，寸有所长。

② 时间不长 short-lived：短期/简短。

③ 缺少，欠 to be short of, to lack：短缺/短少/短斤少两。

④ 缺点 deficiency, flaw, shortcoming, weekpoint：短处/短见/护短/说短论长/目光短浅/扬长避短。

段

丿 ｢ ｢ ｢ ｢ 阜 阜 𣪊 段

殳部 5画

duàn，ㄉㄨㄢˋ

① 量词 classifier，表示事物或时空的一部分 part, period, section, segment：段落/地

段/分段/阶段/片段/线段/一段距离/一段时间。

② 某些机构中的一定级别的单位 division, section (of some institutions): 工段/公路段/客运段。

[段子] 说唱艺术中的短小节目 aria。

D

(斷)

斤部 7画

丶 丷 䒑 半 米 米 㡭 㡭 断 断 断

duàn, ㄉㄨㄢˋ

① 把长东西一段一段分开 to break, to segment, to snap: 断代/切断/一刀两断/棒子断成两段。

② 隔开 to cut off, 不继续 to discontinue, to stop: 断层/断后/断交/断句/不断。

③ 判定 to judge, 决定 to decide, to make up one's mind: 断定/决断/判断/独断独行/独断专行/当机立断。

④ 副词 adv., 加强语气 absolutely, definitely: 断断/断乎/断然。

锻

(鍛)

钅部 9画

丿 𠂉 𠃋 乍 钅 钅 钅 钅 钅 钅 钅 锻 锻 锻

duàn, ㄉㄨㄢˋ

打造加热过的金属 to forge, to hammer: 锻件/锻炼/锻造。

堆

土部 8画

一 十 土 圵 圵 圵 坮 垖 垖 堆 堆

duī, ㄉㄨㄟ

① 加上，合到一起 to pile up, to heap up: 堆放/堆积/堆集/堆雪人/堆积如山/堆金积玉。

② 合在一起的东西 heap, pile: 草堆/土堆。

③ 量词 classifier：一堆土/一堆衣物。

(隊)

阝部
2 画

阝 阝 队 队

duì，ㄉㄨㄟˋ

① 一行一行的 band，formation，line：队列/队形/排队/站队/成队成行。

② 群众团体 contingent，group，team：队员/部队/军队/球队/生产队/成群结队。

③ 量词 classifier，team，group，body of troops：一队人马。

(對)

寸部
2 画
又部
3 画

フ 又 又一 对 对

duì，ㄉㄨㄟˋ

① 对面的 opposite，opposing：对方/对手/对门

② 两者彼此相向 face to face，mutual：对白/对唱/对答/对等/对换/对立/对头/对象/对质/对得起/面对面。

③ 关于 in regard of：对于/对这件事我有我的看法。

④ 对待 to cope with，to treat：对策/他对我很客气。

⑤ 合 to fit one into another：对号入座/文不对题/门当户对。

⑥ 正确 correct，right：你说得对。

⑦ 成双的 to couple，to match：配对/对称。

⑧ 加以比较 to compare with：对比/对照/对一下时间。

⑨ 回答 to answer，to reply，to respond to：应对如流/无言以对。

⑩ 量词 classifier，两个 two，一双 a pair of：一对水瓶。

D

吨

吨吨吨吨吨吨吨

dūn，ㄉㄨㄣ

(噸)

口部
4画

量词 classifier，公制重量单位 used for weight，1 吨 = 1000 千克（one ton equals to 1000 kilograms）：一吨水/200 吨煤。

D

蹲

蹲蹲蹲蹲蹲蹲蹲蹲蹲蹲蹲
蹲蹲蹲蹲蹲蹲蹲蹲

⻊部
12画

dūn，ㄉㄨㄣ
像坐但不挨着地 to squat：蹲下/蹲着。

盾

盾盾盾盾盾盾盾盾盾

dùn，ㄉㄨㄣˋ

目部
4画

古代防护用的兵器 shield：盾牌/自相矛盾/以子之矛，攻子之盾/矛和盾是古代的兵器。

顿

顿顿顿顿顿顿顿顿顿顿

dùn，ㄉㄨㄣˋ

(頓)

页部
4画

① 停一会儿 to pause，to stop for a while：停顿/顿了顿他又接着说。

② 立刻 at once，immediately，right away：顿时/顿悟。

③ 碰 to stamp：顿首/顿足。

④ 安排，处置 to arrange，to dispose of：安顿/整顿。

⑤ 劳累 tired：困顿/劳顿。

⑥ 量词 classifier，次 time，turn：一顿饭。

［顿号］标点符号“、”的名称，表示句子中的最小停顿 caesura sign，indicating the minimum stop in a sentence。

夕部
3 画

D

丿 ク タ 夕 多 多

duō，ㄉㄨㄛ

① 跟“少”相对，数量大的 many，much more，in quantities：多方/多情/多时/多谢/居多/见多识广/人多口杂/人多势众/不可多得/能者多劳/少见多怪/积少成多。

② 有余，比一定的数目大 more than，over：百多人/十多个。

③ 过分的 excessive，不当的 too much：多心/多嘴。

④ 相差大 considerable，far more，much more：冷多了。

⑤ 副词 adv.，表示惊异、赞叹 greatly，much：多好/多美啊。

⑥ 表示疑问 used interrogatively：有多重？

［多会儿］什么时候 when。

(奪)

大部
3 画

一 ナ 大 夲 夺 夺

duó，ㄉㄨㄛˊ

① 抢，强要 to grab，to snatch，to take by force：夺取/夺权/抢夺/争夺/警察从罪犯手中夺过手枪。

② 努力得到胜利 to compete，to contend，to strive for：夺标/夺得/强词夺理/先声夺人/争名夺利/争权夺利。

③ 使失去 to deprive：夺志/这场车祸夺去了他的健康。

木部
2 画

丿 几 朵 朵 朵 朵

duǒ，ㄉㄨㄛˇ

量词 classifier，用于花或成团的东西 used with flowers，etc.：三朵花/一朵云。

躲

丿 亻 介 介 有 身 身 身' 躲 躲 躲 躲 躲

身部
6画

duǒ, ㄉㄨㄛˇ

避开 to avoid，让别人找不到，隐藏 to get out of way，to hide：躲避/躲藏/躲在后面。

E

E，ㄜ

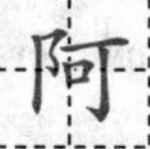

ē，ㄜ 见1页ā，ㄚ。

丿 亻 仁 仁 仟 仟 俄 俄 俄

亻部
7画

é，ㄜˊ

① 短时间的 presently，very soon：俄而/俄顷。

② 指俄国 Russia：中俄友好年/当代俄美关系。

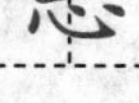

一 丅 亓 亚 亚 亚 严 恶 恶 恶

(惡)

心部
6画

è，ㄜˋ

① 坏的 bad，evil，不好的 wicked：恶化/恶果/恶名/恶念/恶人/恶少/恶声/恶俗/恶习/恶性/恶意/恶语/恶作剧/恶有恶报/恶语伤人/恶语相加/恶语中伤/好事不出门，恶事传千里。

② 极坏的行为 evil behaviour：罪恶。

③ 凶狠的 cruel，ferocious：恶斗/恶毒/凶恶/恶声恶气。

wù，ㄨˋ

不喜欢 to dislike，可恨 to hate，to loathe：好恶/可恶/深恶痛绝。

饣部
7画

E

丿 𠂉 饣 饣 饣 饣 饣 饿 饿 饿

è，ㄜˋ

肚子里没食物，想吃 hungry：饿饭/我饿了/饿虎扑食。

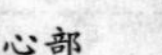

心部
6画

丨 冂 冃 冈 因 因 因 恩 恩 恩

ēn，ㄣ

深情 deep affection：恩德/恩情/大恩大德。

[恩爱] 夫妻情意深厚 a married couple love each other very much，a devoted couple。

儿部

丿 儿

ér，ㄦˊ

① 小孩子 child，kid：儿歌/儿童/儿戏/女儿/小儿/儿童节/视同儿戏。

② 儿子 son：儿女/儿孙/养儿防老。

③ 青年男子 yong people，youth：健儿/男儿。

④ 雄性的 male：儿马。

⑤ 词尾 suffix：小花儿/拐弯儿/叫好儿。

而

而部
一部
5画

一 𠂇 𠂇 丙 丙 而

ér，ㄦˊ

① 连接同类的词或句子，表示顺接或转接 conj. used for linkage or association in the paralleled sentence structure：因为努力而得到发展/有名而无其实/群起而攻之/可望而不可及/敢怒而不敢言/不得其门而入/不可同日而语/一而再，再而三/不得已而求其次/听其言而观其行/心有余而力不足/有百

害而无一利/有过之而无不及/知其然而不知其所以然。

② 并且 and…as well, but also：而且/进而。

③ 然后 after that, then：而后。

④ 但是 but, however：然而。

[而已] 罢了，表示仅仅如此 that is all, nothing more：不过三天而已。

耳部

一 丁 丌 丌 耳 耳

ěr, ㄦˇ

① 耳朵 ear：耳门/耳目/耳顺/耳闻/耳语/耳边风/耳朵软/打耳光/耳听八方/隔墙有耳/如风过耳/耳闻不如目见/眼观六路，耳听八方。

② 像耳朵的或位置在两旁的 any ear-like thing：耳房/木耳。

一部
1画

一 二

èr, ㄦˋ

① 数目字，2 two：二流/第二/二房东/二人转/接二连三/一心二用/心无二用/独一无二/数一数二/只知其一，不知其二。

② 另外的 another，不同的 different：不说二话/有了二心/三心二意。

F，ㄈ

(發)

𠂇 𠂇 方 发 发

fā, ㄈㄚ

① 交出 to deliver, to send out：发放/发货/发还/发送。

乙部
4 画

② 说出 to express, to speak out, to utter: 发表/发问/发言/发愿。

③ 放射 to launch, to shoot, 散开 to discharge, to disperse: 发布/发光/发散/散发。

④ 打开 to expose, to open up, to uncover: 开发。

⑤ 显现 to appear, to develop, to discover: 发病/发现/发行/发育/发扬/发作/发扬光大。

⑥ 得到大量财物 flourishing: 发达/开门大发。

⑦ 引起 to bring about, to set out, to start: 发动/发火/发觉/发毛/发难/发生/发展/发人深省。

⑧ 量词 classifier, 用于炮弹 used for ammunition, shell: 一发炮弹。

(髮)

fà, ㄈㄚˋ

头发 hair: 理发店/满头白发。

罚

fá, ㄈㄚˊ

处治犯罪或有错的人 to penalize, to punish: 罚单/罚金/处罚/惩罚/体罚/开罚单。

(罰)

罒部
4 画

法

fǎ, ㄈㄚˇ

① 公民都要做到的规定 law, regulations and rules, norm, standard: 法办/法典/法定/法规/法纪/法理/法令/法学/合法/民法/横行不法。

② 处理事情的手段 method, way: 办法/方法/看法/设法/想法/用法。

氵部
5 画

F

③ 超凡的 magic：法宝/法力/法术。

④ 法国的简称 short for France：中法友好年。

fà，ㄈㄚˋ 见 101 页 fā，ㄈㄚ。

丿 丆 丆 丆 平 平 采 采 番 番 番
番 番 番 番 翻 翻 翻

羽部
12 画

fān，ㄈㄢ

① 物体上下、内外位置反过来 to set upside down，to turn over：翻动/翻身/车翻了。

② 事情性质改变 to break up，to fall out，to reverse：翻案/花样翻新/两人闹翻了。

③ 改变 to alter，to change：翻版/翻新/翻修/翻印/翻造/推翻/翻脸不认人。

④ 改变数量，成倍数增加 to multiply：翻一倍。

⑤ 翻译 to interpret，to translate：歌德的著作最好直接从德文翻，从英文转译不理想。

凡

丿 几 凡

几部
1 画

fán，ㄈㄢˊ

① 符合一般情况的 average，common，mediocre，ordinaray：凡例/不凡/非凡/平凡/凡响/凡人凡事。

② 人世间的 earthly，worldly：凡间/天才也是凡人，不是神。

③ 所有的 all，every：凡是/凡事都是亲自办。

烦

丶 丷 火 火 灯 灯 炘 炘 烦 烦

fán，ㄈㄢˊ 。

(煩)

火部 6画

页部 4画

① 心情不好 annoyed, irritated, vexed: 心烦/有点儿烦。

② 不满意 sick of: 吃烦了/听烦了。

③ 多而乱 superfluous and confusing: 烦难/烦杂/麻烦/耐烦。

④ 客气话，表示给对方添麻烦 to trouble: 烦劳/烦请指正。

F

繁

糸部 11画

(stroke order) 繁

fán, ㄈㄢˊ

① 复杂 complex, complicated: 繁杂/繁重。

② 多 numerous: 繁多/繁复/繁细。

③ 城市发达、热闹 grand, luxuriant, vigorous: 繁华/繁荣/繁盛/繁荣昌盛。

反

又部 2画

丿部 3画

一 厂 万 反

fǎn, ㄈㄢˇ

① 翻转，不同方向的 in reverse, on the contrary, opposite, to turn over: 反常/反话/反面/反问/违反/相反/唱反调/一反常态/衣服穿反了。

② 不同意 to be against, to oppose, to rebel, to revolt: 反对/反感/反抗。

辶部 4画

一 厂 万 反 `反 reporting 返

fǎn, ㄈㄢˇ

回 to come or go back, to return: 返回/返校/往返/返老还童/积重难返。

犭 犭 犭 犭 犯

fàn, ㄈㄢˋ

犭部
2 画

① 不合规定 to go against the rule, to violate the law：犯案/犯禁/犯罪/违犯/犯校规。

② 犯法的人 convict, criminal, prisoner：从犯/共犯/人犯/逃犯/要犯/战犯/主犯/重犯。

③ 侵犯 to aggress upon, to invade, to offend：进犯/人不犯我，我不犯人。

④ 发作，发生（多指不好的事情）to attack, to occur：犯病/犯糊涂。

(汎)

氵部
4 画

泛泛泛泛泛泛泛

fàn，ㄈㄢˋ

① 显现出 to be suffused with：脸上泛红。

② 跟着水漂流 to float：泛舟。

③ 不深入 not deepgoing：浮泛/空泛/泛泛而谈。

④ 范围很广 extensive, general：泛称/泛论/泛指/广泛/宽泛。

(飯)

饣部
4 画

饭饭饭饭饭饭饭

fàn，ㄈㄢˋ

早中晚定时吃的食物 meal：饭店/饭馆/饭后/饭量/饭铺/饭钱/饭庄/饭桌/便饭/茶饭/开饭/客饭/年饭/午饭/稀饭/金饭碗/铁饭碗/家常便饭。

范

①~③
(範)

艹部
5 画

范范范范范范范范

fàn，ㄈㄢˋ

① 效法的对象 model，标准 example, pattern, standard：范本/范例/范文/典范/模范/师范。

② 做出标准 set an example：范读/示范。

③ 伏法 to get under control, to plead guilty：

就范。

④ 姓 a surname。

二匚

fāng, ㄈㄤ

meaning symbol. 三框栏儿（sānkuànglánr），三框儿（sānkuàngr）as a meaning symbol is relevant to utensil, such as 匣（box）。

方

方部

方 方 方 方

fāng, ㄈㄤ

① 一边或一方面 party, side：方面/甲方/双方/我方。

② 平方米或立方米的简称 short for square metre or cubic metre。

③ 直角四边形或正六面体 square：方糖/方形/方圆/方正/长方/正方/方块字/外圆内方。

④ 正 at the time when, just：年方二八/来日方长。

⑤ 办法 method, way：方案/方式/想方法/千方百计。

⑥ 方向 direction：方位/四面八方。

防

阝部
4 画

阝 阝 阝 阝 阝 防 防

fáng, ㄈㄤˊ

① 做好准备应付不幸 to defend, to guard against, to prevent：防备/防毒/防范/防火/防守/防卫/防震/防治/防不胜防。

② 防务，保护安全 defense, fortress：边防/城防/关防/国防/换防。

户部 4画

房房房户户户房房

fáng，ㄈㄤˊ

① 房子 house：房产/房东/房客/房屋/房主/楼房/木房/平房/瓦房。

② 房间 room：病房/客房/书房/卧房/新房/文房四宝。

③ 像房子的东西 a house-like structure：心房。

④ 大家族的一支 a branch of an extended family：二房/长房/远房。

[洞房] 新婚用的房间 nuptial chamber：闹洞房。

仿

亻部 4画

仿仿仿仿仿仿

fǎng，ㄈㄤˇ

① 照样（做）to copy：仿冒/仿照/仿制/他仿写的一张还不错。

② 跟着学习 to follow the example of，to imitate：仿古/仿效/模仿/效仿。

访 (訪)

讠部 4画

访访访访访访

fǎng，ㄈㄤˇ

① 打听，调查 to inquiry into，to investigate：访查/访求/访谈/访问/访员/明察暗访。

② 看，参观 to call on，to visit，to tour：访友/造访/走访。

放

攵部 4画

放放方方放放放放

fàng，ㄈㄤˋ

① 使自由 to free，to release：放假/放宽/放任/放生/放心/放学/释放/放任自流/把小偷放了。

② 搁 to place，to put：放下/放置/安放/陈

放/把东西放在架子上。

③ 发出 to discharge, to emit, to let out, to send out: 放电/放枪。

④ 花开 in full blossom: 百花齐放。

(飛)

乙部
2 画

飞飞飞

fēi, ㄈㄟ

① 飞行 to fly, to flit: 飞虫/飞船/飞机/飞天/飞往/飞舞/飞沙走石/远走高飞/天高任鸟飞。

② 很，非常 very swiftly: 他跑得飞快。

③ 像飞似的 flying: 飞车/飞跑/飞速/飞毛腿。

非部

丨部
7 画

丨 刂 刲 刲 非 非 非 非

fēi, ㄈㄟ

① 错 wrong, 不对 evil-doing, wrongdoing: 是非（对与错）/大是大非/似是而非/无事生非/想入非非。

② 不 no, 不是 not: 非常/非但/非独/非法/非凡/非分/非人/非公莫入/非同小可/答非所问/口是心非/非亲非故。

③ 非洲（世界七大洲之一）的简称（short for）Africa（one of the seven continents in the world）: 北非/南非。

④ 必须 must, 一定 have to: 非得。

［非……不……］表示必须 used to indicate wilfulness or determination: 你非去不可。

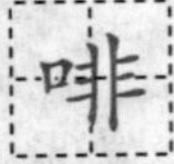

口部
8 画

丨 口 口 叫 吁 旪 旪 啡 啡 啡 啡

fēi, ㄈㄟ 见 219 页［咖啡］。

肥

丿 刀 月 月 月 月 月 肥

月部
4 画

féi，ㄈㄟˊ

① 与“瘦”相对，油多 corpulent，fat：肥大/肥肉/肥壮/肥猪/食言而肥/肉太肥了。

② 土地好 fertile，rich：肥田/地很肥。

③ 有利于动植物生长的物质 fertilizer：肥料/化肥/施肥/增肥。

④ 宽大 large，loose：这件衣服太肥了。

⑤ 有好处的 lucrative，profitable：肥缺/肥水。

匪 匪 匪 匪 匪 匪 匪 匪 匪 匪

匚部
8 画

fěi，ㄈㄟˇ

强盗 bandit，brigand，robber：匪帮/匪首/土匪。

(廢)

废 废 废 废 废 废 废 废

广部
5 画

fèi，ㄈㄟˋ

① 不要了，停止 to abandon，to abolish：废除/废止/报废/偏废/作废/半途而废。

② 没有用的 useless，disused：废话/废料/废品/废气/废水/废物/废纸/废物利用。

③ 缺手缺脚等 disabled，maimed：废人/残废。

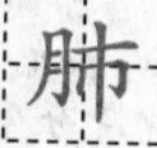

丿 刀 月 月 月 肺 肺 肺

月部
4 画

fèi，ㄈㄟˋ

内脏之一，呼吸器官 lung：肺病/肺部/肺脏。

[狼心狗肺] 比喻人心不好，忘恩负义 refers to a lack of gratitude。

(費)

贝部
5画

fèi，ㄈㄟˋ

① 用去 to cost，to consume，to expend，to spend：费力/费劲/费钱/费神/费时/费事/费心/白费/浪费。

② 用去的钱 charge，dues，fee：费用/学费/公费/花费/会费/经费/旅费/免费/破费/消费/小费/杂费/自费。

F

刀部
2画
八部
2画

fēn，ㄈㄣ

① 分开 to divide，to separate：分布/分工/分界/分离/分期/分身/平分/难分难解/平分秋色。

② 和主体一样但比较小的 branch：分店/分队/分支。

③ 程度 degree，extent：入木三分/有三分高兴。

④ 分派，分发 to allot，to assign，to distribute：分房子。

⑤ 不同，区别 to discriminate，to differentiate，to distinguish：分门别类/分清是非。

⑥ 时间单位名 minute：1小时=60分。市制长度单位 *fen*，a unit of length 1 ($= \frac{1}{3}$ centimetre)：1寸=10分。

fèn，ㄈㄣˋ

① 组成某物的东西，成分 component，part，status：分量/分子/部分/福分/名分/情分/水分/糖分/天分/养分。

② 应该做到的责任 duty：分内/安分/本分/过分/福分/名分/情分/天分/非分之想。

吩

口部
4画

吩 吩 吩 吩 吩 吩 吩

fēn, ㄈㄣ

[吩咐] 口头上要人做 to instruct, to tell: 母亲吩咐他早去早回。

(紛)

纟部
4画

纷 纷 纷 纷 纷 纷 纷

fēn, ㄈㄣ

① 众多 many and various, numerous: 纷纷。

② 杂乱 confused, disorderly, tangled: 纷繁/纷乱/纷扰/大雪纷飞。

米部
4画

粉 粉 粉 粉 粉 粉 粉 粉 粉 粉

fěn, ㄈㄣˇ

① 极为细碎的东西 powder: 粉笔/粉状/豆粉/花粉/药粉/洗衣粉。

② 美容用的粉末 face powder: 粉底/抹粉。

③ 使成为粉 to smash: 粉碎。

④ 把石灰等加在墙面上 to whitewash: 粉墙。

⑤ 浅红色 pink: 粉色的衣服。

⑥ 米粉、面粉等，或用它们做成的条状食品 noodles, vermicelli: 粉丝/细粉/米粉/面粉。

亻部
4画

份 份 份 份 份 份

fèn, ㄈㄣˋ

① 整体里的一部分 part, portion, share: 份子/股份/份儿饭。

② 在“省、县、年、月”后面，表示划分的单位 used after 省、县、年、月 to form a unit: 省份/县份/年份/月份/五月份/十一月份。

F

③ 量词 classifier, a piece of, a portion of: 一份工作/一份文件。

一 ナ 大 夲 夲 夲 奋 奋

(奮)

大部
5画

fèn, ㄈㄣˋ

① 打起精神来 to bestir/exert oneself, to act vigorously: 奋斗/奋发/奋起/发奋/激奋/兴奋。

② 努力 to endeavor, to make great efforts, to strive: 奋进/奋勇/奋战/奋不顾身。

丶 忄 忄 忄 忄 忄 忄 忄 愤 愤 愤 愤

(憤)

忄部
9画

fèn, ㄈㄣˋ

① 生气 angry: 愤怒/悲愤/公愤/气愤。

② 因不满而情绪冲动 angry, fury, indignant: 愤激/激愤/义愤/愤愤不平/愤然出走。

一 二 三 丰

(豐)

一部
3画
丨部
3画

fēng, ㄈㄥ

① 多 abundant, excessive, plentiful: 丰富/丰年/丰盛/丰收/丰足/丰衣足食。

② 大 great, huge: 丰满/丰美/丰功伟绩。

丿 几 凡 风

(風)

风部

fēng, ㄈㄥ

① 从地面平行流过的空气 breeze, gust, wind: 风化/风级/风口/风波/风俗/吹风/一阵风。

② 风一样的 popular: 风行。

③ 一种相同的习惯, 一种文化, 风气 ethos, trend, vogue：世风/文风/校风/学风。

fēng，ㄈㄥ

寸部
6画

① 严密地合上 to close，to seal：封存/封顶/封口/封好/封河/封湖/封门/封山/封条/查封/密封/原封不动/故步自封。

② 纸包 covering，paper wrapping：封套/信封。

③ 书本的外皮 book cover：封底/封面/封皮。

④ 量词 classifier，用于信件 used for letters：收到一封信。

⑤ 姓 surname。

féng，ㄈㄥˊ

辶部
7画

遇到 to come across，碰见 to meet with：重逢/相逢/每逢星期四开会。

fó，ㄈㄛˊ

亻部
5画

① 信佛教的人对修行圆满的人的称呼，特指佛教的创始人 Buddha：佛祖/活佛/石佛/借花献佛。

② 指与佛相关的事物 Buddhism：佛法/佛教/佛经/佛门/佛事/佛堂/佛像/念佛。

fǒu，ㄈㄡˇ

口部
4画

① 有相反的意见 to deny，to negate：否决/否认/否则/可否/能否/是否/不置可否。

② 单用，表示不同意 nay, negative, no：都不去吗？否，有人去。

一 二 夫 夫

fū，ㄈㄨ

大部 1画

一部 3画

① 已婚男女中的男方 husband：夫妇/夫权/姐夫/丈夫。

② 一般男子的通称 man：夫子/大夫/老夫/匹夫/千夫所指。

③ 做某种体力劳动的人 labourer, manual worker, physical labourer：车夫/脚夫/农夫/挑夫/武夫。

一 扌 扌 扌 扌 扶 扶

fú，ㄈㄨˊ

扌部 4画

① 用手支持着使站立 to hand (sb.), to support with the hand：扶墙/扶住老人。

② 帮助 to aid, to offer one's help：扶持/扶助/救死扶伤。

[扶病] 有了病还坚持工作 in spite of one's illness, regardless of one's poor health。

服

丿 刀 月 月 月 肌 服 服

fú，ㄈㄨˊ

月部 4画

① 衣、裤 clothes, dress：服装/被服/军服/西服/制服/工作服。

② 相信，听从 to obey, to submit (oneself) to, to convince, to be convinced：服从/服气/服人/服输/收服/说服/信服/征服/以理服人/以力服人/心服口服。

③ 吃（药） to take (medicine)：服药/服用/内服。

④ 相合 to be accustomed to：水土不服。

⑤ 做某工作 to serve as：服务。

浮

浮 浮 浮 浮 浮 浮 浮 浮 浮 浮

氵部
7 画

fú，ㄈㄨˊ

① 漂在上面或空中 to float：浮标/浮动/浮云/漂浮。

② 表面的 on the surface：浮财/浮土。

③ 不实际 impractical，不稳重、不实在 indiscreet：浮报/浮华/浮名/轻浮/心浮。

符

符 符 符 符 符 符 符 符 符 符 符

竹部
5 画

fú，ㄈㄨˊ

① 代表事物的标记 mark，sign，symbol：符号/兵符/声符/形符。

② 相合 in accordance with：符合/相符。

③ 有法力的图形 Taoist figures which are said to be magic and to bring good or ill fortune：护身符。

幅

幅 幅 幅 幅 幅 幅 幅 幅 幅 幅 幅 幅

巾部
9 画

fú，ㄈㄨˊ

① 布、画等东西的宽度（of cloth，paintings，etc.）breadth：幅面/宽幅布。

② 泛指大小或宽度 extent，limit，width：幅员/篇幅。

③ 量词 classifier，用于字、画 used with calligraphy and painting：一幅画/一幅字。

福 福 福 福 福 福 福 福 福 福 福 福
福

礻部
9 画

fú，ㄈㄨˊ

幸福，与“祸”相对 bliss，happiness（as opposed to disaster）：福利/福气/福星/福

音/发福/后福/口福/托福/万福/眼福/祝福/福至心灵。

fǔ, ㄈㄨˇ

广部
5画

指重要的建筑物或重要人物住处 some important buildings, famous person's residence, seat of government: 府第/官府/首府/天府之国/高等学府。

[府上] 敬称对方的家 an honorific for someone's family (home), 祖居地等 one's ancestral home, hometown, native place, etc.

(輔)

车部
7画

fǔ, ㄈㄨˇ

帮助，协助 to aid, to assist, to help, to tutor: 辅导/辅修/辅助/相辅相成。

肉部
8画
广部
11画

fǔ, ㄈㄨˇ

① 烂，变质 corrosive, rotten: 腐败/腐化/腐烂/腐熟/防腐。

② 豆制食品 bean products: 腐竹/豆腐/臭豆腐/豆腐脑。

③ 思想守旧 conservative thoughts: 陈腐。

fù, ㄈㄨˋ

meaning symbol. 双耳旁儿 (shuāng'ěrpángr) or 双耳刀儿 (shuāng'ěrdāor)。左耳刀儿

(zuǒ'ěrdāor, on the left side) 阝 as a meaning symbol is relevant to the land or step such as 阶 (stairs), 院 (yard)。右耳刀儿 (yòu'ěrdāor, on the right side) is relevant to area or district, such as 邦 (state), 郊 (suburb), 郑 (州) (a title of area)。

父父𠂉父

fù, ㄈㄨˋ

meaning symbol. 父字旁儿 (fùzìpángr), 父 as a meaning symbol is often related to male eldership, such as 爷 (grandfather), 爸 (father), 爹 (father, ancient usage)。

父部

父父𠂉父

fù, ㄈㄨˋ

① 书面称爸爸 father: 父母/父亲/父兄/父系/父子/家父/严父/严父慈母。

② 称呼男性长辈 used to address the elder male: 伯父/姑父/继父/舅父/师父/叔父/养父/义父/祖父/外祖父/曾祖父。

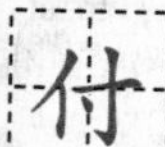

亻部 3画

付付付付付

fù, ㄈㄨˋ

① 交, 给 to commit to, hand over to, to pay, to turn over to: 付出/付款/付钱/付邮/托付/支付/付之一笑。

② 量词 classifier: 一付中药。

(婦)

女部 3画

𡿨 妇 妇 妇 妇 妇

fù, ㄈㄨˋ

① 已婚女子 married woman: 妇道/产妇/弟妇/夫妇/泼妇/少妇/新妇/主妇。

② 女性的通称 female, woman: 妇科/妇女/妇人。

F

负 (負)

贝部 2画
⺈部 4画

⺈ 𠂊 𠂊 负 负 负

fù，ㄈㄨˋ

① 背 to have at one's back：负担/负重/背负/身负重任/如牛负重/如释重负。

② 担任 to shoulder，to undertake：负责/担负。

③ 受到 to suffer：负气/负伤。

④ 具有 to enjoy：久负盛名。

⑤ 欠(钱) to owe：收不抵支，但是负的钱不多。

⑥ 败，与"胜"相对 to be beaten，to be defeated，to lose：胜负/不分胜负。

⑦ 与"正"相对 minus，negative：负电/负号/负数/正负。

⑧ 说话不算话 to fail in one's duty，obligation，etc.：负心/负约/忘恩负义。

附

阝部 5画

阝 阝 阝 阝 阝 附 附

fù，ㄈㄨˋ

① 另加的备用内容 to add，to annex，to attach，to enclose：附笔/附带/附件/附言/附注/附寄一张照片。

② 紧紧连在一起 near，to adhere，to depend on，to rely on：附近/附设/附属/依附/附在耳边/随声附和。

口部 5画

丨 口 口 口 口 口 咐 咐

fù，ㄈㄨˋ 见111页［吩咐］。

复 (復)(複)

丿部 8画
夂部 6画

复复复复复复复复复

fù, ㄈㄨˋ

① 回答 to answer, to reply: 复电/复信/答复/回复。

② 还原 to restore, to resume, to return to: 复古/复原/恢复/平复/修复。

③ 再, 又 again: 复查/复出/复发/复工/复试/复赛/复兴/反复/复活节/反复无常/无以复加/周而复始。

F

刂部 9画

副副副副副副副副副副副

fù, ㄈㄨˋ

① 第二的 second, secondly, 次要的 next, second-rate: 副本/副官/副手/副题/副业/副职/副食品/副校长/副作用。

② 能互相配合 to fit, to correspond to, to match: 名副其实/名不副实。

③ 量词 classifier, 用于成套的东西 a set of, 或用于面部的表情 used to indicate facial expression: 一副药/一副哭笑不得的样子。

亻部 10画

傅傅傅傅傅傅傅傅傅傅傅傅

fù, ㄈㄨˋ

① 教人学问或技能的人 teacher: 师傅/大师傅。

② 姓 a surname。

宀部 9画

富富富富富富富富富富富富

fù, ㄈㄨˋ

① 钱多, 东西多 rich, wealthy: 富贵/富户/富有/财富/首富/致富/为富不仁/荣华

富贵。

② 充足，多 abundant，much，plentiful：富强/富态/富余/富足/丰富。

③ 姓 a surname。

腹

丿 几 月 月 月' 月' 肝 肝 肺 胪 腹 腹 腹

月部 9画

fù，ㄈㄨˋ

① 肚子 abdomen，belly，stomach：腹部/腹痛。

② 比喻人的内心或一个地方的中心 centre，heart：腹地/腹稿/心腹/腹背受敌。

G

G，ㄍ

该 (該)

丶 讠 讠 讠 讠 该 该 该

讠部 6画

gāi，ㄍㄞ

① 应当 to deserve，ought to，should：该当/该死/本该/活该/应该。

② 指才说过的人或事物 the thing or person just mentioned，that/this：该地/该书。

改

⁊ ㄱ 己 己 己' 改 改

攵部 3画

gǎi，ㄍㄞˇ

① 变 to alter，to change，换 to shift，to transform：改变/改称/改口/改名/改期/改天/改用/改造/改装/更改/改头换面。

② 修改 to correct，to modify，to revise：改编/改动/改写/改文章。

③ 把错的换成对的 to put right，to renew，to

reform：改革/改过/改善/改正/批改/痛改前非/知错就改。

（蓋）

八部 9画
皿部 6画

丷 䒑 兰 羊 羊 盖 盖 盖 盖 盖 盖

gài，ㄍㄞˋ

① 在上面放 to cover：盖印/盖章/盖被子/盖上瓶子。

② 被子 quilt：铺盖。

③ 超过 to cover，to surpass：压盖/笑声盖过了歌声。

④ 修建房子 to build，to construct：翻盖/修盖/盖工厂。

［盖了帽了（盖帽）］特别好 excellent，terrific。

gě，ㄍㄜˇ

姓 a surname。

概

木部 9画

概 十 木 木 村 村 村 根 根 根 柜 楔 概

gài，ㄍㄞˋ

① 大略，总括 generally，approximately：概观/概况/概论/概率/概念/概数/概算/概要/大概/一概而论。

② 气度 bearing，tolerance：气概。

（乾）（榦）

一部 2画

一 二 干

gān，ㄍㄢ

① 没有水分或水分很少 dry，lack of water：干菜/干草/干饭/干果/干冷/风干/天干/干巴巴/外强中干。

② 除去水分的食品 dried food：饼干/牛肉干。

③ 完 no more，out of（sth.）尽 empty：干

二部
1 画

杯/泪都流干了。

④ 白白地 for nothing：干着急。

⑤ 认的亲人 nominal adoptive kinship：干妈/干妹/干娘。

⑥ 姓 a surname。

gàn，ㄍㄢˋ

① 主要部分 main part，mainstream，trunk：干线/词干/树干/主干/枝干。

② 做 conduct，do，work：干劲/实干/干活儿。

③ 做事能力强的，干部 able man，backbones，cadre：干才/干练/干事/高干/骨干/精干/苦干/老干/能干/精明强干。

一 十 廾 甘 甘

甘部
一部
4 画

gān，ㄍㄢ

① 甜的，味道好 pleasant，sweet：甘草/甘苦/甘露/甘美/甘心/同甘共苦/苦尽甘来。

② 愿意，乐意 willingly，with joy：甘愿/不甘/心甘情愿。

丿 刀 月 月 月一 月二 肝

月部
3 画

gān，ㄍㄢ

主要内脏之一 liver：肝脏。

[心肝] ❶ 最心疼的人 referring to the most lovely person。❷ 良心，正义感 justice。

(趕)

走部
3 画

一 十 土 丰 丰 走 走 走 赶 赶

gǎn，ㄍㄢˇ

① 追 to chase，pursue，go after：追赶/赶上去。

② 快做，努力做 to hurry，to rush for：赶场/赶集/赶紧/赶快/赶路/赶忙/赶早/赶作

业/迎头赶上。

③ 用强力使人离开，逐出 to drive，to banish：赶走/赶尽杀绝。

④ 使牛马等动物拉车向前行走 to drive：赶马车。

⑤ 刚好遇到某种情形 to meet with：赶巧/正赶上他也在学校。

攵部
7 画

gǎn，ㄍㄢˇ

① 有勇气 bravery，courage，不害怕 daring，not scared：果敢/勇敢。

② 勇于做某事 to be bold to do sth.，dare to do sth.：敢于/你敢去吗？

心部
9 画

gǎn，ㄍㄢˇ

① 客观事物在头脑中引起的反应 thoughts and feeling，response：感动/感情/感想/感言/反感/观感/好感/快感/灵感/美感/敏感/情感/手感/同感/语感/预感/感同身受/百感交集。

② 对别人的好意表示谢意 to feel grateful，to thank：感恩/感激/感谢。

③ 觉得 to feel，to move，to response，to touch：感到/感觉/深感不安。

gàn，ㄍㄢˋ 见 121 页 gān，ㄍㄢ。

gāng，ㄍㄤ

(刚)

刂部
4画

① 正好，正巧 barely，exactly，just right：刚好/刚刚合适。

② 才，很短时间以前 as soon as，just now：刚才/他刚到。

③ 坚强 firm，powerful，strong，upright：刚健/刚劲/刚烈/刚强/刚性/刚正/刚直/血气方刚。

钢

(鋼)

钅部
4画

ノ ⺈ 𠂉 ⺧ 钅 钔 钔 钢 钢

gāng，ㄍㄤ

铁和碳的合金 steel：钢板/钢材/钢刀/钢管/钢花/钢水/钢丝/钢铁/钢针/炼钢/百炼成钢。

氵部
9画

丶 冫 氵 氵 汁 汁 洪 洪 洪 港 港
港

gǎng，ㄍㄤˇ

① 停船的口岸或飞机起降的机场 harbor，airport：航空港/上海港。

② 香港 Hong Kong：港产/港商/港资。

亠部
8画

丶 亠 亠 亠 亠 亠 高 高 高 高

gāo，ㄍㄠ

① 从上到下的长度大 high，tall：高大/高低/高度/高举/高空/高楼/标高/音高。

② 等级在上的 of a high level or degree：高等/高级/高手/高下/清高/自高自大。

③ 超出一般标准或程度的 above the average：高超/高见/高就/高论/高深。

④ 大声 loud：高歌。

⑤ 姓 a surname。

糕

糕 糕 糕 糕 糕 糕 糕 糕 糕 糕 糕
糕 糕 糕 糕 糕

米部
10 画

gāo, ㄍㄠ

用米粉、面粉等做成的块状点心 cake, pastry：糕点/蛋糕/发糕/年糕。

搞

搞 搞 搞 搞 搞 搞 搞 搞 搞 搞 搞 搞
搞

扌部
10 画

gǎo, ㄍㄠˇ

① 做，干 to do, to make：搞大/搞定/搞活/搞笑/胡搞/乱搞/搞工作/搞花架子。

② 设法获得 to get, to manage to do：搞点材料。

③ 整治（人）to impose on sb., to make fun of sb., to produce a certain effect or result on sb.：搞鬼/搞笑片/他总想搞别人。

稿（稾）

稿 稿 稿 稿 稿 稿 稿 稿 稿 稿 稿
稿 稿 稿 稿

禾部
10 画

gǎo, ㄍㄠˇ

① 备用的文章、图画 draft, sketch：稿本/稿件/稿约/稿纸/稿子/草稿/初稿/底稿/定稿/腹稿。

② 五谷类植物的主干 stalk of grain, straw：稿荐（jiàn，ㄐㄧㄢˋ，稻草编的坐卧用品）。

告 告 告 告 告 告 告

口部
4 画
牛部
3 画

gào, ㄍㄠˋ

① 说事给人听 to tell：告示/告诉/告知/报告/公告/广告/警告/通告/文告/宣告/预告/忠告/自告奋勇。

② 打官司 to accuse sb. of sth.：告发/告他

骗人。

③ 请求 to ask for, to request: 告假。

④ 说明 to inform, to notify: 告别/告吹/告急。

㇀ 七 戈 戈

gē, ㄍㄜ

meaning symbol. 戈字旁儿 (gēzìpángr), 戈 as a meaning symbol is related to weapons or killing, such as 战 (war), 伐 (war)。

口部 7画

一部 9画

一 丆 可 可 可 可 哥 哥 哥 哥

gē, ㄍㄜ

同辈而比自己年长的男人 elder brother: 哥哥/表哥/大哥/堂哥/哥们儿。

胳

月部 6画

丿 刀 月 月 ⺼ 肸 肸 胳 胳 胳

gē, ㄍㄜ

[胳膊] 上身手、肩相连的部分 arm。

(擱)

扌部 9画

一 扌 扌 扌 扌 扪 扪 扪 搁 搁 搁 搁

gē, ㄍㄜ

① 放在, 放 to lay, to place, to put: 把书搁架上/请少搁点儿糖。

② 暂时放着 to lay by, to put aside, 不急着做 to leave over, to be on the shelf: 搁置/耽搁/这事先搁着吧。

歌

哥 哥 哥 哥 哥 哥 哥 哥 哥 哥 哥
歌 歌 歌

欠部
10 画

gē, ㄍㄜ

① 可以唱的文词 chant, song：歌词/歌曲/诗歌/四面楚歌。

② 唱 to chant, to sing：歌唱/歌剧/歌手/歌星/唱歌/对歌/长歌当哭。

革 革 革 革 革 革 革 革 革

gé, ㄍㄜˊ

革部

① 经过加工的皮 hide, leather：皮革/制革。

② 改变 to change, to reform, to shift, to transfer：革命/革新/变革/改革/洗心革面。

③ 除去 to expel, to remove：革除/革职。

格

格 格 格 格 格 格 格 格 格 格

gé, ㄍㄜˊ

木部
6 画

① 分隔出的空白部分 blank：格子/表格/方格/空格。

② 标准 criterion, standard, specification：格式/够格/规格/合格/及格/价格/体格/严格/资格。

③ 人品，态度 character, manners, style：格调/风格/品格/人格/性格。

④ 打 to fight, to grapple：格斗/格杀。

隔

隔 隔 隔 隔 隔 隔 隔 隔 隔 隔 隔 隔

gé, ㄍㄜˊ

阝部
10 画

① 相距 after an interval of, at a distance from：相隔/学校隔我家不远。

② 断开，分开 to cut off, to isolate, to partition, to separate: 隔断/隔绝/隔离/隔热/分隔/间隔。

gě, ㄍㄜˇ 见121页gài, ㄍㄞˋ。

(個)

人部
1画

丿 人 个

gè, ㄍㄜˋ

① 量词 classifier, 用于可单独计算的人或东西: 个个/个数/个位/挨个/单个/各个/某个/谁个/整个/逐个/洗个澡/两个李子。

② 单独的 individual: 个案/个别/个人/个体/个性。

③ 人或事物体积的大小 size: 个儿/个子/大个儿/高个子/那孩子个儿挺高。

口部
3画
夂部
3画

丿 ク 夂 冬 各 各

gè, ㄍㄜˋ

一个个互不相同的 each, every, different: 各别/各处/各地/各个/各自/各不相同/各持己见/各得其所/各行其是/各有千秋/各种工作/各自为政。

(給)

纟部
6画

𠃋 纟 纟 纟 纟 纟 纟 给 给

gěi, ㄍㄟˇ

① 使对方得到东西 to give, to grant, to offer: 给以/发给/还给/交给/留给/拿给/让给/送给/转给/给他点儿钱。

② 使对方有种感觉 to allow, to let: 给他点儿厉害。

③ 介词 prep. 被 passive form: 书给他弄丢了。

④ 用在表处置或被动的动词前, 加强语气

used directly before the verb of a passive sentence, etc. to show emphasis：你把地给扫扫。

⑤ 介词 prep.，为 for，替 for the benefit of，for the sake of：给我拿本书来。

jǐ，ㄐㄧˇ
供应 to provide for，to supply with：给养/供给。

一 十 才 木 木ㄱ 木ㄱ 村 根 根 根

木部
6画

gēn，ㄍㄣ
① 植物长在土中的部分，类似根的 root：根子/舌根/树根/牙根。

② 物体的基部 base，foundation：根基/存根/耳根/墙根儿。

③ 事物的根本和来由 cause，reason：根据/病根。

④ 完全地 absolutely，completely，entirely：根除/根治。

⑤ 量词 classifier，用于长条状的东西 used for sth. like a strip：几根草/一根线。

丶 口 口 ⻊ 早 ⻊ 足 ⻊ ⻊ ⻊ ⻊ 跟 跟

⻊部
6画

gēn，ㄍㄣ
① 脚或鞋的后部 heel，rear end：后跟/脚跟/鞋跟。

② 紧随在后面 to follow：跟班/跟进/跟随/跟着。

③ 连词 conj.，和 and，as well as：我跟她都是中国人。

④ 介词 prep.，对、向等 to，with：你跟他说说。

一 丆 㔾 百 亘 更 更

日部 3画
一部 6画

gēng，ㄍㄥ

① 改变 to alter，to change，替换 to exchange，to replace：更改/更换/更替/更新/更衣/更正/变更/除旧更新/自力更生。

② 有经验 to be experienced：少不更事。

③ 晚上的时刻 one of the five two-hour periods into which the night was formerly divided：打更/三更/五更/深更半夜/三更半夜/起五更，睡半夜。

gèng，ㄍㄥˋ

表示程度加深 furthermore：更加/更好/更冷/更远/更容易。

一 丅 工

gōng，ㄍㄨㄥ

meaning symbol. 工字旁儿（gōngzìpángr）。工 means axe originally，it can be extended as "being able to"，工 as a meaning symbol sometimes is related to working，such as 功（to succeed），巧（skilful）。Sometimes "工" appears in a character as a phonetic component，such as in 攻（to attack），贡（tribute）。

一 丅 工

工部

gōng，ㄍㄨㄥ

① 工人 worker，workman：电工/木工/零工/技工。

② 工业 industry，enterprise：工厂/工科/工商界/轻工业/化工产品。

③ 工作 job，labour，work：工期/工钱/工资/罢工/帮工/包工/打工/开工/费工/分工/替工/做工。

④ 工程 construction, engineering, project: 动工/停工/收工/完工。

⑤ 工程师 engineer: 李工/张工/他是这家汽车制造厂的总工。

弓弓弓

gōng, ㄍㄨㄥ

meaning symbol. 弓字旁儿（gōngzìpángr），弓 as a meaning symbol is likely related to bow and arrow, such as 张（to open），弩（crossbow）。

八部 2画

八 八 公 公

gōng, ㄍㄨㄥ

① 不属于个人而属于国家或集体的 common, collective, public: 公费/公告/公海/公害/公家/公事/公务/公物/公演/公意/公营/公园/公众/办公/大公无私。

② 共同的 common: 公报/公德/公开/公立/公然/公认/公议/公元/公约/公证。

③ 不偏向任何一方 impartial, just: 公道/公平/公正。

④ 雄性的 male: 公鸡/公羊。

⑤ 公制的 kilo: 公斤/公里/公顷。

工部 2画

力部 3画

功 功 功 功 功

gōng, ㄍㄨㄥ

① 为他人付出多 meritorious service, painstaking effort: 功劳/功业/归功/苦功/有功/劳苦功高。

② 精力 effort, energy, 时间 time: 功夫/功课/练功/内功/气功/外功/武功/用功。

③ 成效 outcome, result, 成就 achievement, success: 功过/功绩/功利/功名/功能/功

效/功用/成功/记功/居功/立功/邀功/大功告成/急功近利/事半功倍/事倍功半/好大喜功/马到成功。

攻

一 丅 工 工′ 工ˊ 巧 攻

gōng，ㄍㄨㄥ

攵部 3画

工部 4画

① 打击 to attack，to strike，进击 to advance on，to take the offensive：攻打/攻击/攻破/攻取/攻势/攻守/攻占/进攻/快攻/攻其不备/攻无不克/攻下外城/不攻自破/以攻为守/以毒攻毒/远交近攻。

② 全心研究 to pursue，to study，to specialize in：攻读/专攻化学。

③ 指责别人的错误 to accuse（sb.）of sth.，to find fault with（sb.）：攻人之短。

供

ノ 亻 亻 仁 仕 仕 供 供

gōng，ㄍㄨㄥ

亻部 6画

供给 to equip，to feed，to provide，to supply：供气/供求/供养/供应/提供/供不应求/供需关系。

gòng，ㄍㄨㄥˋ

① 拜神或先人 offerings：供品/供神/供桌。

② 回答执法人的问题 confession：供词/供认/供述/翻供/画供/口供/招供/自供/自供状。

恭

一 十 艹 共 共 共 恭 恭 恭 恭

gōng，ㄍㄨㄥ

心部 6画

一部 9画

有礼貌 courteous，polite，respectful，submissive：恭贺/恭候/恭敬/恭喜/毕恭毕敬/洗耳恭听。

[出恭] 上厕所 to go to toilet，to go and see one's aunt。

G

廾

廾 廾 廾

gǒng，《ㄨㄥˇ

meaning symbol. 弄字底儿（nòngzìdǐr），廾 as a meaning symbol is relevant to the movement of holding by hand, such as 开（to open），弄（to play with）。

巩（鞏）

工部 3 画

巩 巩 巩 巩 巩 巩

gǒng，《ㄨㄥˇ

① 坚固 to make sth. stronger, to strengthen：基础巩固。

② 使坚固 to consolidate：巩固国防。

③ 姓 a surname。

八部 4 画

共 共 共 共 共 共

gòng，《ㄨㄥˋ

① 相同的，都具有的 in common：共识/共同/共通/共性/公共。

② 一起，一齐 together：共处/共存/共担/共居/共事/共生/同甘共苦。

③ 总计 altogether, in all：共计/一共/总共/共三人。

gòng，《ㄨㄥˋ 见 132 页 gōng，《ㄨㄥ。

（貢）

工部 4 画

贝部 3 画

贡 贡 贡 贡 贡 贡 贡

gòng，《ㄨㄥˋ

① 把礼物献给君王 to pay tribute to the King, to present articles of tribute to the Emperor：贡茶/贡品/贡献。

② 进贡的东西 articles of tribute：进贡。

G

钩

(鈎)

钅部
4画

丿 𠂉 𠃊 𠂉 钅 钅 钓 钩 钩

gōu，ㄍㄡ

① 钩子 hook：挂钩/钓鱼钩。

② 汉字的笔形，附加在横、竖等笔画后，如"乛、𠃌、亅、乁"的尾部 hook stroke。

③ 用钩子挂起来或取出来 to hook：衣服被铁丝钩住了。

狗

犭部
5画

丿 犭 犭 犭 犳 犳 狗 狗

gǒu，ㄍㄡˇ

① 动物名 dog，purp，puppy：狗洞/狗头/看门狗/我家养了一条狗。

② 坏人 wicked person：走狗/狗腿子/狗头军师。

构

(構)

木部
4画

一 十 才 木 杉 杓 构 构

gòu，ㄍㄡˋ

① 做，造 to do，to create，to invent：构成/构架/构建/构图/构造/构置/构筑/结构。

② 形成一种想法 to compose：构思/构想。

购

(購)

贝部
4画

丨 冂 贝 贝 贝 贝 购 购

gòu，ㄍㄡˋ

买 to buy，to purchase：购买/购置/采购/订购/邮购/购物须知/网上购物。

够

(夠)

丿 勹 勺 句 句 句 够 够 够 够 够

gòu，ㄍㄡˋ

① 数量或标准达到了一定的要求 adequate，enough，sufficient：够本/足够/茶够了/够

夕部 8画 ︱ 勺部 9画

份儿/够格儿/够劲儿/够味儿/够哥们儿。

② 认为太多，表示不满 quite, rather, too much：够受/这些话我们都听够了/这种苦我们受够了。

估

估估估估估估估

gū, ㄍㄨ

亻部 5画

推算 to appraise, to estimate, to evaluate：估产/估计/估价/估量/估算/低估/高估/评估。

姑

姑姑姑姑姑姑姑姑

gū, ㄍㄨ

女部 5画

① 称父亲的姐妹 aunt, the sister of one's father：姑表/姑父/姑姑/姑妈/姑母。

② 称丈夫的姐妹 sister-in-law, the sister of one's husband：大姑/小姑。

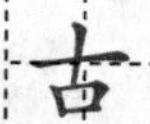

古

古古古古古

gǔ, ㄍㄨˇ

口部 2画 ︱ 十部 3画

时代久远的 agelong, ancient, antique：古代/古都/古风/古话/古今/古旧/古钱/古书/古文/考古/怀古/远古/自古/古色古香/古往今来/是古非今。

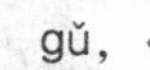

谷 (穀)

谷谷谷谷谷谷谷

gǔ, ㄍㄨˇ

谷部 ︱ 口部 4画

① 山间的水道、低地 valley：山谷/深谷。

② 粮食作物的总称 grain, paddy：谷物/稻谷/五谷/五谷丰登/五谷杂粮。

[谷子] 北方多指小米，南方多指水稻 It refers to millet in the northern china, and rice in southern china。

丿 刀 月 月 肜 肞 股 股

月部
4 画

gǔ，ㄍㄨˇ

① 腿的上半部分 thigh：股骨。

② 拿出钱来做买卖，投资 share，stock：股本/股东/股份/股价/股金/股民/股票/股权/股市/股息/合股/股份有限公司。

丨 口 口 冎 冎 骨 骨 骨 骨

骨部

gǔ，ㄍㄨˇ

① 骨头 bone：骨感/骨节/露骨/排骨/入骨/软骨/头骨/甲骨文。

② 在内部起支架作用的 backbone，supporting structure：骨干/骨架。

③ 品德，气概 character，quality，spirit：骨气/风骨。

鼓

一 十 士 吉 吉 吉 吉 吉 壴 壴 壴 鼓 鼓

鼓部

gǔ，ㄍㄨˇ

① 一种打击乐器名 drum：鼓手/打鼓/大鼓/花鼓/更鼓/敲边鼓

② 打，拍 to beat，to clap，to strike：鼓吹/鼓动/鼓掌。

③ 使激奋 to encourage，to rouse：鼓舞/一鼓作气。

④ 突出，突起 to bulge，to protrude，to stick out：鼓着肚皮/鼓着眼睛。

丨 冂 冂 冃 冃 冃 固 固

口部
5 画

gù，ㄍㄨˋ

① 硬 hard，stiff，tough：固态/固体。

② 结实，不容易坏的 firm，solid：坚固。

③ 使坚固 to solidify, to stabilize, to strengthen：固定/加固。

④ 不容易改变的 obstinate, rigid, stubborn：固守/固有/固执。

故 攵 攵 古 古 古 古 故 故

攵部 5 画

gù，ㄍㄨˋ

① 原因 cause, reason：何故/无故/原故。

② 意外的不幸的事 accident, misfortune：变故/事故。

③ 有意，存心 deliberately, intentionally, on purpose：故意/故作镇静。

④ 本来的，以前的 initiate, original, previous：故地/故都/故事/故态/故土/故乡/典故/依然故我。

⑤ 老的，过去的 former, old：故交/故人/故友/一见如故。

⑥ 人死的一种说法 to die, to pass away：故去/故世/病故。

⑦ 文言连词 conj. in the classical Chinese, 所以 so, therefore：天雨，故不能如约前来。

顾 厂 厂 厄 厄 厄 厄 顾 顾 顾

(顧)

页部 4 画

gù，ㄍㄨˋ

① 看，回头看 to look at, to turn around and look at, to look back：环顾/回顾/义无反顾。

② 去，拜访 to attend to, to call on：光顾。

③ 称服务的对象 customer：顾客/主顾。

④ 照管，照应 to attend to, to look after, to take care of：顾及/顾全/不顾/看顾/照顾/顾不得/顾此失彼/奋不顾身。

⑤ 姓 a surname。

瓜部

guā，ㄍㄨㄚ

植物名 melon：瓜分/瓜皮/冬瓜/西瓜/瓜子脸/瓜田李下。

(颳)

刂部 6 画

guā，ㄍㄨㄚ

① 用刀等在物体表面抹上或去掉一层东西 to scrape，to scratch，to shave：刮脸/刮墙/刮胡子/刮上一层牛油。

② 风吹（刮）to blow：刮风了/刮台风。

挂 (掛)

扌部 6 画

guà，ㄍㄨㄚˋ

① 架着放在空中 to hang up，to put on：挂画/挂饰/挂钟/张挂/挂好外套。

② 先登记 to register（at a hospital）：挂个号。

③ 记着 to be concerned about，to remember：挂念/记挂。

④ 量词 classifier，用于成串的东西 a set or string of：架子上是几挂爆竹。

拐 (枴)

扌部 5 画

guǎi，ㄍㄨㄞˇ

① 转，折 to turn：拐弯/左拐/拐弯抹角。

② 弯折处 at a corner：拐角。

③ 走路不方便 to cripple，to lame：脚受了伤，走路一拐一拐的。

④ 支持身体的、有弯把手的棒子 crutch，walking-stick：木拐/竹拐。

⑤ 骗走人或钱财 to cheat, to swindle：拐带/拐卖/拐骗/拐子。

怪

忄部
5 画

怪 怪 怪 怪 怪 怪 怪 怪

guài, ㄍㄨㄞˋ

① 传说中的精灵，鬼 devil, monster：鬼怪/精怪/神怪/水怪。

② 骂人、责备人 to blame, to reproach：怪罪/错怪/见怪/责怪。

③ 不同一般 bewildering, odd, queer, strange：怪话/怪论/怪事/怪物/古怪/大惊小怪/奇形怪状/千奇百怪。

④ 很 quite, rather, very：怪高兴的。

(關)

八部
4 画

关 关 关 关 关 关

guān, ㄍㄨㄢ

① 合上 to close, to shut, to turn off：关窗/开关。

② 限制自由 to lock up：关在看守所。

③ 在军事要地或边界设立的防守处 barrier, frontier pass：关口/关卡。

④ 收出口、进口税钱的单位 customs, customhouse：海关。

⑤ 有决定性作用的部分 critical juncture, key：关键/关头。

⑥ 与某事因果相连 to affect, to engage, to involve in, to influence：关系/关于/无关/相关/有关/有关联/无关紧要/息息相关。

⑦ 注意并照顾别人 to be concerned with：关爱/关怀/关心/关照/关注/毫不关心。

观 观 观 观 观 观

guān, ㄍㄨㄢ

G

(觀)

见部 2画

又部 4画

① 看 to look at, to observe, to view, to watch：观测/观察/观光/观看/观礼/观望/观众/参观/可观/旁观/直观。

② 样子 sight, view：改观/景观/美观/奇观/外观/壮观。

③ 认识 cognition, concept, 看法 opinion, outlook, view：观点/观念/观感/客观/乐观/主观/人生观/世界观。

guàn, ㄍㄨㄢˋ

道士修行的地方 Taoist temple：道观。

宀部 5画

丶 丿 宀 宀 宁 宁 官 官

guān, ㄍㄨㄢ

① 经过任命的、有一定级别的公务员 government official, officer：官方/官员/官职/百官/教官/警官/军官/考官/清官/文官/武官/达官贵人。

② 属于公家的 government-owned：官场/官商/官办学校。

③ 器官 bodily organ：感官/五官。

冖部 7画

丶 冖 冖 冖 冗 冗 冠 冠 冠

guān, ㄍㄨㄢ

① 帽子 cap, hat：花冠/皇冠/免冠照片/衣冠楚楚/张冠李戴。

② 像帽子的 coronal, crest, sth. like a hat：鸡冠。

guàn, ㄍㄨㄢˋ

① 比赛取得的第一名 champion, winner：冠军/奋勇夺冠。

② 加上 to add to, to precede：冠名权/以前，女子婚后要冠上夫姓。

馆 (館)

饣部 8画

馆馆馆馆馆馆馆馆馆馆馆

guǎn, ㄍㄨㄢˇ

① 客人吃住的地方 accommodation for guests：茶馆/饭馆/酒馆/旅馆。

② 一国的外交人员驻另一国的办公机关 the official department or the office of some foreign organizations, e. g. embassy, consulate：大使馆/领事馆。

③ 进行文化、体育活动的某些场所 a place for cultural activities：报馆/图书馆/体育馆。

④ 某些服务性店铺的名称 some shops of service industry：照相馆/理发馆。

⑤ 敬称对方的私人住房 honorific for one's private house：公馆/刘公馆。

⑥ 古代指教学场所 classroom in old time：家馆/书馆。

竹部 8画

管管管管管管管管管管管管管管

guǎn, ㄍㄨㄢˇ

① 管子 hose, pipe, tube：气管/试管/血管/双管齐下/自来水管。

② 教育 to regulate sb., to subject sb. to discipline：管教/看管/托管/照管/不管他。

③ 负责 to deal with, to handle, to manage, to take charge of：管家/别管/保管/代管/共管/接管/只管/主管/总管。

④ 保证 to guarantee, to provide：管保/管用/包管。

⑤ 姓 a surname。

guàn, ㄍㄨㄢˋ 见139页 guān, ㄍㄨㄢ。

(貫)

贝部
4 画

𠃊 口 毌 毌 毌 毌 贯 贯

guàn，ㄍㄨㄢˋ

① 穿过，连通 to pass through：贯穿/贯通/贯注/横贯/连贯/一贯/全神贯注/鱼贯而入。

② 祖先居住的地方 birthplace，native place：籍贯。

惯

(慣)

忄部
8 画

丶 丷 忄 忄 怇 怋 惯 惯 惯 惯 惯

guàn，ㄍㄨㄢˋ

① 长时间养成的行为 habitual，usual：惯犯/惯技/惯例/惯偷/惯性/惯用/习惯。

② 放任，不管束 to indulge，to spoil：这孩子给惯坏了。

G

罐

缶部
17 画

丿 𠂉 𠂉 午 缶 缶 缶 缶 缶 缶 缶 缶 缶 缶 缶 缶 罐 罐 罐 罐 罐 罐

guàn，ㄍㄨㄢˋ

管形的容器 jar，kettle，pot，tin：罐头/罐子/药罐/茶叶罐/易拉罐。

光

儿部
4 画
小部
3 画

丨 丬 业 业 光 光

guāng，ㄍㄨㄤ

① 物体反射出的、使眼睛能看见物体的物质 light，ray：光波/光线/灯光/阳光/洗照片最怕见光。

② 物体表面很亮 bright，smooth：光滑/光洁/光亮。

③ 完，尽 with nothing left：菜都吃光了/光是男孩子。

④ 没有东西盖住，露着 bare，naked：光脚/光着身子。

⑤ 景色 scenery：春光/风光/观光。

⑥ 好名声 glory，honour：光荣/争光。

丶 亠 广

guǎng，ㄍㄨㄤˇ

meaning symbol. 广字旁儿（guǎngzìpángr），广 as a meaning symbol is relevant to house, such as 庄（village），店（shop）。

（廣）

广部

丶 亠 广

guǎng，ㄍㄨㄤˇ

①（面积，范围）大（area，scope）broad，spacious，wide：广大/广度/广告/广义/深广/地广人稀。

② 多 many，much：大庭广众/见多识广。

③ 扩大 to enlarge，to expand，to magnify：推广。

G

（歸）

丨部 4画

彐部 2画

丨 丩 归 归 归

guī，ㄍㄨㄟ

① 还给 to give back to，to return sth. to：归还/物归原主。

② 回原处 to come back，to go back，to return：归程/归队/归期/归侨/荣归/归国华侨/言归于好/言归正传/一命归天。

③ 往同一个方向 to the same place：归向/归结/殊途同归/众望所归。

④ 合在一起 to come together，to converge：归类/总归/归成一堆。

⑤ 由 to turn over to，属于 to put in one's charge：归公/归你负责。

(規)

见部
4画

guī，ㄍㄨㄟ

① 画圆形的工具 compasses，divider：圆规。

② 公认的做事方法 law，regulation，rule：规程/规范/规格/规律/规约/规则/规章/常规/陈规/成规/定规/法规/行规/家规/校规/正规。

③ 决定一种做事的方法 to normalize，to standardize：规定。

④ 计划 to contrive，to plan，to schedule，to scheme：规划。

鬼部

guǐ，ㄍㄨㄟˇ

① 迷信指人死后化成的精灵 ghost，phantom，spirit，supernatural being：鬼怪/鬼脸/打鬼/闹鬼/鬼门关。

② 指不光明正大，不真实，不可告人的 dirty trick，sinister plot，stealthy：鬼话/搞鬼/见鬼/有鬼/鬼头鬼脑/疑神疑鬼。

③ 某种人 someone，especially with bad habits and behaviors：酒鬼/死鬼/小鬼/小气鬼/这个鬼小张跑哪儿去了？

(貴)

贝部
5画

guì，ㄍㄨㄟˋ

① 价钱高 expensive，dear：名贵/东西很贵。

② 地位高 of high rank，noble：贵人/贵族/富贵/高贵/华贵/亲贵/权贵/显贵/荣华富贵。

③ 值钱的，值得珍视的 precious，valuable，

worthy：贵重/宝贵/珍贵/难能可贵。

④ 敬语，称听话人 you honored：贵校/贵姓。

跪

跪

⻊部 6画

guì，ㄍㄨㄟˋ

大腿、小腿相连处弯下来碰地 to kneel：跪拜/跪倒/跪下/跪着/下跪。

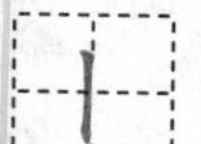

丨

gǔn，ㄍㄨㄣˇ

竖笔（shùbǐ），丨 component is mainly used to classify the character without definite radical，appeared as the initial stroke or marking stroke of the character，such as 上（up），也（also），丰（abundant），师（teacher），曲（songs）。

滚

（滾）

氵部 10画

gǔn，ㄍㄨㄣˇ

① 自身转着移动 to revolve，to roll，to trundle：滚动/滚铁环。

② 走开（用于骂人）to get away，to get out：滚开/滚出去。

③ 很，非常 very：滚烫。

锅

（鍋）

钅部 7画

guō，ㄍㄨㄛ

做饭的用具 boiler，caldron，hollowware，pan：铁锅/炒菜锅/高压锅/平底锅。

丨 冂 冂 冃 冃 囯 国 国

(國)

口部
5 画

guó，ㄍㄨㄛˊ

① 国家，代表或象征国家的 country，nation，state：国宝/国产/国度/国法/国歌/国号/国花/国货/国际/国家/国脚/国境/国剧/国内/国情/国庆/国事/报国/富国/归国/救国/开国/强国/外国/祖国。

② 中国的 of china，chinese：国画/国药/国语。

G

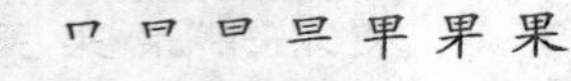

木部
4 画

guǒ，ㄍㄨㄛˇ

① 果子，果实 fruit：果茶/果皮/果树/果糖/干果/坚果/水果。

② 事情的结局 consequence，outcome，result：成果/恶果/后果/结果/苦果/效果/因果/前因后果/自食其果。

③ 说做就做 decisive，determined，resolute，unwavering：果敢/果决。

④ 真的，确实 indeed，really，truly：果然/果真/果不其然/果真如此。

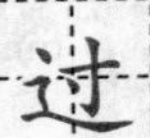

一 寸 寸 讨 讨 过

(過)

辶部
3 画

guò，ㄍㄨㄛˋ

① 从一处到另一处 from one plaee to another：过程/过后/过客/过来/过去/过河/过往/经过。

② 度过 to pass or spend (time)：过节/过年/过生日/得过且过。

③ 超出范围或限度 to exceed，to go beyond the limit：超过/过半/过度/过头/过期/过细/过于/言过其实。

④ 错误 error，fault，mistake：过错/悔过/有过必改。

H, 厂

丨 口 口 吖 吟 吟 哈 哈 哈

hā, 厂丫

口部
6画

① 张大嘴让气出去 to breathe out：哈气/打哈欠。

② 拟声用字 onomatopoetic，形容大笑声 used to describe laughter：哈哈大笑。

③ 跟着流行去喜爱 to adore, to worship crazily：哈狗族/哈韩族/哈日族/哈衣族。

H

hāi, 厂历 见223页 ké, 丂さˊ。

hái, 厂历ˊ 见165页 huán, 厂乂马ˊ。

了 了 子 孑 孩 孩 孩 孩 孩

hái, 厂历ˊ

子部
6画

① 儿童 child, kid：孩童/孩子/小孩儿。

② 儿女 children, son or daughter：男孩儿/女孩儿。

氵 氵 氵 氵 氵 汇 海 海 海 海

hǎi, 厂历ˇ

氵部
7画

① 靠近大陆且比洋小的水体 sea：海边/海产/海带/海底/海量/海洋/海运/海战/大海/公海/泥牛入海/五湖四海。

② 某些湖的名称 huge lake：里海/青海。

③ 很大的 extra large, great, very big：海

报/火海/苦海/人海/云海/人山人海。

害 害 害 害 害 害 害 害 害 害

宀部
7 画

hài, ㄏㄞˋ

① 坏处，不好的 bad, evil, harmful：害处/害虫/毒害/公害/有害。

② 使受损 to do harm to, to injure, to impair：害人/被害/伤害/受害/损害/危害/为害/害群之马/你这样做只能害他。

③ 杀死 to kill, to murder：杀害/遇害。

④ 出现病态 to suffer from：害病/害喜/害眼。

⑤ 心里有不安心情 to feel (anxious, afraid, etc.)：害怕。

含 含 含 含 含 含 含

口部
4 画
人部
5 画

hán, ㄏㄢˊ

① 留在口中 to keep in mouth：含着/这种药含服效果较好。

② 里面有 to bear, to contain：含泪/含量/含笑/含义/含有/暗含/包含/这种水果含多种维生素。

寒 寒 寒 寒 寒 寒 寒 寒 寒 寒 寒 寒

宀部
9 画

hán, ㄏㄢˊ

① 冷 chilly, cold, freezing, icy：寒带/寒冬/寒风/寒假。

② 困苦 needy, poor：寒门/寒士/清寒。

韩 韩 韩 韩 韩 韩 韩 韩 韩 韩 韩 韩

hán, ㄏㄢˊ

① 古代国名 a kingdom in ancient China。

(韓)

② 指韩国 South Korea。

③ 姓 a surname。

韦部
8 画

喊 喊 喊 喊 喊 喊 喊 喊 喊 喊 喊 喊

口部
9 画

hǎn，ㄏㄢˇ

大声叫，呼叫 to cry, to scream, to shout, to yell：喊话/喊叫/呼喊/叫喊/空喊/哭喊。

汉 汉 汉 汉 汉

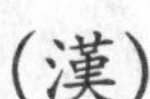

氵部
2 画

hàn，ㄏㄢˋ

① 男人 man：汉子/好汉/老汉/铁汉/单身汉/门外汉/男子汉。

② 汉族 the Han nationality：汉人/汉学/汉语/汉字。

③ 河名 the Hanjiang River：汉水。

④ 朝代名 the Han Dynasty：东汉/西汉。

⑤ 银河 the Galaxy, the Milky Way：银汉。

汗 汗 汗 汗 汗 汗

氵部
3 画

hàn，ㄏㄢˋ

身体表面排出的液体 perspiration, sweat：汗水/冷汗/流汗/挥汗成雨。

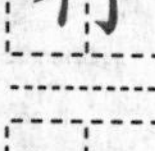

háng，ㄏㄤˊ 见 443 页 xíng，ㄒㄧㄥˊ。

航

航 航 航 航 航 航 航 航 航 航

舟部
4 画

háng，ㄏㄤˊ

船在水上行 to navigate (in a vessel), to sail (by sea)，飞机在天上飞 to fly (by air)：

航班/航程/航次/航海/航空/航路/航天/航线/航向/航运/导航/返航/护航/领航/试航/通航。

毫毫毫亭亭亭亭亭亭亭毫

毛部 7画
亠部 9画

háo，ㄏㄠˊ

① 动物身上细长的毛 fine long hair：毫毛/秋毫/羊毫/明察秋毫。

② 一点儿 at all, in the least：毫不/毫无/丝毫/毫不费力。

③ 用在某一计量单位前，表示该单位的千分之一 a unit of length (and weight), milli-：毫克/毫米。

(號)

口部 2画

号号号号号

háo，ㄏㄠˊ

① 大叫 to scream, to shout, to yell：号叫/呼号。

② 大哭 to cry, to wail：号哭/悲号。

hào，ㄏㄠˋ

① 名称 appellation, name, title：号称/称号/代号/名号/年号/商号/外号。

② 表示等级或次序的数目字 number indicating the order/sequence：号码/编号/标号/对号。

③ 一种管乐器 brass instrument, bugle, horn：号兵/号角/军号。

④ 符号 mark, sign, symbol：等号/逗号/顿号/分号/记号/句号/问号/引号。

女部 3画

好好好好好好

hǎo，ㄏㄠˇ

① 与"坏"相对，使人满意的 fine, good, nice：好处/好感/好话/好景/好事/好手/

讨好/问好/相好/幸好/要好/也好/只好/言归于好。

② 指生活质量高，身体健康或病没了 healthy, well：病好了/过得好。

③ 友爱 affectionate, friendly：友好/相好。

④ 容易 easy to do, simply：好做/好写。

⑤ 完成 to accomplish, to complete, to finish, to fulfil：做好了。

⑥ 放在动词前，表示效果好 used before a verb to indicate an aspect that gives satisfaction：好看/好听/好笑。

⑦ 副词 adv.，放在时间词、数量词前 used before certain time or numeral indicators to suggest a large number or a long time，很 awfully, quite, very：好多/好久/好些。

hào，厂幺丶

喜欢 to enjoy, to like, to love：好客/好奇/好强/好色/好胜/好事/好战/爱好/喜好/好读书/好奇心/好大喜功/好为人师/公诸同好/投其所好。

口部
9画

hē，厂さ

吸食液体或流质 to drink：喝茶/喝酒/喝水。

hè，厂さ丶

大声喊叫 to shout loudly：喝叫/喝令/喝止/当头棒喝。

[喝彩] 大声叫好 to cheer, to acclaim。

hé，厂さˊ

meaning symbol. 禾字旁儿（hézìpángr），禾 as a meaning symbol is relevant to crops, such as 种（seed，to plant），秧（rice seedling）。

丿 亼 亼 合 合 合

口部 3画
人部 4画

hé，ㄏㄜˊ

① 两物对齐并且关上 to close，to shut：合眼/合上门。

② 共同 all，entire，together，whole：合办/合唱/合成/合力/合影/合资/合作/联合。

③ 总共，全 to add up to，to amalgamate，to combine，to merge：合共/合一/会合/集合/综合/总合。

④ 和……相符，和……相配，不违背 to match，to suit，to conform to：合法/合格/合理/合身/合约/合意/合于/不合/配合/投合/合情合理/意见相合。

⑤ 换算 to be equal to：一美元合多少日元？

丿 亻 亻 仃 何 何 何

亻部 5画

hé，ㄏㄜˊ

① 表示疑问，什么 what，who：何故/何人/何事/何许/何种/为何/曾几何时。

② 为什么 why：何必/何不/何苦。

③ 怎么样 how：何如/何以/如何/无论如何。

④ 哪里 where：何在/何去何从。

丿 二 千 禾 禾 和 和 和

禾部 3画
口部 5画

hé，ㄏㄜˊ

① 各方面都配合得很好，协调 harmonious，on good terms：和蔼/和美/和睦/和谐/他俩不和。

② 停止争斗 peace：和好/和解/和平/和声/和谈。

③ 不猛烈 gentle，不粗野 mild：和风/和气/和顺/平和/随和/温和/中和/一团和气/心平气和。

④ 数目相加后的总数 sum：2 加 3 的和是 5。

⑤ 连词 conj.，表示联合关系 and：我和她都是工人。

⑥ 姓 a surname。

hè，ㄏㄜˋ
跟着别人说、唱 to join in the singing：唱和/附和/应和/一唱一和。

huó，ㄏㄨㄛˊ
在粉状物中加水使成团 to mix with water：和面/和泥/把面粉和一和。

huò，ㄏㄨㄛˋ
① 掺合，加水搅拌 mixes：和弄/和稀泥/和药。

② 量词 classifier：头和药/衣服洗了三和。

hú，ㄏㄨˊ
在麻将等游戏中得胜，叫“和” used in special games, such as mah-jong。

河河河河河河河河

氵部
5 画

hé，ㄏㄜˊ
① 水道的通称 river：河岸/河边/河道/河流/河山/河水/江河/山河/天河/运河/江河日下/气壮山河/信口开河。

② 特指黄河 the Yellow River：河北/河套地区。

皿部
6 画

丿 人 亼 亽 合 合 含 含 盒 盒 盒

hé, ㄏㄜˊ

① 一种底、盖可以合起来的容器 box, case：盒子/礼盒/纸盒/火柴盒。

② 量词 classifier, a box of：两盒月饼/一盒饼干。

吓

hè, ㄏㄜˋ　见 427 页 xià, ㄒㄧㄚˋ。

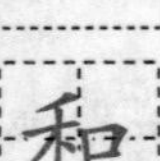

hè, ㄏㄜˋ　见 152 页 hé, ㄏㄜˊ。

(賀)

贝部
5 画

フ カ 加 加 加 加 贺 贺 贺

hè, ㄏㄜˋ

① 庆祝，祝福 to celebrate, to congratulate：贺词/贺电/贺礼/贺喜/贺信/拜贺/道贺/恭贺/庆贺/祝贺/贺年片。

② 姓 a surname。

hēi, ㄏㄟ

meaning symbol. 黑字旁（hēizìpángr），黑 as a meaning symbol is relevant to the color of black or dark, such as 黝（black），黔（formal, indicates black）。

黑部

丨 冂 冂 冂 罒 罒 甲 里 里 黑 黑 黑

hēi, ㄏㄟ

① 颜色名 black：黑白/黑板/黑色。

② 光线暗 dark, gloomy：黑暗/黑夜/摸黑/黑洞洞/黑乎乎/黑压压。

③ 非法的，不公开的 privately, secretly：黑帮/黑车/黑店/黑市/黑钱。

④ 恶毒 evil, sinister, wicked：黑心。

⑤ 姓 a surname。

嘿 嘿 嘿 嘿 嘿 嘿 嘿 嘿 嘿 嘿 嘿 嘿 嘿 嘿 嘿

口部
12 画

hēi，ㄏㄟ

① 表赞叹或惊奇 to indicate one's approval or surprise：嘿，真漂亮。

② 表示提醒 to remind sb. of sth.：嘿，快到站了，快收拾。

很 很 很 很 很 很 很 很 很

彳部
6 画

hěn，ㄏㄣˇ

副词 adv.，表示程度高 considerably, quite, very, tremendously：很高兴/好书很多。

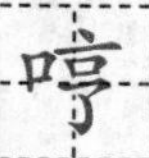

恨 恨 恨 恨 恨 恨 恨 恨 恨

忄部
6 画

hèn，ㄏㄣˋ

① 怨恨，仇视 to resent, to hate,：仇恨/愤恨/痛恨/我不恨你。

② 不满，后悔 to regret, to remorse：怀恨/悔恨/我恨透了这种天气。

哼

哼 哼 哼 哼 哼 哼 哼 哼 哼 哼

口部
7 画

hēng，ㄏㄥ

① 鼻子里发出的声音 hum：哼哧/哼唧/他不停地哼哼。

② 小声地唱 to sing in a low voice：高兴地哼起了小调。

一 十 才 木 朩 杧 栏 栱 栱 横 横 横 横 横 横

(橫)

木部
11 画

héng，ㄏㄥˊ

① 跟地面平行 horizontal：横梁/横批。

② 东西方向或左右方向的 from east to west，from right to left：横列/横排/横切/横线/横向/横写。

③ 汉字的笔划，状如“一” one stroke of Chinese characters，like“一”：一横一直。

hèng，ㄏㄥˋ

① 不讲道理的 brutal，violent：强横/专横/这人太横。

② 不正常的，不吉利的 unexpected，inauspicious：横财/横死。

红

纟 纟 纟 纣 红 红

(紅)

纟部
3 画

hóng，ㄏㄨㄥˊ

① 血一样的颜色 crimson，red：红脸/红色/红糖/大红/火红/口红/通红/血红/眼红/红十字会。

② 象征喜庆，成功 symbol of success：红火/满堂红。

③ 受欢迎的 popular，welcome：红人/几个歌手中他最红。

④ 做买卖得的钱 bonus，dividend，profit：红利/分红。

[红包] 里面有钱的纸包，用于奖励或送礼的钱 bonus envelope，red envelope，red packet。

喉

丨 口 口 叫 吖 吖 吖 吖 吖 喉 喉 喉

hóu，ㄏㄡˊ

嗓子 larynx，throat：喉结/喉头/喉音/歌

口部
9画

喉/咽喉。

[喉舌] 代别人发表意见的人 spokesman。

犭 犭 犭 犭 犭 犭 犭 犭 犭 猴 猴 猴

hóu, ㄏㄡˊ

犭部
9画

一种全身有毛，又有尾巴，看起来像人的动物 monkey：猴子/金丝猴。

一种属相 one of the animal signs in the Chinese horoscopes：他1980年出生，属猴。

后 后 后 后 后 后

hòu，ㄏㄡˋ

(後)

丿部
5画
口部
3画

① 帝王的妻子 empress，queen：皇后/太后。

② 在背面的，在反面的 back，behind：后背/后边/后门/后面/后方/后头/后退/背后/前后/退后。

③ 时间晚，还没到的 after，late，later：后备/后果/后记/后路/后来/后年/后天/今后/然后/先后/以后/之后/后继无人/后继有人/先来后到/先礼后兵/空前绝后。

④ 指次序靠近末尾的 last：末后/最后。

⑤ 子孙 offspring：后代/无后。

⑥ 落在后面 astern，backward：落后/向不后人/争先恐后。

厚 厚 厚 厚 厚 厚 厚 厚 厚

hòu，ㄏㄡˋ

厂部
7画

① 扁平物体上下的距离大 thick：厚薄/厚衣服。

② 厚度 thickness：三米厚的黄土层。

③ 深，多 heavy，many，rich：厚礼/厚利/

厚望/丰厚/深厚/优厚/深情厚谊/天高地厚。

④ 浓 heavy, strong: 厚味。

⑤ 看重 to favour, to stress: 厚待/寄以厚望/无可厚非。

⑥ 对人好，待人宽容 generous, tolerant: 厚道/厚实/宽厚/仁厚/温厚/忠厚。

亻部
8 画

丿 亻 亻 亻 亻 亻 亻 候 候 候

hòu, ㄏㄡˋ

① 等待 to await, to wait for: 候补/候查/候车/候考/等候/守候/听候/迎候/候机楼/候选人。

② 看望 to visit: 问候。

③ 一段时间 a period of time, season: 候鸟/气候/时候。

④ 情况 condition, state: 火候/征候。

丿部
4 画

一 丆 丆 乊 乎

hū, ㄏㄨ

① 文言疑问助词，同“吗” used in a question, functioning as 吗: 不亦乐乎？

② 文言语气助词，同“啊” used as an interj.: 天乎！

③ 动词、形容词、副词的词尾 suffix: 合乎/几乎/近乎/似乎/在乎/热乎乎/出乎意料/神乎其技/微乎其微/忘乎所以/满不在乎。

丨 口 口 口 口 口 口 呼

hū, ㄏㄨ

口部
5画

① 从口中出气 to breathe, to exhale：呼吸/气呼呼。

② 大声喊 to scream, to shout, to yell：呼喊/呼号/呼救/高呼/欢呼/惊呼。

③ 叫人来 to call for：呼叫/呼应/称呼/招呼/一呼百应。

④ 姓 a surname。

忽

忽 忽 忽 忽 忽 忽 忽 忽

hū，ㄏㄨ

心部
4画

① 不注意 to ignore, to neglect, to overlook：忽略/忽视。

② 突然 all in a sudden, suddenly：忽地/忽而/天气忽冷忽热。

H

hú，ㄏㄨˊ 见152页 hé，ㄏㄜˊ。

胡 胡 胡 胡 胡 胡 胡 胡 胡

hú，ㄏㄨˊ

月部
5画

① 乱来 outrageously, recklessly：胡扯/胡话/胡闹/胡来/胡说/胡说八道/胡言乱语/胡作非为。

② 称来自外国、外民族的 from other nation：胡豆/胡瓜/胡麻。

③ 中国古代指西方、北方少数民族 minority living in the north and west of China in ancient times：胡人。

④ 姓 a surname。

(鬍)

[胡（鬍）须] 胡子 beard, mustache。

[胡同] 较小的街道 bystreet, lane。

(壺)

士部 7画

hú，厂ㄨˊ

有把儿、有嘴儿、有盖儿的容器 kettle, pot：便壶/茶壶/酒壶/水壶/油壶/壶嘴儿。

湖

氵部 9画

hú，厂ㄨˊ

四周是陆地的一大片水 lake：湖水/江湖/太湖/西湖/大明湖/人工湖/五湖四海。

虎

虍部 2画

hǔ，厂ㄨˇ

① 老虎 tiger：拦路虎/笑面虎/纸老虎/虎口余生/调虎离山/放虎归山/骑虎难下/龙争虎斗/生龙活虎。

② 像虎一样的 brave, vigorous：虎将。

互

二部 2画

一部 3画

hù，厂ㄨˋ

彼此 each other，双方都做某事 to interact, to behave for the mutual interest：互补/互动/互访/互换/互派/互让/互通/互信/互助/交互/相互。

户部

hù，厂ㄨˋ

① 门 door：窗户/门户/足不出户。

② 人家 family, household：户口/户主/订户/农户/用户/住户/家家户户/每家每户。

③ 家庭社会地位 family status：门当户对。

④ 银行的账号 account：户头/开个户。

(護)

扌部
4画

丆 扌 扩 扩 护 护 护

hù，ㄏㄨˋ

① 尽力照顾 to attend to, to look after, to protect, to safeguard, to take care of：护理/护士/护送/护卫/爱护/保护/看护/卫护/养护。

② 故意偏向错的一方 to be partial to, to shield, to shelter：护短/庇护/你别老护着他。

艹部
4画

花 花 花 花 花 花 花

huā，ㄏㄨㄚ

① 供观看欣赏的植物 bloom, blossom, flora：花草/花房/花会/花季/花鸟/花香/花园/花展/香花/花好月圆/花枝招展/百花齐放/风花雪月/镜花水月/落花流水/移花接木/遍地开花/明日黄花/跑马观花/铁树开花/下马看花/走马观花。

② 花朵 flower, florescence, floret：花环/李花/鲜花。

③ 像花的 flower-like, anything resembling a flower：花边/花菜/浪花/雪花/心花怒放。

④ 相互交杂的颜色或式样 a variety of design, pattern：花布/花脸/花色/花样/花式滑冰/五花八门。

⑤ 看不清楚 blurred, dim, illegible：眼花了。

⑥ 用掉 to cost, to spend：花费/花了十元钱。

⑦ 姓 a surname。

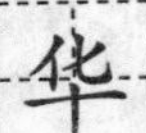

丿 亻 亻 化 华 华

huá, ㄏㄨㄚˊ

(華)

亻部 4画

十部 4画

① 花 flower：春华秋实。

② 美好光鲜的 gorgeous, luxurious, magnificent, sumptuous：华灯/华丽/华贵/华而不实。

③ 事物最好的部分 essence：才华/风华/光华/精华/年华。

④ 指中华民族或中国 China：华北/华东/华南/华西/华夏/华语/华中/中华/华侨。

huà, ㄏㄨㄚˋ

姓 a surname。

[华山] 中国名山，在西安附近 Mount Hua in Shaanxi province, one of the Five Sacred Mountains in china 。

H

划

huá, ㄏㄨㄚˊ 见163页 huà, ㄏㄨㄚˋ。

丶 丶 氵 氵 氵 氵 氵 氵 滑 滑 滑 滑

huá, ㄏㄨㄚˊ

氵部 9画

① 光溜 smooth, slippery：打滑/光滑/平滑/结冰了，地下滑得很。

② 在光溜的表面快速移动 to slide, to slip：滑冰/滑道/滑水/滑行/滑雪/速滑。

③ 言行不实在 crafty, cunning：滑头/油滑/圆滑/油头滑脑/油嘴滑舌/这人真滑。

化

丿 亻 亻 化

huà, ㄏㄨㄚˋ

亻部 2画

① 改变 to change, to turn：化名/化身/变化。

② 使改变 to help to change：纯化/淡化/毒化/恶化/儿化/感化/活化/简化/进化/净化/开化/美化/欧化/气化/强化/软化/深化/多样化/多元化/规范化/现代化。

③ 消化，消除 to digest，to eliminate，to get rid of：化解/化食。

④ 化学的简称 chemistry：化肥/化合/化工/化验。

huà，ㄏㄨㄚˋ 见 162 页 huá，ㄏㄨㄚˊ。

(劃)

刂部
4 画

一 七 戈 戈 戈 划

huà，ㄏㄨㄚˋ

① 分开 to delimit, to divide, to differentiate：划分/划归/划界/划清/划账/区划。

② 预先做的准备工作 preparation in advance：策划/规划/计划。

[笔划] 通常写做“笔画”，构成汉字的横竖撇点等，也叫笔或画（划）the stroke of Chinese characters。

huá，ㄏㄨㄚˊ

很快地刻出或切开 to cut（the surface of），to scratch：划火柴/划了一道口子。

(畫)

一部
7 画

凵部
6 画

一 丆 冂 冋 而 亩 画 画

huà，ㄏㄨㄚˋ

① 用图表示 to draw，to paint：画图/画等号/画句号/画山水/画圈圈。

② 图 drawing, picture：画报/画布/画片/画室/画展/版画/国画/刻画/名画/年画/图画/纸画/字画/组画。

③ 汉字的一笔叫一画 stroke：笔画/“及”

田部 3画

字是3画，第一画是撇。

话 讠 讠 讠 讠 讠 话 话

(話)

讠部 6画

huà，ㄏㄨㄚˋ

① 有声语言的表现形式 codes of articulation, spoken words：传话/错话/大话/对话/鬼话/好话/黑话/坏话/回话/会话/活话/假话/讲话/空话/情话/套话/听话/土话/笑话/茶话会/大白话/漂亮话/二话不说。

② 谈，说 to speak about, to talk about：话别/话旧/话家常。

H

怀 忄 忄 忄 忄 怀 怀

忄部 4画

huái，ㄏㄨㄞˊ

① 上身前部 bosom：母亲把小孩儿抱在怀里。

② 心里存有某种想法 to cherish, to keep in mind：怀春/怀恨/怀疑/满怀。

③ 想念 to miss, to think of, to yearn for：怀古/怀旧/怀念/怀乡/怀想/忘怀/追怀。

④ 肚里有了孩子 pregnant：结婚六年才怀上孩子。

⑤心意 affection, mind：关怀/开怀/情怀/心怀/正中下怀。

坏 土 土 圢 坏 坏 坏

(壞)

土部 4画

huài，ㄏㄨㄞˋ

① 不好的 bad, evil：坏处/坏话/坏人/坏事/好坏/坏习惯。

② 失去了原有的功能 ruin, spoil：败坏/破坏/自行车坏了。

③ 不好的做法 the bad manners, evil ways：使坏。

④ 用于某些动词、形容词后，表示程度高（of degree）awfully, badly, very：累坏了/气坏了。

（歡）

又部 4画

欠部 2画

フ ヌ ヌ' ヌ⺈ 欢 欢

huān，ㄏㄨㄢ

① 快乐 joyful, merry, 高兴 cheerful, glad, happy：欢唱/欢度/欢呼/欢乐/欢庆/欢送/欢喜/欢笑/欢颜/欢迎/联欢/喜欢/欢天喜地/不欢而散。

② 有生气 in full swing, 带劲 with great drive：干得欢。

③ 深爱 affection, love, 深爱的 favourable, favourite：欢心。

（還）

辶部 4画

一 𠂇 不 不 不 还 还

huán，ㄏㄨㄢˊ

① 返回原地或恢复原样 to come back, to go back, to recover, to resume：还乡/还原。

② 归还 to return：还本/还给/还书/发还/交还/退还。

③ 回报 to do or give (sth.) in return, to repay：还礼/还手/还嘴/以眼还眼，以牙还牙。

hái，ㄏㄞˊ

① 副词 adv.，依旧，仍然 as ever before, still, yet：还是/都开学了，他还没到学校。

② 更 even more, still more：风比昨天还大。

③ 另，又 in addition, besides：我还想问你一件事。

④ 没有想到，居然 unexpectedly：你还真认识这个字。

H

(環)

王部
4画

一 二 王 王 玎 玎 环 环

huán，ㄏㄨㄢˊ

① 圆圈形的东西 circle，loop，ring：环形/花环。

② 绕着城中心的大道 beltway，ringroad：二环/南三环/四环以内的房子都比较贵。

③ 相关过程中的一个 link：环节/训练是其中最重要的一环。

④ 围着 to encircle，to surround：环抱/环城/环顾/环境/环视/环球旅行。

⑤ 指射击等比赛中射中的圆圈数 ring：十枪打了99环。

(換)

扌部
7画

一 十 扌 扌 扩 扩 抡 拖 换 换

huàn，ㄏㄨㄢˋ

① 互相给出和得到 to exchange，to swap，to trade：对换/互换/交换/退换/换零钱/金不换。

② 改变 to alter，to change，to turn into：换班/换边/换季/换取/换人/换算/包换/变换/调换/代换/更换/替换/转换/换衣服/换位思考/物换星移/改头换面。

慌

忄部
9画

丶 忄 忄 忙 忙 忙 忙 忙 忙 慌 慌 慌

huāng，ㄏㄨㄤ

① 忙乱 confused，flurried，flustered，nervous：慌乱/慌忙。

② 不安 fear，dread：慌张/惊慌/恐慌/心里发慌。

③ 很，非常 awfully，unbearably：累得慌/气得慌。

huáng，ㄏㄨㄤˊ

白部 4画

王部 5画

君主，帝王 emperor，majesty，monarch：皇帝/皇后/皇家/皇粮/皇上/皇室/皇族/教皇/女皇/天皇/土皇帝/小皇帝/太上皇。

(黃)

黄部

八部 9画

huáng，ㄏㄨㄤˊ

① 颜色名 yellow：黄河/黄金/黄色/黄土/黄鱼/金黄/米黄/黄衣服/黄种人/老黄牛/青黄不接/明日黄花。

② 不能成事 to fail to do，to fall through：事情黄了。

③ 情色的 porn，pornographic：黄段子/黄色电影/黄色录像。

④ 姓 a surname。

火部 2画

huī，ㄏㄨㄟ

① 火烧后剩下的粉状物 ash：草灰/骨灰/烟灰/纸灰。

② 地上细小的泥土 dust，mote：灰土/灰泥/石灰。

③ 消沉，失去信心和希望 discouraged，disheartened：灰心/心灰意冷。

[灰色] 黑白混合的颜色 grey。

忄部 6画

huī，ㄏㄨㄟ

大，宽广 extensive，great，high，vast：法网恢恢。

［恢复］还原，使还原 to restore，to regain，to recover：恢复记忆/恢复失地。

一 丨 扌 扌 扩 扩 挥 挥 挥

(揮)

扌部
6 画

huī，ㄏㄨㄟ

① 摇动 to wave，to wield，to wipe off：挥拍/挥手/挥舞/挥汗如雨。

② 命令 to command，to order：指挥/挥师北上。

③ 使散开 to difuse，to disperse：挥发。

回

(廻)
(迴)

口部
3 画

丨 冂 冂 回 回 回

huí，ㄏㄨㄟˊ

① 还（huán，ㄏㄨㄢˊ），到原来的地方 to go back，to return：回程/回国/回归/回家/回敬/回来/回去/回味/回乡/回想/回转/来回/收回/追回。

② 转向后方 to turn around：回顾/回头。

③ 答话，答谢 to answer，to reply：回报/回答/回话/回信。

④ 量词 classifier，次 rounds，times：两回。

⑤ 量词 classifier，长篇小说的章节 used for chapters in a novel：前 20 回写得不错。

悔

忄部
7 画

丶 丨 忄 忄 忙 忙 悔 悔 悔 悔

huǐ，ㄏㄨㄟˇ

做错了以后，觉得不应该做 to regret，to repent：悔过/悔悟/后悔/悔不当初。

人 厶 亼 会 会 会

huì，ㄏㄨㄟˋ

① 合在一起 to assemble，to get together：会

人部
4画

齐/会同/会谈/会演。

② 为一定目的而集合在一起的活动 conference, gathering, meeting, party：会场/会期/会务/会议/年会/盛会/纪念会。

③ 某些团体 association, society, union：帮会/工会/学会/学生会。

④ 相见 to meet, to see：会见/会客/会面/约会/再会。

⑤ 懂得或有能力做 to comprehend, to grasp, to understand：会心/会意/理会/领会/体会/他会下围棋。

⑥ 可能 can, could, likely：他不会不同意。

⑦ 时机 occasion, opportunity：机会。

kuài, ㄎㄨㄞˋ

[会计] ❶ 从事记账理财等工作 accounting。❷ 担任会计工作的人 accountant。

日部
4画

hūn, ㄏㄨㄣ

① 天黑下来的时候 dusk, evening, nightfall：黄昏。

② 黑暗 dark, dim：昏暗/昏黑/天昏地暗。

③ 看不清楚，神志不清楚 dim-sighted, confused, muddled：昏沉/昏君/昏昏沉沉/昏头昏脑/老眼昏花。

④ 失去知觉 to faint, to lose consciousness, to swoon：昏倒/昏迷。

hūn, ㄏㄨㄣ

① 男女结成夫妻 marry, wed：未婚/新婚/已婚。

女部
8画

② 因结婚而形成的夫妻关系 marriage：婚期/婚宴/结婚/逃婚/婚外情。

混

hùn，ㄏㄨㄣˋ

氵部
8画

① 不同的东西合在一块儿 to mix up：混合/混战/混合物。

② 真假相杂 to pass sth. /sb. off as：混充/混入/混杂/鱼目混珠/别让没票的人混进来。

③ 不认真过日子，不努力生活 to drift，to goof off，to muddle along：混饭/混事/鬼混/混日子。

hún，ㄏㄨㄣˊ

糊涂，不明事理 confused，muddled：混蛋/这人真混。

huó，ㄏㄨㄛˊ 见152页 hé，ㄏㄜˊ。

huó，ㄏㄨㄛˊ

氵部
6画

① 生存 to live，to survive，有生命的 alive：活鱼/活着/活生生/你死我活。

② 工作 to labour，to work：干活/忙活/农活。

③ 产品 product：这活儿做得不错。

④ 不固定，可变动的 flexible，unfixed：活话/活页/活字/活期存款。

⑤ 反应快的、很会随着机会改变的 lively：活宝/活动/灵活。

H

火 火 火 火

火部

huǒ，厂ㄨㄛˇ

① 物体烧着时发出的光 fire：火把/火光/火红/火花/火警/火墙/火烧/火势/火种/红火/失火/玩火/野火/急如星火。

② 很生气 anger，cross，temper：火气/动火/发火/别发火/别把他惹火了/他听了就火大。

③ 受人注意 hot，popular：这样式卖得火/这个演员最近很火。

④ 与战争有关的 related to war：火力/火器/火线/兵火/走火。

丿 亻 亻 亻' 伙 伙

(夥)

亻部 4 画

huǒ，厂ㄨㄛˇ

① 一同做事的人 partner，company：伙计/同伙。

② 联合起来的一群人 caboodle，partnership：大伙/合伙/入伙/散伙。

③ 量词 classifier，band，a group of：一伙人。

huò，厂ㄨㄛˋ 见 152 页 hé，厂ㄜˊ。

一 𠃊 𠃊 戓 戓 或 或 或

戈部 4 画

huò，厂ㄨㄛˋ

① 也许 maybe，可能 perhaps：或许/甚或/明晨或可到北京。

② 表示选择关系 either，or：或是/或者/或多或少。

(貨)

贝部
4画

货 stroke order: 货 货 货 货 货 货 货 货

huò, ㄏㄨㄛˋ

① 商品 cargo, goods: 货场/货车/货船/货款/货价/货轮/货品/货色/货位/货物/货运/百货/国货/年货/期货/水货/洋货/杂货/大路货/进口货/冒牌货。

② 钱 currency, money, property: 货币/硬通货。

(獲)
(穫)

艹部
7画

获 stroke order: 获 获 获 获 获 获 获 获 获 获

huò, ㄏㄨㄛˋ

① 得到 to achieve, to get, to obtain, 取得 to capture, to seize: 获得/获救/获取/获胜/获悉/获选/获知/获准/查获/荣获/如获至宝/不劳而获。

② 捉住 to catch: 拿获/破获。

③ 收成 to harvest, to reap, to win: 收获。

祸

(禍)

礻部
7画

祸 stroke order: 祸 祸 祸 祸 祸 祸 祸 祸 祸 祸 祸

huò, ㄏㄨㄛˋ

① 与“福”相对, 灾难 disaster, misfortune (opposite of ‘happiness’): 祸根/祸乱/祸事/车祸/惹祸/灾祸/天灾人祸。

② 危害 to damage, to endanger, to ruin: 祸及/祸国殃 (yāng, ㄧㄤ, 损害) 民。

J, ㄐ

凡

jī, ㄐㄧ 见177页jǐ, ㄐㄧˇ。

击

一 二 キ 去 击

jī, ㄐㄧ

(擊)

一部 4 画

凵部 3 画

① 打 to beat, to hit, to strike：击落/击鼓传花。

② 攻打 to assault, to attack：击退/打击/反击/攻击/还击/突击/追击/声东击西/迎头痛击。

③ 碰 to come in contact, to bump into：击发/目击/撞击。

圾 一 十 土 圴 圾 圾

jī, ㄐㄧ 见233页［垃圾］。

土部 3 画

机

一 十 才 木 机 机

jī, ㄐㄧ

(機)

木部 2 画

① 机器 engine, machine：总机/打字机/录音机。

② 飞机 aeroplane, jet, plane：机场/机票/机身。

③ 起重要作用，有重要关系的时间点 chance, crucial point, opportunity：机会/时机/危机/转机。

④ 生理能力 physical function：生机/有机化学。

⑤ 快速适应变化，灵活 prompt, swift：机动/机灵/随机应变/灵机一动。

ㄱ ㄡ ㄡ' ㄡ鸟 ㄡ鸟 鸡 鸡

jī, ㄐㄧ

① 家养的禽类动物 chicken：鸡蛋/鸡毛/斗

(鷄)

又部
5 画

鸟部
2 画

鸡/公鸡/火鸡/母鸡/子鸡/鸡飞狗跳/闻鸡起舞。

② 十二属相之一 one of the animal signs in the Chinese heroscopes：2005 年是鸡年。

jī，ㄐㄧ 见 309 页 qí，ㄑㄧˊ。

(積)

禾部
5 画

丿 二 千 禾 禾 利 和 和 积 积

jī，ㄐㄧ

合起来，合起来的 to accumulate，to gather together，to store up，慢慢形成的 age-old，long-pending，long-standing：积存/积德/积习/积雪/积压/沉积/冲积/堆积/累积/容积/体积/积少成多/日积月累。

基

土部
8 画

一 十 卄 廿 甘 苴 其 其 其 基 基

jī，ㄐㄧ

① 建筑物的底部 basement，foot of a building，foundation：基础/基石/地基/房基/根基/路基/墙基。

② 根本的，开始的 basical，elementary，essential，fundamental：基本/基层/基业。

激

氵部
13 画

丶 冫 氵 氵 氵 氵 泊 泊 泊 泊 涥 滂 滂 滶 滶 激

jī，ㄐㄧ

① 水流击起波浪 to surge：激流/激起大浪。

② 使人心情不平静，使人激动 to excite，to stir up：激发/激奋/激化/激素/感激/用话激他。

③ 强烈、猛烈 fierce，very heavy，violent：

激变/激进/激情/激增/激战。

及

丿 乃 及

丿部 2画

jí, ㄐㄧˊ

① 达到标准 to get to, to reach：及格/遍及/波及/顾及/累及/旁及/普及/推及/力所能及/推己及人/由外及内/言不及义/由表及里。

② 比得上 to come up to, to parallel：我不及他。

③ 趁着 in the moment of, when there is still time：及时/及早。

④ 连词 conj.，和 as well as，跟 and：以及/又及/所有人，包括老师及同学都说好。

吉 吉 吉 吉 吉 吉

口部 3画

士部 3画

jí, ㄐㄧˊ

幸运的，好的 auspicious, fortunate, lucky：吉利/吉庆/吉日/吉凶/大吉/大吉大利/凶多吉少/关门大吉。

(級)

纟 纟 纟 纠 级 级

纟部 3画

jí, ㄐㄧˊ

① 层 layer, tier, stratum：那台阶有多少级。

② 不同的程度 level, rank：初级/低级/高级/特级/越级/震级/中级。

③ 年级 grade，学校中学年的分段 any of the yearly divisions of a school course：级别/班级/留级/升级/一年级。

即

㇆ ㇆ 彐 艮 艮 即 即

jí, ㄐㄧˊ

卩部
5画
阝部
2画

① 当时或当地 at present，today，then and there：即景/即日/即兴/即席演讲。

② 接近 to approach，to come near to：即将/不即不离/若即若离。

③ 立刻就，马上做 at once，as soon as：即刻/当即/立即/随即/迅即/闻过即改/招之即来。

(極)

木部
3画

一 十 才 木 朾 极 极

jí，ㄐㄧˊ

① 最高点 summit，top：顶极/登峰造极。

② 最高的，最终的 extreme，final：极地/极度/极端/极目/极限/极右/极左/物极必反。

③ 物体的两端，地球的两端 polar：两极/北极/南极。

④ 副词 adv.，很，非常 awfully，considerably，greatly，quite，very：好极了。

心部
5画

ノ ク 夕 刍 刍 刍 急 急 急

jí，ㄐㄧˊ

① 烦躁不安 anxious，impatient：心急/性急/你别急。

② 忙 busy，快 fast，hasty：急流/急忙。

③ 紧迫，紧迫的事 emergent，pressing，urgent：急病/急电/急件/急迫/急事/急需/急性/急于/急用/告急/紧急/情急/危急/应急/十万火急。

木部
8画

ノ イ 亻 亻 仁 仹 作 隹 隹 隼 集 集

jí，ㄐㄧˊ

① 很多会合在一起 to assemble，to collect，to gather：集成/集合/集会/集结/集散/集

隹部
4画

体/集团/集训/集资/集中/调集/会集/结集/密集/齐集/收集/云集/招集。

② 作品中分出的相对独立的部分 anthology，collection，collected works，part，volume：集子/全集/选集/影集/专集/总集/下一集/5集连续剧。

③ 按期进行买卖的场所 country fair，market：集市/市集/赶大集。

籍

竹部
14画

jí，ㄐㄧˊ

① 书 book，record：典籍/古籍/书籍。

② 表示所属 membership：户籍/学籍。

jǐ，ㄐㄧˇ 见128页 gěi，ㄍㄟˇ。

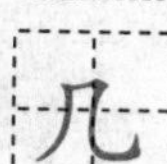

丿 几

几部

jǐ，ㄐㄧˇ

① 问数目多少 how many：几时/曾几何时/你有几个朋友？

② 表示不确定数字 several，some，a few：几度/几多/几个/几许/老几/十几年/相去无几。

jī，ㄐㄧ

① 小桌子 small table：几案/茶几/条几。

② 十分接近 almost，nearly，virtually，on the verge of：几乎/几为所误。

乛 コ 己

jǐ，ㄐㄧˇ

己部

说话人对他人自称 oneself, one's own：己任/利己/一己/知己/自己/舍己为人/推己及人/以己度人/知己知彼/各持己见/据为己有/安分守己/视为知己/要想人不知，除非己莫为。

一 扌 扌 扩 扩 挤 挤 挤 挤

(擠)

扌部 6画

jǐ, ㄐㄧˇ

① 互相紧靠着 to be crowded with, to be packed with：拥挤/车上太挤了。

② 加压力使排出 to pinch, to press, to squeeze：挤压/挤出。

jǐ, ㄐㄧˇ 见180页 jì, ㄐㄧˋ。

系

jì, ㄐㄧˋ 见426页 xì, ㄒㄧˋ。

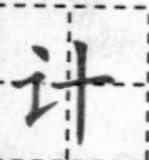

丶 讠 订 计

(計)

讠部 2画

jì, ㄐㄧˋ

① 算 to calculate, to count, to figure (in/out), to number：计分/计价/计件/计算/共计/合计/预计/总计/不计其数。

② 主意，想法 idea, notion, opinion, scheme：计策/决计/妙计/巧计/设计/算计/心计/将计就计/百年大计/千方百计。

③ 测量时间、温度等的器具 the utensil used to measure time, temperature and etc.：流量计/温度计/体重计。

记

丶 讠 订 记 记

jì, ㄐㄧˋ

(記)

讠部
3 画

① 在大脑里留下印象 to bear (sth.) in mind, to be impressed, to remember: 记得/记取/记性/记事/忘记/我记不住。

② 写下来 to record, to take notes, to write down: 记分/记过/记名/记者/记笔记。

③ 写事物的书、文章 article, note, writing: 笔记/后记/日记/散记/手记/游记/杂记/传记。

④ 符号，标志 mark, sign, symbol: 记号/标记。

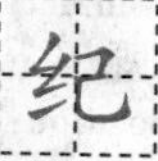

(紀)

纟部
3 画

纟 纟 纟 纟 纪 纪

jì, ㄐㄧˋ

① 制度，法规 discipline, regulation, rule: 纪律/党纪/法纪/风纪/军纪。

② 写下要点 to put down in writing, to record: 纪年/纪实/纪事/纪要。

③ 中国古代一纪为 12 年，公历一个世纪为 100 年 age, epoch: 世纪/中世纪。

扌部
4 画

扌 扌 扌 扌 扌 技 技

jì, ㄐㄧˋ

本领 skill, technique, 才能 ability, capability, talent: 技法/技工/技能/技巧/技师/技术/技艺/车技/惯技/绝技/科技/口技/特技/演技/杂技/一技之长。

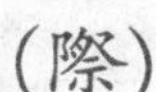

阝部
5 画

阝 阝 阝 阝 阝 阝 际

jì, ㄐㄧˋ

① 边界 border, boundary, edge: 边际/国际/一望无际。

② 时候 occasion, on the occasion of: 实际/值此春节之际。

③ 互相之间 between, inside: 交际/星际/校际/院际。

禾部
3 画

jì, ㄐㄧˋ

季节 season，一段时间 period：季度/季风/淡季/盛季/雨季。

旡部
5 画

艮部
4 画

jì, ㄐㄧˋ

① 已过去的 already，past：既定/一如既往。

② 与“又”，“且”连用 used with “and”，“as well as”，如：既……又……、既……且……。表示并列关系 denoting apposition：既累又饿/既杂且乱。

③ 既然 now that，since：既是/既来之则安之。

(跡)
(蹟)

辶部
6 画

jì, ㄐㄧˋ

① 脚印 footprint，footmark：脚迹/足迹。

② 前人遗留的事物 relics，remains，ruins，vestige：古迹/遗迹。

(濟)

氵部
6 画

jì, ㄐㄧˋ

① 帮 to aid，to help，to relieve：接济/救济/周济/无济于事。

② 过河 to cross a river：同舟共济。

jǐ, ㄐㄧˇ

济南 Jinan，城市名 capital of Shandong province。

继 (繼)

纟部 7 画

jì, ㄐㄧˋ

① 连续 to continue, 接着 to succeed, to sustain: 继而/继任/后继/继往开来/后继无人/相继发生/日以继夜/夜以继日。

② 在后的 follow: 继父/继母/继子/过继。

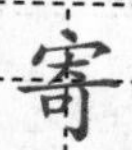

宀部 8 画

jì, ㄐㄧˋ

① 交给，托付 to deposit, to entrust: 寄放/寄托/寄寓/寄希望于未来。

② 依靠，依附 to count on, to depend on, to rely on: 寄存/寄居/寄生。

③ 通过邮局等传送 to mail, to post, to send: 寄钱/寄信/邮寄/寄快件。

纟部 8 画

jì, ㄐㄧˋ

结果 outcome, result, 功业 achievement, success: 败绩/成绩/功绩/伟绩/业绩/战绩/政绩/丰功伟绩。

艮部 9 画

jì, ㄐㄧˋ

和 and, as well as: 新年暨春节联欢会。

加

力部 3 画

jiā, ㄐㄧㄚ

① 两个或两个以上的东西或数目合在一起 to add, to join in: 加法/加入/参加/十加三。

口部
2画

② 增多 to develop, to increase：加价/加劲/加剧/加快/加强/加速/加油/加试/更加/增加。

③ 加上本来没有的 to put on：加班/附加/追加/加标点。

④ 做某种动作 to exert, to impose on：加害/加紧/横加/加以保护/风雨交加。

(夾)

一部
5画
大部
3画

jiā, ㄐㄧㄚ

① 从相对的两方加压，使中间的物体不掉落 to press from both sides：夹板/夹层/夹带/书里夹着一支笔。

② 夹子 clip, clamp, folder：发夹/活页夹。

③ 处于两事物之间 to sandwich sth. in between：夹杂/夹心糖/夹七夹八。

jiá, ㄐㄧㄚˊ

双层的（指衣服，被子等）double-layered, lined：夹被/夹裤/夹衣。

亻部
6画

jiā, ㄐㄧㄚ

美，好的 beautiful, fine, good：佳话/佳节/佳丽/佳音/佳作/最佳选手。

[佳人] 美人 a beauty。

宀部
7画

jiā, ㄐㄧㄚ

① 家庭 family, household：家常/家教/家人/家事/家书/家小/家信/家学/家训/家业/成家/娘家/农家/白手起家/半路出家。

② 住处 home, residence：家乡/回家/四海

为家。

③ 具有某种专长，或从事某种专门活动的人 expert，specialist：专家/作家/科学家/冒险家/自成一家。

④ 量词 classifier，used of families or enterprises：一家人/一家饭店/一家商店。

jiá，ㄐㄧㄚˊ 见 182 页 jiā，ㄐㄧㄚ。

甲 甲 甲 甲 甲

jiǎ，ㄐㄧㄚˇ

田部

丨部
4 画

① 表示顺序的第一 the first：甲等/甲级。

② 动物身体外部的角质体 crust，shell：甲虫/指甲。

③ 用金属、皮革等做成的起保护作用的东西 sth. made of metal or leather to protect oneself：甲板/马甲/披甲/铁甲/装甲/穿甲弹/铁甲车/解甲归田。

价 价 价 价 价 价

jià，ㄐㄧㄚˋ

(價)

亻部
4 画

① 商品卖的钱数 money，price，value：价格/价钱/价位/半价/保价/报价/标价/单价/底价/定价/还价/减价/讲价/降价/开价/平价/市价/物价/原价/总价/货真价实。

② 有用的 worth：价值/身价。

假 假 假 假 假 假 假 假 假 假 假

jiǎ，ㄐㄧㄚˇ

亻部
9 画

① 借 by virtue of：假道/假借/通假。

② 依靠着 to depend on：假公济私/久假

不归。

③ 猜想或推断 to guess, to predict, to infer: 假如/假设/假说。

④ 不真实的 artificial, counterfeit, fake, false: 假话/假名/假名/假山/假相/假象/假牙/假装/假造/真假/作假/假面具/虚情假意/弄假成真。

jià, ㄐㄧㄚˋ

合法、合规定的不工作时间 holiday, vacation: 假期/假日/病假/补假/产假/春假/度假/放假/寒假/婚假/例假/年假/请假/事假/休假。

(駕)

马部
5画

フ 力 加 加 加 驾 驾 驾

jià, ㄐㄧㄚˋ

① 使开动 to drive, to sail, to pilot: 驾车/驾船/驾飞机。

② 敬辞,称对方 an honorific epithet: 大驾光临。

木部
5画

フ 力 加 加 加 加 架 架 架

jià, ㄐㄧㄚˋ

① 架子 shelf, stand: 床架/花架/画架/书架/衣架。

② 事物的主体构造 frame: 架构/骨架。

③ 建起 to build, to erect, to prop, to put up: 架桥/架设。

④ 争斗 to combat, to fight, to quarrel: 吵架/打架/劝架。

⑤ 量词 classifier, 用于某些有支架或骨架的东西 used of sth. with a stand or mechanism: 一架飞机。

尖 尖 尖 尖 尖 尖

jiān，ㄐㄧㄢ

小部 3 画

大部 3 画

① 物体像刺的部分 point，tip：笔尖/针尖。

② 突出的，最好的 the best of its kind：尖兵/顶尖/冒尖/尖子学生。

③ 强烈影响人感受的话语、声音等 high-pitched，shrill：尖刻/尖利/尖酸刻薄。

④ 某些方言指用钱小气 penny-pinching，stingy：头一次约会连花都没给人买，真尖！

(堅)

坚 坚 坚 坚 坚 坚 坚

jiān，ㄐㄧㄢ

土部 4 画

① 硬 firm，hard，solid，strong：坚果/坚固/坚硬。

② 坚固的东西 a heavily fortified object：攻坚/攻坚战。

③ 不动摇 firmly，steadfastly，resolutely：坚持/坚定/坚决/坚守/坚挺/坚信/中坚/坚定不移/中坚分子/中坚力量。

(間)

间 间 间 间 间 间 间

jiān，ㄐㄧㄢ

门部 4 画

日部 3 画

① 人与人 between（people）：彼此间/同事之间。

② 一定范围内 within a definate time or space，within a limit：空间/民间/期间/区间/世间/时间/田间/乡间/心间/阳间/夜间/早间/中间/人世间/字里行间。

③ 房间 room：单间/房间/标准间/卫生间/洗手间。

④ 量词 classifier，用于房屋 used for rooms：一间房。

J

jiàn，ㄐㄧㄢˋ

① 互相交替 to alter，to separate：黑白相间。

② 分开 to thin out：棉花长得太密，得间一间。

③ 让人与人不合 to discord with，to disunite：离间/反间计。

月部 4画

户部 4画

丶 ㇇ 户 户 户 肩 肩 肩

jiān，ㄐㄧㄢ

① 脖子两旁的部位 shoulder：肩头/肩章/并肩/披肩/双肩。

② 担负 to bear，to shoulder，to take on：肩负/身肩重任。

(艱)

又部 6画

艮部 2画

フ 又 又 又 又 艰 艰 艰

jiān，ㄐㄧㄢ

困难 hard，hardship：艰苦/艰难/艰深/艰险/艰辛。

丷部 8画

丷 䒑 兰 兰 兰 兰 兼 兼 兼 兼

jiān，ㄐㄧㄢ

关系到多个方面 concurrently，to hold two or more...，twice：兼顾/兼管/兼任/兼职/德才兼备/市委书记兼市长。

一 扌 扌 扌 扲 扲 扲 捡 捡 捡

jiǎn，ㄐㄧㄢˇ

从低处拿起 to pick up，to take up：把地上的书捡起来。

(撿) 扌部 7画

［捡破烂儿］拾取别人不要的废品 to pick odds and ends from junk-heaps。

减 减 减 减 减 减 减 减 减 减 减

(減) 冫部 9画

jiǎn，ㄐㄧㄢˇ

① 从全体或原数中去掉一部分 to decrease, to reduce, to subtract：减产/减去/减少/增减。

② 降低 to alleviate, to drop, to lighten, to lower：减慢/减速/减退/消减/不减当年/有增无减。

③ 减法 subtraction：5 减 3 等于 2。

剪 剪 剪 剪 剪 剪 剪 剪 剪 剪 剪

刀部 9画

jiǎn，ㄐㄧㄢˇ

① 剪子 scissor, scissor-shaped tool：剪刀/花剪/条剪/指甲剪。

② 用剪刀剪开 to cut, to shear, to snip, to trim：剪彩/修剪/剪票口。

③ 除掉 to eliminate, to kill：剪除/剪灭。

检 检 检 检 检 检 检 检 检 检 检

(檢) 木部 7画

jiǎn，ㄐㄧㄢˇ

① 查 to check, to examine, to inspect：检测/检查/检举/检讨/检验/安检/查检/抽检/免检/体检/药检/检字法。

② 自己管理自己 to restrain, to restrict oneself：检点/行为不检。

简 简 简 简 简 简 简 简 简 简 简 简 简

jiǎn，ㄐㄧㄢˇ

J

(簡) ① 古代用来写字的竹片或木片 bamboo slips：木简/竹简。

竹部
7画

② 书信 letter：书简。

③ 不多 a few, a small number of，不复杂 brief, simple, uncomplicated：简报/简本/简便/简编/简称/简单/简历/简省/简要/简易/从简/言简意明/轻车简从/轻装简从。

④ 使由繁变简 to be simplified：简化/简写/精简/简化字。

⑤ 姓 a surname。

丨 冂 贝 见

jiàn，ㄐㄧㄢˋ

(見) ① 看到 to catch sight of, to see：见效/见习/求见/少见/想见/预见/见面礼/没见着谁。

见部

② 遇上 to come across, to encounter, to meet：见光/见鬼/碰见。

③ 看得出 to observe, to reveal：日久见人心。

④ 看法 opinion, view：见地/见解/见识/成见/创见/高见/己见/远见/以你之见，该怎么办？

⑤ 动词词头 verb prefix：见怪/见教/见笑/见证。

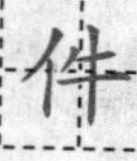

丿 亻 亻' 仁 仁 件

jiàn，ㄐㄧㄢˋ

亻部
4画

① 用于某些可分开来计数的事物 piece：案件/摆件/备件/部件/附件/稿件/急件/密件/条件/信件/文件/要件/原件/证件/无条件。

② 量词 classifier, piece：两件事/一件毛衣。

建

jiàn，ㄐㄧㄢˋ

廴部 6画

① 盖房子 to construct, to erect a building, 修筑 to build：建构/建造/建筑/改建/构建/扩建/修建/建工厂。

② 设立 to establish, to set up, 成立 to found：建国/建交/建立/建设/建树/建制/创建/封建/建功立业。

③ 提出 to advocate, to propose, to put forward：建言/建议。

健

jiàn，ㄐㄧㄢˋ

亻部 8画

① 强壮有力 healthy, robust, strong, tough：健步/健儿/健将/健康/健美/健全/健壮/保健/刚健/康健/强健/雄健。

② 很会做 to be good at：健谈/稳健。

③ 容易 to be apt to：健忘。

渐（漸）

jiàn，ㄐㄧㄢˋ

氵部 8画

慢慢地 by and by, gradually, 一步步改变 by degrees：渐变/渐次/渐渐/渐进/日渐/逐渐。

践（踐）

jiàn，ㄐㄧㄢˋ

𧾷部 5画

① 做，实行 to practice, to carry out：践行/践约/实践。

② 踩，压低 to trample, to tread：践踏/作践。

丿 𠂉 𠂉 𠂉 钅 钌 钌 钌 钌 钌 铥 键

(鍵)

钅部
8 画

jiàn, ㄐㄧㄢˋ

① 器物上可按动能使其运转的部件 key: 键盘/键入。

② 文言中指用来关住门的金属棍 metal bolt (of a door), 比喻重要部位 key, indicaing the main part: 关键。

丶 丶 氵 汀 汀 江

氵部
3 画

jiāng, ㄐㄧㄤ

大河的通称 river, 也专指长江 the Changjiang River, the Yangtze River: 江岸/江北/江边/江山/江心/长江/汉江/跑江湖/走江湖/江河日下/江山不老/江山如故/江山如旧/江天一色/江山易改, 本性难移。

将

丶 丬 丬 丬 丬 丬 丬 将 将

(將)

丬部
6 画
寸部
6 画

jiāng, ㄐㄧㄤ

① 快要, 就要 to be about to, to be going to, will: 将近/将来/将要/即将/行将/学校将放假三天。

② 把 by, by means of, to have (sth.) done: 将功补过/将心比心/将书放在桌上。

[将军] 高级军官 a general。

jiàng, ㄐㄧㄤˋ

军官, 多指高级军官 general, high-ranking military officer: 将才/将领/将门/将士/大将/点将/健将/老将/良将/名将/小将/中将/主将/将勇兵强/走马换将。

讲

丶 讠 讠 讠 讠 讲

jiǎng, ㄐㄧㄤˇ

① 说, 谈, 评说 to say, to speak, to tell:

(講)

讠部
4画

讲和/讲话/讲课/讲解/讲评/讲台/讲题/讲学/开讲/宣讲/演讲。

② 解释 to explain, to paraphrase：你这话怎么讲。

③ 重视 to attach importance to, to pay attention to, to set store by：讲理/讲求/讲卫生/讲诚信。

④ 商量 to consult, to discuss, to exchange ideas：讲价。

大部
6画

奖 奖 丬 丬 奖 奖 奖 奖 奖

jiǎng，ㄐㄧㄤˇ

① 用话语或实物作鼓励 to praise, to reward：奖你一套书。

② 为鼓励给予的名声或财物 award, prize：奖金/奖品/奖项/奖章/奖状/大奖/得奖/发奖/金奖/开奖/领奖/受奖/中奖。

jiàng，ㄐㄧㄤˋ 见190页 jiāng，ㄐㄧㄤ。

jiàng，ㄐㄧㄤˋ 见316页 qiáng，ㄑㄧㄤˊ。

阝部
6画

阝 阝 阝 阝 阝 降 降 降

jiàng，ㄐㄧㄤˋ

① 落下来 to descend, to drop, to fall, to lower：降低/降临/降落/降下/降雨。

② 使落下 to belittle, to devalue, to cut down：降格/降级/降价/降旗/降温/降职。

xiáng，ㄒㄧㄤˊ

向对手表示屈服 to capitulate, to surrender, to subdue：降将/降顺/归降/请降/求降/劝

降/受降/投降。

酱

丶 冫 丬 丬 丬 丬 丬 丬 丬 丬 丬 酱 酱

(醬)

酉部
6 画

jiàng, ㄐㄧㄤˋ

① 用豆、麦等按一定方法做成的调味品 pasty sauce made from fermented soybeans or cereal grains：辣酱/甜酱。

② 用酱或酱油加工的食物 preserved food：酱菜/酱瓜/酱肉。

③ 像酱的糊状食品 jam, paste：果酱/花生酱。

丶 亠 亠 六 亣 交

亠部
4 画

jiāo, ㄐㄧㄠ

① 拿给 to give sth. to sb., to hand over to sb.：交还/交换/这事交给我办。

② 相连 to meet, 结合 to join：交叉/交错/交界。

③ 地点或时间的相交处 places or periods of time linked with each other：春夏之交。

④ 结识 to be associated with：交际/交流/交谈/结交/交朋友。

⑤ 友情 acquaintance, 友谊 friendship：交情/断交/故交/旧交/深交/世交/私交/知交/够交情/忘年交/一面之交。

丶 亠 亠 六 亣 交 交阝 郊

阝部
6 画

jiāo, ㄐㄧㄠ

城镇四周的地区 outskirt, suburbs：郊区/郊外/郊游/城郊/东郊/近郊/四郊。

(驕)

马部
6 画

jiāo, ㄐㄧㄠ

① 自以为了不起 arrogant, conceited：骄傲/骄横/骄气/骄兵必败/骄奢淫逸。

② 强烈 blazing, intense：骄阳。

jiāo, ㄐㄧㄠ 见 195 页 jiào, ㄐㄧㄠˋ。

艹部
12 画

jiāo, ㄐㄧㄠ

一种大叶植物 banana：香蕉/帝王蕉/美人蕉。

角部

jiǎo, ㄐㄧㄠˇ

① 头上长的坚硬突出物 horn：牛角/头角/公羊有角。

② 几何学上称自一点引出两条射线所成的图形 angle：角度/视角/直角/三角形。

③ 物体边沿相接处 corner：角落/角球/眼角/嘴角/墙角儿。

④ 钱的单位，1 元 = 10 角 a fractional unit of money in China。

jué, ㄐㄩㄝˊ

① 比赛，争斗 to compete, to contend, to wrestle：角力/角逐/口角/角斗士。

② 戏中的人物 character, part, role：主角/你演那个角儿。

(餃)

饣部
6 画

丿 𠂊 饣 饣 饣 饣 饺 饺 饺

jiǎo，ㄐㄧㄠˇ

饺子（外面是面皮，里面包有肉、菜的面食）dumpling：水饺/素饺。

(腳)

月部
7 画

丿 刀 月 月 月 月 肚 肚 胠 胠 脚

jiǎo，ㄐㄧㄠˇ

① 腿的最下部 feet，pettitoes：脚步/脚底/脚力/脚气/脚印/合脚/手脚/小脚/抱佛脚/站住脚/一步一个脚印。

② 物体的最下部 base，end：脚灯/墙脚/山脚。

③ 足球运动员 football player：国脚。

叫

口部
2 画

丨 口 口 口 叫

jiào，ㄐㄧㄠˋ

① 人或动物口里发出较大的声音 to cry，to shout，to wail，to yell：叫价/叫苦/叫卖/叫门/狗叫/号叫/哭叫/惊叫/叫苦连天/拍手叫好。

② 招呼，呼叫 to call，to greet：楼下有人叫你。

③ 称呼 to address，to call，to name：叫做/他叫什么名字。

④ 让别人来，请人来 to send for：快叫医生。

jiào，ㄐㄧㄠˋ 见 217 页 jué，ㄐㄩㄝˊ。

jiào，ㄐㄧㄠˋ 见 437 页 xiào，ㄒㄧㄠˋ。

(較)

车部
6 画

jiào, ㄐㄧㄠˋ

① 比 to compare, to contrast, to compete：较劲/较量/比较/计较/斤斤计较。

② 相对而言更进一步 much more than, relatively more than：较多/较贵/较少/较便宜。

③ 明显 with obvious difference：较然不同。

攵部
7 画

jiào, ㄐㄧㄠˋ

① 指导，训导 education, guidance, instruction, tutoring：教本/教材/教程/教法/教具/教练/教师/教学/教育/家教/见教/劳教/请教/求教/文教/有教无类/因材施教。

② 宗教 religion：教会/教堂/教义/传教。

jiāo, ㄐㄧㄠ

让人学会 to instruct, to teach：教课/教书/教学。

jiē, ㄐㄧㄝ 见 197 页 jié, ㄐㄧㄝˊ。

(階)

阝部
4 画

jiē, ㄐㄧㄝ

① 楼梯的一步 stairs, steps：阶梯/台阶。

② 区分地位高低的等级 rank：阶层/阶级/官阶/军阶。

jiē, ㄐㄧㄝ

白部 4画　比部 5画

都 all, total：皆大欢喜/比比皆是/草木皆兵。

jiē, ㄐㄧㄝ　见198页 jié, ㄐㄧㄝˊ。

一 丁 扌 扌 扌 扩 扩 拉 拉 按 接 接

扌部 8画

jiē, ㄐㄧㄝ

① 相连 to come close to, to be connected：接连/紧接/连接/联接/接着说/接二连三/接力赛跑/交头接耳。

② 代替别人继续工作 to replace, to take over：接班/接办/接手/交接/接下这工作。

③ 收下 to accept, to receive：接收/接受/接活儿/待人接物。

④ 迎候 to meet, to welcome：接见/接飞机/接朋友。

丿 彳 彳 彳 彳 彳 彳 往 往 街 街 街

行部 6画　彳部 9画

jiē, ㄐㄧㄝ

旁边有建筑物的较宽的路 avenue, street：街道/街面/大街/当街/上街/游街/步行街/十字街/一条街/过街天桥。

卩

ㄱ 卩

jié, ㄐㄧㄝˊ

meaning symbol. 单耳刀儿（dān'ěrdāor）。

卩 as a meaning symbol was related to human body generally in ancient Chinese, but now is used as a component of Chinese character and function to classify the forms of characters, such as 印（marking），却（but），卯（number four of the duodecimal cycle），卵（egg），即（namely），卸（to discharge），卿（a minister or a high official in ancient times）。

节

（節）

艹部
2画

一 节 节 节 节

jié，ㄐㄧㄝˊ

① 物体各段之间相连的地方 joint，node：关节/环节/脱节/枝节/竹节/节外生枝。

② 段落 paragraph，part，section：季节/细节/小节/音节/章节/节节败退/节节胜利。

③ 放假日 festival，holiday：节礼/节令/节气/节日/春节/佳节/年节/时节/儿童节。

④ 减省 to economize，to save，限制 to limit，to restrict：节能/节省/节食/节选/节余/节育/节约/节制。

⑤ 量词 classifier，section，length：每周一节汉字课。

jiē，ㄐㄧㄝ

起关键作用的环节或时机 the crucial moment，in the nick of time：节骨眼儿。

（潔）

氵部
6画

洁 洁 洁 洁 洁 洁 洁 洁 洁

jié，ㄐㄧㄝˊ

① 干净 clean，spotless，tidy：洁白/洁净/纯洁/清洁/整洁。

② 不拿不应该拿的东西，清白 honest，pure：高洁/洁身自好。

J

(結)

纟部
6 画

纟 纟 纟 纟一 纟十 纟士 纟士 结 结

jié, ㄐㄧㄝˊ

① 用条状物编在一起 to tie, to weave: 结网。

② 在条状物上打的结子 knot: 领结/打结。

③ 两方面合在一起 to combine, to congeal, to form, to forge: 结冰/结合/结婚/结交/连结/团结/结识/结亲。

④ 完 to come to an end, to finish: 结案/结存/结局/结论/结尾/结束/结业/结语/归结/完结/小结/总结。

jiē, ㄐㄧㄝ

植物长出果实 to bear fruit, to form seed: 结果/结子/开花结果/树上结的李子红了。

[结实] ❶ 东西坚固 durable, solid。❷ 身体健壮 strong, sturdy。

[结巴] [结结巴巴] 说话不流利 stammer, stutter。

女部
5 画

㇛ 女 女 如 如 妇 姐 姐

jiě, ㄐㄧㄝˇ

① 称同父母而年纪比自己大的女子 elder sister: 姐姐。

② 称同辈而年纪比自己大的女子 title for elder female peer: 姐夫/姐妹/表姐/空姐/师姐/小姐/老大姐/导游小姐/公关小姐/那位大姐。

解

角部
6 画

ノ ク 角 角 角 角 角 角⁷ 角⁷ 解 解 解 解

jiě, ㄐㄧㄝˇ

① 打开 to undo, to untie: 解放/衣不解带/替我把鞋带解一下。

J

② 研究 to analyze，说明 to explain，to interpret：解答/解释/解说/见解/讲解/题解/注解。

③ 明白 to comprehend，to understand：不解/费解/了解/理解/百思不解/一知半解。

④ 演算数学 solution：解方程/解数学题。

⑤ 切开 to divide，to separate：解体/分解。

⑥ 除去 to allay，to dismiss，to dispel：解禁/解困/解围/解疑/和解/排解/调解/难分难解。

[解手] 大便或小便 to relieve oneself，to go to the toilet，to go and see one's aunt 。

xiè，ㄒ丨ㄝˋ
姓 a surname。

J

人部
2 画

介 介 介 介

jiè，ㄐ丨ㄝˋ
① 在中间 to interpose，to lie between：介入/介于/介质。

② 放在心上 to mind，to take seriously：介怀/介意。

③ 说明 to introduce：介绍/简介/评介/中介。

(屆)

尸部
5 画

届 届 届 届 届 届 届 届

jiè，ㄐ丨ㄝˋ
① 到 to expire，to fall due：届期/届时。

② 量词 classifier，次，期 session，term：本届/应届/第三届。

界 界 界 界 界 界 界 界 界

jiè，ㄐ丨ㄝˋ

田部
4 画

① 相接或相交的地方 boundary, extent, scope：界标/界河/界限/边界/地界/分界/国界/交界/临界。

② 看法、思想的范围或限度 field of thought：境界/眼界。

③ 工作的范围或一定的限度 field of work：各界/商界/外界/学界/政界/自然界。

借

丿 亻 亻 亻 亻 亻 亻 借 借 借

jiè, ㄐㄧㄝˋ

亻部
8 画

(藉)

① 暂时从别人那儿拿来用 to borrow, to lend：借火/借钱/借题发挥/借几本书看看/有借有还，再借不难。

② 用某个理由拒绝别人 to use as a pretext：借故/借口/假借。

丨 冂 巾

jīn, ㄐㄧㄣ

巾部

小块织品 a piece of cloth：餐巾/毛巾/手巾/头巾/围巾。

丿 人 亼 今

jīn, ㄐㄧㄣ

人部
2 画

现在，目前 modern, now, this, today：今后/今年/今人/今生/今天/从今/当今/而今/如今/现今/于今/至今/今生今世/古今中外/古往今来/古为今用/是古非今。

丿 厂 斤 斤

jīn, ㄐㄧㄣ

meaning symbol. 斤字旁儿（jīnzìpángr），as a meaning symbol is related to the axe or to chop usually, such as 断（to break up），折（to break or fold）。

斤部

𠂆 𠂆 斤 斤

jīn, ㄐㄧㄣ

中国的市制重量单位，一斤 = 10 两 = 500 克 a unit of weight, one *jīn* = half a kilogramme：斤两/公斤/千斤/市斤/千斤顶/半斤八两。

[斤斤] 过分地做 to be particulous about：斤斤计较/斤斤于小节，就会放过主要问题。

𠂉 𠂉 𠂉 𠂉 钅

jīn, ㄐㄧㄣ

meaning symbol. 金字旁儿（jīnzìpángr）as a meaning symbol is relevant to metal, such as 钢（steel），铁（iron），铜（copper），铃（bell）。

金部

丿 人 亼 今 今 余 金 金

jīn, ㄐㄧㄣ

① 金属 metal：合金/冶金/稀土合金。

② 钱 money：金钱/本金/基金/奖金/美金/礼金/现金/资金/租金/奖学金。

③ 金子 gold：金矿/金条/黄金。

④ 金色的 golden：金黄/金鱼。

jīn, ㄐㄧㄣ 见 204 页 jìn, ㄐㄧㄣˋ。

(僅)
亻部
2 画

丿 亻 仅 仅

jǐn, ㄐㄧㄣˇ

只 hardly, just, merely, only, scarcely：仅见/仅仅/不仅/不仅如此/绝无仅有。

jǐn，ㄐㄧㄣˇ 见本页 jìn，ㄐㄧㄣˋ。

（緊）

糸部 4 画

丨 刂 刂フ 収 坚 坚 竖 紧 紧 紧

jǐn，ㄐㄧㄣˇ

① 物体受各方外力后出现的状态 tight：盖子太紧了，打不开。

② 使紧 to tighten：抓紧/紧一紧盖子。

③ 空间小，很靠近 close：紧跟/紧密/跟紧/紧挨着。

④ 时间、空间短小而密切连接，急忙 in haste，pressing：赶紧/加紧/紧走几步/一步紧接一步。

⑤ 情况严重，关系重大 critical，crucial，urgent：紧急/紧要/紧张/要紧/不要紧。

⑥ 不富有 to be hard up for sth.：吃紧/手紧/日子过得很紧。

谨

（謹）

讠部 11 画

讠 讠 讠 讠 讠 讠 讠 讠 谨 谨 谨 谨

jǐn，ㄐㄧㄣˇ

① 小心，慎重 careful，cautious：谨防/谨慎/谨严/严谨/谨言慎行。

② 敬重地 honorific，respectful：恭谨/谨致谢意。

（盡）

尸部 3 画

ㄱ コ 尸 尺 尽 尽

jìn，ㄐㄧㄣˋ

① 完 all，completely：用尽/说不尽/言不尽意。

② 用完所有的，全力做到 to exhaust，to finish：尽力/尽情/尽兴/尽心/尽责/尽职/

历尽/尽力而为/尽其所有/尽心尽力/应有尽有/人尽其才，物尽其用。

③ 最，到极点 to the greatest extent：尽头/穷尽/无尽/尽善尽美。

④ 死 to die, to kick the bucket：自尽。

jǐn，ㄐㄧㄣˇ

① 最 exhausted：尽先/尽里头。

② 有多少用多少 to finish：尽量/尽着力气做。

③ 放在最前面 to give priority or precedence to：先尽小孩儿吃。

劲 (勁)

力部 5画

劲

jìn，ㄐㄧㄣˋ

① 力气 energy, strength：劲头/带劲/费劲/够劲/后劲/较劲/没劲/牛劲/使劲/手劲/用劲/有劲/不得劲/鼓足干劲/全身没劲儿/心往一处想，劲往一处使。

② 精神 mentality, spirits, 情绪 mood, vigour：对劲/干劲/来劲/一股劲/一个劲/不对劲/干活起劲儿。

jìng，ㄐㄧㄥˋ

强健有力 powerful, strong：劲草/劲敌/劲烈/劲旅/刚劲/强劲。

辶部 4画

斤 斤 斤 近 近

jìn，ㄐㄧㄣˋ

① 时间短或空间距离小 close, near (in time or space)：近处/近影/附近/就近/临近/近几天/学校离车站很近。

② 差不多 almost, nearly：近似/将近/接近/年近七十。

③ 关系密切 intimate, closely related：近

亲/亲近/关系很近/平易近人。

一 二 ＋ 井 ˊ井 讲 进

(進)

辶部
4 画

jìn, ㄐㄧㄣˋ

① 与“退”相对，向前移动 to advance, to go ahead, to move forward：进步/进度/进化/进军/进取/进修/进行/进展/并进/奋进/改进/前进/增进/进一步/进一层/齐头并进。

② 由外面到里面 from outside to inside：进口/进来/新进/进工厂。

③ 献上 to offer, to submit or present：进言。

J

一 十 才 木 木一 村 材 林 林 埜 埜 禁 禁

示部
8 画

jìn, ㄐㄧㄣˋ

① 不准许，制止 to ban, to forbid, to prohibit：禁毒/禁区/禁烟/禁止/严禁吸烟。

② 法律或习俗上不可以做的事 taboo, sth. prohibited by law：查禁/犯禁/开禁/违禁。

③ 关起来 to confine, to imprison：禁闭/软禁。

jīn, ㄐㄧㄣ

① 能承受，耐用 to bear, to endure, to stand：禁得住/不禁洗。

② 忍住 to restrain oneself, to contain oneself：不禁哭了起来。

丶 亠 亠 亣 亣 亨 亨 京

亠部
6 画

jīng, ㄐㄧㄥ

① 首都 the capital：京城/京郊。

② 特指北京 indicating the Beijing city：京广

线/京西宾馆。

经

(經)

纟部
5画

经经经经经经经经

jīng, ㄐㄧㄥ

① 古代的念书人必读的课本 classics, canon, scripture: 经典/经书/诗经/易经。

② 以前做过 to pass through, to undergo: 曾经/已经/经历/经验/经验之谈。

③ 从事 to deal in, to engage in, to manage: 经商/经营/经世之才。

④ 正常的 regular: 正经/不经之谈/天经地义。

⑤ 通过 by way of, through: 经由/经他一解释, 大家才明白。

⑥ 承受 to bear, to endure, to put up with, to stand: 经受/经不起。

惊

(驚)

忄部
8画

惊惊惊惊惊惊惊惊惊惊惊

jīng, ㄐㄧㄥ

① 受到突然的外力而害怕或紧张 amazed, frightened, scared, surprised: 惊呼/惊恐/惊奇/惊喜/惊险/惊心/惊疑/吃惊/大惊/受惊/压惊/惊喜交加/大惊小怪/大吃一惊/石破天惊/惊醒了睡着的人。

② 惊动 to alarm, to disturb, to startle: 惊人/惊天动地。

睛

目部
8画

睛睛睛睛睛睛睛睛睛睛睛睛睛

jīng, ㄐㄧㄥ

① 眼 eye: 定睛/眼睛。

② 眼珠 eyeball: 画龙点睛/目不转睛。

米部
8 画

jīng，ㄐㄧㄥ

① 好的，做得很仔细的 elaborate，fine，precise：精兵/精工/精米/精美/精品/精制/精装/精心制作。

② 想得仔细，反应快 sharp，clever：精明/人精/这孩子真精。

③ 最重要的部分，提炼物 essence，extract：精读/精华/精简/精英/味精/香精。

④ 研究深入且掌握得熟练 proficient，profound：精当/精到/精确/精深/精通/体大思精。

（頸）

页部
5 画

jǐng，ㄐㄧㄥˇ

脖子 neck：颈项/颈子/长颈恐龙。

景

日部
8 画

jǐng，ㄐㄧㄥˇ

① 自然风光 landscape，natural scene：景点/景观/景区/景色/景物/背景/美景/风景。

② 情况，现象 condition，situation，view：景象/光景/年景/情景。

③ 人工布置的景物 setting，scene：布景/制景。

jǐng，ㄐㄧㄥˇ

言部
12 画

① 提醒、预防可能发生的危险 to admonish, to warn：警报/警告/警句/警示/警钟/以一警百。

② 对危险或变化感觉强 vigilant, to keep wit about：警醒/机警。

③ 警察，执法人员 police：警车/警官/警卫/法警/交警/特警。

劲

jìng，ㄐㄧㄥˋ 见 203 页 jìn，ㄐㄧㄣˋ。

净净净净净净净净

jìng，ㄐㄧㄥˋ

(淨)

冫部
6 画

没有脏东西 very clean, not dirty at all：净化/净水/净土/净心/白净/干净/洁净/明净/清净/素净/窗明几净/干干净净。

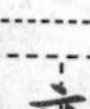

竟

竟竟竟竟竟竟竟竟竟竟竟

jìng，ㄐㄧㄥˋ

立部
6 画

① 没想到 unexpectedly，居然 actually：竟然/你竟敢逃课。

② 做完 to finish，完成 to complete：未竟/未竟之业。

敬

敬敬敬敬敬敬敬敬敬敬敬敬

jìng，ㄐㄧㄥˋ

攵部
8 画

① 态度有礼，敬重 politely, respectfully：敬爱/敬老/敬业/敬意/回敬/可敬/失敬/致敬/敬而远之。

② 有礼貌地做 to do sth. politely and respectfully：敬茶/敬告/敬候/敬酒/敬礼。

境

一 十 土 圹 圹 圹 垃 培 培 培 培 境 境

土部
11 画

jìng, ㄐㄧㄥˋ

① 界 bound, boundary, extent: 境内/边境/国境/过境/入境。

② 地方 district, place, region, 处所 locality, location: 境地/环境。

③ 遇到的情况 event, instance, situation: 境况/境界/境遇/处境/家境/绝境/苦境/困境/情境/胜境/顺境/晚境/险境/心境/意境/语境。

静

一 = 丰 丰 丰 青 青 青 青 青 青 静 静 静

(靜)

青部
6 画

jìng, ㄐㄧㄥˋ

① 使心情不紧张、不慌乱 to be at ease, to calm down, to stabilize: 平静/心静/平心静气/大家静一静。

② 没有声音 peaceful, quiet, silent, tranquil: 静观/静候/静听/静心/静养/静坐/安静/动静/清静/文静。

③ 安定不动 motionless, still: 静态/静止/沉静/风平浪静。

镜

ノ 𠂉 𠂉 𠂉 钅 钅 钅 钅 钅 钅 钅 镜 镜 镜 镜 镜

(鏡)

钅部
11 画

jìng, ㄐㄧㄥˋ

① 用来照出形象的东西 looking glass, mirror: 镜面/镜子/穿衣镜/哈哈镜。

② 某些光学器具 glass, lens, scope: 镜片/镜头/开镜/透镜/眼镜/放大镜/望远镜/电子望远镜。

冂冂

jiōng, ㄐㄩㄥ

meaning symbol. 同字框儿(tóngzìkuàngr), 冂 as a meaning symbol was related to outskirt or suburb in ancient Chinese, and used as a component of Chinese character and function to classify the forms of characters, such as 冈(ridge), 内(inner)。

(糾)

纟部 2画

纟纟纟纠纠

jiū, ㄐㄧㄡ

① 绕 to get entangled: 纠纷。

② 改正 to correct, to rectify: 纠察/纠偏/纠正。

③ 集合(有贬义) to band together, to get together: 纠合/纠集/纠结。

穴部 2画

究究究究究究究

jiū, ㄐㄧㄡ

仔细地推求 to examine, to look into, to study, to research: 讲究/考究/深究/细究/研究/追究/追根究底。

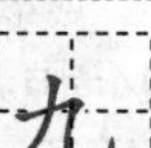

乙部 1画

丿部 1画

丿九

jiǔ, ㄐㄧㄡˇ

① 数目字, 9 nine, No. 9: 重九/三九/数九/下九流/八九不离十。

② 表示多 many, much, plenty of: 九九归一/九死一生。

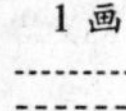

丿部 2画

久久久

jiǔ, ㄐㄧㄡˇ

① 时间很长 everlasting, for a long time, long: 久别/久久/久留/长久/持久/经久/

许久/永久/终久/久别重逢/久而久之/久闻大名/地久天长/日久天长/经久不息/天长地久/由来已久。

② 时间的长短 of a specified duration：你来了多久？

jiǔ，ㄐㄧㄡˇ

氵部
7画

含有酒精的饮料 alcoholic drink，liquor，wine：酒吧/酒杯/酒店/酒鬼/酒会/酒家/把酒/白酒/陈酒/果酒/红酒/黄酒/敬酒/美酒/米酒/名酒/喜酒/药酒/灯红酒绿/花天酒地。

jiù，ㄐㄧㄡˋ

丨部
4画
日部
1画

① 与“新”相对，以前的或用过的 former，old，used：旧货/旧历/旧情/旧诗/旧式/旧书/旧物/旧有/旧制/陈旧/古旧/怀旧/念旧/破旧/仍旧/守旧/依旧/用旧/照旧/旧观念/旧时代/旧病复发/旧地重游/旧调重弹/旧时风味/旧事重提/旧习难改/不忘旧情/旧瓶装新酒。

② 有交情的 old friendship：旧友/故旧/话旧。

jiù，ㄐㄧㄡˋ

meaning symbol. 臼（jiù）as a meaning symbol is relevant to stone mortar，such as 舀（to dip out），舂（pestle）。

jiù，ㄐㄧㄡˋ

攵部
7画

① 帮助使脱离困难 to come to the rescue, to help a lame dog over a stile：救国/救活/救火/救济/救星/救治/得救/呼救/急救/解救/求救/营救/自救/不可救药/治病救人/坐视不救。

② 帮助使得到 to help sb. out, to help sb. over：救命/救助/补救。

就就就就就就就就就就就就

jiù，ㄐㄧㄡˋ

尢部
9画
亠部
10画

① 接近，靠近 to come close to, to move towards：就便/就此/就地/就近/半推半就。

② 从事，开始进入一个工作 to assume the office of, to be engaged in：就读/就任/就学/就业/就医/就义/高不成，低不就。

③ 完成 to accomplish, to achieve, to fulfil：成就/写就/造就。

④ 副词 adv.：

a. 表示短时间内将发生 right away, right now：雨就快停了。

b. 强调很早以前已发生 as early as：两天前我就知道了。

c. 两件事紧接发生 as soon as：一看就明白。

d. 加强肯定 definitely, positively, simply：我就不去。

e. 确定范围，强调数量的多少，仅（of range/number）just, only：就他去/我就一本，不能借给你。

f. 紧接上文，得出结论 used immediately after previous texts to draw conclusions, right on：这件事就这么办吧。

⑤ 连词 conj.，用于前一句主语后，表示

J

让步性假设 used after the subject of the previous sentence to indicate concessive supposition，相当于“即使” even if, even though：你就买到药也来不及了。

臼部
7 画

jiù，ㄐㄧㄡˋ

① 母亲的兄弟 mother's brother：舅妈/舅舅/娘舅。

② 妻子的兄弟 wife's brother：妻舅/小舅子。

尸部
5 画

jū，ㄐㄩ。

① 住 to inhabit, to reside：居处/居民/居住/定居/分居/久居/旅居/居留证。

② 住的地方 inhabitancy, residence：故居/新居。

③ 积存 to accumulate, to store up：奇货可居。

尸部
4 画

jú，ㄐㄩˊ

① 指政府里分工办事的单位 bureau, department：局长/当局/公安局/教育局。

② 商店名或办理某些业务的机构 agency, office：书局/邮电局。

③ 称某些活动场面 a certain occasion/situation：饭局/酒局。

④ 情况，处境 circumstance, instance, situation：局面/局势/败局/布局/大局/定局/对局/格局/和局/结局/开局/平局/全局/时局/战局/政局/顾全大局。

⑤ 有一定的范围，有约束的 limit, restriction, restraint: 局部/局限。

橘

橘橘橘橘橘橘橘橘橘橘橘橘
橘橘橘橘

木部
12 画

jú, ㄐㄩˊ

俗作“桔”，橘子树及其果实 orange: 金橘/橘红。

举举举举举举举举举

(舉)

丶部
8 画

jǔ, ㄐㄩˇ

① 向上移动 to heave, to hold up, to lift, to raise: 举杯/举步/举手/举目/高举。

② 动作，举动 act, deed, behaviour: 举止/创举/义举/壮举/举止言谈/一举一动/多此一举。

③ 发起，办活动 to hold, to start: 举办/举行。

④ 推选 to choose, to elect, to recommend: 推举/选举。

⑤ 提出 to enumerate, to list: 举例/列举。

⑥ 全 all, entire, whole: 举家/举世/举国上下。

句句句句句

口部
2 画
勹部
3 画

jù, ㄐㄩˋ

① 能够表达相对完整意思的短话 clause, sentence: 句点/句法/句号/句群/单句/句子/词句/分句/例句/文句/问句/语句/造句/三句话不离本行。

② 量词 classifier, used of language: 写了两句诗。

J

(鉅)

匚部
2画

一 丁 ヨ 巨

jù，ㄐㄩˋ

① 大 huge，gigantic：巨大/巨变/巨浪/巨轮/巨流/巨人/巨型。

② 伟大的 distinguished，famous，great，prominent：巨头/巨星/巨著/一代巨人。

扌部
4画

扌 扌 扌 扌 扌 扌 拒

jù，ㄐㄩˋ

① 抵挡 to drive back，to repel，反对 to be against，to resist：拒敌/抗拒。

② 不接受 to refuse，to reject，to turn down：拒绝/来者不拒。

八部
6画

丨 冂 冂 月 目 且 具 具

jù，ㄐㄩˋ

① 可以使用的东西 tool，utensil：茶具/刀具/道具/灯具/工具/画具/机具/教具/面具/农具/玩具/文具/牙具/用具/鱼具/雨具/假面具。

② 有 to possess，to provide：具备/具有/出具。

③ 说出，写出 to bring out，to come out with，to sign，to speak out，to write：具名/开具。

亻部
8画

丿 亻 亻 们 们 们 但 俱 俱 俱

jù，ㄐㄩˋ

都 all，complete，together：俱乐部/两败俱伤/面面俱到/声泪俱下/一应俱全/与日俱增。

剧

(劇)

刂部
8 画

jù, ㄐㄩˋ

① 程度强 acute, intense, severe：剧烈/急剧/加剧。

② 戏剧 drama, opera, play：剧本/剧场/剧情/剧院/悲剧/闹剧/喜剧/剧中人/连续剧。

据

(據)

扌部
8 画

jù, ㄐㄩˋ

① 依靠 according to, on the basis of：据说/据闻/根据/依据/据理力争/引经据典。

② 占有 to occupy, to seize：据有/占据/据为己有。

③ 可作证的东西 certificate, evidence, proof：单据/借据/论据/票据/实据/收据/字据/证据/查无实据/立此为据/言必有据/有理有据。

距

⻊部
4 画

jù, ㄐㄩˋ

两个地方隔开的长度 distance, interval, space：距离/差距/行距/间距/距今/相距。

耳部
8 画
又部
12 画

jù, ㄐㄩˋ

合在一起 to get together, to unite：聚餐/聚合/聚会/聚积/聚集/聚首/欢聚/会聚/团聚/完聚/聚精会神/物以类聚。

捐

juān, ㄐㄩㄢ

① 主动无条件拿出 to contribute to, to don-

扌部
7 画

ate, to subscribe：捐款/捐钱/捐献/捐赠/捐助/捐棉衣。

② 舍弃 to abandon, to cast away, to give up：捐弃。

③ 一种税 a tax：车捐/税捐/上了一笔捐。

juǎn, ㄐㄩㄢˇ 见本页 juàn, ㄐㄩㄢˋ。

juàn, ㄐㄩㄢˋ 见 325 页 quān, ㄑㄩㄢ。

(捲)

㔾部
6 画
丶部
7 画
丷部
6 画

卷 卷 卷 卷 光 关 关 卷 卷

juàn, ㄐㄩㄢˋ

① 考试用纸 examination paper：卷面/卷子/考卷/评卷/试卷/阅卷/交白卷。

② 可展开的书画 scroll：画卷/经卷/手卷/开卷有益/手不释卷。

③ 量词 classifier, 用于书籍等 tome, volume：一卷书。

juǎn, ㄐㄩㄢˇ

① 把东西弯转成圆管状 to coil up, to roll up, to wind, to wrap：卷进/卷入/卷被子。

② 弯转成管状的东西 roll：卷尺/烟卷/纸卷儿/铺盖卷儿。

③ 量词 classifier, 用于成卷的东西 roll, reel, spool：一卷纸/一卷塑料布。

jué, ㄐㄩㄝˊ 见 193 页 jiǎo, ㄐㄧㄠˇ。

决 冫 冫 冫 决 决

(决)

冫部
4 画

jué, ㄐㄩㄝˊ

① 一定，肯定 certainly, definitely, surely: 他决不会失败。

② 拿定主意 to decide, to determine, to make up one's mind: 决定/决断/决心/决议/决意/否决/坚决。

③ 定最后胜负 to contest, to contend for (victory): 决斗/决赛/决胜/表决。

④ 执行死刑 to execute sb., to put to death: 处决/枪决。

绝 绝 绝 绝 绝 绝 绝 绝 绝

(絕)

纟部
6 画

jué, ㄐㄩㄝˊ

① 断 to cut off, to extirpate, to sever: 绝笔/绝唱/绝后/绝路/绝情/绝食/绝望/绝种/断绝/根绝/绝口不提/空前绝后/千古绝唱。

② 完了 exhausted, 没有了 used up: 弹尽粮绝。

③ 极好的 matchless, unique: 绝活/绝技/绝学。

④ 极端，最 extremely, most: 绝密。

⑤ 一定 absolutely: 绝对/绝不同意。

⑥ 不接受 leaving no leeway, uncompromising: 回绝/谢绝。

觉 觉 觉 觉 觉 觉 觉 觉 觉

(覺)

见部
5 画

jué, ㄐㄩㄝˊ

① 清楚感觉到，对外界的感受 to become aware, to feel, to sense: 觉察/觉得/察觉/错觉/发觉/感觉/警觉/色觉/视觉/听觉/痛觉/味觉/知觉/直觉/不知不觉/神不知，鬼不觉。

② 明白 to find out, to understand：觉悟/觉醒。

③ 认识到事理的人 sage：先知先觉。

jiào, ㄐㄧㄠˋ
睡 sleep：睡觉/午觉。

(軍)

冖部 4画
车部 2画

jūn, ㄐㄩㄣ

① 武装部队，也指集体 army, armed forces, collectivity：军备/军车/军歌/军功/军官/军号/军火/军旅/军人/军容/军校/军心/大军/海军/空军/行军/生力军/建设大军。

② 部队的一种编制，师的上一级 corps：军长命令师长。

口部 4画
乙部 6画

jūn, ㄐㄩㄣ

① 古代称天子，国王等 king, monarch, sovereign：君王/君主/国君。

② 敬辞（honorific）gentleman：夫君/王君/李天明君。

土部 4画

jūn, ㄐㄩㄣ

① 等量分配 equal, even, fair, just：均等/均分/均势/势均力敌/人均收入3000元。

② 全，都 all, without exception：老少均安。

K，ㄎ

咖 咖 咖 叻 叻 咖 咖 咖

kā，ㄎㄚ

［咖啡］一种树的种子，可作饮料，也指用它做的饮料 coffee。

口部
5 画

kǎ，ㄎㄚˇ 见 312 页 qiǎ，ㄑㄧㄚˇ。

开 开 开 开

kāi，ㄎㄞ

(開)

一部
3 画
廾部
1 画

① 使关着的东西不再关 to open up：开放/开关/开卷/打开/开门见山。

② 发动，操纵 to operate，to start：开船/开汽车。

③ 开始 to begin，to start：开端/开饭/开工/开户/开业/开战/继往开来。

④ 建立 to establish，to run，to set up：开创/开医院。

⑤ 举办 to hold，to host，to run：开班/开办/开运动会。

⑥ 支付 to pay：开支/开工资。

kān，ㄎㄢ 见 220 页 kàn，ㄎㄢˋ。

砍 砍 砍 砍 砍 砍 砍 砍 砍

kǎn，ㄎㄢˇ

石部
4画

① 刀向下用力 to chop, to cut, to hack: 砍柴/砍木头。

② 减去 to lessen, to reduce: 砍价/文章太长了，砍去几行重复的。

看 看 看 看 看 看 看 看 看

kàn, ㄎㄢˋ

目部
4画

① 用眼睛瞧 to look at, to see, to view: 看到/看见/参看/查看/观看/好看/耐看/难看/收看/细看/中看/看不起/看不上/看得起/看得上/看风景/看笑话/看不上眼/看人行事/中看不中用。

② 观察 to observe, to watch: 看大局。

③ 诊治 to treat (a patient or an illness): 看病。

④ 对待 to treat: 另眼相看/把我当朋友看。

⑤ 拜访 to call on, to pay a visit, 看望 to drop in, to visit: 看朋友。

⑥ 认为 to look upon, to regard: 看好/看重/你看这事怎办。

⑦ 试试 to have a try: 想想看/洗洗看。

kān, ㄎㄢ

守 to tend, to watch, 注意管着 to take care of: 看门/看管/看护/看守/看家本领/看家本事。

康 康 康 康 康 康 康 康 康 康 康

kāng, ㄎㄤ

广部
8画

① 平安快乐，富足 peaceful and prosperous, rich and well-off: 康乐/康年/安康/小康。

② 身体好 good health, well-being: 康复/健康。

扛

一 扌 扌 扌 扛 扛

káng，ㄎㄤˊ

扌部 3 画

用肩承担 to carry on the shoulder，to hold：扛箱子。

抗 抗 抗 抗 抗 抗 抗

kàng，ㄎㄤˋ

扌部 4 画

① 用力量去制止 to combat，to fight，to resist（against）：抗击/抗战/抵抗/对抗/反抗/对抗赛/抗日战争。

② 不接受 to defy，to refuse：抗命/抗争。

一 十 土 耂 考 考

kǎo，ㄎㄠˇ

耂部 2 画

① 测试，测验 to examine，to give a test：考场/考分/考风/考官/考号/考绩/考卷/考期/考区/考生/考试/考题/考证/报考/备考/补考/参考/查考/抽考/赶考/会考/免考/统考/投考/应考/招考/主考/考大学/考语文。

② 检查 to check，to inspect：考察/考勤。

③ 研究 to ascertain，to enquire into：考古。

④ 指已死的父亲 deceased father：先考。

烤 烤 烤 烤 烤 烤 烤 烤 烤 烤

kǎo，ㄎㄠˇ

火部 6 画

① 把东西放在火边使其变干或变熟 to bake，to broil，to parch，to roast：烤鸡/烤肉/把衣服烤干。

② 靠近热源取暖 to toast，to warm：烤火。

K

靠靠靠靠靠靠靠靠靠靠靠靠
靠靠靠

丿部
14 画
牛部
11 画

kào，ㄎㄠˋ

①（人）坐着或站着时，将身体的一部分重量让别人或物体来支撑 to lean against：靠着/依靠。

②（物体）利用别的东西的支持站着或直立起来 to lean on：黑板靠在墙上。

③ 接近 to get near，挨近 to move close to：靠岸/靠边/靠近/停靠/靠边站。

④ 值得信任 to count on，to rely on：靠山/可靠/靠不住/靠得住/靠天吃饭/无依无靠。

⑤ 依赖 to depend on：依靠/困难靠大家一起克服。

K

科科科科科科科科科

禾部
4 画

kē，ㄎㄜ

① 古代的考试 imperial examinations：科举。

② 课目或业务的分类 a branch of academic or vocational study：科目/本科/单科/工科/理科/内科/外科/文科/学科/牙科/预科/专科。

③ 按工作性质而分的较小部门 a division or subdivision of an administrative unit，section：科长/财务科/教务科。

④ 科学 science：科技/科教/科研。

棵棵棵棵棵棵棵棵棵棵棵
棵

木部
8 画

kē，ㄎㄜ

量词 classifier，多用于植物 usually for plants：几棵小草/一棵大树。

颗

颗颗

(顆)

页部
8 画

kē，ㄎㄜ

① 量词 classifier，用于粒状的东西 a grain of：一颗心/几颗珍珠。

② 小而圆的物体 anything small and roundish：颗粒。

咳

kέ，ㄎㄜˊ

口部
6 画

咳嗽 to cough：你咳了好几天了，去医院看看吧。

hāi，ㄏㄞ

打招呼或者表示后悔 to greet sb. or to express pity：咳！小王/咳！别提有多后悔了。

可

一 丁 丁 可 可

kě，ㄎㄜˇ

口部
2 画

一部
4 画

① 表示同意 to agree upon，to approve，to permit：许可。

② 能够 to be able to，can，可能 may：可变/可否/可见/可靠/可能/可取/可谓/可心/可以/可大可小/可进可退/可圈可点/可上可下/可想而知/可有可无/可望而不可即。

③ 表值得 need，to be worth：可爱/可贵/可恨/可敬/可怕/可气/可亲/可人/可恶/可喜/可笑/可信/可行/可疑。

④ 副词 adv.，表示转折 but，yet：可是/我很忙，可我很愉快。

⑤ 表强调 indicating emphasis and stress：可不/可好/可不是/西湖可美了/学生很聪明，老师可喜欢她了。

K

氵部
9 画

kě，ㄎㄜˇ

① 想喝水 thirsty：干渴/解渴/口渴/止渴

② 很需要 earnestly，yearningly：渴求/渴望。

克

十部
5 画
儿部
5 画

kè，ㄎㄜˋ

① 战胜 to conquer，to overcome，to subdue，打败 to beat，to defeat，to vanquish：克服/克制/攻克/克敌制胜/攻无不克。

② 公制的重量单位 gram，gramme：1 公斤等于 1000 克。

K

刂部
6 画

kè，ㄎㄜˋ

① 用刀切 to chop，to cut，挖 to carve，划出 to engrave：刻写/刻字/木刻/石刻/竹刻/刻图章/刻章子。

② 量词 classifier，时间单位 a quarter of an hour，1 刻钟 = 15 分钟：一刻千金/三点一刻。

③ 时间 moment，time：此刻/即刻/立刻/片刻/时刻/时时刻刻/无时无刻。

④ 对人不宽容 cutting，penetrating：刻薄/刻毒/尖刻。

宀部
6 画

kè，ㄎㄜˋ

① 来访者，外来者 visitor，guest：客场/客串/客店/客队/客人/会客/请客/反客为主。

② 服务行业对被服务者的称呼 customer：客车/客船/客满/常客/乘客/待客/顾客/贵客/过客/旅客/游客。

③ 独立于人的意识外的 objective：客观/客体。

④ 量词 classifier，一份一份卖出的食品 a portion or a helping of food：一客饭/一客牛排。

课 (課)

讠部 8画

kè，ㄎㄜˋ

① 有计划的分段教学 class：课堂/备课/补课/副课/上课/听课/停课/主课/必修课/选修课。

② 教材中独立的单位 lesson，unit：课本/课表/课程/课件/课目/课时/课题/课外/课文/课业/课余/课桌/功课/第一课/课程表。

肯

月部 4画

kěn，ㄎㄣˇ

① 同意 to agree，to consent：首肯/奶奶肯让他出去玩儿。

② 愿意 to be willing to，to want：不肯/只要肯学，就一定能学好。

[肯定] 完全同意 to affirm，to confirm。

[中肯] 重点明确，针对性强 pertinent。

心部 6画

艮部 4画

kěn，ㄎㄣˇ

真诚地 frankly，honestly，sincerely：恳切/恳求/诚恳。

kōng，ㄎㄨㄥ 见本页 kòng，ㄎㄨㄥˋ。

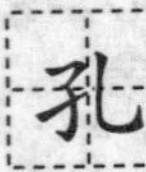

kǒng，ㄎㄨㄥˇ
小洞 hole：鼻孔/针孔。

子部
1 画

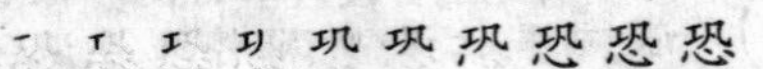

kǒng，ㄎㄨㄥˇ
① 害怕 dread，fear：惊恐/深恐/惊恐万状/争先恐后。

心部
6 画

② 使害怕 to frighten，to intimidate，to scare，to terrify：恐吓（hè，ㄏㄜˋ）/反恐。

③ 可能 to be afraid of/that：恐不能前往。

kòng，ㄎㄨㄥˋ
① 留出空间 to leave blank /empty：文章每段开头要空两格。

穴部
3 画

② 没有被占用的 unoccupied：空白/空地。

③ 没被占用的时间或空间 free time，spare time：空当/空闲/抽空/得空/留空/有空再来。

kōng，ㄎㄨㄥ
① 没有东西或没有内容 empty，hollow，nothing inside：空车/空间/空心/空箱子。

② 天空 air，sky，space：空姐/空投/空运/空域/航空/领空/时空/太空/星空/夜空。

③ 不起作用 fruitless，useless：空话/空跑/空忙了一天。

控控控控控控控控控控控

kòng，ㄎㄨㄥˋ

扌部
8 画

① 告上法庭 to accuse, to denounce, 揭发 to charge sb. with：控告/控诉/指控。

② 掌握，节制 to control, to dominate, to manipulate：控制/操控/遥控/自控。

③ 倒出里面的东西 to empty, to let sth. out of (a bottle, etc.)：把瓶子控干净。

口口口

kǒu，ㄎㄡˇ

meaning symbol. 口字旁儿 (kǒuzìpángr), 口 as a meaning symbol is generally relevant to the movement of mouth or tone of speaking. Some words showing movement such as 唱 (to sing), 告 (to tell); some are of the modal particle such as 啊 (often used to show emotion of praise), 呀 (often used to show emotion of surprise), 吗 (often used to show emotion of uncertainty)。

口口口

kǒu，ㄎㄡˇ

口部

① 嘴 mouth：口才/口风/口服/口感/口快/口试/口述/口算/口头/口味/口误/口信/口型/口译/口音/口语/顺口/口耳之学/口口声声/口是心非/赞不绝口。

② 容器向外面的部分 the mouth of containers：瓶口/碗口。

③ 进出通过的地方 entrance, passage：口岸/出口/入口。

④ 裂开的地方 the place chapped：创口/伤口。

⑤ 量词 classifier：一口刀/一口井/一口气/一口人。

K

扌部
3 画

一 十 扌 扌 扣 扣

kòu, ㄎㄡˋ

① 关上 to close, 合上 to buckle (up): 扣上门。

② 强留下, 关起来 to arrest, to detain: 扣留/先扣下车。

③ 从中减除 to cut off, to deduct: 扣除/折扣/扣工资。

④ 衣服上的扣子 button: 活扣/衣扣。

口部
7 画

kū, ㄎㄨ

因痛苦、激动等而流泪 to cry, to sob, to weep: 哭喊/哭叫/哭灵/哭闹/哭穷/哭声/哭诉/痛哭/哭诉无门/哭笑不得/放声大哭。

艹部
5 画

一 十 艹 艹 芏 芏 苦 苦

kǔ, ㄎㄨˇ

① 跟"甜"相对的味道 bitter, opposite of sweet: 苦瓜/苦口良药/自食苦果。

② 感觉难受的 discomfortable, painful, suffering, 困难的 hard, difficult, miserable: 苦处/苦读/苦干/苦工/苦况/苦力/苦命/苦想/苦笑/穷苦/诉苦/痛苦/辛苦/苦命人/苦肉计/吃苦头/苦不可言/苦尽甜来/苦海无边/苦中作乐/叫苦连天/劳苦功高/皮肉之苦/千辛万苦。

③ 有耐心地 doing one's utmost, enduring, painstaking: 苦干/苦练/苦求/苦劝/苦苦相求。

K

裤

(褲)

衤部 7画

裤 衤 衤 衤 衤 衤 衤 衤 衤 衤 裤

kù, ㄎㄨˋ

裤子 trousers：裤脚/裤头/长裤/单裤/毛裤/内裤/运动裤。

酷

酉部 7画

酷 酉 酉 酉 酉 酉 酉 酉 酉 酉 酷 酷 酷 酷

kù, ㄎㄨˋ

① 很坏，很凶 cruel, oppressive：残酷/冷酷/严酷。

② 很，极 very, extremely：酷爱/酷寒/酷热/酷似。

③ (人) 有个性，不俗 free from vulgarity, refined：他真酷。

④ (事物) 流行的，时尚的 fashionable, in fashion, cool：她那鞋子是今年最酷的样式。

跨

⻊部 6画

跨 跨 跨 跨 跨 跨 跨 跨 跨 跨 跨 跨 跨

kuà, ㄎㄨㄚˋ

① 抬腿越过 to step, to stride：跨越/跨过平原。

② 骑 to bestride, to ride：跨上马。

③ 超过一定的时间或空间界限 to go beyond：跨年度/跨国公司。

块

块 块 块 块 块 块 块

kuài, ㄎㄨㄞˋ

① 成团的东西 block, chunk, lump, piece：块状/板块/金块/煤块/石块/土块/血块/整块/方块字/糖块儿。

K

土部
4 画

② 量词 classifier，用于成块的东西 a piece of：一块煤/一块铁板。

kuài，ㄎㄨㄞˋ　见 168 页 huì，ㄏㄨㄟˋ。

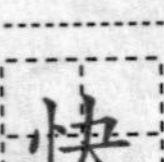

忄部
4 画

忄 忄 忄 忄 忄 快 快

kuài，ㄎㄨㄞˋ

① 速度高 fast，quick，rapid，swift：快报/快步/快车/快攻/快件/快马/快门/快枪/快速/快信/明快/特快专递。

② 赶紧，急忙 to hasten，to hurry：快上学/快回家。

③ 将要，不久 be going to，soon：他快回来了。

④ 机灵 clever，smart：脑子转得快。

⑤ 刀口好 sharp：快刀。

⑥ 高兴 happy，pleasant，pleased，gratified：快感/快活/快乐/快意/不快/称快/欢快/痛快/大快人心。

筷

竹部
7 画

筷 筷 筷 筷 筷 筷 筷 筷 筷 筷 筷 筷 筷

kuài，ㄎㄨㄞˋ

筷子，细小的棒形吃饭工具 chopsticks：木筷/免洗筷子/一次性筷子。

宽

(寬)

宀部
7 画

宽 宽 宽 宽 宽 宽 宽 宽 宽 宽

kuān，ㄎㄨㄢ

① 与“窄”相对，横向距离大（opposite of narrow）wide，broad：宽大/宽泛/宽广。

② 横向距离 the horizontal distance，width：宽度/三米宽。

③ 放松，有多余 to ease, to loosen, to relax：宽舒/宽心/宽余/宽打窄用。

④ 不严厉 lenient, tolerate：宽厚/宽让/宽容/放宽。

款

欠部 8 画

kuǎn，ㄎㄨㄢˇ

① 钱，有钱的 funds, sum of money, wealth：款姐/款项/款爷/款子/存款/大款/公款/货款/现款/余款。

② 真心真意地 to entertain hospitably：款待/款留。

③ 式样 form, model, pattern, style：款式/款型/新款。

况 (況)

冫部 5 画

kuàng，ㄎㄨㄤˋ

情形 circumstance, condition, situation：病况/车况/概况/简况/景况/境况/路况/情况/盛况/实况/现况/战况/状况/每况愈下。

矿 (礦)

石部 3 画

kuàng，ㄎㄨㄤˋ

① 地层中可用的自然物质 mineral, ore：矿产/矿石/矿物。

② 含有某种自然物质的地方 mining field, ore deposit：矿层/矿床/矿区/矿山/矿业/煤矿/铁矿。

捆

kǔn，ㄎㄨㄣˇ

① 用绳子围绕并且打结 to bind, to tie up：

K

(綑) 捆扎。

扌部 7画

② 量词 classifier，用于捆在一起的东西 a bundle of：一捆书/一捆行李。

困

口部 4画

丨 冂 冃 円 闲 闲 困

kùn，ㄎㄨㄣˋ

① 在很难的情形中 in difficulties：困守/困住/围困/内外交困/为病所困。

② 艰难 difficulty，hardship，poverty：困境/困苦/困难/穷困。

扩 (擴)

扌部 3画

一 十 扌 扌 扩 扩

kuò，ㄎㄨㄛˋ

增大，放大 to enlarge，to expand，to extend，to increase：扩编/扩充/扩大/扩建/扩容/扩散/扩展/扩张/扩招。

括

扌部 6画

一 十 扌 扌 扌 扦 扦 括 括

kuò，ㄎㄨㄛˋ

包含在内 to include，to sum up：包括/概括/简括/统括/综括/总括。

阔 (闊)

门部 9画

丶 丨 门 门 门 门 门 闩 闲 闲 阔 阔

kuò，ㄎㄨㄛˋ

① 宽大 broad，wide，vast：阔别/阔步/广阔/开阔/空阔/宽阔/壮阔/海阔天空。

② 有钱 rich，wealthy，生活浪费 luxurious：阔气/阔人/摆阔。

L，ㄌ

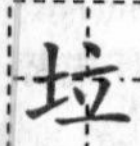

垃 垃 垃 垃 垃 垃 垃 垃

土部
5画

lā，ㄌㄚ

［垃圾］脏土或被扔掉的东西 garbage, junk, litter, rubbish, trash, waste：垃圾堆/垃圾箱/垃圾站/垃圾发电。

拉 拉 拉 拉 拉 拉 拉 拉

扌部
5画

lā，ㄌㄚ

① 扯 to draw, to pull：拉扯/拉开房门。

② 使某些乐器发出声音 to play instruments, to strike up：拉二胡。

③ 说话 to chat, to converse：拉家常。

④ 排便 to empty the bowels, to go and see one's aunt：拉大便/拉肚子。

啦 啦 啦 啦 啦 啦 啦 啦 啦 啦 啦

口部
8画

lā，ㄌㄚ

拟声用字 onomatopoeia：啦啦队/呼啦啦。

la，·ㄌㄚ

"了"（le）和"啊"（a）的合音字，兼有两者的意思：我们回来啦。

落

là，ㄌㄚˋ 见 261 页 luò，ㄌㄨㄛˋ。

辣 辣 辣 辣 辣 辣 辣 辣 辣 辣 辣 辣 辣 辣

L

辛部
7画

là，ㄌㄚˋ

① 一种火烧感的味道 hot，peppery，sharp，spicy：辣酱/辣子/火辣辣/热辣辣/麻辣火锅。

② 凶残 cruel，ruthless：毒辣。

[泼辣] ❶ 态度凶，不讲道理 shrewish，tough。❷ 做事果断，说做就做，很有气势 bold and vigorous，forceful，pungent。

(來)

一部
6画

一 𠃊 𠀀 平 平 来 来

lái，ㄌㄞˊ

① 从一个地方到说话人的地方 to arrive，to come：来到/来电/来访/来回/来人/来往/来信/来意/来由/来自/过来/上来/来之不易。

② 表示与事件相关的时间 indicating a period of time that extends from the past to the moment：来年/从来/近来/向来/七年以来。

③ 代替前面的动词 used as a substitute for a verb so as to avoid repetition：（喝了以后），再来一杯/（唱了一首歌后）再来一首。

(攔)

扌部
5画

一 十 扌 扌 扌 扌 拦 拦

lán，ㄌㄢˊ

挡住路不让过去 to block，to hold back：拦挡/拦住去路。

蓝

(藍)

艹部
10画

一 十 艹 艹 艹 艹 艹 艹 艹 艹 艹 蓝 蓝

lán，ㄌㄢˊ

① 颜色名 blue：蓝天/天蓝色/青出于蓝而胜于蓝。

② 姓 a surname。

L

篮

篮

(籃)

竹部
10 画

lán，ㄌㄢˊ

① 篮子，提东西的器具 basket：菜篮/花篮/摇篮/竹篮打水一场空。

② 一种球类的名称 basketball：篮坛/男篮/女篮/职业篮球。

览

(覽)

见部
5 画

lǎn，ㄌㄢˇ

看 to look at，to view：便览/游览/阅览/展览/一览表。

懒

(懶)

忄部
13 画

lǎn，ㄌㄢˇ

不喜欢工作 lazy，idle，indolent，slothful，sluggish：懒虫/懒汉/懒散/偷懒/懒洋洋。

烂

(爛)

火部
5 画

làn，ㄌㄢˋ

① 食物熟透后的松软状态 mashed，thoroughly cooked，tender，soft：烂泥/老人喜欢吃烂饭。

② 东西变质、腐坏 to become putrid，to fester，to rot：腐烂/烂苹果。

③ 破损，残缺不完整 worn-out：破烂/烂衣服。

L

丶 ㇇ ㇇ 彐 良 良 郎 郎

láng，ㄌㄤˊ

阝部
6 画

① 泛称某些人 general address to somebody：货郎/女郎/情郎/放牛郎/卖油郎。

② 以前也称呼情人或丈夫（archaic usage）darling or lover（male），husband，sweet-heart：郎君/李郎。

狼

丿 犭 犭 犭 犭 犭 犭 狼 狼 狼

láng，ㄌㄤˊ

犭部
7 画

一种长得像狗的凶恶的动物 wolf：野狼/狼子野心/引狼入室。

[色狼] 贪图女色而对女性凶恶的男人 lady-killer。

朗

丶 ㇇ ㇇ 彐 良 良 良 朗 朗 朗

lǎng，ㄌㄤˇ

月部
6 画

① 明亮 bright，light，shining：开朗/明朗/清朗/晴朗。

② 声音响亮清楚（a voice）clear and loud：朗读/爽朗/朗朗上口。

丶 丶 氵 氵 氵 氵 氵 浪 浪 浪

làng，ㄌㄤˋ

氵部
7 画

① 大的水波 billow，wave，surge：浪花/浪头/波浪/恶浪/海浪/激浪/风平浪静/大风大浪/无风不起浪。

② 像波浪的 sth. resembling wave：人浪/热浪/声浪。

③ 不受约束 dissolute，unrestrained：浪费/放浪。

捞

(撈)

扌部
7画

捞 捞 捞 捞 捞 捞 捞 捞 捞 捞

lāo，ㄌㄠ

① 从水里取出 to drag，to scoop up from the water：捞取/捞鱼/打捞/大海捞针/水中捞月。

② 用不正当的方法得到 to gain，to obtain in an improper way：捞外快/捞一笔钱。

(勞)

力部
5画
艹部
4画

劳 劳 劳 劳 劳 劳 劳

láo，ㄌㄠˊ

① 工作 to work，to labour：劳作/按劳分配/能者多劳。

② 辛苦 hard work，overwork：劳累/操劳/辛劳。

③ 使工作，使辛苦 to put sb. to trouble：劳动/劳工/劳神/劳心/代劳/偏劳/效劳/有劳/劳民伤财/劳师动众。

④ 了不起的事 extraordinary success：功劳/汗马功劳。

⑤ 慰问 to express one's appreciation，to reward：劳军/劳师/慰劳。

⑥ 姓 a surname。

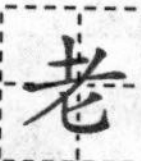

老部

老 老 老 老 老 老

lǎo，ㄌㄠˇ

① 跟"少（shào，ㄕㄠˋ）"相对，年纪大 aged，old，senior：老成/老化/老人/敬老/老学究/老大不小/月下老人/长生不老。

② 旧的，过时的 obsolete，outdated：老套/老房子/老相识。

③ 因时间太长，东西变得不好吃了 long-standing，overdone：黄瓜老了/肉炒老了。

④ 经常，总是 always，often：老话/老晚到。

⑤ 原来的 former，previous，quondam：老家/老样子/老调重弹。

⑥ 名词词头 prefix，used before nouns：老公/老汉/老虎/老师/老鼠/老外/老乡/老张/吃老本/船老大。

(樂)

丿部
4画

乐 乐 乐 乐 乐

lè，ㄌㄜˋ

① 高兴 amused，cheerful，joyful，happy：乐意/乐于/安乐/和乐/欢乐/快乐/乐不可言/乐而忘归/乐在其中/乐于助人。

② 使人快乐的 amusing，entertaining，funny：乐趣/乐事/乐土/乐园/逗乐/行乐/游乐/不亦乐乎/助人为乐/自得其乐。

③ 笑 to smile，to laugh：你乐什么？

yuè，ㄩㄝˋ

好听的声音，音乐 music：乐队/乐器/乐团/乐音/乐章/国乐/军乐/礼乐/民乐/声乐/西乐。

L

le，·ㄌㄜ 见250页 liǎo，ㄌㄧㄠˇ。

耒 耒 耒 耒 耒 耒

lěi，ㄌㄟˇ

meaning symbol. 耒字旁儿（lěizìpángr），耒 as a meaning symbol is related to farming，such as 耕（to plough up），耘（to weed）。

累 累 累 累 累 累 累 累 累 累 累

lěi，ㄌㄟˇ

田部
6画
糸部
5画

① 层层相加 to overlap, to pile up：累次/累犯/累积/累计/累加/累年/积累/连累/经年累月/日积月累。

② 牵扯 to be involved：累及/牵累。

lèi, ㄌㄟˋ

① 疲劳 fatigue, tired：劳累/受累/累死我了。

② 使疲劳 to be tired out, to exhaust oneself：你真累人。

(淚)

氵部
5画

泪泪泪泪泪泪泪泪

lèi, ㄌㄟˋ

眼睛里流出的水 tear：泪花/泪人/泪水/泪眼/泪液/含泪/流泪/落泪/热泪/血泪/眼泪。

(類)

米部
3画

类类类类类类类类类

lèi, ㄌㄟˋ

① 种，相似事物的集合 kind, species：类别/类书/类同/类推/类型/败类/词类/调类/分类/归类/门类/鸟类/同类/种类/族类/物伤其类/有教无类。

② 像，似 to be similar to：类似/与其相类的事例数不胜数。

lèi, ㄌㄟˋ 见238页 lěi, ㄌㄟˇ。

冫部
5画

冷冷冷冷冷冷冷

lěng, ㄌㄥˇ

① 温度很低，不热 chilly, cold, cool：冷风/冷却/冷热/冷食/冷水/生冷/冬天很冷。

② 不热情 cool, cold (in manner): 冷场/冷静/冷脸/冷落/冷笑/冷言冷语/冷眼旁观。

③ 引不起一点热情的 cold and cheerless, desolate, lonely: 冷门/冷清/清冷/冷清清。

④ 忽然发生的 all in a sudden: 冷枪/冷不防。

木部 7 画

利 利 梨 梨 梨 梨

lí, ㄌㄧˊ

一种果树及其果实 pear: 梨子/大白梨。

离

(離)

亠部 8 画

离 离 离

lí, ㄌㄧˊ

① 不在同一个地方，分开 to depart, to tear apart, 分别 part from: 离别/离家/离开/离题/离乡/离职/背离/别离/分离/流离/偏离/远离/不即不离/若即若离/形影不离/八九不离十。

② 缺少 for lack of, in need of, without: 鱼离不了水。

③ 距离 away from: 他家离学校很近。

王部 10 画

璃 璃

lí, ·ㄌㄧ 见 28 页［玻璃］。

(禮)

礼

lǐ, ㄌㄧˇ

① 社会成员公认的行为模式 ceremony, rite, socially recognized pattern of behavior: 婚礼/典礼/观礼。

礻部
1画

② 表示尊敬的态度或动作 courtesy, etiquette, good manners：礼节/礼貌/礼仪/礼遇/先礼后兵。

③ 表示尊敬和祝贺的东西 gift, present：答礼/贺礼/献礼/见面礼。

李

一 十 木 木 本 李 李

lǐ, ㄌㄧˇ

木部
3画

① 一种水果 plum：李子/瓜田李下。

② 姓 a surname。

里 (裡) (裏)

里部

丨 冂 日 日 旦 甲 里

lǐ, ㄌㄧˇ

① 故乡 hometown, village：故里/乡里。

② 量词 classifier, 路程的距离 used for the distance of journey：里程/公里/华里/英里/一公里/平方公里/晴空万里/一日千里/十万八千里/千里之行，始于足下。

③ 内部 inner, inside：里边/里面/里屋/城里/内里/手里/房间里/里里外外/百里挑一/表里如一/话里有话/字里行间/由表及里。

理

王部
7画

一 二 千 王 玎 玑 玾 玾 琿 理 理

lǐ, ㄌㄧˇ

① 管着 to administrate, to manage：理财/理事。

② 对别人的言行做出反应 to react, to respond to：理会/理解/不要理这事。

③ 使整齐有序 to put in order, to tidy up：理发/理顺/整理。

④ 事物的规律 law, regulation, rule, 道理 reason, truth：理该/理据/理论/理念/理

想/理性/理学/理应/理由/理当如此/理所当然/理所不容/理真情切/理直气壮。

⑤ 自然科学 natural science，有时特指物理学 physics：理化/理科。

力

力部

フ力

lì，ㄌㄧˋ

① 体能 force，power，strength：力度/力气/吃力/费力/活力/量力/极力/尽力/精力/无力/力不从心/力大无比。

② 能力 ability，capability：理解力/记忆力。

③ 可以利用的力量 power，might，influence：笔力/财力/得力/权力/人力/物力/眼力/重力/主力。

④ 努力 to endeavor，to make great efforts，to try hard：力求/力争/力主。

历 (歷)(曆)

厂部 2画

历 历 历 历

lì，ㄌㄧˋ

① 已经过去了的 past，previous：历代/历史。

② 亲身做过某事 to experience，to go through，to undergo：历练/经历/简历。

③ 一个一个地，遍 one by one，all over：历览/历历在目。

④ 年月日的算法，历法 calendar：历书/公历/农历/阳历/阴历。

厉 厉 厉 厉 厉

lì，ㄌㄧˋ

① 严肃 severe，stern，strict：厉行/正颜

(厲)

厂部 3画

厉色。

② 凶，猛烈 fierce，violent：厉鬼/厉害。

立部

立 立 立 立 立

lì，ㄌㄧˋ

① 站 to stand：立场/立正/立足/并立/立足之地/坐立不安。

② 使物体的上端向上 to erect，to set up：顶天立地。

③ 建立 to found，制定 to establish：立案/立法/立功/立论/立业/立意/立志/成立/独立/对立/国立/设立/市立/私立。

④ 确定 to register：确立/立太子。

⑤ 存在 to exist，生存 to live，to survive：自立/立身处世/势不两立。

⑥ 马上 all at once，immediately，instantaneously：立即/立刻/当机立断。

(麗)

一部 6画

丽 丽 丽 丽 丽 丽 丽

lì，ㄌㄧˋ

美 graceful，nice，pretty，好看 beautiful，good-looking：丽人/丽日/华丽/美丽/明丽/清丽/壮丽/风和日丽。

刂部 5画

利 利 千 禾 禾 利 利

lì，ㄌㄧˋ

① 好处 advantage，benefit：利害/利益/便利/不利/福利/红利/名利/权利/胜利/水利/出师不利/自私自利。

② 使得到好处 to benefit，to do good to：利

己/利民/利人/利用/利于/毫不利己，专门利人。

③ 多得的钱，利息 interest，profit：红利/利率/利钱/将本求利/一本万利。

④ 刀口快 sharp：利器/尖利。

励 (勵)

力部 5画

厂部 5画

一 厂 厅 厉 厉 厉 励

lì，ㄌㄧˋ

说人好，使人向上 to encourage，to exert oneself，to rouse oneself for vigorous efforts to，to try hard：励志/鼓励/激励/奖励/励精图治。

L

例

亻部 6画

丿 亻 亻 仍 仍 伢 例 例

lì，ㄌㄧˋ

① 可以做证明的事物 case，example，instance：例句/例如/例题/例证/例子/案例/病例/范例/旧例/举例/示例/事例/特例/图例/先例。

② 规定 rule，regulation，routine，stipulation：例会/例外/破例/体例/条例/照例/下不为例。

粒

米部 5画

丶 丷 丬 半 米 米 米 米 米 粒 粒

lì，ㄌㄧˋ

① 细小的颗状物 grain，granule，bead：饭粒/颗粒/米粒/谁知盘中餐，粒粒皆辛苦。

② 量词 classifier，用于颗粒状的东西，modifying grain-like things：一粒米/一粒糖。

俩

丿 俩 俩 俩 俩 俩 俩 俩 俩

liǎ, ㄌㄧㄚˇ

两个 two：他俩/咱俩/咱们俩。

(倆)

liǎng, ㄌㄧㄤˇ

亻部 7画

不正当手段 intrigue, trick：伎（jì, ㄐㄧˋ）俩。

连

一 左 车 车 连 连 连

liάn, ㄌㄧㄢˊ

(連)

① 一个接着另一个 continuously, one by one, one after another, in succession：连词/连带/连接/连连/连篇/连日/连天/连夜/连用/接连/一连/心连心/白字连篇/价值连城/接二连三/山水相连/血肉相连。

辶部 4画

② 介词 prep., 甚至 even, 表示强调，突出某一方面：你连他都不认识？

联 联 联 联 联 联 联 联 联 联 联 联

liάn, ㄌㄧㄢˊ

(聯)

① 合在一起 to ally oneself with, to join together, to unite as one：联播/联合/联欢/联接/联名/联赛/联想/联营/联展。

耳部 6画

② 对联 antithetical couplet：春联/门联/首联/上联是"客上天然居"，下联是"居然天上客"。

脸

丿 脸 脸 脸 脸 脸 脸 脸 脸 脸 脸

liǎn, ㄌㄧㄢˇ

(臉)

① 面部 cheeks, face：脸蛋/脸皮/脸色/脸形/变脸/翻脸/黑脸/红脸/花脸/洗脸/圆脸/嘴脸/脸盘儿/拉下脸/人有脸，树有皮。

月部 7画

② 面子 face：脸面/丢脸/没脸/要脸/不要

脸/有头有脸。

③ 物体的前部 front：门脸儿。

练 (練)

纟部 5 画

liàn，ㄌㄧㄢˋ

① 反复学习 to train，多次操作 to practise：练习/操练/晨练/苦练/排练/训练/练毛笔字。

② 有经验 skilled，熟知 experienced：练达/精练/老练/熟练。

③ 一种素色的丝织品 natural-coloured silk，white silk：长河如练。

炼 (煉)

火部 5 画

liàn，ㄌㄧㄢˋ

① 用加热的方法提纯 to smelt，to temper with fire：炼钢/炼油/精炼/提炼/百炼成钢/真金不怕火来炼。

② 用心琢磨使字句简洁、恰当 to cultivate，to polish，to refine：炼话/炼句/炼字/修炼。

恋 (戀)

心部 6 画

liàn，ㄌㄧㄢˋ

① 难忘 to long for，难舍难分 to be difficult to tear apart，to feel attached to：恋家/怀恋/留恋/贪恋/依恋/恋恋不舍。

② 男女相爱 to fall in love，to love：恋爱/恋歌/恋情/恋人/初恋。

良部 1 画

liáng，ㄌㄧㄤˊ

① 好 fine，good，nice：良策/良机/良田/良心/良言/良药/良医/良友/良知/不良/改良/精良/善良/天良/坐失良机/存心不良/

、部
6 画

居心不良。

② 很 fairly, rather, very: 良多/良好/良久/受益良多/用心良苦。

(涼)

冫部
8 画

凉凉凉凉凉凉凉凉凉凉

liáng, ㄌㄧㄤˊ

① 温度有点儿低，稍冷 cool, cold: 凉风/凉快/凉爽/凉台/凉丝丝。

② 失望，伤心 disappointed, discouraged, sad: 悲凉/一听这话心里就凉了。

liàng, ㄌㄧㄤˋ

放一会儿以使热东西降温 to make or become cool: 水太烫，凉会儿再喝。

liáng, ㄌㄧㄤˊ 见249页 liàng, ㄌㄧㄤˋ。

(糧)

米部
7 画

粮粮粮粮粮粮粮粮粮粮粮粮粮

liáng, ㄌㄧㄤˊ

粮食，可食用的五谷等 grain, provisions: 粮草/粮店/粮价/粮农/粮田/陈粮/存粮/军粮/口粮/米粮/钱粮/秋粮/食粮/细粮/夏粮/余粮/杂粮/兵马未动，粮草先行。

(兩)

一部
6 画

两两两两两两两

liǎng, ㄌㄧㄤˇ

① 数目字，2 two: 两个/两旁/两码事/两面三刀/两手空空/两人世界/一刀两断/两条腿走路/两头小，中间大。

② 双方 both sides, either party: 两岸/两便/两抵/两利/两相/两边倒/两重性/两口子/两可之言/两全其美/两相情愿/势不

两立。

③ 表示不确定的数目 a couple of, a few, some：两下子/三长两短/三三两两/三天两头/三言两语/过两天再说。

④ 市制重量单位，1 两 = 50 克 a unit of weight。

俩

liǎng，ㄌㄧㄤˇ 见 245 页 liǎ，ㄌㄧㄚˇ。

liàng，ㄌㄧㄤˋ

亠部 7 画

① 光线充足 bright：亮度/亮光/明亮/照亮/眼前一亮/教室里一点儿亮都没有。

② 灯 light，火 shining：赶紧拿个亮儿来。

③ 摆在明处，展示 to show：亮底/亮相。

④ 声音响而动听 loud and clear：清亮。

⑤ 清楚 clear：心明眼亮/打开天窗说亮话。

liàng，ㄌㄧㄤˋ 见 247 页 liáng，ㄌㄧㄤˊ。

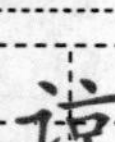

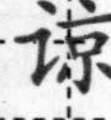

liàng，ㄌㄧㄤˋ

（諒）

讠部 8 画

① 宽容 to bear, to forgive, to tolerate：谅解/体谅/原谅/敬希见谅。

② 猜想 to think，预料 to presume：谅他也不会反对。

辆 (輛)

车部
7 画

liàng, ㄌㄧㄤˋ

量词 classifier, 用于车 used for vehicles: 三辆大巴/一辆小车。

量

日部
8 画

liàng, ㄌㄧㄤˋ

① 限度, 程度 bound, degree, limit: 度量/饭量/较量/酒量/力量/能量/气量/容量/重量。

② 数量 amount, quantity: 量化/产量/大量/定量/过量/少量/限量/质量。

liáng, ㄌㄧㄤˊ

① 用工具测事物的长短、轻重、大小等 to measure: 量具/测量/称量/丈量/量身高/量体重/量血压/海水不可斗量。

② 大概计算一下, 估计 to calculate, to estimate: 打量/估量/思量。

耳部
5 画

liáo, ㄌㄧㄠˊ

① 说 chat, talk: 聊天/闲聊/有空咱俩聊聊。

② 依靠 to depend on, to count on, to rely on: 民不聊生。

③ 一点点的 a bit, a little, 稍微 slightly: 聊胜于无/聊以自慰。

[无聊] ❶ 由于没事可干而烦 boring。❷ 言行没有意义使人烦 senseless, silly, stupid。

一部
1 画

了了

liǎo, ㄌㄧㄠˇ

① 清楚明白 to know clearly, to see, to understand: 了解/了然/了然于心/一目了然。

② 完毕终结 to end, to finish: 了案/了断/了结/了却/了事/临了/末了/私了/终了/不了了之/草草了事/应付了事/没完没了。

le, ·ㄌㄜ

① 助词 aux., 用于句中, 表示动作或变化已完成 used to indicate that an action has been done: 来了几个人/吃了三碗饭。

② 助词 aux., 用于句末, 肯定出现了或即将出现新情况或新变化 used in the end of a sentence, indicating that something must have happened or changed: 小张回来了/他快要来了。

米部
4 画

丶 丷 䒑 半 米 米 米 米 料 料

liào, ㄌㄧㄠˋ

① 猜想 to assess, to estimate, to expect, to presume: 料定/料及/料想/不料/预料/不出所料/出人意料。

② 材料 material, stuff: 料酒/料子/布料/加料/木料/配料/燃料/香料/颜料/养料/药料/原料/资料。

③ 种植、喂养时用的有营养的东西 (grain) feed, forage, folder: 草料/肥料。

刂部
4 画

歹部
2 画

一 丆 歹 歹 歹 列

liè, ㄌㄧㄝˋ

① 排成的行 array, line, rank, row: 列车/前列/排成三列。

② 写出或摆出来给大家看 to array, to display, to line up, to list: 列出/列队/列举/

列席/陈列。

③ 类 kind, sort: 系列/序列/不在考虑之列。

④ 安排 to arrange, to put into the schedule: 列入计划。

⑤ 多个 a series of, various: 列位/列传。

烈

一 丆 歹 歹 列 列 列 烈 烈 烈

liè, ㄌㄧㄝˋ

灬部
6画

① 程度高 strong, 气势盛 intense, violent: 烈风/烈火/烈酒/烈性/激烈/剧烈/猛烈/强烈/热烈/壮烈。

② 为正义献出自己生命的人 anyone who sacrificed his/her life for justice: 烈士/先烈/英烈。

liè, ㄌㄧㄝˋ

衣部
6画

破开 to break: 裂变/裂口/分裂/干裂/决裂/开裂/身败名裂/四分五裂/裂了条口子。

(鄰)

lín, ㄌㄧㄣˊ

阝部
5画

位置相连或接近的 adjacent, near, neighbour: 邻国/邻家/邻接/邻近/邻居/邻里/邻人/邻舍/邻县/邻座/比邻/东邻/紧邻/近邻/四邻/远邻/远亲不如近邻。

lín, ㄌㄧㄣˊ

木部
4画

① 大片的树或竹子 forest, grove, woods: 林场/林带/林地/林区/林子/山林/园林/造林。

② 林业 forestry：林产/林农/农林。

③ 聚集在一起的同类事物 a cluster of sth., a crowd of sth.：词林/石林/书林/武林/艺林/林林种种。

临

(臨)

丨部 8画

lín，ㄌㄧㄣˊ

① 到（某地方）to arrive at，面对（某事）to be present at：临场/临了/临时/临危/临终/临阵/光临/降临/来临/面临/喜临门/平时不烧香，临时抱佛脚。

② 靠近 to face，to overlook，将要 to be about to do，just before：临别/临河/临近/临放假/临门一脚。

③ 对照着字画学习 to copy a model of calligraphy or painting，to duplicate：临画/一天临一页。

(靈)

火部 3画

彐部 3画

líng，ㄌㄧㄥˊ

① 起作用 efficacious，有效 effective：灵光/灵验。

② 聪明 clever，intelligent，smart：灵性/机灵/性灵/灵机一动。

③ 动作迅速 quick，swift，反应快 swift to respond：灵活/灵感/灵通/消息灵通。

④ 有关于神道、死者的（of）the deceased，(of) the dead：灵车/灵位/灵台/灵堂/精灵/空灵/神灵/英灵/活灵活现。

líng，ㄌㄧㄥˊ

① 可以发出声音的器具 bell：风铃/警铃/

钅部
5 画

门铃。

② 铃声 ring, tinkle：这是预备铃，不是上课铃。

零零零零零零零零零零零零零

雨部
5 画

líng, ㄌㄧㄥˊ

① 数目字，0 nil, zero：五减五等于零。

② 不够一定单位数量的零头 odd，整数以外的尾数 with a little extra：三百零五/一万挂零儿。

③ 细碎的 fractional, small and irregular，一个一个的 individual, part：零工/零花/零件/零买/零卖/零乱/零散/零售/零钱/零头/零星/零用/零嘴/零用钱/化整为零。

④ 没有 nought，无 nil, nothing：零蛋/零风险/从零开始/我的中文程度几乎等于零。

⑤ 摄氏温度计上的冰点 zero on a thermometer：零点/零下四度。

⑥ 从上掉落下来 to wither and fall：零落/飘零/七零八落。

龄龄龄龄龄龄龄龄龄龄龄龄龄

齿部
5 画

líng, ㄌㄧㄥˊ

① 岁数，年龄 age, years：高龄/适龄/学龄。

② 年数 length of time, duration：超龄/党龄/工龄/婚龄/教龄/军龄/树龄/艺龄。

领领领领领领领领领领领

lǐng, ㄌㄧㄥˇ

(領)

页部
5 画

① 领子 collar, neck, neckband: 领带/领口/衣领。

② 占据，据有 in possession of, territorial: 领地/领空/领属/领土。

③ 在前面带着，指引 to administer, to guide, to lead: 领班/领唱/领导/领队/领读/领舞/领先/带领/首领。

④ 拿，得到 to fetch, to receive, to take: 领奖/领钱/领情/领取/领受/认领。

⑤ 明白，了解 to comprehend, to understand: 领会/领略/心领神会。

人部
3 画

丿 人 亽 今 令

lìng, ㄌㄧㄥˋ

① 命令 command, decree, law, order: 传令/法令/军令/口令/司令/条令/下令/严令/指令/令行禁止。

② 上级指示下级 to demand, to order: 明令/通令各省。

③ 使 to cause, to make: 令人兴奋。

④ 时令，时节 season: 当令/夏令/冬令营。

⑤ 敬辞，称听话人的亲属 your: 令弟（您弟弟）/令爱（您女儿）。

口部
2 画

另另另另另

lìng, ㄌㄧㄥˋ

别的 additional, another, else, other: 另类/另外/另一个人/另眼相看。

氵部
10 画

溜溜溜溜溜溜溜溜溜溜溜溜溜

liū, ㄌㄧㄡ

① 滑动 to glide, to slide, to slip: 溜冰/从树上溜下来。

② 悄悄离开 to sneak off, to steal away：溜走/一不小心，让小偷溜了。

③ 光滑 glossy, sleek, smooth：光溜/滑溜。

liù，ㄌㄧㄡˋ

量词 classifier，一行的、一排的 column, line, queue, row：一溜十几辆小车。

(劉)

刂部 4画

文部 2画

刘 ㄔ ㄔ 文 刘 刘

liú，ㄌㄧㄡˊ

姓 a surname：阿刘/大刘/老刘/小刘。

氵部 7画

流 流 流 流 流 流 流 流 流 流

liú，ㄌㄧㄡˊ

① 液体移动 to flow, to stream：流动/水流得很快。

② 没有一定方向地移动 sth. resembling a stream of water, current：流弹/流民/流通/流星。

③ 流动着的东西 river, stream of water：电流/寒流/河流/气流/支流/主流/对答如流。

④ 传播 to diffuse, to propagate, to spread：流传/流毒/流行/流言。

⑤ 等级 class, rate, school：名流/不入流/一流选手。

留 留 留 留 留 留 留 留 留 留

liú，ㄌㄧㄡˊ

田部
5画

① 停在一个地方，不离开 to remain，to stay：留级/留宿/留校/留学/留洋/居留/停留。

② 不让别人离开 to ask sb. to stay，to arrest，to detain：留步/留客/收留/下雨天留客天。

③ 保留 to leave，to reserve：留存/留待/留空/留名/留念/留情/留言/留影/存留/留一手/留后路/留头发/留余地。

④ 注意力集中到某方面 to be careful，to pay attention to，to take care：留神/留心/留意。

丶 亠 六 六

liù，ㄌㄧㄡˋ

数目字，6 six：六六大顺/六亲不认/六神无主/眼观六路，耳听八方。

八部
2画
亠部
2画

龙

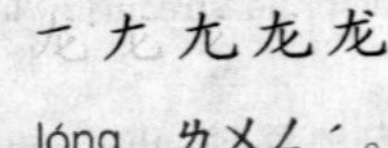

(龍)

lóng，ㄌㄨㄥˊ。

龙部

① 中国古代传说中的一种神奇动物 dragon：龙宫/龙王/龙飞凤舞/画龙点睛。

② 一种爬行动物 reptile：恐龙/变色龙。

③ 封建帝王的象征，跟帝王有关的 related to kings or emperors：龙床/龙体/龙颜/真龙天子。

一 十 木 木 木 术 栏 栏 栏 楼 楼 楼 楼

(樓)

lóu，ㄌㄡˊ

木部

① 地面上分层的房屋 stored building/house：楼顶/楼房/楼上/高楼/鼓楼/角楼/门楼/炮楼/钟楼/那座楼/近水楼台先得月。

9 画

② 指楼房中的某一层或某一座 floor：楼层/我住 12 楼（第 12 座楼房或楼房的第 12 层）。

漏 漏 漏 漏 漏 漏 漏 漏 漏 漏 漏 漏 漏 漏

氵部 11 画

lòu，ㄌㄡˋ

① 从很小的洞中慢慢出来 to leak, to ooze out：漏风/漏光/漏水/漏雨/壶漏了。

② 不该让人知道的事情，让人知道了 to divulge a secret, to give away, to let out, to slip out：漏嘴/走漏消息。

③ 忘记做的事，缺失 leave out by mistake：缺漏/遗漏/挂一漏万。

lòu，ㄌㄡˋ 见 258 页 lù，ㄌㄨˋ。

(陸)

阝部 5 画

阝 阝 阝 阝 阝 陆 陆

lù，ㄌㄨˋ

① 高出水面的土地 land：陆地/陆路/陆运/大陆/内陆/着陆/水陆交通。

② 跟陆地有关的 ground：陆军/海陆空三军。

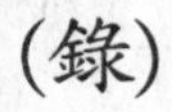

彐部 5 画 氺部 3 画

录 录 录 录 录 录 录 录

lù，ㄌㄨˋ

① 记下来 to record，记下来的 to take down, to write down：录像/录音/笔录/抄录/登录/附录/记录/纪录/节录/收录/选录/摘录/备忘录。

② 任用 to employ, to hire：录取/录用。

丨 ㄇ 口 𠮛 早 𠯑 𧾷 𧾷 趵 跂 路 路 路

lù, ㄌㄨˋ

足部
6 画

① 通行的地方 road, route, way: 路标/路程/路段/路费/路过/路口/路况/路面/路人/路上/路线/道路/铁路/走路/回头路/半路出家/无路可走。

② 思想或行动的方式 means, way: 路子/活路/门路/生路/思路。

③ 种类 kind, sort, type: 大路货/一路货色。

一 ㇀ 冖 雨 雨 雨 雨 雨 雨 雨 雨 雨 雨 雨 雨 雨 露 露 露 露 露

lù, ㄌㄨˋ

雨部
13 画

① 水气遇冷形成的小水珠 dew: 露水。

② 在屋子外面、没有盖住 in the open air, outdoors: 露台/露天/露营。

③ 显现出来 to appear, to reveal, to show: 露点/露骨/败露/表露/揭露/流露/透露/显露/不露声色/原形毕露。

④ 水果或药做成的饮料 beverage made from fruits, a kind of tea made from herb medicine: 果子露。

lòu, ㄌㄡˋ

显露,表现 to show one's face, to reveal: 露相/露马脚。

旅

丶 亠 方 方 方 方 方 旅 旅 旅

lǚ, ㄌㄩˇ

方部
6 画

① 出行或住在外地 to trip, to travel: 旅程/旅次/旅店/旅费/旅居/旅客/旅行/旅游/商旅。

② 军队，团队 army，troops：军旅/劲旅。

③ 部队的一种编制，“师”的下一级 brigade：师长命令旅长。

lǜ，ㄌㄩˋ 见 372 页 shuài，ㄕㄨㄞˋ。

彳部 6画

lǜ，ㄌㄩˋ

① 法令 act，law，规定 provision，regulation，rule：律令/律师/律条/定律/法律/规律/纪律/禁律/金科玉律。

② 一种旧诗 an archaic poem of eight lines，each containing five or seven characters，with astrictional pattern and rhyme：律诗/词律/格律/排律/七律/诗律/五律。

(慮)

心部 6画
虍部 4画

lǜ，ㄌㄩˋ

① 仔细想 to consider，to ponder，to think over：考虑/思虑/千虑一得/千虑一失/深思熟虑。

② 担心 to concern，to worry：顾虑/挂虑/过虑/疑虑/远虑。

(綠)

纟部 8画

lǜ，ㄌㄩˋ

① 春天时多数草、树叶的颜色 green：绿茶/绿地/绿化/绿叶/草绿/淡绿/深绿/绿油油/红绿灯/灯红酒绿/花花绿绿/红男绿女。

② 健康食品 healthy food：绿色蔬菜/绿色食品。

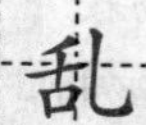

(亂)

乙部 6画

舌部 1画

乱

luàn，ㄌㄨㄢˋ

① 没有秩序 in chaos，in disorder，in a mess：乱来/乱民/乱世/错乱/动乱/混乱/零乱/忙乱/内乱/心乱/杂乱无章/屋里很乱。

② 代替 to replace，冒充 to pretend to be：以假乱真。

田部 6画

略

lüè，ㄌㄩㄝˋ

① 简单，不详细 brief，simple：略图/略写/略语/粗略/简略。

② 大概的情形 outline，summary：大略/概略/要略。

③ 省去 to leave out，to omit：略去/从略/省略/删略。

④ 一点儿的，不多的 briefly，slightly：略带/略略/略微/略表寸心/略知一二。

lún，ㄌㄨㄣ 见本页 lùn，ㄌㄨㄣˋ。

(輪)

车部 4画

轮

lún，ㄌㄨㄣˊ

① 轮子 wheel：车轮/飞轮/三轮车。

② 大船 ship，steamer，vessel：轮船/海轮/货轮/江轮/巨轮/客轮/油轮。

③ 依照次序替换 by turns：轮班/轮唱/轮换/轮流/轮休/轮训/明天轮到你了。

论

lùn，ㄌㄨㄣˋ

讠部
4 画

① 介词 prep.，按照，依据 according to, on the basis of：论理该去/按质论价/买西瓜论个不论斤

② 研究和说明事理 to analyze, to argue, to discuss：论及/结论/讨论/议论/一概而论。

③ 说明事物道理的言论或文章 argument, reason, statement：论调/论据/论证/持论/定论/导论/概论/高论/公论/怪论/空论/理论/立论/社论/言论/相对论/不易之论/长篇大论。

lún，ㄌㄨㄣˊ

[论语] 书名，记孔子和学生的言行 *The Analects of Confucius*（a very famous Chinese ancient book）。

一 艹 艹 艹 艹 艹 茫 茫 茨 落 落 落

艹部
9 画

luò，ㄌㄨㄛˋ

① 从高处掉下 to drop, to fall：落地/落叶/落花流水/落叶归根/名落孙山/一落千丈/令人落泪。

② 下降 to go down, to set：落日/降落/日落。

③ 掉在后面 to fall behind, to lag behind：落后/落选。

④ 由强变弱 to come down, to decline, to weaken：没落/破落。

⑤ 停留 to stay, to settle down, to stop over：落户/落脚/安家落户。

⑥ 留下（姓名）to sign, to write down：落款/落名。

⑦ 属于 to belong to, to come into one's possession：大权旁落/落到我的手中。

là，ㄌㄚˋ

少了，失去了 to leave out, to be missing：丢三落四/你落了一个字。

L

M, ㄇ

mā, ㄇㄚ 见 277 页 mǒ, ㄇㄛˇ。

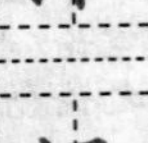

女部
3 画

㇛ 女 妇 妈 妈

mā, ㄇㄚ

① 称母亲 mother, mum: 妈妈/干妈/后妈。

② 称女性长辈 a title for elder, aged women: 大妈/姑妈/奶妈/老妈子。

广部
8 画

丶 亠 广 广 庁 庁 床 床 麻 麻 麻

má, ㄇㄚˊ

① 麻类植物的通称 a general term for hemp: 麻包/麻布/麻袋/大麻/红麻/心乱如麻。

② 失去知觉或反应慢 to lose consciousness, to numb, to tingle: 麻木/脚麻。

③ 一种口味，让舌头感觉发木 a kind of flavor which makes the tongue numb and sore: 麻辣烫是这家餐馆的特色。

④ 姓 a surname。

[肉麻] 恶心、难过的感觉 a creepy feeling, an uncomfortable feeling, disgusting。

(馬)

㇇ 马 马

mǎ, ㄇㄚˇ

meaning symbol. 马字旁儿 (mǎzìpángr), 马 as a meaning symbol is related to horse, such as 驰 (to gallop), 驽 (dobbin)。

马

马马马

(馬)

马部

mǎ, ㄇㄚˇ

可用于交通、搬运的一种动物 horse：马车/马队/马夫/马术/马戏/兵马/快马/牛马/人马/赛马/战马/千里马/汗马功劳/一马当先/兵强马壮/兵马未动，粮草先行。

码

码码码码码码码码

(碼)

石部 3画

mǎ, ㄇㄚˇ

① 用来表示数目的符号 code, sign：编码/尺码/电码/号码/价码/数码/页码。

② 计算数目的用具 instrument or device used to indicate number：筹码/砝码。

③ 堆高 to pile up, to stack：码墙/码积木。

④ 量词 classifier, the same thing：不是一码事/这是两码事。

骂

骂骂骂骂骂骂骂骂骂

(罵)

马部 6画

mà, ㄇㄚˋ

① 用脏话伤害人 to abuse, to curse, to scold：不要骂人/开口就骂。

② 生气地批评人 to scathingly denounce, to trounce, to bitterly attack：挨骂/责骂/都在骂这个鬼天气。

[骂街] 公开骂，但常常不明说骂谁 to abuse sb. publicly without identifying who he is。

吗

吗吗吗吗吗吗

(嗎)

ma, ·ㄇㄚ

① 语气词，用于句尾时表示疑问 a particle used at the end of questions：来了吗？

口部
3 画

② 用于句中时，紧跟在话题后面以引起人注意下文 used directly after the topic：研究问题吗，就得这样。

嘛

口部
11 画

丨 口 口 口' 口亠 口广 口广 口庁 口床 口床 口床 嘛 嘛 嘛

ma，·ㄇㄚ

① 用于句尾，表示道理显而易见 a modal particle：这是明摆着的嘛！

② 用于句尾，表示劝说 a modal particle：来了再说嘛！

③ 用于句中表提示下文 a discourse marker：写汉字嘛，当然是简体字好写。

埋

土部
7 画

一 十 土 圠 圳 坦 坦 坦 埋 埋

mái，ㄇㄞˊ

① 用土盖住东西 to bury，to cover up with earth：活埋/埋水管。

② 隐藏 to conceal，to hide：埋藏/埋没/隐姓埋名。

[埋单] 指用餐后结账付款 to pay the bill after a meal。

mán，ㄇㄢˊ

[埋怨（yuàn，ㄩㄢˋ）] 不满，因为不如意而责怪他人 to complain，to growl，to grumble。

买

（買）

乙部
5 画

乛 乛 乛 乛 买 买

mǎi，ㄇㄞˇ

① 用钱换东西，跟"卖"相对 to buy，to purchase：买卖/买票/买通/买主/采买/零买/收买/买路钱。

② 姓 a surname。

迈 (邁)

辶部 3画

mài, ㄇㄞˋ

① 抬腿向前走 to step, to stride: 迈步/迈进/向前迈一步。

② 年纪大 in old age: 老迈年高。

麦 (麥)

麦部

mài, ㄇㄞˋ

麦子（常专指小麦）general term for wheat, barley, oat, etc., usually referred to wheat: 麦片/大麦/小麦/全麦面包。

卖

十部 6画

mài, ㄇㄞˋ

① 拿东西、劳动力、技艺换钱，跟“买”相对 to purchase, to sell: 卖唱/卖命/卖艺/卖座/出卖/叫卖/零卖/拍卖/义卖/专卖/转卖/卖人情/小卖部。

② 损害国家、民族或朋友的利益换取个人利益 to betray: 卖国/卖友/卖身投靠/卖主求荣。

③ 故意显示自己 to show off: 卖功/卖弄/倚老卖老。

埋

mán, ㄇㄢˊ 见 264 页 mái, ㄇㄞˊ。

馒 (饅)

饣部 11画

mán, ㄇㄢˊ

[馒头] 面做的食物，也叫馍（mó, ㄇㄛˊ）、馍馍 steamed bread, steamed bun。

满 (滿)

氵部
10 画

mǎn，ㄇㄢˇ

① 全部充实，没有空余的地方 filled，full of，packed：满座/充满/客满/满天飞/房间住满了。

② 觉得足够了 content，satisfied：满分/满意/满足/不满/美满/完满/圆满/自满。

③ 达到一定限度 to expire，to reach the limit：期满/未满一年。

④ 使满 to fill：（酒）满上满上。

⑤ 全，完全 complete，entire，whole：满怀/满口/满目/满心/满眼/满嘴/满不在乎/满口答应/满面春风/心满意足。

慢

忄部
11 画

màn，ㄇㄢˋ

① 与“快”相对，速度低 slow，tardy：慢车/慢件/慢跑/慢走/快慢/慢性病/走得很慢。

② 态度冷淡 to cold-shoulder，to despise，to look down on：傲慢/怠慢/不要慢待了他。

忙

忄部
3 画

máng，ㄇㄤˊ

① 事情多，没空 busy，fully occupied：忙乎/忙活/忙乱/忙于/帮忙/农忙/穷忙/工作忙/忙手忙脚/手忙脚乱。

② 急速地做 hasten，hurry，in great rush，pressing：赶忙/急忙/连忙/大家都在忙作业。

M

(貓)

犭部
8 画

丿 犭 犭 犭 犭 犭 犭 犭 猫 猫 猫

māo，ㄇㄠ

动物名 cat，kitty：家猫/野猫/走猫步/照猫画虎。

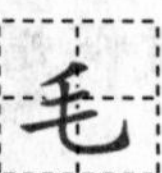

毛部

一 二 三 毛

máo，ㄇㄠˊ

① 表皮上生的丝状物 hair，feather，mildew：毛虫/毛皮/毛衣/皮毛/脱毛/羊毛/羽毛/九牛一毛。

② 沉不住气或做事粗心 careless，crude，rash：毛病/毛糙/毛躁/毛手毛脚。

③ 心里慌张害怕 frightened，panic，scared：急得直发毛。

矛部

矛 矛 矛 矛 矛

máo，ㄇㄠˊ

中国古代兵器名 lance，pike，spear：矛盾/矛头/长矛/自相矛盾。

日部
5 画

冒 冒 冒 冒 冒 冒 冒 冒 冒

mào，ㄇㄠˋ

① 往外、往上冲出 to emit，to give off，to give out：冒汗/冒火/冒气/冒烟。

② 不顾危险，顶着 to risk，to brave：冒雨/冒风险/冒死相救。

③ 没考虑好就做 inconsiderate，thoughtless：冒进/冒昧/冒失。

④ 用假的当作真的 to counterfeit，to forge：冒充/冒领/冒名/假冒/冒牌货。

⑤ 姓 a surname。

M

(貿)

贝部
5画

贸贸贸

mào，ㄇㄠˋ

做买卖，交易 trade：贸易/外贸/经贸工作。

[贸然] 没有仔细想就去做，冒失 hastily, rashly, thoughtlessly：贸然前往。

巾部
9画

帽帽帽帽

mào，ㄇㄠˋ

① 帽子 cap, hat：便帽/草帽/花帽/军帽/礼帽。

② 像帽子的 helmet：笔帽/螺丝帽。

豸部
7画

貌貌

mào，ㄇㄠˋ

① 脸的样子 complexion, looks：美貌/面貌/品貌/容貌/体貌/相貌/以貌取人。

② 外表，事物的形状 appearance, outside：貌似/风貌/概貌/全貌/外貌/貌合神离。

(麼)

丿部
2画

么么

me，·ㄇㄜ

词尾 suffix：多么/那么/什么/要么/怎么/这么/怎么样/怎么着/这么样/这么着/为什么。

没

氵部
4画

没没

méi，ㄇㄟˊ

未，无 not, no, without, to have not, there isn't：没劲/没脸/没命/没趣/没事/没完/没戏/没治/没边儿/没词儿/没门儿/没商量/没什么/没说的/没戏唱/没意思/没影儿/没准儿/没大没小/没完没了。

mò，ㄇㄛˋ

① 沉到水下 to drown, to sink, to submerge：沉没/没入水中。

② 水高过某物 to overflow：没顶/水没过了小树林。

煤 煤 煤 煤 煤 煤 煤 煤 煤 煤 煤 煤 煤

火部 9画

méi，ㄇㄟˊ

一种固体燃料 coal：煤层/煤车/煤块/煤矿/煤气/煤球/火煤/块煤/洗煤/原煤/烟煤/无烟煤。

[煤油] 一种燃油 coal oil。

每 每 每 每 每 每 每

毋部 2画 丿部 6画

měi，ㄇㄟˇ

① 全部中的任何一个或一部份 each, every：每个/每年/每人/每日/每天/每一分钱。

② 多次动作中的任何一次 frequently, often, per：每战必胜/每逢佳节倍思亲。

美 美 美 美 美 美 美 美 美

大部 6画 羊部 3画

měi，ㄇㄟˇ

① 好看 beautiful, good-looking, handsome, pretty：美观/美景/美女/美人。

② 使变美 to beautify：美化/美容。

③ 好的，让人满意的 delicious, fine, good, nice：美称/美德/美感/美好/美酒/美满/美名/美谈/美味/美意/美育/肥美/甘美/健美/优美/成人之美/十全十美。

④ 得意 to be pleased with oneself：臭美/瞧

你美的。

⑤ 美国的简称 the United States of America：美金/美元。

女部 5画

㇛ 女 女 女 奸 奸 妹 妹

mèi，ㄇㄟˋ

① 称同父母比自己小的女子 younger sister：妹夫/妹妹/妹子/阿妹/胞妹/姐妹/小妹。

② 称同辈而年纪比自己小的女子 title for the younger female peer：表妹/大妹子。

日部 5画

丨 冂 日 日 旪 旪 昧 昧 昧

mèi，ㄇㄟˋ

① 不明白，不清楚 not clear，ignorant：愚昧/愚昧无知。

② 藏起来 to conceal，to hide：拾金不昧。

M

门 (門)

门部

丶 冂 门

mén，ㄇㄣˊ

① 出入口 door，gate，entrance：门房/门口/对门/房门/门当户对/开门见山。

② 像门的 as (like) a door：门牙/球门。

③ 事物的分类 different kinds of，a sort of：部门/冷门/热门/专门/门外汉/五花八门。

④ 方法 method，mode，way：没门儿/有门儿。

⑤ 量词 classifier：三门课/一门亲事/一门炮。

(們)

丿 亻 亻 们 们

men，·ㄇㄣ

词尾，用在代词或表人的名词后表复数 indicating plural forms of people：你们/人们/

亻部
3 画

我们/他们/她们/爷们/咱们/工人们/哥儿们/孩儿们/娘儿们/爷儿们。

猛

犭部
8 画

猛 犭 犭 犭 犭 犭 犭 猛 猛 猛 猛

měng, ㄇㄥˇ

① 凶，强烈 brutal, fierce, ferocious, violent：猛冲/猛攻/猛进/猛烈/凶猛。

② 力量大，气势壮 mighty, powerful, strong：猛将/猛虎/勇猛。

③ 突然 all at a sudden：猛然/猛增/猛地跳出来。

夕部
8 画

梦 十 木 木 木 林 林 林 梦 梦 梦

mèng, ㄇㄥˋ

① 睡觉时大脑活动的景象 dream：梦话/梦乡/春梦/白日梦/夜长梦多。

② 做梦 to dream：梦见/如梦初醒。

M

迷

辶部
6 画

迷 迷 迷 半 米 米 米 迷 迷

mí, ㄇㄧˊ

① 失去判断能力，无法区分 to get lost, to lose one's way：迷航/迷路/迷失/迷途/旁观者清，当局者迷。

② 非常喜爱某事物 to be enchanted by, to be fascinated by, to indulge in：迷恋/沉迷/入迷。

③ 特别喜爱某事物的人 fans：歌迷/球迷/影迷。

米部

米 米 米 米 米 米

mǐ, ㄇㄧˇ

① 稻类或某些植物种子的仁儿 grains,

rice, shelled or husked seed：小米/玉米/花生米。

② 稻米 rice：米饭/米粉/米行/米黄/米酒/米面/白米/陈米/大米。

③ 国际单位制长度的主要单位（旧名公尺）meter。

丶 冖

mì，ㄇㄧˋ

meaning symbol. 秃宝盖儿（tūbǎogàir），冖 as a meaning symbol is relevant to cover, such as 幂（cover），冠（hat）。

纟 纟 纟 纟 糸 糸

mì，ㄇㄧˋ

meaning symbol. Under another component is modified as 糸，such as 素（white），繁（numerous）。

(祕)

禾部
5 画

丿 二 千 千 禾 禾 秘 秘 秘 秘

mì，ㄇㄧˋ

不公开的 to keep sth. in secret：秘本/秘方/秘密。

宀部
8 画

丶 丶 宀 宀 宓 宓 宓 宓 宻 密 密

mì，ㄇㄧˋ

① 空间小，距离近 close，dense，thick：密布/紧密/这条街上的店铺很密。

② 关系亲，感情深 close，intimate：密切/密友/亲密。

③ 过细，精细 detailed，meticulous，sophisticated：精密/细密/严密/周密。

④ 暗中进行的 secret, confidential：密电/密告/密会/密件/密商/密谈/密约/密召/保密/告密/机密。

丶 宀 宀

mián, ㄇㄧㄢˊ

meaning symbol. 宝盖儿（bǎogàir），宀 as a meaning symbol is relevant to house, such as 室（room），宿（to lodge for the night）。

一 十 才 木 木 朩 杧 杓 柏 柏 棉 棉

木部 8画

mián, ㄇㄧㄢˊ

棉花，一种植物 cotton：棉被/棉布/棉毛/棉田/棉条/棉线/棉衣/药棉/原棉。

⺈ 𠂊 ⺈ 仵 刍 刍 免

⺈部 5画

miǎn, ㄇㄧㄢˇ

① 除去 to eliminate, to get rid of, 不需要 to exempt from, to dispense with：免除/免得/免费/免考/免试/免学/免修/罢免/不免/难免/在所难免/免了他的职。

② 请不要 not allowed：闲人免进。

一 丆 丆 万 而 而 而 面 面

(麵)

一部 8画

miàn, ㄇㄧㄢˋ

① 脸 complexion, face：面部/面对/面目/面前/面容/面色/面生/面试/面熟/面相/面责/见面/面对面/面如土色/面无人色/面子工程/真没面子。

② 当面 face-to-face：面谈/面议。

③ 表层 surface, 朝外的部分 external, superficial：面积/面料/被面/湖面/面目全非/面目一新。

M

④ 边 aspect, side：背面/东面/里面。

禾部
4 画

亻 二 千 禾 禾 利 利 秒 秒

miǎo，ㄇㄧㄠˇ

量词 classifier，用于时间 a unit of time, second, 60 秒钟 =1 分钟：她的 100 米成绩是 12 秒。

女部
4 画

𡿨 女 女 女 妇 妙 妙

miào，ㄇㄧㄠˋ

① 好 fine，good，nice：妙龄/妙品/不妙/妙不可言/这个主意真妙。

② 神奇 marvellous，wonderful：妙计/妙用/妙趣横生/妙手回春。

(廟)

广部
5 画

庙 庙 广 庁 后 启 庙 庙

miào，ㄇㄧㄠˋ

拜神、祖先或历史伟人的地方 shrine，temple：庙堂/文庙/关帝庙。

[庙会] 定期在庙里或庙附近举办的活动 fair，temple fair。

(滅)

一部
4 画

灭 灭 灭 灭 灭

miè，ㄇㄧㄝˋ

① 火、光消失或使火、光消失 to extinguish，to put out：灭灯/灭火/灯灭了/火灭了。

② 水面盖过 to be drowned：灭顶。

③ 使不存在 to destroy，to die out，to exterminate：灭绝/灭口/灭门/破灭/消灭/大义灭亲/他那火爆性子要灭一灭，不然会坏事的。

乙部
4 画

mín, ㄇㄧㄣˊ

① 人民 the general public, people, the populace: 民办/民选/公民/民营企业/治国安民。

② 某种人 a certain group of people: 民族/居民/农民/平民/山民/市民/选民/移民。

③ 民间的, 大众的 folk, popular, public: 民风/民歌/民间文学/民情民意。

④ 非军人的, 非军事的 civil, unmilitary: 民航/民用品/军民一家。

mǐn, ㄇㄧㄣˇ

meaning symbol. 皿字底儿 (mǐnzìdǐr), 皿 as a meaning symbol is relevant to container usually, such as 盆 (basin), 盘 (plate), 盖 (cover)。

皿部

mǐn, ㄇㄧㄣˇ 见 312 页 [器皿]。

口部
3 画
夕部
3 画

míng, ㄇㄧㄥˊ

① 名字, 人、物的称呼 name: 名称/名单/名片/报名/笔名/别名/点名/小名/姓名/学名/译名。

② 声誉 fame, reputation: 名声/名气/名望/有名/名不副实/名正言顺。

③ 名声大的 celebrated, famous, noted: 名菜/名产/名贵/名将/名家/名句/名利/名流/名师/名言/名著/一举成名。

④ 说出 to describe, to express, to speak out: 莫名其妙/不可名状。

明

丨 冂 冃 日 旫 明 明 明

日部
4 画

míng, ㄇㄧㄥˊ

① 亮，与“暗”相对 bright, brilliant, light: 明处/明亮/明月/鲜明。

② 清楚，明白 clear, explicit, plain: 明察/明了/明明/明说/明文/明显/明知/标明/分明/简明/说明/明摆着。

③ 认识能力强 brilliant, clever, wise: 高明/精明/英明/先见之明。

命

丿 人 亼 合 合 命 命 命

人部
6 画

mìng, ㄇㄧㄥˋ

① 生命，寿命 existence, life, lifetime: 命大/命根/短命/救命/送命/玩命/性命。

② 命运 destiny, lot, fate: 命苦/认命/算命/天命/相依为命。

③ 命令 order: 待命/请命/任命/使命/特命/严命/命令句。

④ 给出名字 to give a name to, to denominate, to nominate: 命名/命题/自命。

摸

一 扌 扌 扩 扩 扩 护 护 摸 摸 摸 摸 摸

扌部
10 画

mō, ㄇㄛ

① 手放上后轻动 to feel, to touch: 摸手/摸头。

② 用手从里边拿出东西 to fumble, to search for: 从口袋里摸出一张纸条。

③ 想办法知道 to get to know, to try to find out: 摸透/捉摸/摸清情况。

④ 在黑暗中行动 to feel one's way, to grope for: 摸黑下楼。

M

模 模 模 模 模 模 模 模 模 模 模
模 模 模

木部
10 画

mó, ㄇㄛˊ

① 有代表性的样式 matrix, model, pattern：模范/模式/模型/劳模/英模。

② 照着同一个样子做 to copy, to duplicate, to imitate, to trace：模本/模拟/模写。

③ 模特儿 model：名模/男模。

mú, ㄇㄨˊ

① 模子 mold, mould：模具/木模/字模子。

② 形状，样子 appearance, look, shape：模样/一模一样/装模作样/大模大样/怪模怪样/人模人样。

抹 抹 抹 抹 抹 抹 抹 抹

扌部
5 画

mǒ, ㄇㄛˇ

① 涂 to put on, to plaster with：涂抹/抹药水。

② 擦 to wipe off：抹眼泪。

③ 除去 to get rid of, wipe out：抹杀。

mā, ㄇㄚ。

① 擦 to rub, to wipe：抹桌子/抹布。

② 用手按着向下移动 to rub (sth.) down：抹不下这个脸。

末 末 末 末 末

木部
1 画

一部
4 画

mò, ㄇㄛˋ

① 东西的顶部或尾部 the tip, the end of sth.：末尾/本末倒置。

② 最后，终了 finally, in the end, at the last stage of sth.：末年/末班车/世界末日。

M

③ 细碎的东西 dust, particle, powder-like things：茶叶末儿/面包末儿。

mò, ㄇㄛˋ 见 268 页 méi, ㄇㄟˊ。

一 艹 艹 艹 苎 苜 苜 莒 莫 莫

mò, ㄇㄛˋ

艹部
7 画

① 不 no, not, 不要 don't：莫如/莫名其妙/爱莫能助/闲人莫入。

② 表推测 could it be . . . ? 或反问 . . . isn't it?：莫非/莫不是

③ 没有, 无 none, nothing, no more than：莫大的荣幸。

④ 姓 a surname。

一 十 卄 廿 甘 甘 苴 某 某

mǒu, ㄇㄡˇ

木部
5 画

① 指不想明说的人或事物 certain (referring to sb. or sth. one knows but does not want to make it clear)：某地/某国/陈某。

② 指不确知的人或事物 some (referring to sb. or sth. one is not sure)：某个/某女/某天/某些/某先生。

mú, ㄇㄨˊ 见 277 页 mó, ㄇㄛˊ。

𠂉 𠃋 母 母 母

mǔ, ㄇㄨˇ

母部

① 妈妈 mother, mum：母爱/母亲/母系/母子/父母。

② 对女性长辈的称呼 title for one's female elders：姑母/后母/继母/舅母/师母/养母/义母/祖母。

③ 母性的 female animal：母鸡/母牛。

④ 像母亲一样的 resembling mother：母校/母语/失败乃成功之母。

(畝)

亠部
5 画

田部
2 画

亩 亩 亩 亩 亩 亩 亩

mǔ，ㄇㄨˇ

市制土地面积单位 a unit of area，1 亩 = 666.7 平方米。

木部

木 木 木 木

mù，ㄇㄨˋ

① 树类的通称 tree，woods：草木/树木。

② 木头，木材 log，timber，wood：木船/木工/木刻/木料/木器/木头/积木/原木/大兴土木。

③ 没有感觉 numb，paralyzed：木然/麻木/手冻木了。

目部

目 目 目 目 目

mù，ㄇㄨˋ

① 眼睛 eye：目测/目光/目力/目送/夺目/过目/目不转睛/目中无人。

② 看 to look，to see，to watch：过目/一目了然/一目十行。

一 艹 艹 艹 苩 苩 荁 荁 莫 莫 莫 慕 慕

艹部 11 画

小部 10 画

mù, ㄇㄨˋ

① 尊重而信服 to admire, to yearn for: 爱慕/敬慕/慕名而来。

② 想念 to long for, to miss: 思慕。

N, ㄋ

ノ 人 人 合 合 合 含 含 拿 拿

手部 6 画

人部 8 画

ná, ㄋㄚˊ

① 用手取或握住 to hold, to take: 拿起一支笔。

② 捉住 to arrest, to catch, to seize: 拿办/拿获/拿人/拿问/捉拿。

③ 得到 to get, to grasp, to obtain: 拿了个好名次。

④ 决定，掌握 to decide, to make a decision: 拿主意。

⑤ 介词 prep., 把 with: 拿他没办法。

⑥ 介词 prep., 以，用 with: 拿笔写。

哪

丨 口 口 叮 叮 叧 明 哪 哪

口部 6 画

nǎ, ㄋㄚˇ

① 疑问代词，要求在同类事物中加以确定 which: 哪是你的笔？/你去哪儿？

② 用于指任何一个 any: 哪本都不好看。

③ 用于指不确定的一个 some: 我哪天有时间，就去书店。（以上用法，口语中也可

读 něi，ㄋㄟˇ)

④ 用于反问，表否定 rhetorical question：哪有这么简单的事？/哪有这样不懂事的人？

那

阝部
4 画

㇆ ⺕ ⺕ 尹 那 那

nà，ㄋㄚˋ

代词，指较远的时间、地方或人、事、物，跟"这"相对 that：那般/那边/那儿/那里/那么/那人/那时/那些/那样/那会儿/那么些/那阵儿/那阵子/那么点儿。

捺

扌部
8 画

捺 捺 捺 捺 捺 捺 捺 捺 捺 捺 捺

nà，ㄋㄚˋ

① 用手按 to press down：捺手印。

② 汉字的一种笔划，从左上方写到右下方，状如"＼"a right-falling stroke：平捺/竖捺/先撇后捺。

(迺)

丿部
1 画

㇋ 乃

nǎi，ㄋㄞˇ

① 就是 to be：失败乃成功之母。

② 文言代词，你 you，你的 your：乃父。

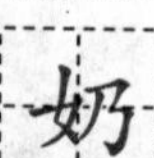

女部
2 画

㇛ 奵 女 奶 奶

nǎi，ㄋㄞˇ

① 人或动物的器官之一 breast，nipple：奶头。

② 奶液的通称 milk：奶茶/奶粉/奶农/奶品/奶水/奶油/奶嘴/断奶/牛奶/有奶就是娘。

N

③ 使吃奶 to breastfeed, to suckle：奶孩子。

④ 祖母 grandma, grandmother：奶奶/姑奶奶。

一 丆 丙 丙 丙 而 而 耐 耐

nài, ㄋㄞˋ

承受得了 to be able to bear or endure, to put up with, to stand：耐穿/耐烦/耐寒/耐久/耐看/耐劳耐用/能耐/有耐心/耐着性子/经久耐用。

寸部 6画

丨 冂 曰 田 田 男 男

nán, ㄋㄢˊ

① 男性 male：男儿/男方/男家/男女/男人/男生/男声/男士/男性/男装/男子/男孩儿/男学生/男子汉/男子气/男儿自强/男男女女

② 儿子 son：长男/次男。

田部 2画 力部 5画

N

一 十 冇 冇 冇 冇 冇 南 南

nán, ㄋㄢˊ

与"北"相对，南方 south：南边/南部/南风/南国/南海/南货/南欧/南洋/东南/华南/江南/西南/天南地北。

十部 7画

フ 又 刃 对 对 对 对 难 难 难

nán, ㄋㄢˊ

(難)

① 不容易 difficult, uneasy：难处（chǔ, ㄔㄨˇ）/难度/难点/难免/难为/难说/难事/难题/难写/难分难解/知难而进。

② 觉得困难 hard, troublesome：难处（chù, ㄔㄨˋ）/难住/为难/疑难/面有难色。

③ 感受不好 to be unpleasant, to feel bad：难过/难看/难受/难闻/难听。

又部 8画 隹部 2画

nàn, ㄋㄢˋ

① 碰到不幸的 adversity, disaster, misery: 难民/难友/大难/国难/海难/苦难/落难/受难/死难/逃难/难兄难弟/大难不死，必有后福。

② 责问 to blame, to reproach, to take (sb.) to task: 非难/责难。

(腦)

月部 6画

脑 脑 脑 脑 脑 脑 脑 脑 脑 脑

nǎo, ㄋㄠˇ

① 脑子 brain, encephalon, head, mind: 脑海/脑际/脑力/大脑/头脑。

② 头 head: 脑袋/脑门儿。

③ 样子或作用像脑子的 mental, intellectual: 电脑/豆腐脑儿。

闹

(鬧)

门部 5画

闹 闹 闹 闹 闹 闹 闹 闹

nào, ㄋㄠˋ

① 不安静 loud, noisy: 闹剧/闹市/闹钟/打闹/热闹/闹翻天/无理取闹/教室很闹。

② 发生 to bring about, to cause, to stir up trouble: 闹鬼/闹事/闹水灾/闹笑话。

疒 疒 疒 疒 疒

nè, ㄋㄜˋ

meaning symbol. 病字旁儿 (bìngzìpángr) or 病旁儿 (bìngpángr), 疒 as a meaning symbol is likely related to illness, such as 病 (be sick), 瘦 (be thin), 疼 (be painful)。

ne, ·ㄋㄜ 见285页 ní, ㄋㄧˊ。

N

内

丨 冂 内 内

人部 2画
冂部 2画
丨部 3画

nèi, ㄋㄟˋ

里面 inside, interior: 内部/内地/内行/内科/内陆/内人/内容/内外/内向/内心/内兄/内衣/内因/内应/内在/城内/海内/境内/室内/以内/外圆内方。

［内人］指自己的妻子 one's wife。

能

𠂉 𠂊 𠃋 ⺼ 台 ⺼ 𦙶 能 能 能

厶部 8画
月部 6画

néng, ㄋㄥˊ

① 可以做某事 able, capable: 能买/能看懂。

② 会（表推测）can: 可能/他能来吗。

③ 该，可以 to be able to, to be capable of: 能动/只能/这儿不能停车/办事不能不认真。

④ 本领 ability，才干 capability: 能力/才能/本能/低能/技能/全能/万能/无能/职能。

⑤ 能量 energy, power: 能源/热能/太阳能。

⑥ 有本事的 able, expert: 能人/能干/能手。

嗯

丨 口 口 叩 叩 吅 呷 呷 嗯 嗯 嗯 嗯 嗯

口部 10画

ńg, ㄣˊ

表疑问 indicating one's doubt or suspicion: 嗯? 怎么才来?

ňg, ㄣˇ

表不认可或出乎意料 indicating one's unexpectation: 嗯! 你还不满意?

ǹg, ㄣˋ

表答应 indicating one's permission: 嗯，行啊。

N

泥

氵部 5画

ní，ㄋㄧˊ

① 水、土混合成的物体 earth，mire，mud：泥巴/泥人/泥土/泥牛入海。

② 像泥一样的东西 mashed things like mud：泥煤/水泥/印泥/土豆泥。

呢

口部 5画

ní，ㄋㄧˊ

一种毛织物，呢子 woolen cloth：花呢/毛呢/线呢/礼服呢。

ne，·ㄋㄜ

① 助词 aux. word，表示疑问或确定的语气 used in asking questions：你想买什么呢？/还有几千块呢！

② 助词 aux. word，表示动作正在进行 used at the end of a declarative sentence，indicating the ongoing action：他看书呢。

③ 用在句子中，表示略停一下 used to indicate a pause：有空呢，就去；没空呢，就不去。

你

亻部 5画

nǐ，ㄋㄧˇ

听话人 thee，thou，you：你好/你们。

拟 (擬)

扌部 4画

nǐ，ㄋㄧˇ

① 打算做、想要做 to intend，to plan：拟同意/会议拟于下月举行。

② 模仿 to imitate，to mimic：模拟/拟声词。

[草拟] 起草文稿 to draft，to draw up。

N

nián，ㄋㄧㄢˊ 见 501 页 zhān，ㄓㄢ。

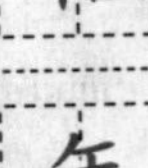

丿部
5 画

𠂉 𠂒 𠂒 乍 𠂉 年

nián，ㄋㄧㄢˊ

① 地球围着太阳转一周的时间 year，New Year：年底/年饭/年画/年货/年根/年关/年假/年景/年限/常年/过年/前年/去年/终年/周年/度日如年。

② 一年一年的 annually，yearly：年表/年度/年份/年级/年历。

③ 时代 age，time：当年/近年/青年/少年/晚年/中年/壮年。

④ 岁数 age：年纪/年龄/年轻/年少。

心部
4 画

丿 人 亼 今 今 念 念 念

niàn，ㄋㄧㄢˋ

① 常常想 to bear in mind，to miss：念旧/怀念/感念/挂念/纪念/渴念/留念/思念/体念/想念/追念/念念不忘。

② 思想，想法 idea，thought：念头/概念/观念/信念/意念/杂念/转念/一念之差。

③ 读 to read aloud：念书/念念有词。

④ "廿（二十）"的大写 capital form of 廿（twenty）。

女部
7 画

𡿨 女 女 女' 女ㄅ 女ㄅ 女ㄅ 娘 娘 娘

niáng，ㄋㄧㄤˊ

① 母亲 mother，mum：娘家/后娘。

② 称与母亲同辈的已婚妇女 elderly lady，married woman of your mother's age：大娘/老娘/奶娘/娘儿们。

③ 年轻女子 girl，young woman：姑娘。

鸟 鸟 鸟 鸟 鸟

niǎo, ㄋㄧㄠˇ

鸟儿 bird：鸟害/鸟类/飞鸟/海鸟/害鸟/候鸟/水鸟/益鸟/鸟语花香。

(鳥)

鸟部

您 您 您 您 您 您 您 您 您 您 您

nín, ㄋㄧㄣˊ

心部 7画

“你”的敬称 honorific of “you”：您好/您早/您二位里边请。

牛 牛 牛 牛

niú, ㄋㄧㄡˊ

牛部

① 动物名 cow, ox：牛马/牛毛/牛皮/黄牛/野牛/牛头马面/九牛一毛/老牛拉破车/牛头不对马嘴。

② 脾气强（jiàng, ㄐㄧㄤˋ）gruff, stubborn, surly：牛劲/牛气/牛脾气。

③ 比喻有办法，能力大 capable, competent, influential：老王真牛，那么难办的事情他都办成了。

④ 姓 a surname。

农 农 农 农 农 农

nóng, ㄋㄨㄥˊ

(農)

丶部 5画

一部 4画

① 农业，跟种田有关的 related to agriculture：农场/农村/农夫/农妇/农家/农具/农忙/农民/农时/农业/农艺。

② 从事农业的人 farmer, peasant, plowman：菜农/老农/棉农/工农兵学商。

N

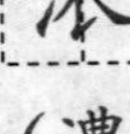

氵部 6画

氵 氵 氵 氵 氵 沪 浓 浓 浓

nóng，ㄋㄨㄥˊ

①（液体或气体）某种成分较多，与“淡”相对（air or liquid）concentrated, strong, thick：浓度。

② 浓度深 dense, strong, thick：浓茶/浓厚/这种花香味很浓。

王部 3画

廾部 4画

一 二 王 王 王 弄 弄

nòng，ㄋㄨㄥˋ

① 玩儿 to fool with, to play with：玩弄/戏弄/捉弄/小孩子喜欢弄沙土。

② 做 to do, to make, to manage：弄饭/弄错/摆弄/弄假成真/搬弄是非/装神弄鬼。

③ 想办法得到 to fetch, to get, to gain, to manage to do：弄点儿水来。

力部 5画

ㄑ 女 女 奴 奴 努 努

nǔ，ㄋㄨˇ

① 尽量地使出力气 to exert effort, to put forth strength：努力/努一把劲儿。

② 突出 to bulge, to protrude：努着嘴。

心部 5画

ㄑ 女 女 奴 奴 怒 怒 怒 怒

nù，ㄋㄨˋ

① 生气 angry, furious, irate：怒火/怒气/怒容/怒色/怒视/动怒/发怒/激怒/怒冲冲。

② 气势很强盛 to be full of momentum, to be in high spirits, to burst in profusion：心花怒放。

㇛ 女 女

nǚ, ㄋㄩˇ

meaning symbol. 女字旁儿（nǚzìpángr），女 as a meaning symbol is likely related to female, and used in female titles or names, such as 姐（elder sister），她（she），娜（beautiful），妮（girls）。

女部

㇛ 女 女

nǚ, ㄋㄩˇ

① 女性 female：女方/女工/女权/女人/女色/女生/女神/女士/女王/女性/女子/处女/妇女/美女/男女/少女/修女/男女平等。

② 女儿 daughter：儿女/义女/子女/生儿育女/一儿一女。

日部
9 画

丨 冂 日 日 日 日 日 日 日 日 日 暧 暖

nuǎn, ㄋㄨㄢˇ

① 热度合适 warm：暖和/暖壶/暖流/暖气/供暖/取暖/温暖/春暖花开。

② 使温暖 to warm up：暖酒/暖暖手。

O, ㄡ

（歐）

欠部
4 画

一 フ 又 区 区 欧 欧

ōu, ㄡ

指欧洲 Europe：欧化/欧陆/欧元/东欧/西欧/欧共体（欧洲经济共同体）。

P，ㄆ

丿 厂 爪 爪 爪 爬 爬 爬

pá，ㄆㄚˊ

爪部
4 画

① 手和脚一齐着地移动 to crawl，to creep，to grabble：爬动/爬行。

② 登 to climb，to clamber，to scramble：爬山/爬树。

丶 丶 忄 忄 忄 怕 怕 怕

pà，ㄆㄚˋ

忄部
5 画

① 惊恐 to be afraid of，to dread，to fear：怕人/怕生/怕事/不怕/害怕/可怕/哪怕/生怕/只怕/怕只怕/不怕慢，只怕站。

② 怀疑，猜想 I'm afraid，maybe，perhaps：恐怕/我怕他不能去。

一 扌 扌 扌 扌 拍 拍 拍

pāi，ㄆㄞ

扌部
5 画

① 用手打 to beat，to pat，to slap：拍打/拍球/拍案叫绝。

② 用来拍打的用具 bat，racket：球拍。

③ 音乐的快慢 beat，time：拍子/节拍/慢了一拍。

④ 照相 to have a picture taken，to take a photograph，to shoot：拍照/拍电影/拍照片。

一 扌 扌 扌 扌 扌 扌 扌 排 排 排

pái，ㄆㄞˊ

扌部
8画

① 编次序 to put in order：排队/排放/排行/排名/安排。

② 练习演节目 to have a rehearsal，to rehearse：排演/排练节目。

③ 一种球类的名称 volleyball：排球/男排/女排。

④ 量词 classifier，一行或一列 a line of (people)，a row of (houses)：一排人/一排房子。

牌

牌

pái，ㄆㄞˊ

片部
8画

① 游戏用品 cards，dominoes，etc.：打牌/底牌/桥牌/纸牌/扑克牌。

② 商标名 brand，trade mark：牌子/名牌。

③ 某些用作标志或张贴广告等的板状物 bulletin，plate，tablet：招牌/公告牌。

[金牌] 第一位的 the first place，gold medal。

[王牌] 最强有力的 the most powerful。

派

pài，ㄆㄞˋ

氵部
6画

① 命令式的分配 to assign，to appoint，to send：分派/互派/委派/选派/指派/派两个人去。

② 想法、做法相同的人群 clique，group，school：派别/派系/帮派/党派/京派/海派/老派/流派/学派。

③ 做事的风格 style，态度 manner and air：派头/气派/正派。

P

(盤)

皿部 6画

舟部 5画

丿 ⺈ 凢 凣 舟 舟 舟 舟 盘 盘 盘

pán，ㄆㄢˊ

① 盘子 plate, dish：茶盘/托盘。

② 环着 around, surrounding：盘山公路。

③ 全面查清楚 to examine, to look into, to research overall：盘查/盘存/盘点/盘算/盘问。

④ 量词 classifier, a plate of：一盘水果。

刂部 5画

丶 丷 䒑 兰 半 判 判

pàn，ㄆㄢˋ

① 评定 to decide, to distinguish：判别/判词/判分/评判/批判/谈判/判明是非。

② 有明显的区别 obviously：判然不同/判若两人。

③ 司法机关对案件的决定 to condemn, to judge, to sentence：判案/判处/判决/判罪/改判/公判/宣判。

丿部 5画

一 ㄏ 𠂆 乒 乓 乓

pāng，ㄆㄤ 见301页［乒乓］。

方部 6画

亠部 8画

丶 亠 亠 立 产 产 产 旁 旁 旁

páng，ㄆㄤˊ

① 附近 near, not far away, 边上 edge, side：旁白/旁边/旁观/旁听/近旁/两旁/路旁/偏旁/声旁/形旁/一旁/旁观者清/旁若无人。

② 别的 other, 其他 else：旁人/旁证。

胖

月部
5画

pàng，ㄆㄤˋ
跟“瘦”相对，肥 corpulent，fat，plump，stout：胖子/肥胖/发胖/胖乎乎。

pán，ㄆㄢˊ
安闲舒适 cozy，easy：心宽体胖。

跑

⻊部
5画

pǎo，ㄆㄠˇ
① 脚步快速移动 to run：跑步/跑车/跑道/跑开/跑路/跑鞋/长跑/短跑/飞跑/起跑/赛跑/助跑/起跑线。

② 逃走 to escape：逃跑。

③ 去 to go：空跑/跑了趟欧洲。

④ 为了某种事务而忙 to run about sth.：跑买卖/跑江湖。

炮

火部
5画

pào，ㄆㄠˋ
① 一种重型武器 cannon：炮兵/炮弹/炮火/炮楼/炮声/炮手/大炮/发炮/放空炮/马后炮/一炮打响。

② 炮竹 firecracker：花炮。

陪

阝部
8画

péi，ㄆㄟˊ
从旁相助，一起做 to accompany，to assist，to help：陪练/陪审/陪送/陪同/作陪/我陪你去。

赔

péi，ㄆㄟˊ

(赔)

贝部
8 画

① 补偿损失 to compensate, to pay for：赔偿/赔还/赔款/包赔/理赔/退赔/包赔包换/假一赔十。

② 向人道歉或认错 to apologize：赔礼/赔笑/赔罪。

③ 卖价比买价还低，亏损 to stand a loss, to sustain losses in business, to run a business at a loss：赔本/赔钱/这笔买卖赔了。

一 丆 丙 丙 两 酉 酉 酊 酊 配

pèi，ㄆㄟˋ

酉部
3 画

① 符合，够得上 to join in marriage, to match：配对/不配/相配/他配不上她。

② 补上缺少的 to find sth. to fit or replace sth. else：配上表带。

③ 按一定的标准组合 to allocate, to match：配备/配料/配套/配乐/配制/配角/调配/配药方。

④ 结为婚姻 to marry, to match：配偶/婚配/许配。

⑤ 使动物交配（of animals）to mate：配种/交配。

⑥ 有计划的分派 to distribute according to plan，安排 to apportion, to arrange, to assign：配送/配置/发配/分配/支配/按劳分配/按需分配。

八 分 分 分 分 盆 盆 盆 盆

pén，ㄆㄣˊ

皿部
4 画

口大底浅的容器 basin, dish, pot：盆景/盆子/花盆/脸盆/澡盆。

P

pēng，ㄆㄥ

① 煮 to boil，to cook：烹茶/烹调（tiáo，ㄊㄧㄠˊ）/烹煮。

灬部 7画

亠部 9画

② 一种做菜的方法，先用油炒，再加调料翻动 to fry quikly in hot oil and stir in sauce：烹鱼。

péng，ㄆㄥˊ

感情好的人 friend，mate：朋友/够朋友/高朋满座/酒肉朋友。

月部 4画

pěng，ㄆㄥˇ

① 双手托着 to hold or carry in both hands：捧腹/捧着书。

扌部 8画

② 吹拍 to curry favor with（sb.），to flatter：捧场/吹捧。

③ 量词 classifier，用于双手能捧的东西 used of what can be held in both hands，handful：一捧雪。

pèng，ㄆㄥˋ

① 撞 to collide，to run into：碰杯/碰撞/碰碰车/碰碰船。

石部 8画

② 不期而遇 to come across，to meet with，正赶上 to run into：碰见/碰面/碰头。

③ 试试 to have a try，to take one's chance：碰运气。

P

扌部
4 画

pī，ㄆㄧ

① 在原件上加写 to mark，to write down some comments or instructions on the original documents：批改/批文/批阅/批准。

② 对人或事说出意见 to criticise，to find fault with，to pick holes in：批评/老师批了我一顿。

③ 大量的 deal in large quantities，wholesale：批发/批量。

④ 量词 classifier，a batch of，a group of：分批/首批/一批人/一批货物。

扌部
5 画

pī，ㄆㄧ

① 盖在肩、背上 to drape over one's shoulder，to cover（with cloth or fabric）in graceful folds：披肩/披外衣/披星戴月。

② 打开 to open，散开 to hang（with sth.）in graceful folds，to spread out：披卷/披露/披头散发。

③ 裂开 to split open：指甲披了。

皮部

pí，ㄆㄧˊ

① 动植物的表面组织 skin，tegument：皮层/皮肉/表皮/牛皮/脸皮/树皮/头皮/硬着头皮/皮笑肉不笑。

② 兽皮 leather，fur：皮包/皮带/皮革/皮货/皮球/皮鞋/皮衣/皮子。

③ 表面 hull，husk，peel：地皮/瓜皮/果皮。

④ 包在外面的东西 cover，wrappage：封

皮/书皮。

⑤ 片状的东西 creme，slice：粉皮/奶皮。

⑥ 不脆 not crisp：饼干皮了/花生放皮了。

⑦ 小孩子不听话 naughty，piquant：调皮/小家伙真皮。

疲

疒部 5画

pí，ㄆㄧˊ

累，不起劲 exhausted，tired，weary：疲劳/疲软/乐此不疲。

口部 8画

pí，ㄆㄧˊ

[啤酒] 一种以大麦和啤酒花为主要原料做成的饮料 beer。

脾

月部 8画

pí，ㄆㄧˊ

内脏之一 spleen：脾脏。

[脾气] 性情，特指不好的性情 temper，personality：发脾气/这人脾气大。

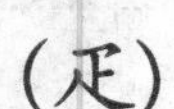

匚部 2画

pǐ，ㄆㄧˇ

① 比得上 to bear comparison with，to come up to，to equal，to match：匹敌/匹配。

② 量词 classifier，用于马、骡等 used with animals such as horses：马匹/一匹马。

③ 量词 classifier：用于布料 used with cloth：三匹布。

P

piān，ㄆㄧㄢ 见23页 biǎn，ㄅㄧㄢˇ。

丿 亻 亻 伫 伫 伊 伊 佹 偏 偏 偏

亻部 9画

piān，ㄆㄧㄢ

① 不在正中间 inclined，leaning，slanting，tilted：画挂偏了/走偏了。

② 不公正，不全面 partial，prejudiced，selfish：偏爱/偏见/偏心/偏向/偏听偏信。

③ 副词 adv.，强调结果与预想不同 used before a verb to show contrariness or determination of all things：偏偏/要他别说，他偏要说。

丿 𠂉 𥫗 竹 竹 竺 笁 笞 笞 笞 笞 篇 篇 篇 篇

竹部 9画

piān，ㄆㄧㄢ

① 完整的作品 an article，an essay，writings：篇幅/篇目/篇章/长篇/诗篇/长篇大论/错字连篇。

② 量词 classifier，a piece of：一篇日记/一篇文章。

pián，ㄆㄧㄢˊ 见23页 biàn，ㄅㄧㄢˋ。

丿 丿 片 片

片部

piàn，ㄆㄧㄢˋ

① 义同"片"（piān，ㄆㄧㄢ）flake，slice：刀片/肉片/麦片/名片/图片/药片/纸片。

② 较少的、较小的 fragmentary，incomplete：片断/片刻/片面/片言只语。

P

③ 量词 classifier，用于成片的东西 a slice of：一片药/大片水面。

④ 影片、画片、唱片一类有画面的东西 film，gramophone record：片头/片尾/片约/底片/新片/动画片/动作片/电视片/故事片/科教片/新片上映了。

［打成一片］跟人相处得很好 to become one with，to get along well with。

piān，ㄆㄧㄢ

平平的小块东西 a flat，thin piece：片子/唱片儿/相片儿/照片儿。

(騙)

马部 9画

piàn，ㄆㄧㄢˋ

① 说假话使人上当 to deceive，to lie：骗局/骗钱/骗人/骗术/骗子/拐骗/行骗/这种话骗不了谁。

② 抬腿跨上 to bestride，to mount，to jump onto（the saddle）：一骗腿就上了马。

氵部 11画

piāo，ㄆㄧㄠ

浮在上面 to drift，to float：漂浮/漂流/漂移/船儿水上漂。

piǎo，ㄆㄧㄠˇ

用水使干净 to bleach，to rinse：漂白/衣服还要漂两次。

piào，ㄆㄧㄠˋ

［漂亮］❶ 美丽 beautiful，pretty，好看 good-looking。❷ 某事做得很好、很优秀 excellent，remarkable，出色 brilliant，outstanding。

P

飘

飘

(飄)

风部
11 画

piāo，ㄆㄧㄠ
随风而动或飞起 to float in the air：飘动/飘零/飘舞。

［飘飘然］❶ 轻飘 light。❷ 过分得意的感觉 self-satisfied。

piáo，ㄆㄧㄠˊ　见 304 页 pò，ㄆㄛˋ。

票

票

示部
6 画
西部
5 画

piào，ㄆㄧㄠˋ
① 作证物的纸片 coupon，ticket：票据/票决/票证/半票/补票/车票/发票/货票/检票/门票/免票/全票/逃票/投票/选票/飞机票。

② 纸钱 bank note，bill：票面/票子/钞票。

③ 被抓来以换取财物的人质 a person held in hostage by bandits：肉票。

P

丿

piě，ㄆㄧㄝˇ
撇笔（piěbǐ），丿 component is mainly used to classify those characters without definite radical，as the initial stroke generally，such as 匕（dagger），九（nine），长（long），乏（lack，tired），氏（family name），乐（music，cheerful）。

撇

扌部
11 画

piē，ㄆㄧㄝ
① 丢开 to abandon，to throw overboard，去

掉 to cast aside：撇开/撇弃/撇下。

② 从汤水表面取得 to skim：撇油。

piě，ㄆㄧㄝˇ

① 平着扔出 to fling，to throw：撇球/撇瓦片。

② 汉字笔画的一种 left-falling stroke，状如"丿"。

扌部 6画

一 丨 扌 扌 扌 扌 拦 拼 拼

pīn，ㄆㄧㄣ

① 连 to integrate with，to link with，合 to bring together，to join with：拼合/拼盘/拼音。

② 不顾一切去做 to risk one's life，to do (sth.) at all costs，to sacrifice one's life for (sth.)：拼命。

口部 6画

丨 口 口 口 品 品 品 品 品

pǐn，ㄆㄧㄣˇ

① 东西 stuff，thing：品名/品牌/产品/成品/毒品/废品/极品/奖品/精品/礼品/名品/样品/作品/日用品/宣传品/消费品。

② 种类，等级 class，grade，sort：品种/极品/上品/四品官/一品大员/一品火锅。

③ 人的道德行为 character，东西的性质 quality，property：品德/品格/品行/品性/品质/人品。

④ 决定好坏 to estimate，to judge：品茶/品评/品味/品头论足。

丿部 5画

一 厂 斤 斤 乒 乒

pīng，ㄆㄧㄥ

[乒乓] 球类名 table tennis，ping-pong。

[乒乒乓乓] 拟声用字，用于枪声或物体撞击声 onomatopoeic word，with a great rattle or clatter。

P

一部
4画

平 平 平 平 平

píng，ㄆㄧㄥˊ

① 表面一样高低 even，flat，smooth：平房/平面/平声/平展/平整/路很平。

② 跟别的程度相同 to be on the same level：平局/平列/平行/两人打了个平手。

③ 经常的 usual，普通的 average，commonplace：平常/平民/平日/平时/平素/平淡无奇/平易近人。

④ 公平 fair，justice，一样多 equal：平等/平分/平均/平权/平起平坐/平心而论/平心静气。

⑤ 安定 calm，peaceful：平安/平静/一波未平，一波又起。

评

(評)

讠部
5画

评 评 评 评 评 评 评

píng，ㄆㄧㄥˊ

① 议论或判断 to comment，to criticize，to judge，to remark：评比/评点/评定/评断/评分/评奖/评理/评选/考评/批评/总评/大家来评评谁是谁非。

② 评论的话 comments or remarks：书评/影评。

(蘋)

艹部
5画

苹 苹 苹 苹 苹 苹 苹 苹

píng，ㄆㄧㄥˊ

苹果 apple：苹果绿/苹果树。

瓶

瓶 瓶 瓶 瓶 瓶 瓶 瓶 瓶 瓶 瓶

píng，ㄆㄧㄥˊ

P

瓦部
6画

口小腹大的容器 bottle, flask, vase：花瓶/酒瓶/药瓶/开水瓶/玻璃瓶/瓶瓶罐罐。

pō，ㄆㄛ 见304页pò，ㄆㄛˋ。

pō，ㄆㄛ

土部
5画

① 地势一边高一边低的地方 slope：坡地/高坡/山坡/下坡路/黄土高坡。

② 地势高低变化的程度 gradient：坡度。

(潑)

pō，ㄆㄛ

氵部
5画

① 用力把液体往外倒 to pour, to splash, to spill, to sprinkle：泼水/泼水节。

② 个性开朗 lively, vivacious, lusty：活泼。

③ 凶，性子野 fierce and tough, rude and unreasonable, shrewish：泼妇/撒泼。

(頗)

pō，ㄆㄛ

页部
5画
皮部
6画

很 considerably, quite, rather, very：颇为满意。

婆

pó，ㄆㄛˊ

女部
8画

① 老年女性 old woman：婆婆/外婆/老太婆。

② 丈夫的母亲 mother-in-law：公婆。

[婆婆妈妈] 形容言语不简洁，行动慢，性格不坚强等 garrulous，mawkish，sickly sentimental，womanishly fussy。

迫

⻌部 5 画

白 白 白 白 白 迫 迫 迫

pò，ㄆㄛˋ

① 用强力压制 to compel，to force：迫害/迫使/被迫/强迫/压迫。

② 紧急地 eager，pressing，urgent：迫降/迫切/急迫/紧迫/迫不及待。

③ 接近 to get close to：迫近/迫临。

石部 5 画

破 丆 丆 石 石 石 矿 矿 砂 破

pò，ㄆㄛˋ

① 不完好的 broken，damaged：破败/破旧/破房子。

② 使分开、变坏 to break，to cleave，to cut，to split：破产/破坏/破灭/破损/打破/抓破脸/头破血流/石破天惊/乘风破浪。

③ 打败 to beat，to defeat：破除/破敌/攻破/不攻自破/各个击破/坚不可破。

④ 超出，不按常规 to break a rule，to exceed，to go beyond：破格/破例/突破。

⑤ 花钱 to cost，to spend money：破费。

⑥ 使明白 to expose the truth of，to make sb. understood，to see through：破案/道破/点破/揭破/看破/识破/说破/一语道破天机。

一 十 才 木 村 朴

pò，ㄆㄛˋ

[厚朴] 一种落叶树 a kind of tree。

木部
2 画

pǔ, ㄆㄨˇ
没有加工过的，本色的 natural, plain, simple：朴实/朴素/朴质/纯朴/古朴/简朴/质朴。

pō, ㄆㄛ
［朴刀］刀片窄而长的短把刀 a sword with a long blade and a short hilt wielded with both hands。

piáo, ㄆㄧㄠˊ
姓 a surname。

丨 ⺊ 𠂆 攴

pū, ㄆㄨ
meaning symbol. 攴字旁儿（pūzìpángr），攴 as a meaning symbol indicates the movement of beating or striking, such as 敲（to beat）. The usage of "攴" in the character of "寇（bandit）" is the same.

𠂉 𠂊 攵 攵

pū, ㄆㄨ
meaning symbol. 反文旁儿（fǎnwénpángr），攵 as a meaning symbol is generally related to movement of hands, such as 收（to collect），教（to teach），救（to help or save）。

（撲）

扌部
2 画

一 丨 扌 扌 扑

pū, ㄆㄨ
① 轻拍 to beat, to pat：扑粉。
② 向前冲 to throw oneself on, to pounce on：反扑/向对方球门猛扑过去。
［扑通］拟声字，用于东西掉进水里的声音或心跳声 onomatopoeic word, bump, flop, thud, thump。

P

(鋪)

钅部 7画

pū，ㄆㄨ

打开来平放 to extend, to spread：铺陈/铺床/铺盖/铺路/铺排/铺平/铺设/铺展/铺张/平铺/铺盖卷/铺天盖地。

pù，ㄆㄨˋ

① 小商店 shop：铺面/铺子/当铺/店铺/药铺。

② 床 plank bed：床铺/上铺/通铺/卧铺/下铺/打地铺。

pǔ，ㄆㄨˇ 见304页pò，ㄆㄛˋ。

日部 8画
丷部 10画

pǔ，ㄆㄨˇ

全面，广大 general, widespread, universal：普遍/普及。

(譜)

讠部 12画

pǔ，ㄆㄨˇ

① 解说事物类别、系列关系的表或书 chart, guidebook, register, table：谱系/菜谱/李白年谱/王氏家谱。

② 可以有系统学习了解的读物 books or instructions guiding practice：画谱/印谱。

③ 记录乐曲等的符号 music score：谱表/曲谱/乐谱/总谱。

④ 编写歌谱 to compose：谱曲。

⑤ 特定的标准，把握 some specific criteria,

confidence：心里有谱儿。

⑥ 显示出来的派头，排场等 airs, pretentions：摆谱。

Q，ㄑ

一 七

qī，ㄑㄧ

一部
1 画

数目字，7 seven, No. 7：七古/七绝/七律。

［七……八……］表示多或杂乱 used in conjunction with verbs or nouns to indicate multiplicity or disorder：七嘴八舌/七上八下/七手八脚/杂七杂八。

一 ㇇ 彐 彐 ⺻ 丰 妻 妻

qī，ㄑㄧ

女部
5 画

已婚男女中的女方，俗称老婆 wife：妻子/夫妻。

戚

厂 厂 厂 厅 厅 厍 厍 戚 戚 戚

qī，ㄑㄧ

戈部
7 画

① 因婚姻关系而构成的亲属 relative：亲戚/三亲六戚。

② 悲哀 sad, sorrowful：哀戚/悲戚/休戚相关。

一 十 卄 廿 甘 苴 其 其 期 期 期 期

qī，ㄑㄧ

月部
8 画

① 限定的时间 appointed time, scheduled time：期限/延期。

② 一段时间 a period of time, stage：期间/

假期。

③ 约定时间或日期 to fix a date：不期而遇。

④ 希望 to expect, to hope, to wish：期待/期望。

⑤ 量词 classifier，用于按时间分期的事物 referring to things done periodically：第 3 期杂志。

欺

一 十 廾 卄 甘 甘 苴 其 其' 其' 欺 欺

欠部 8画

其部 4画

qī，ㄑㄧ

① 骗 to cheat, to deceive：欺骗/欺世盗名。

② 压迫，侵犯 to bully, to offend, to spite：欺负/欺压/欺人太甚。

齐

（齊）

亠 六 文 文 齐 齐

亠部 4画

文部 2画

qí，ㄑㄧˊ

① 一样高的 neat, trim，排成一条直线的 uniform：齐整/看齐/整齐。

② 和别的程度相同 on a level with：齐名/水齐腰深。

③ 一起 together，同时 simultaneously：齐唱/齐集/一齐/百花齐放/双管齐下。

④ 完全 all present, all ready：齐备/齐全。

其

一 十 廾 卄 甘 苴 其 其

其部

一部 7画

qí，ㄑㄧˊ

① 他(她，它)的，他(她，它) he, she, it, his, her, its：自圆其说。

② 他(她，它)，他(她，它)们 they, them：二者必居其一/知其一，不知其二/知其然，不知其所以然。

③ 那个，那样 in that way, such：其间/其

Q

他/其它/其中。

[其实] 事实上 actually, in fact。

一 大 大 夲 夲 奇 奇 奇

大部
5画

qí, ㄑㄧˊ

① 特别的，少见的 peculiar, rare, special, strange：奇才/奇怪/奇观/奇景/奇事/奇谈/奇闻/奇遇/称奇/传奇/离奇/神奇/好奇/好奇心/无奇不有。

② 吃惊 to surprise, to wonder：惊奇/不足为奇。

jī, ㄐㄧ

单的，不成双的 odd：奇数。

丶 ㇇ 礻 礻 礻 祈 祈 祈

礻部
4画

qí, ㄑㄧˊ

① 请求神灵降福 to pray：祈福。

② 恳求 to entreat, to implore, to plead：祈求/祈望/祈使句/敬祈批准。

(騎)

马部
8画

㇇ 马 马 马 马 马 骑 骑 骑 骑 骑

qí, ㄑㄧˊ

① 两脚分开跨坐 to ride, to straddle：骑马/骑自行车。

② 像骑那样跨两边的 to ride or to sit on the back of：骑楼/骑墙。

③ 骑兵 cavarlryman：轻骑/铁骑。

[骑虎难下] 指事情开始做后难以停止 to hold a wolf by the ears, to have no way to back down。

Q

旗 旗 亠 方 方 方 方 方 旃 旃 旃 旗 旗 旗

方部
10 画

qí, ㄑㄧˊ

用布、纸或其它材料做成的标志 banner, flag: 旗号/旗手/旗语/旗子/队旗/国旗/军旗/升旗/校旗。

人 个 个 个 企 企

人部
4 画

qǐ, ㄑㄧˇ

① 抬起脚后跟，盼望 to crane over, to expect anxiously, to look forward to, to stand on tiptoe: 企求/企图/企望。

② 大的公司，企业 enterprise: 国企/民企/私企/外企/乡企。

(啟)

启 启 启 户 户 启 启

户部
3 画

qǐ, ㄑㄧˇ

① 打开 to open: 启封/开启。

② 开导 to arouse, to enlighten, to inspire: 启发/启明/启示。

③ 开始 to begin, to initiate, to start: 启程/启动/启用。

起 起 起 丰 丰 走 走 起 起 起

走部
3 画

qǐ, ㄑㄧˇ

① 由躺而坐，由坐而站立 to get up, to stand up: 起床/起立/起身。

② 上升 to raise, to rise: 起降/起落/大起大落。

③ 出现 to occur, to appear, to happen, to take place: 起劲/起色/起了变化。

④ 开始 to begin, to start: 起笔/起步/起程/起飞/起跑/起头/起先/起因/从明天起。

⑤ 用于动词后，表示动作的方向 used as a

complement after a verb indicating the upward direction：抬起头。

⑥ 用于动词后，表示动作开始 used after a verb indicating the start of the action：发起/兴起/音乐响起。

⑦ 用在动词后，常与“得”，“不”连用，表示能（不能）经受住或够（不够）标准 used after a verb together with “得” or “不”, meaning ‘can afford to’ or ‘cannot afford to’：对不起/对得起/买不起/买得起。

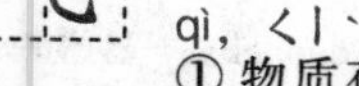

（氣）

气部

qì，ㄑㄧˋ

① 物质存在的状态之一，特指空气 air, gas：气流/气体/打开窗子透一透气。

② 气候 weather, climate：气象/天气。

③ 指人的精神状态 manner, morale, spirit, style：气度/气概/气量/气派/气色/气质。

④ 指人的作风、习气、气质 airs, manners：才气/福气/骨气/官气/和气/客气/口气/神气/喜气/小气/义气/勇气/争气/正气/志气/沉住气/孩子气/书生气/一口气。

⑤ 生气，使生气 angry, enraged, to anger, to enrage：气话/出气/斗气/别气她了。

（棄）

亠部 5画

廾部 4画

qì，ㄑㄧˋ

舍去 to discard, to give up，扔掉 to throw away：弃权/背弃/丢弃/放弃/废弃/舍弃/弃暗投明/弃旧图新/背信弃义/前功尽弃。

氵部
4画

qì，ㄑㄧˋ

液体、固体受热后变成的气体 steam，vapor：汽车/汽船/汽化热。

口部
13画

qì，ㄑㄧˋ

① 用具的总称 apparatus，appliance，implement，utensil：器材/器具/器物/电器/机器/酒器/利器/木器/容器/石器/武器/玉器/乐器。

② 度量 tolerance，才能 capacity：器量/成器/不成器/大器晚成。

③ 看重 to think highly of：器重。

[器皿] 盘、盆等日常用具的总称 ware。

卜部
3画

丨部
4画

qiǎ，ㄑㄧㄚˇ

① 在进出口设的检查站 checkpost：卡子/边卡/关卡。

② 夹东西的器具 clip，fastener：卡子/发卡。

③ 夹在中间 to get stuck，to wedge：书签卡在第3页。

④ 挡住 to block，扣留 to detain：卡住敌人的退路。

kǎ，ㄎㄚˇ

① 专用的小纸片 card：卡片/贺卡/绿卡/尊师卡/资料卡。

② 热量单位卡路里的简称 calorie。

[卡通] ❶ 动画片 cartoon。❷ 漫（màn，ㄇㄢˋ）画 caricature。

千 千 千

丿部 2画 十部 1画

qiān，ㄑㄧㄢ

① 数目字，1000 thousand：千儿八百/一千块钱。

② 形容很多 a great number of, a large amount of：千古/千变万化/千差万别/千方百计/千夫所指/千军万马/千难万难/千篇一律/千奇百怪/千秋功过/千秋万代/千山万水/千辛万苦/千言万语/成千上万。

铅 (鉛)

铅 铅 铅 铅 铅 铅 铅 铅 铅 铅

钅部 5画

qiān，ㄑㄧㄢ

金属元素，符号 Pb，青灰色 lead, plumbum。

[铅笔] 一种供书写用的文具 pencil。

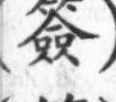

签 (簽)(籤)

签 签 签 签 签 签 签 签 签 签 签 签 签

竹部 7画

qiān，ㄑㄧㄢ

① 亲自写下自己的姓名 to sign one's name：签到/签名/签字。

② 写出简要意见 to make brief comments on a document：签订/签收/签证/签注。

③ 作标志用的小条儿 label, note pad, sticky tape：标签/书签。

前 前 前 前 前 前 前 前 前

刂部 7画 丷部 7画

qián，ㄑㄧㄢˊ

① 与"后"相对的方位 ahead, forward, front：前边/前导/前方/前后/前脚/前景/前列/前面。

② 时间较早的，过去的 ago, before, former, previous：前夫/前年/前人/从前。

③ 次序在先的 first, preceding：前者/前言/提前/前三名。

④ 向前方 to go ahead, to go forward：前进/前往/打前站。

⑤ 将来的 coming, future, prospective：前程/前景。

（錢）

钅部
5画

丿 𠂉 𠂉 𠂉 钅 钅 钅 钱 钱 钱

qián, ㄑㄧㄢˊ

① 金钱 cash, currency, fund, money：钱包/钱财/本钱/出钱/定钱/工钱/价钱/零钱/省钱/值钱/讲价钱/买路钱/下本钱。

② 财产 property, wealth：有钱有势。

（淺）

氵部
5画

浅 浅 氵 汀 浐 浅 浅 浅

qiǎn, ㄑㄧㄢˇ

① 上下或里外的距离短 fleet, shallow：水很浅。

② 意思明白易懂 easy, simple：浅近/浅明/浅说/浅显/浅易/深入浅出。

③ 见识不深 narrow, superficial：浅薄/浅见/粗浅。

④ 颜色不深 (of colour) light, pale：浅黄/浅紫。

⑤ 少，一点儿，程度低 mild, slight：浅笑。

丿 𠂊 欠 欠

qiàn, ㄑㄧㄢˋ

meaning symbol. 欠字旁儿 (qiànzìpángr), 欠 as a meaning symbol is relevant to mouth or its function to puff of breath, such as 吹 (to blow), 歌 (to sing)。

欠部

qiàn，ㄑㄧㄢˋ

① 向人借的财物没还 to be in debt, to owe：欠款/欠钱/拖欠/我还欠他十元。

② 缺少 not enough, lacking：欠缺/短欠/缺欠/欠公平/身体欠安。

欠部
10 画

qiàn，ㄑㄧㄢˋ

① 觉得对不起人 to apologize, to feel ashamed, to regret：歉意/抱歉/道歉/致歉/深以为歉。

② 收成不好 bad harvest, crop failure：歉年/歉收/歉岁。

(槍)

木部
4 画

qiāng，ㄑㄧㄤ

发射子弹的武器 firearm, gun, rifle：枪弹/枪法/枪击/枪决/枪杀/枪支/枪子/黑枪/火枪/机枪/手枪。

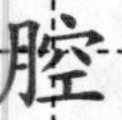

月部
8 画

qiāng，ㄑㄧㄤ

① 动物身体内的中空部分 antrum, cavity：鼻腔/腹腔/口腔/胸腔。

② 说话的口音，乐曲的调子 accent, tone, tune：唱腔/京腔/东北腔/南腔北调/油腔滑调。

(強)

弓部
9 画

qiáng，ㄑㄧㄤˊ

① 健壮 strong，有力量 mighty，powerful：强大/强度/强力/强人/强盛/强势/强者/强壮/富强。

② 使健壮、强大 to intensify，to strengthen：强化/强身/自强不息/富国强兵。

③ 意念坚定的 to have a strong sense in mind：刚强/坚强/好强/要强。

④ 用强力 to do sth. by force/forcefully：强求/强行/强占/强制。

⑤ 程度高 high，strong (in degree)：责任心强。

⑥ 好 better：他的英语比你强。

qiǎng，ㄑㄧㄤˇ
硬要 to compel，迫使 to force：强人所难/强颜欢笑。

jiàng，ㄐㄧㄤˋ
态度强硬 stubborn，不顺从 unyielding：别强嘴。

(牆)

土部
11 画

qiáng，ㄑㄧㄤˊ
隔断内外的建筑物 rampart，wall：墙角/墙脚/墙头/城墙/泥墙/女墙/人墙/土墙/围墙/院墙/狗急跳墙/墙倒众人推。

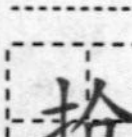

(搶)

qiǎng，ㄑㄧㄤˇ
① 用强力拿走 to grab，to loot，to rob，to snatch：抢夺/抢占/抢走/抢东西。

② 快速做 to do (sth.) with a rush：抢救/

扌部
4 画

抢险/抢修。

③ 争先做 to scramble for, to vie for：抢先/抢着打扫教室。

qiǎng，ㄑㄧㄤˇ 见 316 页 qiáng，ㄑㄧㄤˊ。

悄悄悄悄悄悄悄悄悄悄

qiāo，ㄑㄧㄠ

忄部
7 画

声很小或没有声音 quietly，silently：悄悄/静悄悄。

qiǎo，ㄑㄧㄠˇ

① 发愁 grieved，worried：神色悄然。

② 没有声音或低声 quiet，silent：悄然无语/悄无声息。

敲敲敲敲敲敲敲敲敲敲敲敲敲敲

qiāo，ㄑㄧㄠ

攴部
10 画

打 to beat，to knock，击 to hit，to strike：敲打/敲击/推敲。

侨侨侨侨侨侨侨侨

(僑)

qiáo，ㄑㄧㄠˊ

① 住在国外 to live abroad：侨居。

② 不住在本国的人 person living abroad：侨办/侨胞/侨教/侨民/侨商/侨务/归侨/华侨/外侨。

亻部
6 画

桥桥桥桥桥桥桥桥桥桥

qiáo，ㄑㄧㄠˊ

架在水上或空中以便通行的建筑物 bridge：

Q

(橋)
木部
6 画

桥头/便桥/过桥/木桥/铁桥/天桥/引桥/高架桥/立交桥/修桥补路。

瞧

目部
12 画

丨 𠃊 ⺆ 目 目 目' 目' 目' 目' 目' 目' 目' 瞧 瞧 瞧 瞧 瞧

qiáo，ㄑㄧㄠˊ
看 to look，to see，to watch：瞧病/东瞧西看/东瞧瞧，西望望。

巧

工部
2 画

一 丅 工 工 巧

qiǎo，ㄑㄧㄠˇ
① 技能好 good at，skillful at：巧妙/巧手/精巧/巧夺天工/他的手艺很巧。

② 正好 opportunely，just in time，正碰到机会 by chance，coincidentally：赶巧/刚巧/碰巧/来得早不如来得巧。

③ 不实在的话 slick alibi，sweet words：巧言令色/花言巧语。

切

刀部
2 画

一 t 切 切

qiē，ㄑㄧㄝ
刀从上往下用力 to cut，to slice：切菜/切面/切片/切肉。

qiè，ㄑㄧㄝˋ
① 合，符合 to correspond to：切合/切实/切题/切中。

② 贴近，亲近 to be close to：切身/密切/亲切。

③ 紧迫 extraordinary，extreme：急切/迫切/求胜心切。

④ 一定，务必 must，be sure to ：切记/切不可轻视。

Q

［一切］全部 all, entire, whole。

丨 冂 冃 月 且

qiě, ㄑㄧㄝˇ

丨部 4画
一部 4画

① 表示进一层 also, and, besides：并且/而且/况且/既高且大。

② 分别用在两个动词前面，表示动作同时进行 used respectively before two verbs indicating the two actions have happened simultaneously, while, as：且谈且走/且战且退。

qiè, ㄑㄧㄝˋ 见318页 qiē, ㄑㄧㄝ。

亲 (親)

亠 亠 亡 亣 立 辛 辛 亲 亲

qīn, ㄑㄧㄣ

丶部 8画
立部 4画

① 有血统或婚姻关系的各方 blood relation, next of kin, relative：亲朋/亲戚/亲情/亲友/表亲/投亲/乡亲/至亲/六亲不认/大义灭亲。

② 父母 parents：双亲。

③ 结婚 marriage, wedding：成亲/定亲/说亲/送亲/招亲。

④ 特指新娘子 bride：王大明今天迎亲。

⑤ 感情深 intimate，关系密切 close relationship：亲爱/亲近/亲热。

⑥ 自己做的 by oneself, in person, on one's own：亲笔/亲耳/亲身/亲手/亲自。

⑦ 用嘴碰对方的嘴，表示喜欢 to kiss：亲嘴/妈妈亲了亲孩子。

亻 亻 亻 亻 亻 亻 侵 侵 侵

qīn, ㄑㄧㄣ

亻部
7 画

占有不属于自己的东西或地方 to intrude into, to invade：侵夺/侵犯/侵害/侵略/侵权/侵占/入侵。

勤

力部
11 画

qín，ㄑㄧㄣˊ

① 尽力做，经常做 assiduous，diligent，industrious：勤奋/勤快/勤劳/辛勤/勤洗勤换/四体不勤。

② 分派的工作 assignment，duty，service：勤务/后勤/空勤/内勤。

③ 按时上下班 attendance：出勤/考勤/缺勤/值勤。

青部

qīng，ㄑㄧㄥ

① 晴天天空的颜色 blue，the color of the sky：青天。

② 绿色 green：青菜/青草/青山绿水。

③ 黑色 black：青布/青丝/铁青/青眼相看。

④ 绿草或没有成熟的农作物 green crop：踏青/青黄不接。

⑤ 年轻人 youth：青春/青工/青年/知青。

轻

（輕）

车部
5 画

qīng，ㄑㄧㄥ

① 重量小的 light：这一袋米很轻。

② 程度浅，数量少，用力小 little，small：轻伤/年纪轻/年轻气盛/小心轻放。

③ 不重要，不重视 to belittle，to make light of：轻敌/轻生/轻视/看轻/无足轻重。

④ 不庄重，不严肃 rattlebrained，frivolous，skittish：轻浮/轻松。

⑤ 很容易 easy：轻取/轻信/轻易。

清

氵部
8 画

qīng，ㄑㄧㄥ

① 查点 to check, to count, to liquidate, to make an inventory：清点/清查/清理/清算。

② 纯净，透明 limpid：水很清。

③ 干净，纯洁 clean, pure：清洁/清静/清心/清新。

④ 使干净 to clean, to clear：清除/清洗。

⑤ 明白，不含混 clear, distinct：清楚/清亮。

⑥ 公平、公正 fair, honest and upright：清白/清高/清官。

情

忄部
8 画

qíng，ㄑㄧㄥˊ

① 感情 feeling, sentiment：情感/情怀/多情/动情/激情/热情/同情/友情/有情/心情/情不自禁/情同手足/情投意合/情有独钟/水火无情。

② 常理，常情 reason：情理/合情合理/入情入理/通情达理。

③ 状况，情形 circumstance, condition, situation：情况/情节/情景/情境/情势/情态/情由/表情/病情/民情/内情/神情/事情。

④ 男女相爱之情 love：情爱/情场/情歌/情人/情书/情意/爱情。

⑤ 情分 kindness, favor：陈情/领情/求情/说情/拉交情/卖人情/难为情/托人情。

qíng，ㄑㄧㄥˊ

日部 8画

没云或者少云的天气 sunny, clear, fine, cloudless：晴空/晴朗/晴天/晴空万里/雨过天晴。

顷 顷 顷 顷 顷 顷 顷 顷

（頃）

匕部 6画

页部 2画

qǐng，ㄑㄧㄥˇ

① 市制土地面积单位，1 顷 = 100 亩，约合 66667 平方米 a unit of area：公顷/两顷地。

② 短时间 for a little while, for a short moment：顷刻/俄顷/有顷。

请

请 请 请 请 请 请 请 请 请 请

（請）

讠部 8画

qǐng，ㄑㄧㄥˇ

① 求 to ask for, to request：请假/请教/请问/烦请/请你帮帮忙。

② 邀请 to invite：请客/回请/请了个家教。

③ 敬语 please：请安/请坐/有请。

庆 庆 庆 庆 庆 庆

（慶）

广部 3画

qìng，ㄑㄧㄥˋ

① 为了喜事，大家聚在一起举行祝贺活动 to celebrate, to commemorate, to congratulate：庆功/庆祝/庆功大会/普天同庆。

② 可祝贺的事 an occasion or event for celebration：庆典/国庆/节庆/喜庆/校庆。

穷 穷 穷 穷 穷 穷 穷

（窮）

穴部 2画

qióng，ㄑㄩㄥˊ

① 钱少 (having) lack of money, (having) little money, being poor：穷苦/穷人/哭穷。

② 完，尽 to exhaust, to use up：穷尽/技

穷/无穷/无穷大/无穷小/山穷水尽/无穷无尽。

③ 非常 very, extremely：穷忙。

④ 深入探究 to research continuously or thoroughly：穷原竟委。

秋 秋 秋 秋 秋 秋 秋 秋 秋

禾部
4画

qiū，ㄑㄧㄡ

① 一年的第三个季节 autumn：秋风/秋季/秋凉/秋色/秋天/秋游/春秋/金秋/深秋/早秋/中秋/秋后算账/平分秋色/望穿秋水。

② 农作物成熟的时候 harvest time：秋收。

③ 年 year：千秋万代。

④ 岁月 a period of time：多事之秋。

求 求 求 求 求 求 求

一部
6画
丶部
6画

qiú，ㄑㄧㄡˊ

① 努力得到 to make efforts to obtain, to pursue, to try to gain：求实/求学/求证/求知/务求/要求/追求/求之不得/不求名利/实事求是。

② 请别人帮忙 to ask for sth., to request sb. for help：求教/求救/求情/求全/求人/求职/求治/求助/请求/诉求。

③ 需要 to demand, to be in need of：供过于求。

球 球 球 球 球 球 球 球 球 球 球

王部
7画

qiú，ㄑㄧㄡˊ

① 数学名词 sphere：球体。

② 球形的东西 anything like a ball：星球/眼球/月球。

③ 一种圆形的运动器材 ball：球场/球队/

球风/球赛/球星/踢球/足球。

④ 地球 the earth, the globe：环球/全球/北半球/南半球。

(區)

匚部 2画

一 フ 又 区

qū, ㄑㄩ

① 地域 area, district, section：区域/城区/地区/街区/景区/考区/矿区/禁区/赛区/山区/小区/园区。

② 行政区划的单位 an administrative unit：特区/区政府/自治区。

(麴)

曰部 2画 丨部 5画

丨 冂 冃 冉 冊 曲

qū, ㄑㄩ

① 跟"直"相对，弯 bent, crooked：曲线/曲折/弯曲/弯弯曲曲。

② 弯曲的地方 bend of a river, etc.：河曲。

③ 酒曲，做酒、酱等用的物品 leaven, yeast：酒曲/红曲。

qǔ, ㄑㄩˇ

歌谱，曲子 melody, song, tune：曲调/作曲/唱小曲。

(趨)

走部 5画

一 十 土 丰 丰 走 走 赱 赱 趋 趋 趋

qū, ㄑㄩ

① 快走 to walk fast, to get a move on：亦步亦趋。

② 向某方向发展 to incline to, to move forward, to tend to：趋向/大势所趋。

qǔ, ㄑㄩˇ 见本页 qū, ㄑㄩ。

取取取取取取取取

耳部 2画
又部 6画

qǔ，ㄑㄩˇ

① 拿 to fetch, to take：取款/分文不取。

② 得到 to gain, to get, to obtain：取材/取得/取经/取决/取乐/取暖/取胜/取信/取样/取证/成仁取义/断章取义。

③ 挑出合乎需要的 to aim at, to select, to take the choice：取景/取名/取向/选取/取长补短/取之不尽/优中取优。

去去去去去

土部 2画

qù，ㄑㄩˋ

① 离开 to depart, to go away, to leave：去国/去留/去路/去世/去向/去职/出去/去留两难/何去何从/直来直去。

② 已过去的 last, past, previous：去年/过去。

③ 除去 to eliminate, to get rid of, to remove：去火/去皮。

④ 汉语普通话的第四声 the fourth tone in the Chinese phonetics：去声/阴阳上去。

趣趣趣趣趣趣趣趣趣趣趣趣
趣趣趣

走部 8画

qù，ㄑㄩˋ

① 志向 ambition, ideal：志趣相投。

② 喜好 inclination, interest, pleasure：兴趣/有趣/知趣/相映成趣。

③ 有意思的 interesting：趣事/趣味。

圈圈圈圈圈圈圈圈圈圈圈

quān，ㄑㄩㄢ

① 环形的东西 circle, ring：圈子/花圈/

口部
8 画

圆圈。

② 特定的范围或领域 area, region, zone: 文化圈/影视圈。

③ 画出环形做标记 to draw a circle: 圈点/圈选/把错字圈出来。

④ 围起来 to surround, 围出来 to enclose: 把这一块地圈起来。

juàn, ㄐㄩㄢˋ
关家养动物的地方 fold, sty: 马圈/羊圈/猪圈。

(權)

木部
2 画

一 十 木 木 杈 权

quán, ㄑㄩㄢˊ

① 某种地位具有的力量 majesty, power: 权贵/权力/权势/大权/当权/强权/主权。

② 对本身有好处的, 权利 droit, claim, right: 版权/财权/产权/夫权/父权/民权/女权/人权/实权/特权/职权/专权/选举权。

③ 有利的形势 favourable situation: 制空权/主动权。

④ 看情形办事, 知道变通 expedient: 权变/权宜之计。

⑤ 估计 to compare, to estimate, to figure out, to weigh: 权其轻重。

人部
4 画

ノ 人 亼 仝 全 全

quán, ㄑㄩㄢˊ

① 完备, 不缺少 complete, entire, full, perfect: 完全/齐全/商店的货很全。

② 整个, 遍 all, whole: 全部/全省/全校。

③ 都 wholly: 代表们全来了。

丿犭犭

quǎn，ㄑㄩㄢˇ

meaning symbol. 反犬旁儿（fǎnquǎnpángr），犭 as a meaning symbol is related to beasts, such as 狂（wild），狠（ruthless），狼（the wolf）。

一 ナ 大 犬

quǎn，ㄑㄩㄢˇ

meaning symbol. 犬字旁儿（quǎnzìpángr），犬 as a meaning symbol is relevant to dogs, such as 臭（be smelly）.

又部 2画

力部 2画

フ 又 对 劝

quàn，ㄑㄩㄢˋ

① 好好讲明道理使人听从 to advise, to try to persuade：劝导/劝告/劝解/劝说/规劝/解劝/好言相劝。

② 鼓励 to cheer up, to encourage：劝慰。

缶部 4画

quē，ㄑㄩㄝ

① 少了，少了的 to be short of, to lack：缺少/短缺/紧缺/不可或缺。

② 不完善，不完美 imcomplete, imperfect：缺点/完美无缺。

③ 应到而没有到 absent：缺课/缺席。

què，ㄑㄩㄝˋ

① 向后退，使后退 to retreat, to withdraw,

Q

(卻)

卩部
5画

to step back：却敌/退却/望而却步。

② 找理由拒绝，推托 to make an excuse，to refuse，to shift：推却/盛情难却。

③ 副词 adv.，可是 but，however：谁都知道这事，他却不知道。

④ 去，掉 suffix，to lose，to get rid of：除却/冷却/了却/失却/省却/忘却/谢却。

确

(確)

石部
7画

一 丆 不 石 石 石' 矿 矿 矿 砳 确 确

què，ㄑㄩㄝˋ

① 真的 real，true，符合事实的 factual，reliable：确实/确证/的确/精确/真确/正确/准确/确有其事/千真万确。

② 坚定而不可改变 determination，insurance：确保/确立/确切/确认/确守/确信。

衤部
7画

丶 ㇇ 礻 衤 衤 衤' 衤⺕ 衤ヨ 衤尹 裙 裙 裙

qún，ㄑㄩㄣˊ

① 裙子 dress，skirt：连衣裙/迷你裙/超短裙。

② 像裙子的东西 skirt-like things：围裙。

Q

羊部
7画

㇇ ⺕ ヨ 尹 尹 君 君 君 君' 君⺌ 君⺷ 群 群

qún，ㄑㄩㄣˊ

① 集在一起的人或物 crowd，group，herd：合群/牛群/社群/羊群/族群/成群结队/害群之马。

② 成群的 flock，众多的 crowd；众多的人 large numbers of people：群岛/群集/群落/群起/群情/群体/群英/群众/超群/群策群力。

③ 量词 classifer，a flock of，a group of：一群羊/一群学生。

R，ㄖ

丿 ク 夕 夕 夕 外 然 然 然 然 然 然

灬部 8画

rán，ㄖㄢˊ

① 指代上文，相当于"这样"、"如此" like that，so：必然/不然/当然/既然/所以然/想当然/理所当然。

② 表示状态的词尾 suffix，相当于"……的样子" in that case：安然/果然/决然/全然/突然/天然/自然。

③ 对 right，正确 correct：不以为然。

④ 书面上连接分句，表转折，相当于"但是" but，however，nevertheless：然而/成绩突出，然不可骄傲。

丶 丷 火 火 火 炒 炒 炒 炒 燃 燃 燃 燃 燃 燃 燃

火部 12画

rán，ㄖㄢˊ

① 烧 to burn：燃料/自燃。

② 把火点着 to ignite，to light：燃灯/燃放炮竹。

丶 丶 氵 氿 氿 染 染 染 染

木部 5画

rǎn，ㄖㄢˇ

① 给纺织品等上色 to dye：染布/印染。

② 被传（chuán，ㄔㄨㄢˊ）上某种病 to be affected，to catch：染病/传染/感染/污染。

R

口部
17 画

rǎng，ㄖㄤˇ

大声喊叫 to scream, to shout, to yell：嚷叫/叫嚷/别嚷了。

rāng，ㄖㄤ

［嚷嚷］吵闹 shout, argue noisily，声张 make widely known。

(讓)

讠部
3 画

ràng，ㄖㄤˋ

① 把方便或好处给别人 to turn some advantages or benefits over to others：让步/让路/让位/让座/互让/礼让/推让/退让/当仁不让/这张票让给你。

② 请人接受招待 to invite, to offer：让茶。

③ 把财物的所有权转移给别人 to let sb. have sth. at a fair price：让利/出让/转让。

④ 听任、顺从某人的意思 to allow, to let：让他闹去。

⑤ 允许，答应 to agree, to promise：让他走。

⑥ 被 by：东西让热水烫坏了。

R

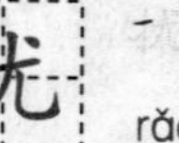

(擾)

扌部
4 画

rǎo，ㄖㄠˇ

打乱 to harass, to interrupt, to trouble：扰乱/打扰/烦扰/请勿打扰。

rào, ㄖㄠˋ

(繞)

纟部 6画

① 有意走弯路 to coil, to wind：绕弯儿/绕过他家。

② 围着转 to circle, to move round, to revolve：环绕/围绕。

rě, ㄖㄜˇ

心部 8画

艹部 9画

① 招引 to ask for, to bring about, to cause：惹事/招惹/惹麻烦/惹火烧身/惹是生非。

② 冒犯 to offend, to provoke：他可不好惹。

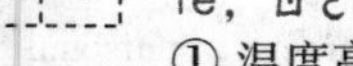

rè, ㄖㄜˋ

(熱)

灬部 6画

① 温度高 hot：热带/热风/热水。

② 使温度变高 to heat, to warm up：热一下饭。

③ 生病引发的体温升高 to have a fever：发热/头疼脑热。

④ 情意深厚 ardent, emotional, passionate：热爱/热烈/热情/热切/热心/亲热。

⑤ 极想做到或得到 envious：热中/眼热。

⑥ 广受注重的 to be acceptable, to be well received：热点/热线/热战。

⑦ 社会上正风行的 fashionable, popular：热门/英语热。

⑧ 繁华 busy, noisy：热闹。

rén, ㄖㄣˊ

R

meaning symbol. 单人旁儿（dānrénpángr）或单立人儿（dānlìrénr），as a meaning symbol is relevant to human activities，such as 仁（be kind），休（to rest），你（you），他（he or him）。

人部

人 人

rén，ㄖㄣˊ

① 人类，人民 human，man，people，person：人才/人道/人格/人工/人家/人间/人口/人力/人们/人品/人气/人权/人群/人身/人生过/人士/人世/人事/人为/人物/人像/人心/人性/人选/人影/人员/人种/本人/别人/感人/老人/亲人/老好人/自己人/人际关系/善解人意/世上无难事，只怕有心人。

② 某种人 a certain kind of people：工人/客人/伟人/文人/学人/木头人/主持人。

③ 人的本质，性格 character，personality：他人不错。

亻部
2 画

丿 亻 亻 仁

rén，ㄖㄣˊ

① 关心爱护别人 benevolence，kindness，pity：仁爱/仁慈/仁厚/仁心/仁兄/仁义/仁政/不仁/成仁/仁人志士/当仁不让。

② 坚果或种子的中心部分 kernel：果仁。

［同仁］多作“同人”，指同事或同行 a colleage。

R

认

讠 讠 认 认

rèn，ㄖㄣˋ

① 知道，看得出 to identify，to know，to recognize，to see：认得/认清/认生/认识/认字。

讠部
2画

② 表示同意或接受 to accept, to admit, to agree：认错/认定/认可/认同/认为/认罪/否认/公认/确认/你怎么批评我都认了。

③ 同意建立某种关系 to agree to build up a relationship：认了同乡/六亲不认。

rèn, ㄖㄣˋ

亻部
4画

① 相信 to believe, to trust：信任。

② 顺着，由着 to allow, to indulge, to let：任性/任意/放任/任其自然/听之任之。

③ 随便，不论 no matter：任何/任你怎么说都没用。

④ 职务或使命 commitment, duty, official post, officeholder, responsibility：任教/任课/任命/任务/任用/任职/出任/担任/继任/就任/历任/留任/上任/胜任/委任/专任/责任/主任/班主任/以天下为己任。

rēng, ㄖㄥ

扌部
2画

① 投，抛 to throw, to cast, to toss：扔球/扔东西。

② 丢弃 to cast off, to throw away：别乱扔垃圾/这药已经过了有效期，扔了吧。

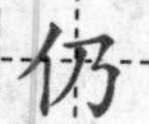

réng, ㄖㄥˊ

亻部
2画

和从前一样，还是 still, yet：仍旧/仍然/仍在观望。

rì, ㄖˋ

R

日部

① 太阳 the sun：日出/落日。

② 白天，与“夜”相对 day, daytime：日报/日班/日场。

③ 天 day：日记/日后/日前/日用/不日/次日/当日/竟日/即日/假日/节日/近日/连日/生日/他日/往日/昨日。

④ 指日本国 Japan：中日友好。

[日子] ❶ 某个日期 a certain date：入学的日子快到了。❷ 天数 day：他走了多少日子？❸ 日常生活 daily life：结婚就是两人开始一起过日子。

(榮)

艹部 6画

木部 5画

róng，ㄖㄨㄥˊ

① 植物的花叶长得多 to grow luxuriantly：繁荣/本固枝荣。

② 有面子 to be honoured, to save one's face：荣归/荣获/荣任/荣幸/荣誉/光荣/虚荣/荣誉市民。

③ 情况好，兴盛 to flourish, to prosper, to thrive：荣华富贵/繁荣昌盛。

姓 a surname。

容

宀部 7画

róng，ㄖㄨㄥˊ

① 装 to hold, to contain：容积/容量/教室太小，容不下这么多人。

② 待人宽厚，气量大 generous, liberal：包容/老王能容人，好合作。

③ 能，允许 to allow, to permit：容许/不容分辨。

④ 样子，神色 looks, appearance：容光/容颜/病容/动容/美容/面容/笑容/音容。

⑤ 事物的景象 appearance of something：军

容/市容/校容。

姓 a surname。

丨 门 内 内 肉 肉

ròu，ㄖㄡˋ

丨部 5画 冂部 4画

① 人或动物皮内骨外的物质 flesh，meat：肉感/肉排/肉皮/肉色/肉食/肉体/肉质/牛肉/鲜肉/肉包子/肉中刺/苦肉计/有血有肉/皮笑肉不笑/挂羊头，卖狗肉。

② 果实中可以吃的部分 pulp，flesh（of fruit）：果肉。

乂 女 女 如 如 如

rú，ㄖㄨˊ

女部 3画

① 表示举例 for example，for instance，such as：比如/例如/中国有许多民俗节日，如春节、中秋节等。

② 按照 in accordance with，to comply with：如约而至。

③ 像，和什么一样 as if，like：如常/如初/如此/如实/如意/如愿/不如/无如/一如/有如/如日中天/如他所说/对答如流/心口如一/一见如故。

④ 假使 if，on condition that：如果/假如/如下雨就不去。

R

一 厂 厂 尸 尼 辰 辰 辰 辱 辱

rǔ，ㄖㄨˇ

寸部 7画 辰部 3画

① 与"荣"相对，丢脸、没有面子的事情 disgrace，dishonour，shame：耻辱/奇耻大辱。

② 使受辱 to affront，to humiliate，to offend，to insult：辱骂。

入部

丿 入

rù，ㄖㄨˋ

① 进到里面 to come into, to enter, to invade into：入冬/入耳/入骨/入画/入境/入口/入门/入世/入睡/入选/入夜/入眼/入院/出入/加入/列入/投入/先入为主。

② 参加 to be admitted to, to become a member of, to join：入会/入学。

③ 合乎 to agree with, to conform to：入情入理。

软 (軟)

车部 4画

一 𠂉 ㇄ 车 车' 车𠂉 软 软

ruǎn，ㄖㄨㄢˇ

① 与"硬"相对，在外力下容易变形的 flexible, soft, supple：软和/软化。

② 温和的 gentle, mild：软风/软语。

③ 不强硬 not tough：软弱/欺软怕硬。

④ 容易被感动或动摇 easily moved, apt to be influenced：手软/耳根子软。

艹部 5画

一 十 艹 艹 艹 芓 若 若

ruò，ㄖㄨㄛˋ

① 如果，假如 if, on condition that：假若/如若。

② 如同，好像 as if, just like, seemingly：若有所失/若无其事/旁若无人/视若路人/行若无事/安之若素/门庭若市/谈笑自若/若即若离/若明若暗/若有若无。

弓部 7画

㇆ ㇉ 弓 弓 弓 弓' 弓'' 弱 弱 弱

ruò，ㄖㄨㄛˋ

① 与"强"相对，力气小，实力差 feeble, weak：弱点/弱国/弱小/薄弱/软弱/弱不

R

冫部 8画

禁风。

② 年纪小 young：弱冠/老弱病残。

S，ㄙ

撒 撒 撒 撒 撒 撒 撒 撒 撒 撒 撒 撒 撒 撒 撒

扌部 12画

sā，ㄙㄚ

① 放 to cast，放开 to let go，to set free：撒网/撒手不管。

② 充分表现出 to let oneself go，to throw off all restraint：撒泼/撒野。

sǎ，ㄙㄚˇ

散落 to drop，to scatter，散布 to spill，to spread：撒种/酒撒了一地。

(灑)

洒 洒 洒 洒 洒 洒 洒 洒 洒

氵部 6画

sǎ，ㄙㄚˇ

① 使水四散 to spray，to sprinkle：洒泪/洒落/洒扫/洒水车。

② 掉落、散落 to shed，to spill：洒了一地的硬币。

[洒脱] 言行大方 free and easy，言语行为表现出不在乎的样子 doesn't care anything。

赛 赛 赛 赛 赛 赛 赛 赛 赛 赛 赛 赛 赛 赛

宀部 11画 贝部 10画

sài，ㄙㄞˋ

① 比较高低、强弱 to compete，to contest，to match：赛车/赛程/赛马/赛跑/赛区/比赛/参赛/大赛/禁赛/决赛/联赛/预赛/对

抗赛。

② 超过 to exceed, to outstrip, to surpass：一个赛一个。

一部
2 画

一 二 三

sān, ㄙㄢ

① 数目字, 3 three：三军/三角洲/三只手/三点式/三从四德/三教九流。

② 表示多次或多数 more than two, many, variety：再三/三天两头/接二连三。

(傘)

人部
4 画

ノ 𠆢 仒 仒 仐 伞

sǎn, ㄙㄢˇ

① 挡雨、挡阳光的用具 umbrella：阳伞/雨伞。

② 像伞的东西 something resembling an umbrella, parachute：灯伞/跳伞/降落伞。

攵部
8 画

一 十 卄 艹 苎 昔 昔 背 散 散 散

sǎn, ㄙㄢˇ

① 从结合变为分开 not combined, not linked：鞋带散了。

② 零零星星, 不集中 dotted, fragmentary, scattered：散光/散居/散记/散文/散座/散装/一盘散沙。

S

sàn, ㄙㄢˋ

① 从集中变为分开 to break up, to disperse：散场/散会/散开/散落/分散/解散/流散/失散/四散/逃散/不欢而散。

② 四处传布 to distribute, to disseminate, to spread：散布/散发/扩散。

③ 排解某种情绪 to dissipate, to let out worry：散步/散心。

sāng，ㄙㄤ 见本页 sàng，ㄙㄤˋ。

丨 口 口 口 口 口 口 口 口 口 口 嗓 嗓

口部
10 画

sǎng，ㄙㄤˇ

① 喉 larynx，throat：嗓门/嗓音/嗓子。

② 人的发音器官发出的声音 voice：倒嗓/假嗓子。

一 十 十 十 卄 丧 丧 丧

(喪)

十部
6 画

sàng，ㄙㄤˋ

丢掉 to throw away，失去 to lose：丧命/丧失/丧志。

sāng，ㄙㄤ

和死人有关的事情 related to the dead，funeral，mourning：丧事/哭丧。

一 十 扌 扌 扫 扫

(掃)

扌部
3 画

sǎo，ㄙㄠˇ

① 用扫把除去灰土、垃圾等 to sweep，to clean or clear（a floor，room，etc.）of dirt，litters，etc.：扫地/打扫/清扫/扫一下客房。

② 像扫一样的动作或作用 to clean up，to clear away，to remove，to sweep off，to wipe out：扫除/扫毒/扫黄/扫平/扫兴/横扫/扫面子/扫地出门/体面扫地/秋风扫落叶。

③ 很快地左右移动 to move around quickly，to sweep：扫视/眼睛向人群一扫。

sào，ㄙㄠˋ

[扫帚（zhou，ㄓㄡ）]，[扫把]，一种扫（sǎo，ㄙㄠˇ）地的工具 broom。

嫂

女部
9 画

sǎo，ㄙㄠˇ

① 哥哥的妻子 sister-in-law (wife of one's elder brother)：嫂嫂/嫂子/兄嫂。

② 称与自己年纪相近的已婚妇女 title for a married woman of one's own age：大嫂/王嫂。

sào，ㄙㄠˋ 见 339 页 sǎo，ㄙㄠˇ。

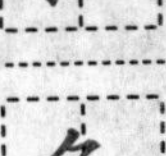

色

⺈部
4 画

sè，ㄙㄜˋ

① 颜色 colour：白色/本色/成色/花色/红色/杂色/清一色/面如土色/面无人色/五光十色/五颜六色。

② 脸色 complexion，look：面色/难色/气色/神色/眼色/不动声色/面不改色/喜形于色。

③ 情景 circumstances，scene，sight，状况 condition，situation：景色/平分秋色。

④ 品种 kind，species，type：各色/货色/形形色色。

⑤ 情欲 pornographic，sexy：色情/色相/好色。

S

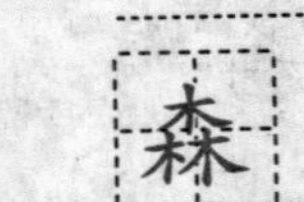

森

木部
8 画

sēn，ㄙㄣ

① 树木多 many trees：森林。

② 阴暗 dark，gloomy：森然/阴森/阴森森。

(殺)

丿部 5画

木部 2画

杀 杀 杀 杀 杀 杀

shā，ㄕㄚ

① 使失去生命 to kill, to slaughter：杀虫/杀害/杀鸡/杀伤/杀生/杀手/暗杀/封杀/枪杀/他杀。

② 减少，消弱 to cut down, to eliminate, to reduce：杀价。

沙

氵部 4画

沙 沙 沙 沙 沙 沙 沙

shā，ㄕㄚ

① 细小的石粒 grit, sand：沙包/沙土/沙海/沙眼/沙洲/沙子/风沙/流沙/泥沙/飞沙走石。

② 声音不响亮 hoarse, husky：沙哑/沙音。

晒

(曬)

日部 6画

晒 晒 晒 晒 晒 晒 晒 晒 晒 晒

shài，ㄕㄞˋ

阳光照射 to bask, to expose to the sun：晒台/晒太阳/晒衣服/这间房有西晒。

山

山部

shān，ㄕㄢ

地面上由土石构成的巨大而高起的部分 hill, mountain：山城/山地/山顶/山歌/山河/山货/山路/山势/山头/山中/山庄/高山/江山/深山/山高水低/山高水险/山清水秀/山穷水尽/千山万水/穷山恶水/依山傍水/万水千山。

彡 彡 彡

shān，ㄕㄢ

meaning symbol. 三撇儿（sānpiěr），彡 as

S

a meaning symbol is related to hair, beard or light, such as 彩 (colorful), 颜 (color), 须 (beard)。

(閃)

门部
2 画

丶 冂 门 闪 闪

shǎn, ㄕㄢˇ

① 天上的电光 lightning: 闪电。

② 光亮突然出现，明暗有变化 to flash, to shine, to sparkle: 金光闪闪/红灯一闪。

③ 让到一边 to dodge, to move aside: 闪躲/闪开/躲闪。

④ 因动作不对而引起关节处不舒适 to twist, to sprain: 闪了腰。

shàn, ㄕㄢˋ 见 71 页 dān, ㄉㄢ。

户部
6 画
羽部
4 画

丶 ㇇ ㇇ 户 户 肩 扁 扇 扇 扇

shàn, ㄕㄢˋ

① 扇子 fan: 电扇/风扇/折扇。

② 量词 classifier, 用于门窗等 used to describe the door or window: 两扇门/一扇窗。

shān, ㄕㄢ

① 摇动以产生风 shaking to make a current of air: 扇扇 (shàn, ㄕㄢˋ) 子。

② 用手掌打人 slapping in the face: 扇了他一巴掌。

口部
9 画

丶 䒑 䒑 䒑 䒑 羊 羊 羊 兰 盖 善 善

shàn, ㄕㄢˋ

① 心意好 good, kind, nice: 善良/善意/慈善。

② 做好事 advantage, good deed, good (fine)

S

羊部
6 画

person：善举/善人/善事/善行/行善。

③ 良好，美好 perfect：改善/完善/善始善终。

④ 友好 friendly：和善/亲善/友善。

⑤ 做好该做完的事情 to deal with：善后。

⑥ 很会做 to be good at, skillful：善于/英勇善战。

⑦ 很容易 to be apt to：善变/多愁善感。

伤伤伤伤伤伤

(傷)

亻部
4 画

shāng，ㄕㄤ

① 身体被损害的地方 injury, trauma, wound：伤口/伤势/负伤/内伤/轻伤/受伤/外伤/养伤/重伤。

② 使人受害 to harm, to hurt, to injure, to slander：伤害/伤人/杀伤/伤天害理。

③ 因某种原因而得病 to fall ill：伤风/伤寒。

④ 难过 distressed, sad：伤感/伤身/伤神/伤心/感伤/伤感情。

商商商商商商商商商商商

亠部
9 画

口部
8 画

shāng，ㄕㄤ

① 做买卖的人 businessman, merchant, trader：商人/粮商/外商/士农工商。

② 买卖 trade，生意 business：商标/商场/商店/商号/商机/商品/商务/商行/商业/厂商/工商/官商/经商。

③ 讨论 to discuss, to talk sth. over with sb.，交流意见 to consult，交换想法 to exchange ideas：商定/商量/商谈/商讨/商议/会商/协商。

一部
2 画

丨部
2 画

丨 ⺊ 上

shàng，ㄕㄤˋ

① 位置在高处的 upper，upword：楼上/山上/高高在上/上不着天，下不着地。

② 顺序或时间在前的 first，preceding，previous：上篇/上星期/上一本/上气不接下气。

③ 地位高的或质量好的 better，higher，superior：上级/上等货/至高无上。

④ 从低处到高处 to get on，to go up：上车/上山。

⑤ 去工作或去做某事 to go to，to leave for：上班/上工/上场。

⑥ 加上 to add to，to fill，to supply：上色/上油。

shang，·ㄕㄤ

① 在名词后，表示在事物的表面或一定范围之内 range，scope：书上/场面上。

② 在某一个方面 in one aspect：嘴上说同意，行动上没反应。

shǎng，ㄕㄤˇ

汉语的第三声 falling-rising tone，one of the four tones in classical Chinese and the third tone in modern standard Chinese pronunciation：上声/阴阳上去。

S

尚

小部
5 画

尚 尚 尚 尚 尚 尚 尚 尚

shàng，ㄕㄤˋ

① 还 even，still，yet：尚且/为时尚早/一息尚存。

② 特别好的、上等的、值得重视的 to esteem：崇尚/风尚/高尚/尚武精神/礼尚往来。

③ 姓 a surname。

烧 (燒)

火部 6画

丶 丷 火 火 火 火 炉 烧 烧 烧

shāo, ㄕㄠ

① 使着火 to burn, to light a fire：烧伤/烧香/烧纸/燃烧/火烧连营。

② 让物体受热起变化 to fire, to heat：烧水/烧饭。

③ 做菜的方法 to fry after stewing, to stew after frying, to roast：烧鸡/烧牛肉/红烧鱼。

④ 高于正常的体温 to have a temperature, to run a fever：发烧/高烧/退烧/他有点儿烧。

稍

禾部 7画

稍 稍 千 禾 禾 禾 秒 秒 秒 稍 稍 稍

shāo, ㄕㄠ

一点儿 a little：稍稍/稍微/稍为/稍许/稍加注意。

勹部 1画

勹 勺 勺

sháo, ㄕㄠˊ

勺子 ladle, spoon：饭勺/木勺/汤勺/尝一勺试试味道。

小部 1画

丨 小 小 少

shǎo, ㄕㄠˇ

① 与"多"相对，数量小 few, less, little：少数/少量/少许/减少/较少/至少/少见多怪/或多或少。

② 缺 to be deficient, to be short of, to lack：短少/缺少/少一个人。

③ 丢了 to lose, 失掉 to miss：房里少了东西。

shào，ㄕㄠˋ
年纪轻 young：少妇/少年/少爷/少壮/少男少女/年少/男女老少。

绍 (紹)

纟部
5画

绍绍绍绍绍绍绍绍

shào，ㄕㄠˋ
［介绍］❶ 使本不认识的互相认识 to introduce：我跟他还是头次见面，请你介绍一下。❷ 使不为人知的被大家了解 to let know：介绍新理论。

奢

大部
8画

奢奢奢奢奢奢奢奢奢奢奢

shē，ㄕㄜ
① 乱花钱 extravagant，luxurious，wasteful：奢华/骄奢淫逸。
② 过分的 excessive，inordinate：奢求/奢望。

折

shé，ㄕㄜˊ 见506页 zhé，ㄓㄜˊ。

舌部

舌舌舌舌舌舌

shé，ㄕㄜˊ
① 舌头 tongue：舌根/舌面音/平舌音。
② 讲话 talk，讲的话 words：舌战/口舌/学舌/长舌妇/油嘴滑舌/张口结舌。
③ 像舌头的 tongue-shaped：火舌。

蛇

虫部
5画

蛇蛇蛇蛇蛇蛇蛇蛇蛇蛇蛇

shé，ㄕㄜˊ
爬行动物名 reptile，也叫长虫 snake：蛇行/毒蛇。

舍 舍 舍 舍 舍 舍 舍 舍

(捨)

人部 6画

shè, ㄕㄜˋ

① 住处 house, hut: 旅舍/宿舍。

② 家养动物住的地方 shed: 鸡舍/牛舍/猪舍。

③ 对别人称呼比自己辈分低或年纪小的亲属 my: 舍弟/舍妹/舍亲。

shě, ㄕㄜˇ

① 放弃, 不要了 to abandon, to give, to give up, to put aside: 舍得/舍弃/取舍/舍己为人/难舍难分/四舍五入。

② 拿出财物做善事 to give alms: 舍饭/舍药/施舍。

设

设 设 设 设 设 设

(設)

讠部 4画

shè, ㄕㄜˋ

① 成立, 建立 to establish, to set up: 设立/创设/附设/开设/增设/设学校。

② 事前先做想象 to assume, to presume, to suppose: 设计/设想/假设。

社 社 社 社 社 社 社

礻部 3画

shè, ㄕㄜˋ

某些团体或机构 organization or society: 社会/社交/社论/社团/社员/报社/茶社/公社/结社/诗社/合作社/旅行社。

射 射 射 射 射 射 射 射 射 射

寸部 7画

身部 3画

shè, ㄕㄜˋ

① 用推力或弹力快速发出 to fire, to launch, to shoot: 射门/射击/射手/发射/扫射。

② 用压力快速排出液体 to inject, to spurt, to spout: 注射。

S

③ 发出光、热等 to diffuse or send out (light or heat)：反射/散射/投射/照射/直射。

摄 (攝)

扌部 10 画

一 扌 扌 扌 扌 扌 扌 扌 扌 摄 摄 摄 摄

shè，ㄕㄜˋ

① 吸取 to absorb，to take in：摄取/摄入

② 用照相机或录像机拍照 to take a photograph with a camera：摄影/摄制/拍摄。

亻部 5 画

丿 亻 亻 们 伸 伸 伸

shēn，ㄕㄣ

舒展开来 to extend，to loll，to stretch：伸长/伸出/伸手/伸头/伸腿/伸展/伸直。

身部

丿 亻 门 自 自 身 身

shēn，ㄕㄣ

① 人，动物的个体 body：身边/身价/身体/身子/安身/抽身/翻身/防身/起身/强身/全身/热身/替身/强身之道/人身自由。

② 物体的主要部分 the major part of an object：车身/船身。

③ 生命 life：终身教育/奋不顾身。

④ 自己，本人 oneself：身教/身世/亲身/自身/以身试法/以身作则。

⑤ 人的德行 the moral character of oneself，one's virtue：修身。

氵部 8 画

丶 冫 氵 氵 汀 泙 泙 泙 深 深 深

shēn，ㄕㄣ

① 从上到下或从外到内长度大 deep：深远/水很深。

② 深的程度 depth：深层/深度/加深/这条河有两米深。

S

③ 有特别看法的 profound, penetrating：深刻/深切/深入/高深/精深/故做深沉。

④ 感情好，关系密切 close, intimate：深厚/深情厚意。

⑤ 时间长，份量多 everlasting, too much：深思/深谈/深夜/深造。

⑥ 很，极 considerably, extremely, very：深信/深知/意味深长。

亻部 2画

丿 亻 亻一 什

shén, ㄕㄣˊ

[什么] 代词 pron：

① 表示疑问 what：买什么？

② 指不确定的事物 something：有钱了，她想买点儿什么。

③ 指任何事物 anything：他什么也没买。

shí, ㄕˊ

同“十” ten：什一。

[什锦 (jǐn, ㄐㄧㄣˇ)] 多种多样的东西合在一起 assorted, mixed：什锦粉/什锦面/什锦糖/素什锦。

礻部 5画

丶 礻 礻 礻 礻 礻日 礻日 礻日 神

shén, ㄕㄣˊ

① 传说或宗教中有超能力的人 deity, god, goddess：神话/神化/神怪/神灵/神人/爱神/天神/鬼神。

② 极奇妙的，极高超的 marvelous, wonderful：神奇/神妙/神速/神效/神医。

③ 人的思想，精力，注意力 one's attention, energy and thought：神往/神交/神游/出神/费神/劳神/留神/入神/提神/心领神会。

④ 表情 countenance, facial expression, look：神气/神情/神色/神态/传神/精神/眼神。

宀部
5 画

宀 宀 宀 宁 宁 官 审 审

shěn，ㄕㄣˇ

① 认真检查 to examine，to go over，to investigate carefully：审查/审察/审定/审读/审稿/审阅。

② 法官问案子 to interrogate or try（a legal case）：审判/审问/初审/复审/公审/终审/审案子。

一部
8 画

一 十 廾 廾 甘 甚 其 其 甚

shèn，ㄕㄣˋ

① 过分 over：欺人太甚。

② 很，非常 extremely，greatly，very：甚好/幸甚/不求甚解。

③ 更，超过 exceeding，more than：甚而/甚或/甚至/过甚/日甚一日。

忄部
10 画

慎 慎 慎 慎 慎 慎 慎 慎 慎 慎 慎 慎 慎

shèn，ㄕㄣˋ

小心 careful，cautious：慎重/慎之又慎/谨言慎行。

丿部
3 画

升 升 升 升

shēng，ㄕㄥ

① 位置由低向高移动 to ascend，to go up，to rise：升天/升旗/高升/回升/上升。

② 程度或水平提高 to highten，to increase，to promote：升班/升格/升级/升温/升学/提升。

③ 量词 classifier，中国市制容量单位 a unit of dry measure for grain：100 升 = 10 斗 = 1 石。

S

生部

生 生 生 生 生

shēng, ㄕㄥ

① 一类人 a kind of person：考生/男生/女生/书生/学生/医生/招生。

② 小孩儿出生 to bear, to give birth to：生日/亲生/生小孩儿。

③ 长大 to grow up：生长。

④ 活（与"死"相对）existence：起死回生。

⑤ 所过的日子 livelihood：生活/人生。

⑥ 工作 job, work：生计/营生。

⑦ 生命 life：今生/有生以来。

⑧ 有生命力的 living：生动/生机/生态/写生/生龙活虎。

⑨ 产生 to generate，发生 to occur：生病/生气/无中生有/谈笑风生。

⑩ 使燃烧 to light up：生火做饭。

⑪ 果实没成熟 green, unripe：生李子。

⑫ 食物没煮过或煮得不够的 raw, uncooked：生菜/夹生饭/生吃瓜果。

⑬ 没有经过炼制的 crude：生铁。

⑭ 没有学过的 unfamiliar, strange：生词/生字。

S

（聲）

士部
4画

声 声 声 声 声 声 声

shēng, ㄕㄥ

① 声音 sound, voice：声响/大声/低声/发声/高声/喊声/回声/无声/言为心声。

② 声调 tone, tune：轻声/四声。

③ 说出来 to claim, to speak out：声称/声言/声东击西/口口声声。

④ 名声，特指好名声 fame，reputation：声望/声誉。

牛部
5 画

shēng，ㄕㄥ
牛、马等家养动物 domestic animal：牲口。

(繩)

纟部
8 画

shéng，ㄕㄥˊ
① 绳子 cord，rope，string：麻绳/跳绳。
② 标准 criterion，standard：准绳。
③ 约束 to restrain：绳之以法。

目部
4 画
小部
6 画

shěng，ㄕㄥˇ
① 减少，使简单 to decrease，to omit：省掉/省略/省写。
② 不用太多的钱或东西，节约 to economize，to save：省力/省钱/省下/省心/减省/节省。
③ 中国地方行政区划 province：省城/省份/省会/省级/省界/省区/河北省/湖南省。
④ 避免 to avoid，to remove，to remit：省得。

xǐng，ㄒㄧㄥˇ
① 自我检查 to examine oneself critically：反省。
② 知道，明白过来 to be aware，to become conscious：省悟/不省人事/发人深省。
③ 看望，问候年长的家人 to visit one's parents or elder living at another place：省亲。

S

胜 (勝)

月部 5画

丿 刀 月 月 月' 月⺊ 胙 胜 胜

shèng，ㄕㄥˋ

① 赢，占了上风 success，victory：胜败/胜利/得胜/获胜/取胜/决胜/优胜。

② 打败 to defeat，to subdue，to win：以少胜多。

③ 比……好，超过 to prevail over，to surpass：胜过/胜似/胜于/一年胜过一年。

④ 经受得住 can bear：胜任/不胜其烦。

⑤ 尽，完全 completely：美不胜收。

皿部 6画

戈部 7画

一 厂 万 成 成 成 成 成 盛 盛 盛

shèng，ㄕㄥˋ

① 越来越好，昌盛 flourishing，popular，prosperous：盛开/盛况/盛名/盛世/盛行/盛极一时。

② 多 abundant，plentiful，rich：盛产/盛季/繁盛/丰盛。

③ 规模大而庄重的 grand，magnificent：盛大/盛典/盛会/盛装。

④ 强烈 great，strong：强盛/年少气盛/气势很盛。

⑤ 深厚的 deep，great：盛情/盛意。

chéng，ㄔㄥˊ

把东西放进容器里 to ladle，to fill：盛饭。

S

刂部 10画

丿 二 千 千 千 乖 乖 乖 乘 乘 剩 剩

shèng，ㄕㄥˋ

多出来的，多余的 surplus，留下 leftover，remnant：剩余/一个人也没剩。

㇆ コ 尸

shī, ㄕ

meaning symbol. 尸字旁儿（shīzìpángr），尸 as a meaning symbol is often related to human body, such as 尾（tail），屁（fart），屋（house）。

大部 2 画

丿部 4 画

丿 𠂉 𠂉 ⺧ 失

shī, ㄕ

① 东西找不到了 to miss，丢了 to lose：失传/失掉/失去/失业/遗失/因小失大。

② 没有掌握住 to let sth. slip：失常/失禁/失灵/失手/失态/失误/失足/坐失良机/大惊失色。

③ 没有达到目的 to fail to achieve one's end：失望/大失所望。

④ 违背 to break a promise，to break one's word：失敬/失约/失信/失言。

⑤ 失职，错误 fault，error：失误/过失/百无一失/万无一失。

(師)

巾部 3 画

丨 刂 㠯 师 师 师

shī, ㄕ

① 教知识、教技术的人 master，teacher，trainer：师范/师生/师友/师资/导师/讲师/老师/万世师表。

② 学问、技能有专长的人 expert，specialist：画师/技师/律师/医师/祖师/工程师。

③ 因师生关系而产生的 of one's teacher or master：师弟/师母/师兄。

讠 讠 讠 计 计 诗 诗 诗

shī, ㄕ

S

(詩) 诗歌 poem, poetry：诗词/诗句/诗篇/诗人/诗意/史诗/诗情画意。

讠部
6画

施施方方方於於施施

shī，ㄕ

方部
5画

① 做，实行 to come into use, to put into force：施放/施工/施加/施行/施用/施展/实施。

② 给，加上 to give, to offer, to present：施礼/略施手段。

③ 把财物给人 to assist：施舍/施主。

一十

shí，ㄕˊ

十部

① 数目字，10 ten：十室九空/一目十行/一五一十/十八般武艺/十年树木，百年树人。

② 表示完满 perfect, wonderful：十成/十分/十全十美/架式十足。

③ 像十字图形的 cross-shaped, cruciform：十字架/十字路口。

shí，ㄕˊ 见349页 shén，ㄕㄣˊ。

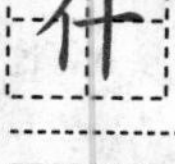

ノ𠂉饣

shí，ㄕˊ

meaning symbol. 食字旁儿（shízìpángr），饣 as a meaning symbol is often related to food or eating, such as 饭（rice），饮（to drink），饲（to raise）。

一丆不石石

shí, ㄕˊ

meaning symbol. 石字旁儿（shízìpángr），石 as a meaning symbol is likely related to stone, such as 硬（rigidity），矿（mine），砖（brick）。

石部

一丆不石石

shí, ㄕˊ

① 石头 rock, stone：石板/石器/石子/石英石/石破天惊/水落石出。

② 姓 a surname。

dàn, ㄉㄢˋ

量词 classifier，中国市制容量单位 a unit of the Chinese measure for grain：1 石 = 10 斗 = 100 升。

(時)

日部
3 画

丨 冂 日 日 旷 时 时

shí, ㄕˊ

① 现在的，目前的 currently, now, at present：时事/时兴/时政/时装/实时。

② 有的时候 occasionally, sometimes, at times：时常/时而/时有出现。

③ 时机 chance, occasion, opportunity：时不我待/不误农时。

④ 时间 period, time：时差/时钟/按时/过时/准时。

⑤ 某个时候 certain time of the year：时节/时机/及时/几时/临时/平时/随时/及时雨/不时之需/风行一时。

丶 讠 讠 讠 讠 识 识

shí, ㄕˊ

① 认得 to identify, to know, to recognize, to

(識)

讠部
5画

see：识别/识字/结识/认识/熟识/相识/见多识广/素不相识。

② 所懂得的事理 knowledge, learning：常识/才识/见识/学识/意识/知识。

③ 分出是非的能力 to distinguish, to judge, to tell apart：识相/不识大体/有识之士。

实实实实实实实实

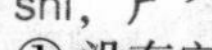

shí，尸ˊ

(實)

宀部
5画

① 没有空洞的 full, solid：实心球。

② 真诚 frank, honest, sincere：实话/实心/实在/诚实/老实。

③ 真的情况 the actual occurrence, the true situation：实地/实际/实价/实况/实权/实习/实现/实用/实证/实质/落实/确实/事实/现实/真实/传闻失实/言过其实/有名无实。

拾拾拾拾拾拾拾拾拾

shí，尸ˊ

扌部
6画

① 从地上拿起来 to pick up：拾取/收拾/拾起了一本书。

② 数字"十"的大写 a numeral word of ten：拾圆。

食食食食食食食食食

shí，尸ˊ

食部

① 吃 to eat, to feed：食客/食用/断食/节食/停食/饮食。

② 吃的东西，食物 food：茶食/副食/酒食/零食/素食/衣食父母/丰衣足食。

S

口部 2画

丨部 4画

shǐ，ㄕˇ

人类从以前到现在的所有活动 histroy：史话/史料/史前/史诗/史实/史书/家史/历史/青史/小史/正史/文史馆。

shǐ，ㄕˇ

meaning symbol. 矢字旁儿（shǐzìpángr），矢 as a meaning symbol is relevant to arrow, such as 知（to know），短（short），矮（low），疑（to suspect）。

shǐ，ㄕˇ

meaning symbol. 豕字旁儿（shǐzìpángr），豕 as a meaning symbol is relevant to pig, such as 家（family），象（elephant），豪（hedgehog）。

亻部 6画

shǐ，ㄕˇ

① 奉使命办事的人 envoy，emissary，messenger：使馆/使节/使者/公使/特使/天使。

② 派出 to dispatch，to send，to serve as an envoy：出使/支使。

③ 用 to employ，to use：使劲/使用/好使/行使/使不得/使性子/使眼色。

④ 让，令，叫 to cause，to let，to make，to order：使得/务使/指使/使人深思/使读者满意。

S

女部
5 画

shǐ，ㄕˇ

开始，起头 beginning，origination，start：始祖/创始/开始/起始/原始/始终如一/有始有终/自始至终/周而复始。

一 十 士

shì，ㄕˋ

meaning symbol. 士字旁儿（shìzìpángr），士 as a meaning symbol is relevant to something positive generally，such as 志（aspiration），喜（happiness），吉（auspicious）。

士部

一 十 士

shì，ㄕˋ

① 人（含敬重、赞美的意思 complimentary）person：男士/女士/烈士/骑士/义士/勇士/壮士/志士仁人。

② 指读书人 the learned，scholar：名士/人士/学士/士农工商。

③ 军人 armyman，soldier：士兵/士气/兵士/将士/军士。

④ 某种职业的人 person trained in a specified field：护士。

丿部
3 画

shì，ㄕˋ

① 姓 family name（“李氏” = “姓李的”）。旧时对已婚妇女的称呼：李家的女儿给王家儿子做妻子，她就被称为王李氏。

② 称呼人 to address somebody：刘氏两姐妹。

S

一部
4画

一 十 廿 廿 世

shì，ㄕˋ

① 人的一辈子 lifetime, life：一生一世。

② 生活的时间或空间，世间 world：世面/世上/世事/处世/问世/与世无争/大千世界/公之于世/立身处世。

③ 时代 epoch, era, times：世纪/当世/近世/盛世。

④ 一代接一代交往的 generation after generation：世交/世伯。

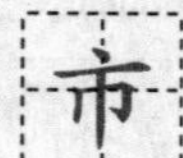

巾部
2画
亠部
3画

丶 亠 亠 巿 市

shì，ㄕˋ

① 买卖货物的固定场所 market, shop, store：市场/市集/市面/菜市/超市/灯市/黑市/街市/门市/闹市/夜市/门庭若市。

② 工商业、文化发达的行政中心 city：市民/市区/市容/市长/市政/城市/都市。

③ 行政区划单位 municipality：台南市/天水市。

④ 市制单位 referring to the Chinese system of weights and measures：市尺/市斤/市制。

丶 ㇇ 礻 礻

shì，ㄕˋ

meaning symbol. 示字旁儿（shìzìpángr），示补儿（shìbǔr），礻 as a meaning symbol is likely related to goodness or convention, such as 礼（manners），社（society），祖（ancestor）。

一 二 亍 亓 示

shì，ㄕˋ

meaning symbol. 示字旁儿（shìzìpángr），

S

see 礻. 示 as a meaning symbol is likely related to goodness or convention, such as 示 (to show), 票 (ticket), 禁 (to prohibit)。

示部

示 示 亍 示 示

shì, ㄕˋ

拿出来或指出来使别人看到 to display, to instruct, to notify, to show: 示范/示警/示例/示意/示众/暗示/表示/出示/揭示/批示/提示/显示/训示/预示/展示/指示/告示/以示公平。

工部 3 画 弋部 3 画

式 式 式 式 式 式

shì, ㄕˋ

① 东西外观的样子 appearance or shape of sth.: 式样/架式/旧式/老式/西式/形式/新式/样式/中式。

② 特定的规格 special pattern, specification, standard: 方式/格式/正式。

③ 典礼 celebration, ceremony: 入场式。

④ 公式 equation, formula: 式子/等式/算式/分子式/方程式。

一部 7 画

事 事 事 事 事 事 事 事

shì, ㄕˋ

① 事情 affair, business, matter, thing: 事后/事假/事例/事实/事态/事务/事由/办事/懂事/故事/后事/家事/了事/亲事/喜事/心事/天下事/事在人为/一事无成。

② 工作 job, occupation, post, work: 事业/差事/同事/找事做。

③ 指不好的意外, 事故, 变故 accident, event: 出事。

[事变] 历史上的特殊事件 incident。

一 ナ 扌 扎 执 执 势 势

(勢)

力部
6画

shì, ㄕˋ

① 权力 influence, majesty, might, power: 势力/势利/势头/得势/权势。

② 事物表现出的大方向 situation, trend: 势必/笔势/大势/局势/情势/气势/声势/时势/手势/态势/形势/优势/造势/势所必然。

饰

ノ ㄅ 饣 饣 饣 饣 饰 饰

(飾)

饣部
5画

shì, ㄕˋ

① 使好看 to adorn, to dress up, to polish: 粉饰/文饰/修饰/装饰/文过饰非。

② 用来装饰的东西 decorations, ornaments: 饰品/服饰/首饰。

③ 扮演 to act the part of, to play the role of: 饰演。

视

丶 ㄋ 礻 礻 礻 初 初 视

(視)

礻部
4画

shì, ㄕˋ

① 看 to look at, to see, to watch: 视角/视觉/视力/视线/视野/环视/扫视/透视/无视/注视/坐视/视而不见。

② 对待 to treat, 看待 to look upon, to regard: 敌视/短视/忽视/轻视/正视/重视。

S

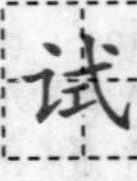

丶 讠 讠 讠 讠 讠 试 试

(試)

讠部
6画

shì, ㄕˋ

① 做做看 to attempt, to try: 试办/试行/试验/试用几天。

② 考 to examine, to test: 试题/试场/笔试/测试/初试/复试/考试/口试/应试。

宀部
6画

室室室室室室室室室

shì, ㄕˋ

房间，屋子 room, house：室内/室外/画室/皇室/教室/科室/课室/温室/办公室/候车室/候机室/会客室/教研室/数据室/图书室。

日部
5画

是是是是是是是是是

shì, ㄕˋ

① 解说或区分事物时用的动词 explanation：我是学生，不是老师。

② 表示存在 to be, to exist：床上是几本书。

③ 对的，正确的 correct, right, true：是非/是否/不是/大是大非/口是心非/自以为是。

④ 表示很适当 aptitude：现在发表正是时候。

⑤ 所有的、全部的 all, any, every：凡是/是人都会这样做。

⑥ 的确 certainly, exactly, indeed, forsooth：我是吃了。

(適)

辶部
6画

适适适适适适适适适

shì, ㄕˋ

正好的 appropriate, fit, proper, suitable：适当/适度/适合/适量/适时/适用/适意/适中/安适/不适/合适/适得其反。

S

(釋)

释释释释释释释释释释释释

shì, ㄕˋ

采部
5 画

① 说明 to elucidate, to explain, to paraphrase: 释文/释义/解释/注释。

② 消除 to clear, 消散 to dispel: 释怀/释然/释疑。

③ 放开 to let go, to set free, 放下 to be relieved of: 如释重负/爱不释手。

④ 把关起来的人放走 to release, to set free: 释放/保释。

攵部
2 画

shōu, ㄕㄡ

① 接到 to receive, 得到 to accept: 收发/收回/收据/收取/收清/收入/收条/收听/收支/查收/点收/接收/没收/吸收/收稻子/美不胜收。

② 放在某处 to put away, to take in: 收留/收容/天热了, 被子可以收起来了。

③ 结束 to bring to an end, 停下来 to stop: 收兵/收工。

shóu, ㄕㄡˊ 见 368 页 shú, ㄕㄨˊ。

shǒu, ㄕㄡˇ

meaning symbol. 提手旁儿(tíshǒupángr), 扌 as a meaning symbol is relevant to actions of hands, such as 把 (to hold), 持 (to grasp), 握 (to hold)。

手部

shǒu, ㄕㄡˇ

① 人体上部拿东西的器官 hand: 手边/手

感/手机/手脚/手气/手势/手艺/手语/手足/出手/动手/拉手/住手/着手/手底下/手写体/爱不释手/大打出手/得心应手。

② 用手写 hand-writing：手笔/手书。

③ 专做某事的人 a person good at a certain job：歌手/国手/熟手。

④ 量词 classifier，用于本领、技能等 used to indicate capability or skill：第一手材料/写一手好字。

宀部 3画

守守守守守守

shǒu，ㄕㄡˇ

① 看（kān，ㄎㄢ），看护 to look after, to keep watch：守门/守着病人。

② 保持，卫护 to guard, to defend, to protect：守备/守城/守敌/守旧/守候/守护/守势/守卫/守业/守夜/保守/攻守/坚守/留守/以攻为守。

③ 信守，依照 to abide by, to comply with, to follow, to observe：守法/守时/守信/守则/守制/安分守己。

丷部 7画

首首首首首首首首首

shǒu，ㄕㄡˇ

① 头 head：首级/首饰。

② 带头的人，带领的人 chief, leader, principal：首脑/首领。

③ 最先，最早 beginning, first, initial：首先/首创。

④ 最高 supreme：首席/首要。

⑤ 出面检举，告发 to finger, to inform, to surrender：出来自首。

⑥ 量词 classifier，用于诗、词等 used for

poems and songs, a piece of: 一首诗/唱首歌。

shòu, ㄕㄡˋ

又部 6画
爪部 4画

① 接受 to accept, to receive: 受奖/受理/受业/受益/受用/受制/感受/受教育。

② 承受 to bear, to endure, to put up with, to stand: 受难/受惊/受气/受伤/够受/好受/难受/受不了/受得了/受气包/受苦受罪/感同身受/自作自受。

shòu, ㄕㄡˋ

口部 8画
隹部 3画

卖 to sell: 售价/售票/出售/代售/发售/零售/售货员/售票处/售后服务。

shòu, ㄕㄡˋ

扌部 8画

① 给 to award, to offer, to confer: 授奖/授学位。

② 教 to teach, to instruct: 授课/讲授。

shòu, ㄕㄡˋ

疒部 9画

① 与"胖，肥"相对，皮下油性成分少 lean, skinny, thin, slender: 瘦长/瘦肉/瘦弱/瘦小/瘦子/干瘦/清瘦/消瘦/他很瘦。

② 服饰用品 (of clothes, accessories, etc.) 小而不合身 small or tight: 这鞋瘦了点/衣服肥瘦合适。

乙部 3画
丨部 3画

ㄱ ㄱ 书 书

shū，ㄕㄨ

① 成本的著作 book，literary works：书包/书本/书店/书房/书名/书生/书市/书展/书桌/兵书/禁书/天书/医书/遗书/战书/证书/一本书。

② 字体 letterform，the style of the handwriting：板书/草书。

③ 写 to compose，to write：书法/书写。

④ 信 letter，mail：家书/情书。

几 殳 殳 殳

shū，ㄕㄨ

meaning symbol. 殳字旁儿（shūzìpángr），殳 as a meaning symbol is usually relevant to the movement of hit and beat by some instrument，such as 般（sort），毁（to destroy）。

又部 6画

丨 卜 上 卡 卡 卡 却 叔

shū，ㄕㄨ

① 父亲的弟弟 father's younger brother，uncle：叔叔/叔父。

② 与父亲同辈而年纪比父亲小的男人 a form of address for a man about one's father's age，uncle：叔叔/表叔/大叔。

歹部 6画

一 ㄱ 歹 歹 歹 歺 歽 殊 殊 殊

shū，ㄕㄨ

① 不同 different：殊途同归。

② 特别的 extra，outstanding，special：殊功/殊荣/特殊。

③ 很 extremely，very much：殊觉不适。

人部
10 画

shū，ㄕㄨ

① 伸展 to stretch：舒展/舒张/宽舒。

② 轻松快乐 comfortable，easy，leisurely：舒服/舒适/舒心。

③ 姓 a surname。

(輸)

车部
9 画

shū，ㄕㄨ

① 运送 to carry，转移 to transfer，to transport：输送/输血/运输。

② 在比赛中失败 to lose in a competition：输球/输得心服口服。

蔬

艹部
12 画

shū，ㄕㄨ

可以做菜的植物总称 greens，vegetable：蔬菜/菜蔬/果蔬。

灬部
11 画

shú，ㄕㄨˊ

口语作 shóu。

① 食品加温到可吃的程度 cooked，edible：熟菜/饭熟了。

② 植物长成 to harvest，to ripen，to become ripe：成熟/李子熟了。

③ 常见，常做的 familiar，good at，with intimate knowledge of：熟读/熟练/熟路/熟人/熟手/熟悉/熟语/熟知/熟字/背熟/眼熟/熟能生巧。

S

属

(屬)

尸部
9 画

shǔ, ㄕㄨˇ

① 有血统关系或婚姻关系的 kin, relative：家属/亲属。

② 种类 category, kind：属性/金属/非金属。

③ 受管理 administered, subordinate：属地/部属/从属/附属/领属/所属/统属/下属/直属。

④ 归于 to belong to, to pertain to：属于/归属。

⑤ 是 to be：属实/纯属假设。

⑥ 属相 born in the year of (one of the twelve animals), signs：我属狗。

罒部
8 画

shǔ, ㄕㄨˇ

① 办公的地方 office：专署/审计署/新闻出版总署。

② 安排，布置 to arrange, to dispose, to plan：署理/部署。

③ 签写名字 to sign：署名/签署。

shǔ, ㄕㄨˇ

meaning symbol. 鼠字旁儿 (shǔzìpángr), 鼠 as a meaning symbol is related to mouse generally, such as 鼹 (the mole), 鼯 (the flying squirrel)。

shǔ, ㄕㄨˇ 见 371 页 shù, ㄕㄨˋ。

S

木部
1 画

一 十 才 木 术

shù，ㄕㄨˋ

① 技能 ability，aptness，capacity，talent：国术/技术/马术/美术/算术/武术/学术/医术/艺术/智术/不学无术。

② 方法 means，method，tactics，way：权术/战术。

木部
3 画
一部
6 画

一 𠃊 𠀁 𠁣 申 東 束

shù，ㄕㄨˋ

① 受人管制 to bind，to control，to restrain：约束/束手无策。

② 量词 classifier，用于捆在一起的东西 bundle，bunch：一束花。

辶部
5 画

一 十 才 木 术 `术 述 述

shù，ㄕㄨˋ

讲，陈说 to recount，to relate，to state：述评/述说/述职/表述/陈述/复述/概述/记述/讲述/口述/论述/上述/引述/转述/自述/综述。

(樹)

木部
5 画

一 十 才 木 权 权 权 树 树

shù，ㄕㄨˋ

① 木本植物的通称 arbor，tree：树干/树木/树林/树身/树枝/果树/植树/火树银花/铁树开花/学校的树已经成林。

② 建立，立起 to build up，to erect，to set up：树敌/树立。

③ 种，培养 to plant，to cultivate：十年树木，百年树人

S

竖

(豎)

立部 4画
又部 7画

shù, ㄕㄨˋ

① 直立 to erect, to stand, to set upright：竖立/竖起来。

② 上下或前后方向的 vertical stroke：竖线/横七竖八。

数 数

(數)

攵部 9画

shù, ㄕㄨˋ

① 划分或计算出来的量 figure, number：数词/数量/数目/数字/数学/次数/人数。

② 几，几个 a few：数次/数十年。

③ 命运 destiny, fate：定数。

shǔ, ㄕㄨˇ

① 一个一个算 to count：数不清/不可胜数/数不胜数/屈指可数/如数家珍。

② 同类中最突出 to be uppermost：数得着/几个孩子里就数他高。

③ 列举该批评的 to enumerate, to list：数落/数说。

刷

刷

刂部 6画

shuā, ㄕㄨㄚ

① 清洗或涂抹的用具，刷子 brush：牙刷/鞋刷子。

② 用刷子清洗或涂抹 to brush, to clean, to scrub, to paste up：刷洗/刷新/刷牙/刷鞋/冲刷/刷外墙。

③ 除去 to clear away, to eliminate：他初赛就被刷下来了。

S

扌部
11 画

shuāi，ㄕㄨㄞ

① 倒下 to fall down，to lose one's balance，掉下 to drop，to fall：摔倒/小心摔下去了。

② 用力往下扔 to cause to fall and break，to throw forcefully：摔打/把酒杯摔到墙上。

[摔跟头] ❶ 摔倒在地 to tumble，to trip over。❷ 比喻犯错，失误 to make a blunder。

亠部
9 画

shuài，ㄕㄨㄞˋ

① 带领 to command，to lead：率领/率先/表率/统率/相率/率队前往。

② 不小心 careless，不仔细 hasty：草率/轻率。

③ 说话很直接 frank，staightforward：直率/真率/率性而为。

lǜ，ㄌㄩˋ

相关数量的比值 rate，proportion：速率/回头率。

(雙)

又部
2 画

shuāng，ㄕㄨㄤ

① 两 both，twin：双边/双打/双方/双亲/双全/双声/双喜/双宾语/成双成对/举世无双/举双手赞成。

② 双数的（of）even number：双号/双日/双月。

③ 两倍 double，twofold：双料货。

④ 量词 classifier，两个 a pair of，two：一双鞋/一双眼睛。

大部
8 画
一部
10 画

shuǎng，ㄕㄨㄤˇ

① 日光明亮、天气晴朗 bright，clear，crisp：秋高气爽。

② 有话直说，性子直（of character）frank，straightforward：爽快/爽朗/直爽。

③ 舒服，愉快 comfortable，enjoyable，feeling well：神清气爽/心里不爽。

④ 没有按照约定做 to deviate，to differ：爽约。

(誰)

讠部
8 画

shuí，ㄕㄨㄟˊ 又 shéi，ㄕㄟˊ

① 疑问代词（interrogative pronoun），意思相当于“哪个人”或“哪些人”who：谁人/你们谁去？

② 相当于“任何人”anyone，everyone：谁也不知道。

shuǐ，ㄕㄨㄟˇ

meaning symbol. 三点水（sāndiǎnshuǐr），氵 as a meaning symbol is related to water or liquid，such as 河（river），江（big river），海（sea），洗（to wash）。

水部

shuǐ，ㄕㄨㄟˇ

① 无色、无味、透明的液体 liquor，water：水草/水火/水力/水流/水位/水性/自来水/水深火热。

② 河流 brook，river，stream：汉水。

③ 某些水状的事物 liquor-like object：血

水/药水。

④ 江、河、湖、海的统称 a general term for river：水产/水利/水运/走水路。

⑤ 含有水分的 juicy，watery：水果。

说

shuì，ㄕㄨㄟˋ　见 375 页 shuō，ㄕㄨㄛ。

禾部 7 画

税 ㇒ 二 千 禾 禾 禾' 禾'' 禾''' 秒 税 税

shuì，ㄕㄨㄟˋ

国家按法规征收的货币或实物 duty，tariff，tax：税法/税金/税收/税制/税种/关税/免税/完税/征税/税务局/这些商品要上税。

睡

目部 8 画

丨 ∩ 冂 月 目 目' 目'' 旰 盱 睡 睡 睡 睡

shuì，ㄕㄨㄟˋ

闭上眼躺着休息 to sleep，to take a nap：睡觉/睡态/睡醒/睡意/安睡/沉睡/临睡/入睡/熟睡/午睡/睡了一觉。

顺 (順)

页部 3 画

丿 刂 川 川一 川丆 川丆 顺 顺 顺

shùn，ㄕㄨㄣˋ

① 往同一方向 in the same direction of：顺风/顺路/顺水/顺流而下/一路顺风。

② 按照一定的先后顺序 in sequence，in turn：顺次/顺序/笔顺。

③ 沿着 along：顺墙走。

④ 在最方便的情形下去做 to take the opportunity to：顺带/顺势/顺手/顺嘴/顺水人情。

⑤不违背 to abide by，to obey，to yield to：顺从/顺耳/顺服/归顺/百依百顺。

⑥ 适合 agreeable，proper，suitable：顺口/

S

顺眼/顺心/万事顺心。

⑦ 没有问题 smoothly, successfully：顺当/顺利/通顺/风调雨顺/名正言顺。

说

说 说 说 说 说 说 说 说 说

(説)

讠部
7画

shuō, ㄕㄨㄛ

① 用话表示意思 to say, to speak, to talk：说话/说理/说明/说亲/说书/按说/别说/传说/好说/话说/据说/慢说/难说/听说/说不过去/实话实说。

② 主张 doctrine, theory：学说/自圆其说。

③ 劝导，批评 to admonish, to criticize, to scold：说教/不是我说你，是你做得过分了。

shuì, ㄕㄨㄟˋ

用理由充分的话劝说对方听从自己的意见、主张 to advocate, to persuade：说服/说客。

纟 纟 纟

sī, ㄙ

meaning symbol. 绞丝旁儿（jiǎosīpángr）or 乱绞丝儿（luànjiǎosīr）。纟 as a meaning symbol is generally related to silk or colors, such as 红（red），纺（to spin），线（thread）。

丝 丝 丝 丝 丝

(絲)

一部
4画

乙部
4画

sī, ㄙ

① 蚕（cán, ㄘㄢˊ）吐出来的，像线的东西 silk：丝带/蚕丝/生丝。

② 细微，极少 a tiny bit, a trace：丝毫/冷丝丝/一丝不挂/一丝一毫。

③ 像丝的 a threadlike thing：抽丝/拉丝/肉丝/铁丝/烟丝。

S

④ 长度单位名 a unit of length：10 丝 =1 毫。

sī，ㄙ

口部 2 画 乙部 4 画

① 主持、操作、经营 to attend to, to manage, to be in charge of：司法/司机/司令/司长/司令部/司令员/总司令/司空见惯/各司其事。

② 中央部一级机关里的一个部门 department under a ministry：教育部高教司。

③ 工商企业的一个组织 company, firm：公司。

sī，ㄙ

禾部 2 画

① 个人的或个人利益的 personal, private：私产/私交/私立/私利/私事/私心/私营/私有/私自/自私/大公无私/公而忘私。

② 不合法的 illegal, unlawful：私货/走私。

③ 暗地里 privately, in secrete：私访/私了/私通/私下/私语。

sī，ㄙ

心部 5 画 田部 4 画

① 想 to consider, to reflect, to think：思考/沉思/构思/三思/深思/三思而后行。

② 想念 to long for, to miss：思念/思乡/相思。

③ 想法 idea, inspiration, thought：思路/才思/神思/心思。

撕 扌 扌 扌 扌 扌 扌 扌 扌 扌 扌 扌 撕 撕 撕

才部 12画

sī，ㄙ

扯开，用手使东西裂开 to rip off，to tear up：撕扯/撕裂/把墙上的广告撕下来。

死 死 死 死 死 死

歹部 2画 一部 5画

sǐ，ㄙˇ

① 生物失去生命，与“活”相对 to be dead，to die，to kick the bucket，to pass away：死别/死鬼/死活/死难/死人/死伤/死者/死罪/死得其所/死而后已/死去活来/死里逃生/死于非命/九死一生/你死我活/起死回生/视死如归/生离死别/出生入死/死也不信。

② 想法不灵活 inflexible，rigid，stiff，stubborn：死板/死心/死硬/死脑子/死心眼儿。

③ 表示坚决（do sth.）to the death：死守/死也不信。

④ 表示达到极点 deadly，desperate，extreme，implacable：死党/死敌/死对头/把我气死了。

⑤ 不能通过 blind alley：死路/死胡同/死路一条。

sì，ㄙˋ

meaning symbol. 四字头儿（sìzìtóur），罒 as a meaning symbol is often related to net，such as 罗（to catch a bird in a net，net），罩（cover）。

四 四 四 四 四

罒部

sì，ㄙˋ

数目字，4 four，No. 4：四边/四处/四方/四海/四声/四时/四体/四围/四野/四周/四

口部
2画

面八方/不三不四/低三下四/张三李四/我家有四口人/四体不勤，五谷不分。

丿 亻 亻 亻 亻 似

亻部
4画

sì，ㄙˋ

① 像 like，similar：近似/神似/相似/形似/似是而非/胜似春光。

② 好像 to appear，to look as if，to seem：似乎/好似/似觉不妥。

③ 用在单音形容词后表比较 after monosyllabic adj.，indicating comparison：强似/疑似/一个快似一个。

shì，ㄕˋ

[似的（shìde，ㄕˋ ·ㄉㄜ）] 助词 an auxiliary word，好像、跟某种事物或情况差不多一样 it seems，just like：苹果似的小脸/他很着急似的出去了。

一 十 才 木 木 朩 松 松

木部
4画

sōng，ㄙㄨㄥ

① 松树 pine，pinaster：松木/松仁/松子/马尾松。

② 不紧张，不严格 at ease，relaxed：松散/宽松/轻松。

③ 放开，使松散 to let it go，to set free：松手/放松/松了一口气。

S

送

丷 䒑 兰 兰 关 关 送 送

辶部
6画

sòng，ㄙㄨㄥˋ

① 拿礼物给人 to give（sth.）as a present，to send a gift to（sb.）：送给/送礼/转送/送你一本书。

② 把东西从一处运到另一处 to convey，to deliver，to transport：送达/送货/运送。

③ 陪同别人到某地 to accompany someone to

somewhere, to escort, to see off：送别/送客/送行/欢送/接送/目送。

sòu，ㄙㄡˋ

口部 11画

咳嗽 to cough。见223页咳。

sú，ㄙㄨˊ

亻部 7画

① 风气，习惯 convention, custom：风俗/习俗/移风易俗。

② 大众化的 common, mediocre, plain：俗称/俗话/通俗。

③ 不高尚的 vulgar：俗气/俗不可耐。

(訴)

sù，ㄙㄨˋ

讠部 5画

① 说给人听 to complain, to relate, to recount, to tell：诉苦/诉求/诉说/陈诉/告诉/哭诉。

② 控告 to accuse (sb.) of (sth.)：诉状/败诉/起诉/上诉/胜诉。

(肅)

sù，ㄙㄨˋ

丨部 7画

乙部 7画

肀部 4画

① 恭敬 respectfully：肃静/肃立/肃然起敬。

② 认真 earnest, serious：严肃。

③ 完全消除 to clear away, to eliminate, to wipe out：肃反/肃贪。

S

糸部
4 画

sù，ㄙㄨˋ

① 蔬菜类食物 vegetable：素菜/素食/吃素。

② 本色，白色 white：素服/素丝巾。

③ 原本的 initial，original，natural：素材/素净/素质/朴素。

④ 构成事物的基本成分 element：词素/要素/元素/因素。

⑤ 一向 always，ordinarily，usually：素来/素养/平素/素不相识/我行我素/训练有素。

辶部
7 画

sù，ㄙㄨˋ

① 快 fast，hasty，quick，swift：速成/速记/速效/速写/火速/急速/快速/神速/迅速/欲速不达。

② 速度 speed：车速/风速/加速/减速/流速/全速/失速/时速。

宿

宀部
8 画

sù，ㄙㄨˋ

① 住 to live，to stay overnight：宿舍/宿营/寄宿/借宿/留宿/露宿/住宿。

② 长久以来的 long-standing，long-cherished：宿愿。

xiǔ，ㄒㄧㄡˇ

一个晚上 one night：两人争了大半宿，也没个结论。

酉部
7 画

suān，ㄙㄨㄢ

① 像醋的味道或气味 sour，tart：酸菜/酸性/酸豆角/酸溜溜。

② 因为累或生病引起的微痛感或无力感 ache，feeble：酸软/酸痛/手酸了。

③ 难受 grieved，sick at heart：酸楚/酸心/酸辛/辛酸/心酸。

④ 不合时宜 impractical，pedantic：寒酸/穷酸/酸秀才。

算算

竹部
8 画

suàn，ㄙㄨㄢˋ

① 数一数，核计 to calculate，to count：算盘/算术/算数/合算/换算/计算/如意算盘/精打细算/算一算总数。

② 计划 to plan，to lay a scheme：暗算/打算/盘算/失算。

③ 加上 to add up to，to count，to include：算上他一个。

④ 猜想，预测 to predict，to suppose，to think：算命/我算准了明天会下雨。

⑤ 作为 to count for，当作 to be regarded as，to be taken as：这个算我的。

虽

suī，ㄙㄨㄟ

连词 conj. 表示让步关系 although，though，in spite of：虽然/虽说/虽则/虽不同意，他还是来了。

口部
6 画

虫部
3 画

S

(隨)

阝部
9 画

随 随 随 随 随 随 随 随 随 随 随

suí，ㄙㄨㄟˊ

① 跟着，陪着 to accompany，to escort，to follow：随从/随后/随身/随同/随着/跟随/亲随/追随/他随你一起去。

② 顺手做某事 along with：随笔/随手关门。

③ 顺从他人意愿 to comply with，to adapt to，to let（sb. do as he likes）：随便/随意。

(歲)

山部
3 画

夕部
3 画

岁 岁 岁 岁 岁 岁

suì，ㄙㄨㄟˋ

① 年龄，一年为一岁 age：岁数/年岁/她二十岁。

② 年 year：岁末/岁首/岁月/去岁/早岁。

石部
8 画

碎 碎 碎 碎 碎 碎 碎 碎 碎 碎 碎 碎 碎

suì，ㄙㄨㄟˋ

① 使完整的东西破裂成小片 to break into pieces，to smash：粉碎/破碎/摔碎/心碎。

② 不完整 broken，fragmentary：碎步/碎片/零碎/细碎/杂碎儿/零七八碎。

③ 说话不简单明白 garrulous：嘴碎。

孙

(孫)

子部
3 画

孙 孙 孙 孙 孙 孙

sūn，ㄙㄨㄣ

① 儿子的后代 the next generations after one's son（e. g. grandchildren and/or grand-grand-children）：孙女/孙子/重孙/儿孙/曾孙。

② 跟孙子同辈的亲属 grandchildren：外孙/

外孙女。

③ 姓 a surname。

损

(損)

扌部
7 画

损 扌 扌 扌 扣 扣 捐 捐 损

sǔn，ㄙㄨㄣˇ

① 减少 to decrease，to lose：损失/损益/损兵折将。

② 使受损失 to damage，to harm：损坏/损伤/完美无损。

③ 言行对人不利 not propitious（to sb.），unfavorable（to sb.）：损人/损人利己。

(縮)

纟部
11 画

缩 纟 纟 纩 纩 纩 纩 纩 纩 纩 纩 缩 缩 缩 缩

suō，ㄙㄨㄛ

① 向后退 to draw back，to withdraw：缩回/缩手/退缩/缩手缩脚/缩着脖子。

② 变小 to contract，变少 to reduce，to shrink：缩小/缩写/紧缩/收缩/压缩/节衣缩食。

斤部
4 画

所 丆 户 户 户 所 所 所

suǒ，ㄙㄨㄛˇ

① 地方 place，whereabouts：所在/场所/处所/住所。

② 量词 classifier，used with houses：一所房子/一所学校/一所医院。

③ 动词词头 verb prefix：所得/所能/所属/所为/所谓/所有。

[所以] 作表示因果关系的连词 conj.，so...that...：下雨，所以运动会推迟了。

S

T，ㄊㄚ

亻部
3画

tā，ㄊㄚ
① 称你、我以外的第三人，一般指男性，也可不分性别 he，him：他们/他是老师/不管他多能干都要学习。

② 别的 other：他处/他国/他人/他日/他杀/他乡/利他主义。

③ 另外的 additional，another，extra：他用/其他/留作他用。

(牠)

宀部
2画

tā，ㄊㄚ
代词 pronoun，称人以外的事物 referring to the third person singular and non-human：它们/其它。

女部
3画

tā，ㄊㄚ
称你、我以外的女性第三人 her，she：她们/她是谁？

tā，ㄊㄚ 见385页tà，ㄊㄚˋ。

塔

tǎ，ㄊㄚˇ
① 佛教的一种尖顶建筑物 Buddhist pagoda：

土部
9 画

宝塔/佛塔。

② 像塔的建筑物 tower：塔台/灯塔/电视塔/金字塔。

踏踏踏踏踏踏踏踏踏踏踏踏
踏踏踏

⻊部
8 画

tà，ㄊㄚˋ
脚踩在上面，走 to step，to trample，to tread：践踏/大踏步向前。

tā，ㄊㄚ
[踏实] ❶ 切切实实 practical，dependable。❷ 心情平和 at ease。

(臺)
(檯)
(颱)

台台台台台

口部
2 画
厶部
3 画

tái，ㄊㄞˊ
① 高而平的建筑物 platform，stage：台阶/讲台/看台/楼台/露台/平台/炮台/舞台/戏台。

② 桌子 table：台布/台灯/球台/老板台。

③ 台风 typhoon，hurricane。

④ 敬语 honorific：台端/兄台。

⑤ 量词 classifier，used of a stage performance or properties on a stage：一台晚会。

⑥ 台湾省的简称 short for Taiwan province。

抬抬抬抬抬抬抬抬

扌部
5 画

tái，ㄊㄞˊ
① 举 to lift，to raise：抬高/抬头/高抬贵手。

② 共同搬东西 to carry（sth.）together：抬桌子。

T

大部
1 画

一 ナ 大 太

tài，ㄊㄞˋ

① 表示程度高，过于 too，excessively：太热/欺人太甚。

② 很，非常 very much，extremely：这个地方太美了。

③ 地位高的（used to indicate high status）senior，top：太师/太守/太学/太医/太子。

（態）

心部
4 画

一 ナ 大 太 太 态 态 态

tài，ㄊㄞˋ

样子 appearance，look，形状 figure，form，shape：态度/态势/表态/富态/气态/情态/生态/世态/体态/物态/形态/状态/一反常态。

水部
5 画

一 二 三 夫 夫 表 泰 泰 泰 泰

tài，ㄊㄞˋ

平安，太平，安定 peaceful，safe：泰然/康泰/泰然自若/国泰民安。

（貪）

人部
6 画
贝部
4 画

ノ 人 𠆢 今 今 含 贪 贪

tān，ㄊㄢ

① 不断追求，不知满足 to be greedy for，to have an insatiable desire for：贪念/贪玩/贪心/贪图享受/贪天之功为己有。

② 爱钱 corruptible，mercenary，venal：贪财/贪腐/贪污/贪污腐败。

T

tán，ㄊㄢˊ　见 73 页 dàn，ㄉㄢˋ。

谈 讠 讠 讠 讠 讠 讠 讠 谈 谈

(談)

讠部
8 画

tán，ㄊㄢˊ

① 对话 chat，conversation，talk：谈话/谈论/谈天/谈笑/谈心/笔谈/和谈/会谈/交谈/口谈/面谈/商谈/谈何容易/谈天说地。

② 言论 opinion，view：美谈/奇谈/笑谈/乡谈/杂谈/座谈/经验之谈。

毯 毛 毛 毛 毛 毯 毯 毯 毯 毯 毯 毯

毛部
8 画

tǎn，ㄊㄢˇ

较厚的棉毛织物 blanket：毯子/地毯/挂毯/毛毯。

叹 叹 叹 叹 叹

(嘆)

口部
2 画

tàn，ㄊㄢˋ

① 因烦心、伤心而出长气 to groan/sigh：叹气/叹息。

② 发出赞美声 to highly praise：叹服/赞叹/叹为观止。

③ 小声地念，唱读 to sing in a low voice：一唱三叹。

汤 汤 汤 汤 汤 汤 汤

(湯)

氵部
3 画

tāng，ㄊㄤ

① 水很多的食品 soup：汤包/鸡蛋汤/排骨汤/八菜一汤。

② 煮东西的水 boiling water used to cook something：米汤/面汤。

③ 热水 hot water：落汤鸡/固若金汤。

T

趟 趟 土 丰 卡 丰 走 走 赴 赴 赴 趟
趟 趟 趟

走部
8 画

tāng，ㄊㄤ
在水中走 to wade：趟水过河。

tàng，ㄊㄤˋ
量词 classifier，用于来往的次数 indicating the rounds/times：他来了一趟。

堂 堂 堂 堂 堂 堂 堂 堂 堂 堂 堂

土部
8 画
小部
8 画

táng，ㄊㄤˊ
① 正房，大屋子 hall，main room of a house：堂屋/大堂/礼堂/济济一堂。
② 有专门用途的房屋 a hall or room for a specific purpose：佛堂/讲堂/课堂/食堂/学堂/澡堂/纪念堂。
③ 同祖父、同曾祖父或更远祖辈的父系亲属 of the same clan：堂姐/堂兄/堂叔。

糖 糖 糖 半 米 米 米 粒 粧 粧 粧 粧
糖 糖 糖 糖

米部
10 画

táng，ㄊㄤˊ
加工做出的味道甜美的东西 candy，sugar，sweety：糖果/糖块/糖衣/白糖/方糖/果糖/黑糖/红糖/食糖/喜糖/硬糖/口香糖。

躺 躺 躺 躺 躺 身 躺 躺 躺 躺 躺 躺
躺 躺 躺

身部
8 画

tǎng，ㄊㄤˇ
身体横卧、物体倒放 to lie，to recline：躺在床上/衣架竟然躺在地上。

烫 烫 烫 汤 汤 汤 汤 汤 烫 烫

tàng，ㄊㄤˋ

火部
6画

① 温度高 high in temperature, hot：汤太烫了，凉一凉再喝。

② 受到高温 to burn, to iron, to perm：烫发/烫手/烫衣服。

tàng，ㄊㄤˋ 见388页 tāng，ㄊㄤ ˉ。

掏掏掏掏掏掏掏掏掏掏掏

tāo，ㄊㄠ

扌部
8画

① 挖 to dig, to burrow into, to hollow out, to scoop out：掏了个洞。

② 往外取 to draw out, to pull out, to take out：掏钱/掏灰。

［掏腰包］❶ 出钱 to pay for, to foot a bill。❷ 偷东西 to pick sb.'s pocket, to steal。

逃逃逃逃逃逃逃逃逃

táo，ㄊㄠˊ

辶部
6画

① 快速走掉 to escape, to flee, to run off：逃跑/逃散/逃生/逃走/在逃/望风而逃。

② 避开 to quit, to run away：逃课/逃难/逃学。

讨讨讨讨讨

tǎo，ㄊㄠˇ

(討)

讠部
3画

① 向别人要 to ask for, to beg for：讨饭。

② 求，请求 to ask for help or advice：讨教。

③ 招惹 to court favor from others：讨人喜欢。

④ 商量，研究 to discuss, to research, to talk over：讨论/商讨/研讨/讨价还价。

⑤ 攻击 to assault, to attack, to launch an offensive：声讨/征讨。

一 ナ 大 太 本 本 夲 奆 套 套

tào, 去幺ˋ

大部
7画

① 用来盖住或包住物体的东西 case, cover：被套/笔套/封套/手套/外套。

② 外面加上 to cover with, to encase in：套上一件衣服。

③ 量词 classifier，相关事物配成的一个整体 set, series, suit：一套书。

ˊ ㇒ 牛 牜 牞 牪 特 特 特 特

tè, 去さˋ

牛部
6画

① 非常的 especially, very：特出/特好/特急。

② 不一般的 exceptional, particular, special, unusual：特别/特长/特地/特定/特级/特例/特派/特区/特权/特色/特设/特写/特性/特许/特意/特有/特种/特质/特制/特供用品。

③ 情报员 intelligence agent, spy：特务/敌特。

丶 亠 广 广 疒 疒 疗 疚 疼 疼

téng, 去ㄥˊ

疒部
5画

① 痛的感觉 ache, pain, sore：疼痛/酸疼/肚子疼/心脏疼。

② 喜爱 to be fond of, to love dearly, to dote on：疼爱/心疼/妈妈最疼我了。

一 十 才 木 木 杉 杉 柗 梢 梯 梯

tī, 去丨

T

木部
7画

① 梯子 ladder, stairs, staircase: 电梯/楼梯。

② 像梯子的 sth. resembling ladder: 梯队/梯田/梯形。

踢踢踢踢踢踢踢踢踢踢踢踢踢踢踢

⻊部
8画

tī, ㄊㄧ

用脚碰击 to kick: 踢足球/别靠近马，小心马踢着!

提提提提提提提提提提提提

扌部
9画

tí, ㄊㄧˊ

① 从上方拿起东西 to carry, to hold up: 提菜/提着一桶水。

② 使位置从低向高 to lift, to promote, to raise: 提高/提升/提起来。

③ 举出 to put forward, to propose, to raise, 说到 to mention, to refer to: 提案/提出/提名/提供/提示/提问/提议/相提并论/旧事重提/大家都提到了你。

④ 在原定时间上把时间向前移 to rearrange for an earlier schedule, to shift to an earlier time: 提前/提早。

⑤ 取出 to draw out, to extract, 拿出 to take (sth.) out: 提款/提钱/提取。

⑥ 汉字笔画之一，形如由下向上的“/” rising stroke。

T

题题题题题题题题题题题题题题题

(題)

tí, ㄊㄧˊ

① 题目 subject, examination question: 考

页部
9画

题/例题/命题/难题/切题/试题/算题/问题/习题/正题/小题大做/文不对题。

② 写上，签名 to inscribe, to sign：题词/题名/题字。

③ 写作或演讲的内容 the contents of a writing or lecture：标题/副题/话题/讲题/论题/议题/专题/主题。

(體)

亻部
5画

亻 仁 什 什 休 休 体

tǐ，ㄊㄧˇ

① 人、动物的全身或一部分 body, limbs, part：体操/体格/体育/体质/体重/身体/下体/一体。

② 人或事物的全部 substance, system：体系/集体/客体/群体/整体/主体/总体/不识大体。

③ 形式，样式 form, style：具体/文体/字体/手写体。

④ 亲身经历 to personally do or experience sth., to experience and observe：体会/体味/体现/体验。

日部
8画

日部
8画

替 替 替 替 替 替 替 替 替 替 替 替

tì，ㄊㄧˋ

① 代换，代理 to replace, to substitute, to take place of：替班/替代/替换/替工/替身/代替/顶替/更替/交替/接替/把他替下来。

② 介词 prep. 为，给 for, on behalf of：我替你难过。

大部
1画

一 二 天 天

tiān，ㄊㄧㄢ

① 地面以上的高空 overhead, sky：天边/天地/天际/天地之间。

一部
3 画

② 时间（等于二十四小时），有时特指白天 daytime：天亮/每天/一天/天长地久/天长日久。

③ 季节 season：春天/冬天。

④ 气候 climate，weather：天冷/天晴了。

⑤ 自然界的统治者 God，Goddess，Heaven：天兵/天意/天机/天理/天神/天使/天书/天意/天造地设/天哪，我该怎么办？

⑥ 神灵住的地方 heaven，paradise：天堂/天国/天府之国。

⑦ 一出生就具有的 inborn，原本就有的 inherent：天才/天敌/天良/天然/天生/天险/天性/天资/天真/天职。

tiān，ㄊㄧㄢ

氵部
8 画

加多 to add up，to increase：添补/添加/加添/增添/添个碗/添衣服。

tián，ㄊㄧㄢˊ

田部
丨部
4 画

① 种农作物的土地 farmland，field：田间/田野/田园/肥田/良田/棉田/农田/水田/高产田。

② 有矿产的地方 field with natural resources，such as coal：煤田/（天然）气田/油田。

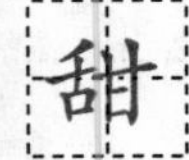

tián，ㄊㄧㄢˊ

舌部
5 画

① 糖一样的味道 honeyed，sweet：甜菜/甜酒/甜食。

② 令人开心的 comfortable，pleasant，sound：甜美/甜头/甜言/嘴巴甜/酸甜苦辣/睡得好甜/笑得很甜。

一 十 土 圹 圹 圹 坫 垧 埴 填 填 填

土部
10 画

tián，ㄊㄧㄢˊ

① 使空缺的或较低的地方变实变平 to fill, to stuff：装填/回填地基/填平空水池。

② 在空白处写 to fill in a form, to write：填报/填表/填补/填空/填写。

一 扌 扌 扌 扌 扌 挑 挑 挑

扌部
6 画

tiāo，ㄊㄧㄠ

① 用肩担着 to carry on the shoulder, to shoulder：挑水。

② 选 to choose, to select, to take one's choice：挑选/挑件衣服。

③ 量词 classifier，用于成挑的东西 used of loads carried on the shoulder pole：一挑麦子/一挑水果。

④ 找出缺点 to pick holes in：挑错/挑眼/挑毛病。

tiǎo，ㄊㄧㄠˇ

① 用条状物或尖物由下向上用力拨 to pick, to pole：挑出了手上的刺。

② 用条状物支起物体 to push (sth.) up with a pole or stick, to raise：门口挑着一面旗/挑灯夜战。

③ 刺激，引逗 to excite, to irritate, to stir up：挑动/挑逗/挑战。

T

（條）

丿 夂 夂 冬 条 条 条

tiáo，ㄊㄧㄠˊ

① 细长的东西 twig：便条/布条儿/封条/金条/油条/枝条。

② 细长形状的 a long narrow piece, slip,

木部
3画
夂部
4画

strip：条幅/条码/条纹/条形。

③ 层次 order：条理清楚。

④ 项目 item，分项目的 article：条件/条款/条令/条例/条目/条文/条约/宪法第十条。

⑤ 量词 classifier，用于细长的或分项的东西 used with sth. narrow and long or itemized nouns：一条狗/一条河/一条心。

调

讠部
8画

tiáo，ㄊㄧㄠˊ

① 和谐，互相配合 to coordinate，to harmonize：烹调/协调/众口难调/风调雨顺。

② 使和谐 to mediate，to reconcile：调和/调解/调理/调配/调适/调整/调治。

diào，ㄉㄧㄠˋ

①改变工作地方，分派 to move，to transfer，to shift：调动/调度/调换/调集/调配/调人/调任/调用/对调。

② 考察 to inspect，to scrutinize：调查/调卷/调研。

③ 调子，歌 tune，melody：鱼鼓调/唱高调。

④ 汉语的声调 tone：调号/调类/调值/第一声就是高平调。

跳

𧾷部
6画

tiào，ㄊㄧㄠˋ

① 双脚向下用力使全身弹起 to jump，to leap，to spring up：跳动/跳高/跳水/跳台/跳舞/起跳/弹跳/跳起来/狗急跳墙。

② 超过，越过 to exceed，to go beyond，to skip over，to surpass：跳班/跳级/跳过这段

T

看下一段。

③ 一上一下地动 to beat, to move up and down：心跳/眼跳/心惊肉跳。

贴

(貼)

贝部
5 画

丨 冂 贝 贝 贝丨 贝卜 贝占 贴 贴

tiē, ㄊㄧㄝ

① 粘 to adhibit, to paste, to stick：粘贴/张贴。

② 靠近 to keep close to：贴身/贴近目标。

③ 工作单位加发的钱 allowance：贴水/车贴/房贴。

铁

(鐵)

钅部
5 画

丿 𠂉 𠂉 乍 钅 钅 钅 钅 铁 铁

tiě, ㄊㄧㄝˇ

① 钢铁 iron：铁板/铁饼/铁厂/铁窗/铁道/铁管/铁环/铁甲/铁矿/铁路/铁球/铁丝/铁条/白铁/打铁/地铁/废铁。

② 硬度大 hard or strong as iron：铁树/铁蚕豆。

③ 有坚定意志的 firm, steadfast：铁人/铁汉/铁面无私。

④ 不可改变，不可摇动 to determine, to resolve：铁定/铁了心/铁证如山。

(廳)

厂部
2 画

一 厂 厂 厅

tīng, ㄊㄧㄥ

① 聚会或招待客人用的大房间 hall, room：厅堂/餐厅/大厅/饭厅/客厅/舞厅/正厅。

② 政府某些较高级别的机关 a senior division of government, department, office：厅长/交通厅/教育厅/人事厅。

T

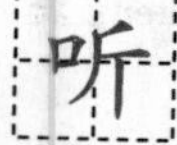

听 听 听 听 听 听 听

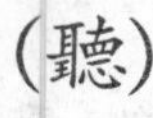

口部
4 画

tīng，ㄊㄧㄥ

① 耳朵接受到声音 to hear，to listen to：听见/听觉/听力/听说/听闻/听写/听众/听音乐/听而不闻。

② 接受他人意见或命令 to heed，to follow，to obey，to have a receptive ear for：听从/听候/听话/听讲/听取/听信/他不听人的。

③ 问 to ask，to inquire for：打听。

④ 顺着别人的意思去做，任由 to allow，to let：听任/听天由命/听其自然。

⑤ 量词 classifier，a tin of：两听罐头/一听可口可乐。

庭 庭 庭 庭 庭 庭 庭 庭 庭

广部
7 画

tíng，ㄊㄧㄥˊ

① 院子 yard：庭园/庭院/家庭/前庭/天庭/门庭若市。

② 法官判案的地方 court：出庭/法庭/开庭。

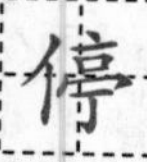

停 停 停 停 停 停 停 停 停 停 停

亻部
9 画

tíng，ㄊㄧㄥˊ

① 止住，中止 to cease，to halt，to stop：停摆/停板/停办/停电/停飞/停工/停火/停课/停战/停职/停止。

② 临时中止 to pause：停顿/停放/停靠/停留。

③ 事情做好了，没有问题了 appropriate，proper：停当/调停。

挺 挺 挺 挺 挺 挺 挺 挺 挺

tǐng，ㄊㄧㄥˇ

扌部
6 画

① 变直 to become straight, to straighten: 挺直/挺起胸来/挺身而出。

② 受得了 to bear, to put up with, to stand: 挺不住/挺得住。

③ 直 straight, without a bent or curve: 挺举/挺立/笔挺/坚挺/直挺挺。

④ 很, 非常, 相当 very, great, considerable: 挺棒的/挺好的/挺不错的。

通

辶部
7 画

tōng, ㄊㄨㄥ

① 能穿过或到达 to lead to, to pass through: 通过/通行/开通。

② 完全明白, 懂得 to completely know, to fully understand, to master: 精通/灵通。

③ 语句无毛病 coherent, smooth (in grammatical structure): 通顺/清通。

④ 普遍的, 共同的 common, general: 通病/通常/通才/通称/通用。

⑤ 全, 整个 all, entire, whole: 通红/通令/通篇/通通/通夜/灯火通明。

⑥ 往来 to communicate, to contact: 通商/互通/交通。

⑦ 告诉 to inform, to notify, to tell: 通报/通告/通知。

同

冂部
4 画

tóng, ㄊㄨㄥˊ

① 一样, 没有差别 the same: 同步/同等/同好/同类/同年/同期/同姓/同乡/同样/等同/相同/同义词/同音词/同音字/不约而同。

② 共, 在一起 to share, to have in common:

T

同班/同胞/同窗/同事/同学/伙同/连同/随同/协同/一同/约同。

③ 相似 alike, resembling, similar：如同。

④ 介词，与“跟”相同 prep., with：这件事你同大家说一说。

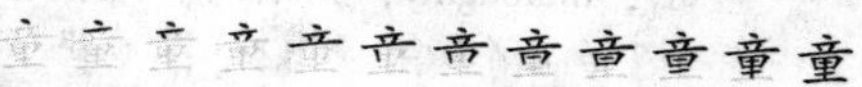

立部 7画
里部 5画

tóng，ㄊㄨㄥˊ

小孩子 child, kid：童工/童话/童年/童心/童装/儿童/孩童/神童/儿童节。

统

(統)

纟部 6画

tǒng，ㄊㄨㄥˇ

① 全部合起来 to gather into one, to unite：统称/统共/统计/统统/统一/统属。

② 管理 to administrate, to manage, 治理 to dominate：统兵/统治/总统。

③ 事物的连续关系 interconnected system：传统/道统/法统/体统/系统/血统/正统/不成体统。

木部 7画

tǒng，ㄊㄨㄥˇ

较深的圆形容器 barrel, bucket, cask：便桶/米桶/水桶。

[马桶] 盛装大小便的容器 closestool。

[饭桶] 装饭用的桶，比喻人没用 food pail, (fig.) good-for-nothing。

tòng，ㄊㄨㄥˋ

T

疒部
7画

① 疼 ache, pain, sore：痛处/痛风/痛感/头痛/疼痛/痛定思痛。

② 悲伤 grief, sadness, sorrow：痛楚/痛苦/沉痛/伤痛/心痛。

③ 表示程度很深 bitterly, deeply, extremely, thoroughly：痛打/痛恨/痛快/痛哭/痛切/痛恶/痛心/痛责/痛改前非。

tōu，ㄊㄡ

亻部
9画

① 不告诉别人就拿走人家的东西 to pilfer, to steal, to thieve：偷吃/偷换/偷嘴/偷东西。

② 偷东西的人 thief：惯偷/小偷。

③ 做了某事但不告诉别人 to do sth. in secret：偷看/偷听/偷运/偷偷地跑了。

④ 随便过日子，不努力求进步 to drift along：偷安/偷生。

⑤ 挤出时间 to take off：偷空儿/忙里偷闲。

头头头头头

(頭)

tóu，ㄊㄡˊ

丶部
4画
大部
2画

① 脑袋 brain, head：头脑/头痛/头像/鱼头/头破血流/头重脚轻/头痛医头，脚痛医脚。

② 头发或头发的样式 hair, hairstyle：头油/平头/分头。

③ 事物的一端 end, top：床头/山头。

④ 次序在前面的 coming before all others in order, first：头两年/头几个人。

⑤ 第一 first：头版/头等/头号/头名/头年/头条/头等大事。

⑥ 领导人 boss, chief, head, leader：头目/头子/头面人物。

⑦ 物品的多余部分 spare part of an object or item：布头儿/烟头儿。

⑧ 量词 classifier，用于动物 esp. used to indicate the number of animals：一头牛。

tou，·ㄊㄡ

① 名词、方位词词尾 used after nouns or nouns of direction：骨头/上头/下头。

② 用在动词后，表示动作有价值 used after verbs to indicate worthiness of an action：这本书有看头。

扌部 4画

投 投 扌 扌 扌 投 投

tóu，ㄊㄡˊ

① 向目标扔丢 to hurl, to throw：投篮/投球/投入/投射/投手/投送/投向。

② 放进去 to drop in, to put in：投放/投票。

③ 参加 to join：投考/投军/投身/投资。

④ 两个人的兴趣喜好相同 to agree with, to be in common with, to fit in with：投合/投其所好/情投意合/意气相投/两人脾气很相投/话不投机半句多。

辶部 7画

透 透 禾 秀 秀 秀 秀 诱 透 透

tòu，ㄊㄡˋ

① 穿过，通过 to go across, to pass through：透风/透亮/透气/透明/穿透。

② 完全，彻底 completely, entirely, extremely：看透/熟透/话都说透了/他伤心透了。

③ 把秘密告诉别人 to disclose, to divulge, to leak, to let out：透露。

④ 露出 to appear, to come into sight, to show：白里透红。

T

突突突突突突突突突

穴部
4画

tū，ㄊㄨ

① 忽然 all in a sudden，suddenly：突变/突发/突然/突击/突如其来。

② 攻破 to break through：突出重围/突破难关。

③ 超过别的 to exceed，to overtake，to surpass：突出/突起。

图冂冈冈图图图图

口部
5画

tú，ㄊㄨˊ

① 用画表现出来的形象 chart，drawing，picture：图案/图标/图表/图画/图解/图景/图片/图书/图说/图形/图样/图纸/插图/地图/附图/构图/挂图/平面图/示意图。

② 计划 to contrive，to plan，to schedule，to scheme：意图/企图。

③ 想办法得到 to try hard to get：力图/唯利是图。

涂涂涂氵汵泠泠涂涂涂

氵部
7画

tú，ㄊㄨˊ

① 擦上、抹上 to plaster，to put on，to smear，to whitewash：涂抹/涂口红/把墙涂白/把墙面涂脏了。

② 擦去 to polish off，to scrub up，to wipe away：涂改/涂掉错字。

［胡涂］（通常作［糊涂］）❶ 弄不明白 muddy-minded，confused。❷ 内容没有条理 out of order。

T

途途途途途途余余涂涂途

辶部

tú，ㄊㄨˊ

路 journey，road，route，path，way：途中/

7 画

半途/长途/短途/归途/路途/旅途/迷途/前途/沿途/征途/中途/半途而废/道听途说/老马识途。

［用途］可用的地方 usage。

土 十 土

tǔ，ㄊㄨˇ

meaning symbol. 提土旁儿（títǔpángr），土 as a meaning symbol is related to soil or earth, such as 地（earth），场（place），尘（dust），墙（wall）。

土部

土 十 土

tǔ，ㄊㄨˇ

① 地面上泥、沙等的混合物 earth, soil：土层/出土/挖土。

② 地域 ground, land：本土/故土/国土/领土/乡土。

③ 本地的 local, native：土产/土话/土著/本土。

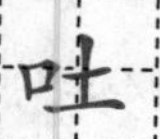

口部
3 画

吐 吐 吐 吐 吐 吐

tǔ，ㄊㄨˇ

① 使东西从口中出来 to spit：吐气/蚕吐丝。

② 说出 to say, to tell：吐露/酒后吐真言。

tù，ㄊㄨˋ

从嘴里出来 to vomit, to throw up：吐血/酒喝多了，吐了一地。

儿部
6 画
⺈部
6 画

兔 兔 兔 兔 兔 兔 兔 兔

tù，ㄊㄨˋ

兔子 hare, rabbit：野兔/他属兔。

T

囗冂冃团团团

(團)

口部 3画

tuán，ㄊㄨㄢˊ

① 圆形的 circular, round：团鱼/团团转。

② 聚在一起 to assemble, to gather, to unite：团结/团圆。

③ 聚在一起的人 group, society, organization：团队/团体/财团/社团/乐团/参观团/代表团。

④ 聚在一起的物质 sth. gathered：气团/星团/疑团。

⑤ 军队的一级单位 a military unit, regiment：团长命令营长。

扌扌扌扌扌扌扌推推推推

扌部 8画

tuī，ㄊㄨㄟ

① 用力使物体移动 to push, to shove：推倒/推翻/推回/推进/推拉/推门/推向/推移/把它推开。

② 已经预定好的时间向后延 to postpone, to put off：推延/会议要推到下个星期。

③ 选举 to elect, to vote：推举/推选/公推。

④ 开始做 to proceed, to pursue：推广/推及/推行/推陈出新。

⑤ 由已知的猜测其余的 to deduce, to draw an inference from：推测/推定/推断/推理/推论/推求/推算/推想/类推/推己及人。

⑥ 拒绝 to refuse, to turn down, 排除责任 to push away one's responsibility：推却/推让/推托。

腿

月部
9画

tuǐ，ㄊㄨㄟˇ

① 支撑身体和用来走路的器官 leg：大腿/后腿/鸡腿/盘腿/跑腿。

② 像腿的部分 a leglike support：裤腿/桌腿儿。

退

辶部
6画

tuì，ㄊㄨㄟˋ

① 离开 to leave，to quit，to withdraw from：退出/退学/早退。

② 把已收的东西还回，把已决定的事情取消 to give back，to return：退还/退换/退婚/退货/退票/退钱/退亲。

③ 改变成向后 to ebb，to recede：退步/退化/退后/退让/倒退/后退。

④ 使向后 to remove，to retreat，to withdraw：退兵/退敌。

托

(託)

扌部
3画

tuō，ㄊㄨㄛ

① 请别人代办 to ask，to confide，to entrust：托付/托管/拜托/付托/寄托/受托/委托/信托/托人情/托你办件事。

② 用某种理由表示不接受 to make some excuse for，to give as a pretext：托病/假托/推托。

③ 依靠 to count on，to rely upon，to put trust in：托福。

④ 端 to hold with the hand or palm：托着枪。

⑤ 对比着显出 to gain by contrast，to set off：

衬托。

[托儿] ❶ 小块的承托物 support：茶托儿。❷ 被请来假装顾客以引起他人购买心理的人 impostor：医托儿/房托儿。

[托儿所] 照看三岁以下孩子的地方 nursery，child-care center。

扌部 5画

tuō，ㄊㄨㄛ

① 拉 to drag，to pull：拖车/拖带/拖网/拖运/拖泥带水。

② 拉长时间 to delay，to retard：拖延/事情不能再拖了。

月部 7画

tuō，ㄊㄨㄛ

① 落下，掉下 to shed：脱毛/脱落。

② 取下，去除 to take off：脱掉/脱衣服。

③ 离开 to separate oneself from：脱产/脱节/脱离/脱手/脱色/脱身/脱险/摆脱/解脱/开脱/逃脱/推脱/脱口而出。

女部 4画
爫部 3画

tuǒ，ㄊㄨㄛˇ

① 合适 appropriate，fitful，稳当 proper，suitable：妥当/妥善/不妥/稳妥。

② 完成 settled，finished：办妥/事妥后速告。

W，ㄨ

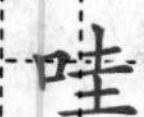

哇哇哇哇哇哇哇哇哇

口部
6画

wā，ㄨㄚ
拟声用字 onomatopoeia：哇哇地哭个不停。

wa，·ㄨㄚ
“啊”在前一字收音 u 或 ao 时发生的音变 variant of 啊 when preceded by words ending phonetically in u or ao：真苦哇/你好哇。

挖挖挖挖挖挖挖挖挖

扌部
6画

wā，ㄨㄚ
掏 to dig，to excavate，to burrow into，to hollow out：挖土/挖耳朵。

［挖苦］说反话笑话人 to scorn，to sneer at。

瓦瓦瓦瓦

wǎ，ㄨㄚˇ
meaning symbol. 瓦字旁儿（wǎzìpángr）. 瓦 as a meaning symbol indicates a general category of crockery，such as 瓮（urn），瓶（vase）。

（襪）

衤部
5画

袜袜袜袜袜袜袜袜袜袜

wà，ㄨㄚˋ
袜子 hose，socks，stockings：袜底/短袜/裤袜/棉袜/鞋袜/长袜。

wa，·ㄨㄚ 见本页 wā，ㄨㄚ。

W

歪

一部 8 画

止部 5 画

歪 歪 歪 歪 歪 歪 歪 歪 歪

wāi，ㄨㄞ

① 不正 askew，inclined：歪曲/歪打正着/镜子挂歪了/人正不怕影子歪。

② 不正派 crooked，devious：歪风/歪理/歪风邪气/邪门歪道。

夕部 2 画

卜部 3 画

外 夕 夕 外 外

wài，ㄨㄞˋ

① 与“内”、“里”相对 outside，outer，外面 outword：外边/外表/外观/外貌/外景/外卖/门外汉/里应外合/意在言外。

② 不是自己所在或所属的 other：外地/外行/份外。

③ 关系远的 outsider：外人/另外。

④ 特指外国的 external，foreign，overseas：外交/外商/外事/外文/外资/对外汉语/古今中外。

⑤ 母亲、姐妹或女儿方面的亲戚 relatives of one's mother，sisters or daughters：外孙/外祖父。

⑥ 未说过的或不在某个范围的 in addition，besides，beyond：外加/外快/除外/此外/出乎意外。

（彎）

亠部 7 画

弓部 6 画

弯 弯 弯 弯 弯 弯 弯 弯 弯

wān，ㄨㄢ

① 不直 crooked，curved：弯度/弯路/弯曲。

② 使不直 to bend，to flex：弯下身。

③ 弯的部分 bend，curve，turn：急弯/转弯/绕弯子/拐了个弯。

W

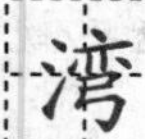
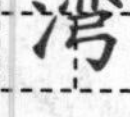

（灣）

氵部
9 画

湾湾湾湾湾湾湾湾湾湾湾湾

wān，ㄨㄢ

① 河流弯曲的地方 bend in a stream：湾流/河湾。

② 水面伸入陆地的部分 bay，cove，gulf：港湾/海湾。

宀部
4 画

完完完完完完完

wán，ㄨㄢˊ

① 没有了 to be over，to come to an end：完结/完了/卖完了。

② 做成，结束了 to bring（sth.）to a close，to conclude，to finish：完成/完工/完事。

③ 全部 all，entire，whole：完备/完好/完满/完美/完全/完人/完整/完好如新。

王部
4 画

玩玩玩玩玩玩玩玩

wán，ㄨㄢˊ

① 做游戏 to play games：玩具/玩水。

② 玩弄 to dally with，使用 to make use of，to resort to：玩火/玩儿命/玩花招/开玩笑。

③ 品味 to appreciate，to have an interest in：玩味/品玩油画。

④ 可以用来品玩的东西 curio：玩物/古玩（旧读 wàn，ㄨㄢˋ）。

日部
7 画

晚晚晚晚晚晚晚晚晚晚晚

wǎn，ㄨㄢˇ

① 太阳下山后，夜间 evening，night：晚班/晚报/晚场/晚饭/晚会/晚间/晚上/当晚/前晚/夜晚/早晚/从早到晚。

② 时间推后 to delay，to put off：晚点/来晚了。

W

③ 时间在后的，快结束的 late：晚年/晚期/晚秋。

④ 后代的 junior，younger generation：晚辈。

一 丆 不 石 石 石` 石` 矿 矿 矿 矿 碗

石部
8 画

wǎn，ㄨㄢˇ

装菜、饭等用的餐具 bowl：菜碗/饭碗。

(萬)

一 丆 万

一部
2 画

wàn，ㄨㄢˋ

① 数目字，10000 ten thousand：百万/万元户/万儿八千/万无一失。

② 很多 a great many，a very large number of：万代/万恶/万能/万幸/万古长存/万古长青/万世师表/万事大吉/万象更新/万众一心/千变万化/千军万马/千秋万代/千山万水/千辛万苦/罪该万死/数以万计/不怕一万，就怕万一。

③ 最好的 best，perfect：万全之策。

④ 姓 a surname。

一 二 干 王

wáng，ㄨㄤˊ

meaning symbol. 王字旁儿（wángzìpángr），斜玉旁儿（xiéyùpángr）。王 as a meaning symbol is almost related to king or jade，such as 皇（emperor），珍（treasure），碧（green jade）。

一 二 干 王

王部

wáng，ㄨㄤˊ

① 君主 emperor，king，monarch，最高统治者 majesty，sovereign：王朝/王法/王国/王后/王室/王位/王爷/王子/王族/大王/国

王/山大王/占山为王。

② 同类中居首位的 grand, great, primary：王牌/花中之王。

③ 姓 a surname。

网 (網)

冂部 4画

冂 冂 冈 冈 网 网

wǎng, ㄨㄤˇ

① 网子 net, web：网眼/鱼网/网开一面/一网打尽。

② 像网的 sth. resembling net：网点/电网/法网/河网/情网/互联网。

③ 用网捉 to net：网鸟/网鱼。

彳部 5画

往 彳 彳 彳 彳 往 往 往

wǎng, ㄨㄤˇ

① 去，到 to go, to get to, to leave for：往来/来往/开往上海/无往不利/勇往直前。

② 过去的 last, past, previous：往常/往年/往日/往事/过往/以往/继往开来/一如既往。

③ 介词 prep.，朝，向 to, toward, in the direction of：往前看。

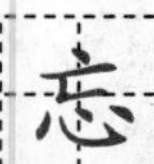

心部 3画

忘 忘 忘 忘 忘 忘 忘

wàng, ㄨㄤˋ

不记得 to forget, to neglect：忘我/忘形/忘性/淡忘/健忘/难忘/遗忘/忘年交/忘恩负义/得意忘形/公而忘私/念念不忘。

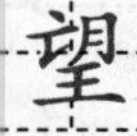

月部 7画

望 望 望 望 望 望 望 望 望 望 望

wàng, ㄨㄤˋ

① 向远处看 to gaze into the distance：望见/守望/张望/一眼望不到边。

② 问候 to drop in, to visit：看望/拜望。

王部
7画

③ 期待 to expect, to hope, to wish：厚望/期望/热望/失望/有望/愿望/指望/众望所归/大喜过望/胜利在望。

④ 名声 fame, prestige, reputation：名望/声望/德高望重。

⑤ 阴历每月的十五日 every 15th day of a month in the Chinese lunar year：望日。

危危危危危危

wēi, ㄨㄟ

丿部
5画
⺈部
4画

① 不安全 danger, peril, risk：危房/危机/危急/危局/危难/危险/安危/临危不乱/转危为安/乘人之危/居安思危。

② 损害 to do sb. harm, to endanger, to imperil：危害/危及他人。

微微微微微微微微微微微微微

wēi, ㄨㄟ

彳部
10画

① 小 small, tiny, 细 delicate, minute, slight：微波/微光/微量/微少/微小/略微/轻微/细微/些微/微生物/微不足道/微观世界/微量元素/微微一笑。

② 一点点儿 a bit, a little, slight：微笑/微感不安。

③ 地位低 low, unimportant：低微/人微言轻。

④ 精深难懂 abstruse, profound：微妙/微言大义。

W

为为为为

wéi, ㄨㄟˊ

① 做 to act, to do, to make：为难/为人/人为/身为/好为人师/事在人为。

丶部
3 画

② 当 to serve as, to work as：作为/选他为队长。

③ 变成 to become, to turn into：变为/成为/混为一谈/一分为二。

④ 是 to be, to mean, to refer to：为首/为主/十二个为一打。

wèi, ㄨㄟˋ

① 介词 prep.，表示行为的对象，替，给 for, for the benefit of, for the sake of：为人民服务。

② 表示目的 on account of, because of, for the purpose of：为此/为了/为着/为大家的健康干杯。

丨 冂 囗

wéi, ㄨㄟˊ

meaning symbol. 大口框儿（dàkǒukuàngr）、方框儿（fāngkuàngr）或围字框儿（wéizì kuàngr），囗 is bigger than 口字旁儿（kǒuzìpángr）。囗 as a meaning symbol is often related to certain bound or spectrum, such as 围（to surround），固（to be strong enough, to be firmly entrenched in some position），国（state）。

（圍）

口部
4 画

wéi, ㄨㄟˊ

① 四周封住，使里外不通 to enclose, to surround：围城/围攻/围击/围困/围墙/围桌/围子/包围/重围/解围/突围/团团围住。

② 四周 all round：范围/四围/周围。

W

wéi, ㄨㄟˊ

(違)

辶部 4画

① 不依规定做，不遵守 to disobey，to go against，to violate：违背/违法/违反/违犯/违禁/违抗/违章/违法乱纪/依违两可/事与愿违。

② 没见面 to be separated or parted：久违。

唯

口部 8画

wéi，ㄨㄟˊ

只 merely，just，only：唯一/任人唯亲。

维 (維)

纟部 8画

wéi，ㄨㄟˊ

① 系 to link with，to tie up，连结 to hold together：维系。

② 保持 to keep，to maintain，保护 to preserve，to protect：维持/维护/维新/维修/维生素。

③ 空间的概念 a concept of space，指构成空间的一个因素 dimension：多维/二维/三维。

(偉)

亻部 4画

wěi，ㄨㄟˇ

① 高大 gigantic，tall：伟岸/雄伟。

② 超过其他人 bright，brilliant，great：伟大/伟绩/伟人/伟业/丰功伟绩。

尾

尸部 4画

wěi，ㄨㄟˇ

① 尾巴 tail：长尾鸡/短尾猴。

② 事物的末端 bottom，end，tip：尾灯/尾

W

毛部
3 画

声/结尾/末尾/有头无尾。

③ 量词 classifier，用于鱼 used with fish：一尾鱼。

禾部
3 画
女部
5 画

一 二 千 禾 禾 委 委 委

wěi，ㄨㄟˇ

① 派 to appoint，把事交给别人办 to assign，to entrust：委派/委托。

② 委员、委员会的简称 committee member：常委/工委/评委/省委/省委常委。

(衛)

乙部
2 画

卫 卫 卫

wèi，ㄨㄟˋ

① 保护 to protect，to safeguard，守护 to defend：卫兵/卫队/卫生/保卫/防卫/守卫/自卫。

② 担任保护、守护任务的人 bodyguard：后卫/警卫/门卫/前卫/侍卫/中卫。

③ 姓 a surname。

wèi，ㄨㄟˋ　见 412 页 wéi，ㄨㄟˊ。

木部
1 画
一部
4 画

一 二 キ 未 未

wèi，ㄨㄟˋ

① 不 no，not，never：未必/未曾/未知/未知可否。

② 没有，还没有 not yet：未定/未竟/未来/未了/从未/前所未有/至今未到。

W

亻 亻 亻 亻 亻 位 位

wèi，ㄨㄟˋ

① 所在的地方 location，place：位次/位于/

亻部
5画

位置/位子/部位/床位/水位/座位/各就各位。

② 较高的社会层级 post，social position：地位/名位/席位/学位/职位。

③ 特指皇位 throne：即位/退位/王位/皇帝在位 60 年。

④ 一个数目中每个数字所占的地方 digit：个位/千位/位数。

⑤ 量词 classifier，称受尊重的人 used in deferential reference to people：各位/列位/两位老师。

wèi，ㄨㄟˋ

口部
5画

① 吃东西时，口中的感觉 flavor，taste：味道/味觉/风味/怪味/苦味/口味/美味/品味/提味/鲜味/余味/走味。

② 鼻子闻东西的感觉 odor，smell：味儿/气味/药味/火药味/香味儿。

wèi，ㄨㄟˋ

月部
5画
田部
4画

消化器官 stomach，俗称“肚子” belly，paunch：胃液/胃受了凉。

［胃口］指食欲 appetite。

(謂)

wèi，ㄨㄟˋ

讠部
9画

说，称为 to be called as，to refer to：称谓/可谓/所谓/网上所谓“东东”，就是“东西”。

(餵)

口部 9画

喂喂喂喂喂喂喂喂喂喂喂喂

wèi, ㄨㄟˋ

① 放进嘴里 to spoonfeed：喂饭/喂奶/喂食/喂药。

② 养动物 to feed animal, to raise pets：喂牛/喂猪。

③ 打招呼 to greet：喂，走吧。

慰

心部 11画

慰慰慰慰慰慰慰慰慰慰慰慰慰慰慰

wèi, ㄨㄟˋ

① 劝人，使心情变好 to comfort, to console：慰劳/慰问/安慰/劝慰。

② 心安 at ease, relieved：快慰/甚慰。

温 (溫)

氵部 9画

温温温温温温温温温温温温

wēn, ㄨㄣ

① 冷热正好 lukewarm, warm：温暖/温室/温水。

② 使热 to warm：菜要温一下。

③ 复习 to review, to restudy：温课/温书/温习。

④ 冷热的程度 temperature：温带/温度/保温/低温/高温/降温/气温/水温/体温。

⑤ 性情和顺 gentle and kind：温和/温厚/温情/温顺。

⑥ 姓 a surname。

文部

文文文文

wén, ㄨㄣˊ

① 文章 essay, literature composition, writing：文笔/文才/文词/文风/文告/文句/文人/文体/文学/文选/课文/散文/正文/作

文/应用文/文不对题。

② 文字 character，language，word，记写语言的书面符号 script：外文/中文/望文生义。

③ 文化 culture：文物。

闻丨门门门问闻闻闻

(聞)

耳部 3画

门部 6画

wén，ㄨㄣˊ

① 听到 to hear，to listen to：耳闻/风闻/闻风而动/闻所未闻/不闻不问/喜闻乐见/充耳不闻/前所未闻/闻名不如见面/耳闻不如一见。

② 用鼻子感觉出味道 to smell，to inhale：闻到/闻见。

③ 听到的事情 sth. you heard about，sth. you were told of，消息 news，信息 information，message：传闻/见闻/旧闻/新闻/要闻。

④ 有名望的 well-known：闻人。

稳 ˊ 二 千 禾 禾 禾 秒 稻 稻 稳 稳 稳 稳 稳

(穩)

禾部 9画

wěn，ㄨㄣˇ

① 安定 steady，不动 firm：稳当/稳定/稳固/安稳/平稳。

② 使稳 to stabilize：先稳住他们，援兵来了再进攻。

③ 可靠 certainly，surely，妥当 appropriately：稳健/稳妥/稳重/沉稳/十拿九稳。

问

问丨门门问问

wèn，ㄨㄣˋ

① 不明白而请人解答 to ask，to raise a qu-

W

(問)

口部 3画
门部 3画

estion：问题/答问/反问/请问/提问/疑问/责问/质问/自问/追问/问长问短/问寒问暖/自问自答/兴师问罪/不懂就问/不闻不问/答非所问/问你个问题。

② 追究详情 to examine, to interrogate, to look into：问案/盘问/问口供。

③ 介词 prep.，向，表示跟人要东西 to ask (sb.) for (sth.), to inquire (sb.) of/about (sth.)：问他借几个钱花。

④ 表示关心 to greet, to say hello to, to send one's regards to：问安/问候/问好。

戈部 3画
丿部 6画

我 我 我 我 我 我 我

wǒ，ㄨㄛˇ

说话人自称 me, myself：我方/我校/敌我/忘我/无我/自我/我是学生/我们同意/我行我素/依然故我。

(臥)

臣部 2画

卧 卧 卧 卧 卧 卧 卧 卧

wò，ㄨㄛˋ

① 躺下 to lie down, to lie prone upon：卧倒/卧床不起/坐卧不安。

② 用于躺的 bedroom, for sleeping in：卧房/卧车/卧具/卧室。

扌部 9画

握 握 握 握 握 握 握 握 握 握 握 握

wò，ㄨㄛˋ

① 手指弯起来拿住 to grasp, to grip, to take a firm hold of：握别/握手/握住/紧握/握手言欢。

② 控制 to control, to restrain：把握/掌握/大权在握。

W

(汙)

氵部
3 画

污污污污污污

wū, ㄨ

① 脏 dirty, filthy：污点/去污粉。

② 用不合法的方法得到，非法所得 corruption, illegal income：污钱/贪污。

呜

(嗚)

口部
4 画

呜呜呜呜呜呜呜

wū, ㄨ

拟声用字 onomatopoeia：火车“呜”地一声开了过来。

屋

尸部
6 画

屋屋屋屋屋屋屋屋屋

wū, ㄨ

房子，房间 house, room：屋里/屋子/草屋/房屋/里屋/堂屋/外屋/正屋。

(無)

一部
3 画

无无无无

wú, ㄨˊ

① 没有 to have nothing, to be without, there is not any：无比/无边/无敌/无关/无法/无礼/无理/无权/无声/无视/无题/无望/无限/无效/无心/无疑/无意/无用/无知/毫无/无形中/一无所获/从无到有/举世无双。

② 不 no matter how, no matter what, regardless of：无论/无须/悔之无及/一事无成。

五五五五

wǔ, ㄨˇ

①数目字，5 five：五代/五方/五更/五官/

二部 2画 一部 3画

五金/五色/五味/五香/五行/五官端正/五体投地/五洲四海/五十步笑百步/起五更，睡半夜。

② 很多的 many，various：五光十色/五湖四海/五花八门/一五一十。

午午午午

wǔ，ㄨˇ

十部 2画 丿部 3画

日中的时候，也特指白天十二点 midday，noon：午饭/午后/午间/午觉/午睡/午休/过午/上午/下午/正午/中午。

武武武武武武武武

wǔ，ㄨˇ

止部 4画 一部 7画

① 军事的 armed，military：武官/武力/武器/武装。

② 攻击的 attacking：武打/武功/武术/武戏/武艺。

③ 勇敢的 brave，valiant：英武/勇武/英雄无用武之地。

④ 姓 a surname。

舞舞舞舞舞舞舞舞舞舞舞舞舞舞

wǔ，ㄨˇ

丿部 13画

① 有目的、按节拍动身体 to dance：舞场/舞池/舞会/舞剧/舞客/舞曲/舞台/舞艺/跳舞/飞舞/歌舞/鼓舞/乐舞/闻鸡起舞。

② 挥动 to brandish，to wave：舞动/挥舞。

勿勿勿勿

wù，ㄨˋ

勹部 2画

不要 no，别 not：请勿打扰/非请勿入。

务 务 务 务 务

（務）

夂部 2画 力部 3画

wù，ㄨˋ

① 事情 affair，business：财务/常务/服务/公务/家务/教务/内务/任务/商务/时务/事务/要务/业务/义务/杂务/不识时务。

② 做 to be engaged in，从事 to be involved in，to devote one's efforts to：务农/务商/不务正业/当务之急。

③ 必须 must，一定 to be obligatory to do，to be sure to do：务必/务求/务使/务须/除恶务尽。

物

物 物 牛 牛 牜 物 物 物

牛部 4画

wù，ㄨˋ

① 东西 object，property，thing：物产/物件/物理/物品/物体/物质/物资/宝物/公物/景物/礼物/食物/事物/文物/信物/药物/衣物/待人接物/风云人物/头面人物。

② 内容 content，substance：空洞无物/言之有物。

误

误 讠 讠 讠 讠 讠 误 误 误

（誤）

讠部 7画

wù，ㄨˋ

① 错 error，mistake：误差/误传/误导/误读/误会/误解/误信/笔误/口误/失误。

② 因某种原因而错过 to miss：误场/误车/误点/误事。

③ 使受害 to lead astray，to mislead：误人子弟。

W

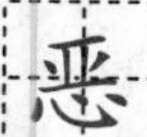

wù, ㄨˋ 见 99 页 è, ㄜˋ。

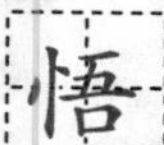

忄部
7画

悟悟悟悟悟悟悟悟悟悟

wù, ㄨˋ

① 明白，领会 to realize, to understand：悟性/悟出点儿道理。

② 觉醒 to be aware of：觉悟/醒悟/翻然悔悟。

X, ㄒ

夕夕夕

xī, ㄒㄧ

meaning symbol. 夕字旁（xīzìpángr），夕 as a meaning symbol is often related to night, such as 名（name），梦（dream）.

西部

西西西西西西

xī, ㄒㄧ

① 方向，太阳落下的那边 west：西边/西北/西部/西非/西风/西半球/声东击西。

② 泛指欧美各国 referring to western countries：西方/西服/西化/西式/西学/西洋/西药/西医/西装。

口部
3画

吸吸吸吸吸吸

xī, ㄒㄧ

① 用口、鼻把东西引进身体内 to inhale, to suck：吸食/吸收/呼吸/空吸/吸血鬼。

② 吸取，得到 to gain, to get, to draw into：吸附/吸力/吸盘/吸热/吸引/吸铁石/吸引力。

xī，ㄒㄧ

期望 to expect，to hope：希求/希望/希及时回复。

巾部 4 画

丿部 6 画

xī，ㄒㄧ

① 呼吸时进出的气 breath：气息/声息/息息相关。

② 停下来 to cease，to stop：息兵/息影/安息/停息/作息/自强不息。

③ 音信 message，news：消息。

④ 子女 children，descent，sons and daughters：子息。

⑤ 在银行存款多得的钱 interest：利息/年息/生息/月息。

心部 6 画

自部 4 画

(犧)

xī，ㄒㄧ

古代向神或祖先表示敬意时用的体健色纯的动物 a beast of a uniform colour for sacrifice：牺牛。

[牺牲] ❶ 拜神拜祖用的动物 a beast slaughtered for sacrifice。❷ 为正义而献出生命、舍弃个人利益等 to die a heroic death or sacrifice one's personal interest for justice。

牛部 6 画

xī，ㄒㄧ

① 知道 to know，to see，了解 to be informed

心部
7 画

of：得悉/获悉/惊悉/收悉/熟悉/知悉。

② 全 all，entirely：悉心/悉数收到。

(習)

乙部
2 画

xí，ㄒㄧˊ

① 一次又一次地学 exercise，practice：习题/习作/补习/复习/温习/学习/自习。

② 熟悉 to become familiar with，to get accustomed to：习以为常。

③ 逐渐形成的固定行为方式 custom，habit：习惯/习气/习性/恶习。

④ 姓 a surname。

(蓆)

巾部
7 画
广部
7 画

xí，ㄒㄧˊ

① 座位 place，seat：席位/席次/首席/入席/出席/即席/列席/缺席/议席/主席。

② 有食品、饮料的集会 banquet，dinner，feast：酒席/素席。

③ 席子，一种卧具 matress，a kind of bedding：草席/竹席。

氵部
6 画

xǐ，ㄒㄧˇ

① 用水去除不干净的部分 to bathe，to clear，to wash：洗手/洗澡/冲洗/清洗/洗衣服。

② 处理底片使成为照片 to develop (films)：洗印/洗照片。

xǐ，ㄒㄧˇ

① 高兴，快乐 to be happy，to feel deligh-

口部 9画 士部 9画

ted, glad：喜欢/喜剧/喜气/喜色/暗喜/报喜/欢喜/大喜过望。

② 让人高兴的，值得庆贺的（of an event or a piece of news）delightful, joyful, worth celebrating：喜酒/喜事/喜糖/喜讯/可喜/喜洋洋。

③ 爱好 to be fond of, to enjoy, to like：喜爱/喜好。

戏 (戲)

戈部 2画 又部 4画

フ ヌ ヌ 戈 戏 戏

xì, ㄒㄧˋ

① 玩 to play：游戏/视同儿戏。

② 开玩笑 to have a joke, to make fun of：戏弄/戏言。

③ 一种文艺演出 drama, play, show：戏班/戏本/戏词/戏法/戏迷/戏目/戏曲/戏台/戏院/戏照/戏装/戏子/把戏/京戏/演戏/做戏。

系 (係)(繫)

糸部 1画 丿部 6画

一 ㄷ 玄 玄 系 系 系

xì, ㄒㄧˋ

① 大学里按学科划分的行政单位 the department in a university, faculty：外语系/中文系。

② 自成一个单位的整体 series, system：系列/系统/派系/水系/体系/星系/语系/院系/直系。

③ 互相有关的 to be related to：关系/联系。

④ 是 to be：这张画确系祖传。

jì, ㄐㄧˋ

捆 to bind, to tie。

X

纟 纟 纟 纠 纫 纲 细 细

xì, ㄒㄧˋ

(細)

纟部
5 画

① 与"粗"相对，小的 thin, slender：细长/细小/细雨/细竹子/和风细雨。

② 做工好 delicate, exquisite, fine：精细/这活儿做得真细。

③ 想得很全面 careful, meticulous：过细/心细/精打细算。

④ 小的部分 fine, in small particles, tiny：细部/细目/细微/细则/细节。

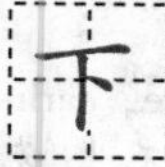

一部
2 画

丅 丅 下

xià, ㄒㄧㄚˋ

① 位置在低处的 below, downward：下游/山下/瓜田李下/居高临下/由上而下。

② 顺序或时间在后的 later, next, second：下一个/下不为例/承上启下。

③ 品质或级别低的 inferior, lower：下级/下流/下品/下属/下等货/不相上下/相持不下。

④ 由高处到低处 to get off, to move down：下来/下楼/下山/急转直下/顺流而下。

⑤ 落（雨、雪等） to fall：下雪/下雨。

(嚇)

口部
3 画

吓 吓 吓 吓 吓 吓

xià, ㄒㄧㄚˋ

① 害怕 to be afraid of, to be frightened, to be scared：吓呆了/吓了我一跳。

② 使害怕 to frighten, to scare, to threaten：吓人/狼被火吓退。

hè, ㄏㄜˋ

① 使别人害怕 to frighten, to scare, to threaten：恐吓。

② 叹词，表示不满 exclamation for dissatisfaction：吓，你还真行啊！

夏 夏 夏 夏 夏 夏 夏 夏 夏 夏

xià，ㄒㄧㄚˋ

① 一年中的第二个季节 summer, the second season of a year：夏季/夏令/夏日/夏天/夏衣/夏装/盛夏/夏令营/冬暖夏凉。

② 姓 a surname。

夂部 7画 一部 9画

先 先 先 先 先 先

xiān，ㄒㄧㄢ

① 时间在前的，位子在前的 before, earlier, in advance：先后/先进/先前/先生/先行/先知/领先/起先/抢先/事先/首先/预先/原先/早先/先见之明/先来后到/先礼后兵/先入为主/先声夺人/先天不足/一马当先/有言在先。

② 上代 ancestry, elder generation：先人/祖先。

③ 敬称死去的人 the deceased, late：先父/先王。

儿部 4画

掀 掀 掀 掀 掀 掀 掀 掀 掀 掀 掀

xiān，ㄒㄧㄢ

打开 to open，挑（tiǎo，ㄊㄧㄠˇ）起 to lift, to raise：掀动/掀起/掀盖子。

扌部 8画

鲜 鲜 鲜 鲜 鲜 鲜 鲜 鲜 鲜 鲜 鲜 鲜 鲜 鲜

(鮮)

xiān，ㄒㄧㄢ

① 色彩亮 bright-coloured：鲜红/鲜明/鲜血。

② 味道好 savoury, tasty：鲜美/鲜味/时鲜/新鲜/味道很鲜。

③ 存放时间很短的 fresh：鲜果/鲜花/鲜活/鲜鱼/保鲜。

鱼部 6画

④ 特指鱼虾等水产品 aquatic food：海鲜/鱼鲜。

xiǎn，ㄒㄧㄢˇ

少 little，rare：鲜见/鲜有/鲜为人知。

(閑)(閒)

门部 4画

闲闲闩闩闲闲闲

xián，ㄒㄧㄢˊ

① 没事可做 to idle about，to be unoccupied：空闲/农闲/清闲/休闲/忙闲不均。

② 与正事无关 carefree，leisure，nothing with business：闲扯/闲话/闲书/闲谈。

(鹹)

口部 6画

咸咸咸咸咸咸咸咸咸

xián，ㄒㄧㄢˊ

① 全，都 all，altogether，general：老少咸宜。

② 盐的味道，盐分多的 salted，salty：咸菜/咸蛋/咸鱼翻身/淡不加盐，咸不加水。

(顯)

日部 5画

显显显显显显显显显

xiǎn，ㄒㄧㄢˇ

① 表现出来 to express，to put up，to show：就别显你那点本事了。

② 外露易见的 apparent，noticeable，obvious：显得/显见/显露/显目/显然/显示/显现/显眼/显着/明显。

③ 有名声，有权势 illustrious，influential：显贵/显学/显要。

④ 敬语，用于已死去的先人 honorific title of the dead：显考（先父）。

(險)

阝部
7画

阝 阝 阶 阶 阶 阶 险 险 险

xiǎn，ㄒㄧㄢˇ

① 可能对生命财产造成危害的 dangerous, danger, risk：险境/险情/险象/险症/保险/火险/冒险/抢险/脱险/危险/山高水险。

② 险要的地方 a place difficult of access, narrow pass, unsmooth terrain：探险/天险。

③ 内心恶毒的 evil, sinister, venomous, vicious：凶险/阴险/用心险恶。

④ 差一点儿就 almost, nearly, by a hair's breadth：险些误了车！

(縣)

丨部
6画
厶部
5画

丨 口 月 目 且 县 县

xiàn，ㄒㄧㄢˋ

行政区划单位中的一级 county：县城/县份/县上/外县/县长/县政府。

现

(現)

王部
4画
见部
4画

一 二 于 王 王 玑 玑 现

xiàn，ㄒㄧㄢˋ

① 显露在外 to reveal, to show，使人能看见 to appear, to turn up：现象/现形/表现/出现/重现/现身说法。

② 目前 currently, at present：现存/现代/现今/现况/现任/现实/现世/现行/现有/现在/现状/现成话/现成饭/现代化/现代主义/现实主义。

③ 临时 in time of need, temporarily，当时 live, on the spot：现场/现吃/现做现卖/现场直播。

④ 当时就有的 on hand：现房/现货/现金/现钱。

(線)

纟部 5画

纟 纟 纟 纟 纟 线 线 线

xiàn，ㄒㄧㄢˋ

① 本指丝、棉等制成的细长物，现在也指一切像线的东西 string，thread，wire：导线/电线/管线/光线/红线/视线/专线/生命线。

② 彼此交界的地方 dividing line，boundary：防线/界线/前线/阵线。

③ 交通的路线 line，route：线路/干线/航线/路线/全线/京广线/运输线。

④ 几何学中指有长度而没有宽度、厚度的图形 line：线段/线条/直线。

阝部 6画

阝 阝 阝 阝 阝 限 限 限

xiàn，ㄒㄧㄢˋ

① 定下的范围 bounds，boundary，deadline，limits：界限/年限/期限/时限/无限/下限/有限。

② 定下范围，限定 to restrict，to set a limit：限度/限量/限期/限时/限制/局限/限半年通过。

(憲)

宀部 6画

宪 宪 宪 宪 宪 宪 宪 宪 宪

xiàn，ㄒㄧㄢˋ

① 法令 decree，law：宪法/宪章/宪政。

② 国家的大法 constitution：立宪/修宪/制宪。

③ 执行法令 to enforce or put a decree into effect：宪兵。

(羨)

羊部
6 画

羡

xiàn，ㄒㄧㄢˋ

因为喜爱而进一步想得到 to admire，to envy：羡慕/惊羡/人人称羡。

(獻)

犬部
9 画

献

xiàn，ㄒㄧㄢˋ

① 恭敬地送上 to present respectfully：献宝/献策/献计/献礼/献身/贡献/捐献/给老师献上一束花。

② 表演 to display，to perform，to show：献技/献艺。

乡

(鄉)

乙部
2 画

乡

xiāng，ㄒㄧㄤ

① 城外头，农村 countryside，villlage：乡间/乡下/城乡/下乡。

② 出生地或祖居地 home village or town，native place：乡里/乡亲/乡情/乡音/乡友/故乡/怀乡/还乡/回乡/老乡/思乡/同乡。

③ 行政基层单位，属县或区管 township，a rural administrative unit under the county：乡政府。

相

目部
4 画
木部
5 画

相

xiāng，ㄒㄧㄤ

① 交互的 each other，mutually：相安/相比/相称/相处/相传/相等/相反/相关/相好/相互/相继/相近/相劝/相商/相思/相似/相约/互相/相亲相爱。

② 一方对另一方的 indicating how one behaves towards the other：相帮/相信。

③ 自己察看 to see and evaluate in person：相亲/相中（zhòng，ㄓㄨㄥˋ）。

xiàng，ㄒㄧㄤˋ

① 样子，形像 appearance，look：相机/相片/变相/看相/苦相/老相/亮相/露相/面相/属相/星相/站相/照相/真相大白/站有站相，坐有坐相。

② 细看，认真看 to examine the appearance and judge：相面/相书。

③ 有些国家的高官 title for high-ranking officials：首相/外相（外交部长）。

香香香香香香香香香

禾部 4画

xiāng，ㄒㄧㄤ

① 闻起来舒服的 good smell，sweet smell：香花/香气/香味/花香/清香。

② 味道好 flavoured，tasty：香甜可口。

③ 有香味的原料或制品 perfume or spice：沉香/檀香/蚊香/线香。

④ 能吃或能睡 with relish，with good appetite：吃得很香/睡得很香。

⑤ 受欢迎 popular，welcome：吃香。

箱箱箱箱箱箱箱箱箱箱箱箱箱箱箱

竹部 9画

xiāng，ㄒㄧㄤ

① 收藏物品的器具，一般有盖子 box，case，chest：木箱/皮箱/旅行箱。

② 像箱子的东西 anything in the shape of a box：风箱/意见箱。

xiáng，ㄒㄧㄤˊ　见191页jiàng，ㄐㄧㄤˋ。

(詳)

讠部
6画

详 详 详 详 详 详 详 详

xiáng，ㄒㄧㄤˊ

① 与“略”相对，仔细 detailed，exhaustive，minute：详尽/详解/详明/详细/详谈/详略得当。

② 清楚 clear，distinct：详情/详实/不详/内详。

亠部
6画
子部
5画

享 享 享 享 享 享 享 享

xiǎng，ㄒㄧㄤˇ

得到快乐的感觉，体验满足感 to enjoy：享福/享乐/享受/享有/享用/安享/分享/坐享其成。

(響)

口部
6画

响 响 响 响 响 响 响 响 响

xiǎng，ㄒㄧㄤˇ

① 声音 sound，voice：响动/响亮/响声/绝响/声响/音响/不同凡响。

② 发出声音 to sound，to make a sound：交响乐/电话响了。

③ 回声，回应 echo，response：响应/反响。

心部
9画

想 想 想 想 想 想 想 想 想 想 想 想 想

xiǎng，ㄒㄧㄤˇ

① 动脑子，思考 to ponder，to reflect，to think：暗想/感想/回想/假想/空想/联想/设想/试想/推想/想办法/想当然/想入非

X

非/你别想不开。

② 认为 to consider, to regard, to suppose: 想必/我想会下雨。

③ 希望，打算 to hope, to plan: 理想/休想/想上学。

④ 挂念 to miss, to recall: 想家/想念。

(嚮)

口部 3画

向向向向向向

xiàng，ㄒㄧㄤˋ

① 对着，朝着 facing, towards: 向东/向阳/向着/相向/所向无敌/人心向背/人心所向。

② 方向 direction: 单向/定向/动向/归向/航向/横向/偏向/去向/通向/意向/志向/河流的走向。

③ 介词 prep.，表示动作的方向 in the direction of, towards: 向前看。

(項)

工部 6画 页部 3画

项项项项项项项项项

xiàng，ㄒㄧㄤˋ

① 脖子 neck: 项圈/颈项。

② 种类 category, kind, item: 项目/事项/义项。

③ 钱 sum of money: 进项/用项。

④ 量词 classifier, used of itemized things: 十项全能/一项规定。

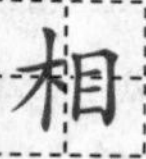

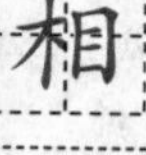

xiàng，ㄒㄧㄤˋ 见432页 xiāng，ㄒㄧㄤ。

X

象

象象象象象象象象象象象

xiàng，ㄒㄧㄤˋ

⺈部
9画

① 形状 shape，样子 image：象形/气象/象形文字/万象更新。

② 动物名 a kind of animal，大象 elephant：象牙/象脚鼓/非洲象。

像像像像像像像像像像像像像

亻部
11画

xiàng，ㄒㄧㄤˋ

① 相似 to be alike，to be similar，to resemble，to take after：哥俩长得很像。

② 比照人物做出的图画、雕塑等 picture，portrait，statue：像章/画像/怪像/群像/人像/神像/石像/头像/图像/遗像/音像。

③ 似乎，看来是 appear，look as if，seem：好像/像要下雨。

④ 如同，比方 like：像这种情况，谁也估计不到。

消消消消消消消消消消

氵部
7画

xiāo，ㄒㄧㄠ

① 散去，不再存在 to disappear，to vanish：消失。

② 使不存在，除去 to eliminate，to get rid of：消除/消毒/消解/消气/消散/消释/消退/打消/取消。

③ 度过，用去 to get through，to spend，to use：消夏/消费。

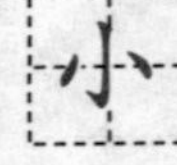

亅 小 小

X

小部

xiǎo，ㄒㄧㄠˇ

① 与"大"相对 little，minor，small：小节/小山/小型/小组/小把戏/小报告/小动作/小两口/房子小/声音小/非同小可/妻儿

老小/小王比小李小一些。

② 动作时间短 for a short time：小睡/小住几天。

③ 排行在最后的 young：小舅/小妹/小儿子。

［小气］不愿意花钱、不大方 stingy, penny-pinching。

［小人］人品差的人 bad person。

效 效 效 效 效 效 效 效 效 效

文部
6画

xiào, ㄒㄧㄠˋ

① 学别人怎么做 to follow, to imitate：效法/效仿/仿效/上行下效。

② 尽力做 to devote to, to make efforts, to render (service)：效劳/效力/报效。

③ 结果，功用 effect, function, outcome, result：效果/效能/效益/效应/效用/成效/功效/后效/见效/失效/时效/实效/特效/无效/行之有效。

校 校 校 校 校 校 校 校 校 校

木部
7画

xiào, ㄒㄧㄠˋ

① 正式的上课地方 school, college, university：校风/校歌/校规/校庆/校训/校友/校园/母校/学校/夜校。

② 表示军人等级的称号之一 one of the military ranks：校官/上校/少校/中校。

jiào, ㄐㄧㄠˋ

改正，订正 to check, to correct, to revise：校对/校订/校改/校正/把稿子再校一遍。

竹部
4 画

xiào，ㄒㄧㄠˋ

① 高兴的表情 laugh，smile：笑容/发笑/好笑/苦笑/谈笑/他笑了/笑容满面/谈笑风生/一笑置之。

② 用言语挖苦人 to laugh at，to mock at：取笑/你别笑我。

③ 让人笑的 joking，laughable，ridiculous：笑话/笑谈/笑星/笑语/搞笑/开玩笑。

止部
4 画

xiē，ㄒㄧㄝ

① 表示不定量 these，those，this much，that many，etc.：些许/某些/那些/哪些/一些/有些。

② 用在形容词后，表示比较 used after an adj.，indicating comparison，more than：贵些/好看些/今天好些，昨天差些。

欠部
9 画

xiē，ㄒㄧㄝ

① 休息 to take a break，to rest：歇脚/歇息/安歇/间歇/歇歇脚。

② 停止 to cease，to stop：歇工/歇业/停歇。

(協)

十部
4 画

xié，ㄒㄧㄝˊ

① 帮助 to aid，to assist，to help，to coordinate with each other：协办/协理/协助。

② 合作得好 harmonious，in amity with：协力/协商/协调/协同/协议/协约。

阝部
4画

xié，ㄒㄧㄝˊ
不正当的 evil，heretical，sinful：邪恶/邪路/邪念/邪心/邪不胜正/改邪归正/歪风邪气。

斗部
7画

xié，ㄒㄧㄝˊ
不在正中间的 inclined，oblique，slanting，tilted：斜边/斜路/斜视/斜线/斜眼/斜阳/斜对面。

(諧)

讠部
9画

xié，ㄒㄧㄝˊ
配合得好 concordant with，congruent，harmonious：谐和/关系和谐。

革部
6画

xié，ㄒㄧㄝˊ
鞋子 shoe：鞋帮/鞋带/鞋粉/鞋跟/鞋油/布鞋/便鞋/棉鞋/皮鞋/跑鞋/球鞋/拖鞋/运动鞋。

［穿小鞋］在背后说别人的坏话 to slander，to libel。

xiě，ㄒㄧㄝˇ 见452页 xuè，ㄒㄩㄝˋ。

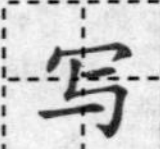

(寫)

冖部
3 画

xiě, ㄒㄧㄝˇ

① 用笔写字 to write with a pen：写字/大写/简写/连写/手写/书写/手写体。

② 画 to draw, to paint, to sketch：写生/写意/写真/速写。

③ 描写 to describe, to portray, to depict：写景/写实。

④ 写作 to compose, to create a literary piece：写法/写诗/编写/改写/写评论。

(謝)

讠部
10 画

xiè, ㄒㄧㄝˋ

① 感激 grateful, thankful：谢词/谢礼/谢谢/谢意/称谢/答谢/道谢/多谢/感谢/面谢/致谢/不用谢。

② 用客气的方法不接受某事 to decline or refuse in a polite way：谢绝/谢却。

③ 花掉落 (flowers) wither and fall：花都谢了。

④ 认错 to apologize, to be sorry for (sth.), to express one's sorrow for one's mistake：谢罪。

⑤ 姓 a surname。

xiè, ㄒㄧㄝˋ 见 198 页 jiě, ㄐㄧㄝˇ。

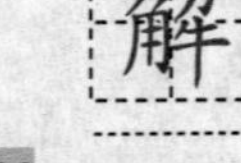

X

xīn, ㄒㄧㄣ

meaning symbol. 竖心旁儿 (shùxīnpángr)

or 竖心儿（shùxīnr），as a meaning symbol is usually related to psychological movement, such as 快（quick），怕（to be afraid of, to be worried），情（affection, feeling），恨（to hate, to regret），慢（slow）。

心部

心 心 心 心

xīn，ㄒㄧㄣ

① 人体的器官 heart：心跳很正常。

② 思想感情 emotion, feeling，思维活动 intention, mind：心爱/心病/心传/心得/心动/心服/心怀/心急/心灵/心领/心神/心声/心事/心思/心态/心头/心细/心眼/爱心/本心/细心/真心/知心/人心所向/力不从心/一不小心/日久见人心。

③ 中央 centre, middle，位置在中间的 core：圆心/市中心。

辛部

辛 辛 辛 辛 辛 辛 辛

xīn，ㄒㄧㄣ

劳累 hard, laborious：辛苦/辛劳/千辛万苦。

斤部
9 画

新 新 新 新 新 新 新 新 新 新 新 新 新

xīn，ㄒㄧㄣ

① 第一次出现或刚经验到的 fresh, up-to-date：新编/新春/新年/新手/新兴/新月/新装/迎新/新产品。

② 还没用过的 brand new：新楼房/新衣服。

③ 最近的 recently：新近/最新/新来的。

④ 与刚结婚有关的 newly married：新房/新妇/新娘/新人。

丿 亻 亻 仁 仁 信 信 信 信

xìn，ㄒㄧㄣˋ

亻部
7 画

① 真实、诚实，不骗人的 honest，sincere，true：信用/信誉/自信。

② 可靠的 to believe，to trust：信服/信念/信任/信物/信心/信义/坚信/可信/轻信/失信/相信。

③ 消息 information，message：报信/带信/口信/音信。

④ 书信 letter：信封/信件/信箱/信纸/短信/发信/家信。

⑤ 随意 at random，at will，casually，conveniently，without plan：信笔/信步/信手。

(興)

八部
4 画

兴 兴 兴 兴 兴

xīng，ㄒㄧㄥ

① 开始，发出，举办 to build，to start：兴办/兴兵/兴奋/兴学/兴风作浪/兴师动众/大兴土木。

② 起来 to get up，to rise：晨兴/夙兴夜寐。

③ 越来越好 to be prosper，to thrive：兴起/兴盛/复兴/中兴。

④ 流行 to be popular，to prevail：不兴/时兴/新兴。

xìng，ㄒㄧㄥˋ

对事物喜爱的感情 excitement，interest，mood：兴趣/兴头/兴味/兴致/败兴/乘兴/高兴/即兴/尽兴/扫兴/意兴/余兴/助兴/兴冲冲/兴高采烈/乘兴而来，败兴而去。

丶 口 日 日 旦 旦 旦 星 星

xīng，ㄒㄧㄥ

① 天体 star：星光/星空/星球/星体/星星/

日部
5 画

星夜/繁星/流星/卫星。

② 星状的或细小的东西 sth. like a star, a little bit: 零星/五角星/星星点点/星星之火。

③ 明星，有名的演艺人员、运动员 famous performer, star: 歌星/巨星/球星/舞星/笑星/影星/追星族。

刑

刂部
4 画

一 二 于 开 刑 刑

xíng, ㄒㄧㄥˊ

① 对犯人的各种处罚的总称 penalty, punishment, sentence: 刑罚/刑期/服刑/死刑。

② 特指对犯人的体罚 corporal punishment, lynch, torture: 刑讯/动刑/受刑。

行部
彳部
3 画

丿 彳 彳 彳 行 行

xíng, ㄒㄧㄥˊ

① 有才能，很能干 to be capable of, to have the ability to do: 你真行。

② 走 to march, to travel on foot, to walk: 行进/行经/行军/行人/行走/飞行/旅行/通行/同行/游行/远行/运行/进行曲/人行道/自行车/日行千里/寸步难行/衣食住行。

③ 可以 to be able to, to be allowed to, can: 还行/不行/说他行，他就行。

④ 做，办 to behave, to do, to manage to do: 行礼/行事/行医/行政/并行/进行/举行/可行/力行/推行/实行/行行好/身体力行/三思而后行。

⑤ 所做的事 behavior, sth. you have done: 行为/善行/言行。

⑥ 将要 to be going to, shall, will: 行将结束。

háng, ㄏㄤˊ

① 排 a line, a row: 行列。

② 职业 occupation, profession：行规/行话/行会/行业/本行/同行/行行出状元。

③ 商店 department store, grocery, shop：粮行/米行/商行/洋行/银行/水果行。

④ 排列顺序 kinship：排行/他家兄弟四个，他行二。

⑤ 量词 classifier，用于成行的东西 a line of, a row of：第三行/一目十行。

彡部 4画

形 二 于 开 形 形 形

xíng，ㄒㄧㄥˊ

① 表现在外的样子 form, shape：形成/形式/形势/形似/形态/形体/形象/形状/三角形/奇形怪状/得意忘形。

② 可见的实体 body, entity：地形/形单影只/形影不离/无形资产/有形资产。

③ 表现 to appear, to look as if：喜形于色/义形于色。

④ 对比 to compare, to be in contrast：相形之下。

土部 6画

型 二 于 开 刑 刑 型 型 型

xíng，ㄒㄧㄥˊ

① 模子 model：模型。

② 样式 mode, pattern, type：型号/车型/成型/大型/典型/发型/口型/类型/脸型/体型/新型/血型/原型/造型。

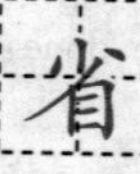

xǐng，ㄒㄧㄥˇ 见352页 shěng，ㄕㄥˇ。

醒 丆 丙 丙 西 酉 酉 酉 酉 酉 酉 酉 酉 酉 醒 醒

酉部
9 画

xǐng，ㄒㄧㄥˇ

① 睡够了或还没睡着 to be awake, to wake up：睡醒/还醒着/七点钟还没醒，就把我叫醒。

② 思想由不清楚到清楚 to be clear in mind：醒悟/惊醒/清醒/如梦初醒。

③ 引人注意的 attracting, shocking, striking：醒目/醒眼。

④ 消除酒醉感 to regain consciousness, to sober up：据说醋可以醒酒。

姓 姓 姓 姓 姓 姓 姓 姓

女部
5 画

xìng，ㄒㄧㄥˋ

① 代表家族的字 surname：姓名/姓氏/百姓/贵姓/张姓是中国的大姓。

② 以……为姓 to surname：他姓什么？他姓张。

幸 幸 幸 幸 幸 幸 幸 幸

土部
5 画

xìng，ㄒㄧㄥˋ

① 日子过得好 fortunate, lucky, well-off：幸福/幸运/不幸。

② 光荣而且高兴 with honour：幸会/荣幸/三生有幸。

③ 意外受益或未受害 to benefit, to avoid sth. harmed accidentally：幸好/万幸/喜幸。

性 性 性 性 性 性 性 性

忄部
5 画

xìng，ㄒㄧㄥˋ

① 性别 gender, sex：性病/性感/男性/女性。

② 性格 disposition, temperament：性急/性灵/性情/本性/定性/个性/急性/记性/理性/灵性/慢性/耐性/天性/习性/野性。

X

③ 性质 character, nature, quality: 性能/性状/词性/毒性/恶性/共性/属性/弹性/药性。

(兇)

凵部
2 画

丿 㐅 凶 凶

xiōng, ㄒㄩㄥ

① 不幸的 inauspicious, ominous: 凶事/凶信/凶多吉少。

② 收成不好的年份 crop failure: 凶年。

③ 恶 ferocious, 毒辣 fierce, savage: 凶残/凶恶/凶狠/凶猛。

④ 杀害或伤害人的行为 act of violence, murder: 凶手/帮凶/行凶/正凶。

儿部
3 画
口部
2 画

兄 兄 兄 兄 兄

xiōng, ㄒㄩㄥ

① 哥哥 elder brother: 兄弟/兄长/胞兄/弟兄/父兄/长兄/称兄道弟/难兄难弟。

② 称同辈而年纪比自己大的男性 title for the elder male peer: 表兄/老兄/师兄/世兄/堂兄/义兄/宗兄/族兄。

胸

月部
6 画

丿 刀 月 月 月' 肑 肑 肑 胸 胸

xiōng, ㄒㄩㄥ

① 颈下腹上的部分 bosom, breast, chest, thorax: 胸部/胸口/胸围/胸章。

② 内心 heart, mind: 胸怀/心胸/胸有成竹/胸中无数/胸中有数。

雄

隹部
4 画

一 ナ 厷 厷 厷 厷' 厷 厷 雄 雄 雄 雄

xióng, ㄒㄩㄥˊ

① 公的, 与"母"相对 male: 雄鸡。

② 强有力的 manly, powerful, strong: 雄兵/

X

雄厚/雄健/雄伟/雄壮/雄心壮志。

③ 强有力的人或集团 person or state having great power and influence：称雄/英雄/争雄。

熊 熊 熊 熊 熊 熊 熊 熊 熊 熊 熊 熊 熊 熊

灬部
10 画

xióng，ㄒㄩㄥˊ

① 熊科动物的统称 bear：白熊/灰熊/北极熊。

② 批评 to criticize，to scold，to upbraid：熊了这小子一顿。

③ 姓 a surname。

[熊熊] 火很大 flaming，raging。

休 休 休 休 休 休

亻部
4 画

xiū，ㄒㄧㄡ

① 停止，终止 to cease，to stop：休会/休学/休业/无尽无休。

② 歇息 to have a holiday，to relax，to rest：休假/休息/休闲/双休日。

③ 不要，别 don't：休想/休要。

④ 幸运 auspiciousness，happiness，luck：休戚相关。

修 修 修 修 修 修 修 修 修

亻部
7 画

xiū，ㄒㄧㄡ

① 使美观，使完善 to decorate，to embellish，to repair：修补/修订/修理/修整。

② 建造 to build，to construct：修盖/修建/修路。

③ 提高自己的品行、学业等 to cultivate，to study：修炼/修身/修养/修正/必修/选修/

重修/修身养性。

xiǔ，ㄒㄧㄡˇ 见380页sù，ㄙㄨˋ。

禾部
2画

秀秀秀秀秀秀秀

xiù，ㄒㄧㄡˋ

① 外表美丽 beautiful, elegant：秀丽/山明水秀。

② 聪明 clever，灵巧 delicate：内秀。

③ 好的 excellent：优秀。

④ 出众的人 outstanding talent：新秀。

⑤ 英语 show 的译音词 the transliteration of English word "show"：走秀/作秀/脱口秀/演出秀。

须
(須)
(鬚)

页部
3画

彡部
6画

须须须须须须须须须

xū，ㄒㄩ

① 一定要 have to, must：必须/务须/无须/莫须有/参观须知。

② 胡子 beard：胡须。

(虛)

虍部
5画

虚虚虚虚虚虚虚虚虚虚虚

xū，ㄒㄩ

① 空 empty, unoccupied：虚惊/虚空/虚名/虚实/虚位以待/虚有其表/座无虚席。

② 假 fake, false, nominal：虚报/虚构/虚假/虚拟/弄虚作假。

③ 没勇气 lack of courage, timid：心虚。

④ 身体弱 feeble, in poor health, weak：虚弱/气虚。

⑤ 不自满 humble, modest：虚心/虚怀若谷。

需需需需需需需需需需需需需需

雨部 6画

xū, ㄒㄩ

① 一定要用到的 to be in need of, to require：需求/需要/需用/必需/急需/按需分配/不时之需。

② 一定要用的东西 necessaries, necessities, needs：军需。

许许许许许许

(許)

讠部 4画

xǔ, ㄒㄩˇ

① 答应，同意 to agree, to allow, to approve, to permit：不许/特许/允许/准许。

② 赞美优点 to commend, to praise：称许/赞许/自许。

③ 早先就答应给与 to promise：许配/我许给他一本书。

④ 可能，或者 perhaps, possibly, probably, maybe：或许/也许。

⑤ 这么，表程度 to some extent：几许/少许/些许/许多/许久。

⑥ 姓 a surname。

序序序序序序序

广部 4画

xù, ㄒㄩˋ

① 次第 order, sequence：序列/程序/次序/顺序/音序。

② 正式内容前的 preface, prelude: 序文/序言/自序。

绪 (緒)

纟部 8 画

绪 绪 绪 绪 绪 绪 绪 绪 绪 绪 绪

xù, ㄒㄩˋ

① 开始 to begin, to start: 绪论/头绪/千头万绪。

② 心情, 想法 mental or emotional state, mood: 愁绪/情绪/思绪/心绪。

续 (續)

纟部 8 画

续 续 续 续 续 续 续 续 续 续 续

xù, ㄒㄩˋ

① 在原有的基础上加 to add up, to supply more: 续编/续集/续假/待续/后续/续一点儿水。

② 连接 to continue, 不中断 to extend, to sustain: 持续/继续/连续。

宀部 6 画

宣 宣 宣 宣 宣 宣 宣 宣 宣

xuān, ㄒㄩㄢ

发表, 公开说出 to announce, to declare in public, to proclaim, to state: 宣布/宣称/宣传/宣读/宣告/宣示/宣言/宣扬/宣战/心照不宣。

(選)

辶部 6 画

选 选 选 选 选 先 洗 选 选

xuǎn, ㄒㄩㄢˇ

① 挑出 to choose, to pick out, to select: 选出/选材/选定/选读/选举/选民/选派/选票/选区/选取/选任/选送/选修/选用/补选/初选/当选/改选/落选/民选/入选/推选/自选。

② 选出来的 elected, selected: 选单/选集/选手/人选/论文选。

穴 穴 穴 穴 穴

xué，ㄒㄩㄝˊ

meaning symbol，穴字头（xuézìtóur）or 穴宝盖儿（xuébǎogàir），穴 as a meaning symbol is generally relevant to hole，aperture，such as 空（hollow），突（originally indicates that the dog dashes forward from the hole suddenly）。

（學）

子部
5 画

学 学 学 学 学 学 学 学

xué，ㄒㄩㄝˊ

① 学习 to study，to learn，to imitate，to mimic：学生/学友/学员/开学/苦学/留学/求学/失学/停学/退学/同学/休学/游学/自学/教学相长/活到老学到老。

② 模仿 imitation：学鸟叫。

③ 知识，学问 knowledge，learning：学识/学术/讲学/治学。

④ 学科门类 branch，subject：文学/新学/物理学/语言学。

⑤ 学校 school：入学/升学/上学/小学/兴学/义学/中学/转学。

雨部
3 画

雪 雪 雪 雪 雪 雪 雪 雪 雪 雪 雪

xuě，ㄒㄩㄝˇ

① 雪花 snow，snowflake：雪片/雪山/雪原/初雪/滑雪/积雪/下雪/风花雪月。

② 像雪的颜色或光泽的 snow-like：雪白/雪亮。

③ 除去 to get rid of，to wipe out：雪恨/洗雪。

血部

xuè，ㄒㄩㄝˋ

① 动物体内的一种红色液体 blood：血案/血本/血管/血汗/血色/血型/血压/血液/血战/补血/热血/鲜血/血流如注。

② 有共同祖先的 blood kin/ties，common ancestry：血亲/血统。

xiě，ㄒㄧㄝˇ

义同“血”，多单用在口语中 to bleed（in spoken language）：牙出血了。

(訓)

讠部
3 画

xùn，ㄒㄩㄣˋ

① 教导，批评 to criticize，to instruct，to teach：训导/训话/训练/训示/训育/受训/训练有素/爸爸训了弟弟。

② 教导的话 admonition，instruction：训词/古训/家训/校训/遗训。

③ 准则 norm，标准 standard：不足为训。

④ 解释词的意义 to explain the meaning(s) of a word，to paraphrase：训释。

(訊)

讠部
3 画

xùn，ㄒㄩㄣˋ

① 问，特指执法时提问 to ask，to interrogate，to question：讯问/传讯。

② 消息，音信 message，news：讯息/电讯/简讯/死讯/通讯/闻讯/问讯/喜讯。

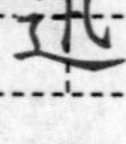

辶部
3 画

xùn，ㄒㄩㄣˋ

快 fast，quick，rapid，swift：迅急/迅即/迅猛/迅速。

Y, Ｙ

(壓)

厂部
4 画

压 压 压 压 压 压

yā, ㄧㄚ

① 从上面加重力 to impose weight from above, to press, to push down：压倒/压低/压力/压破。

② 用强力或武力解决问题 to keep down, to keep under control, to suppress：压缩/压迫/压制/镇压/大军压境。

③ 电力或空气的力量 electric or atmospherical power：低压/电压/低气压/高气压。

④ 努力使不上升 to keep down, to hold back, to repress, to stifle：压价/压惊。

口部
4 画

呀 呀 呀 呀 呀 呀 呀

yā, ㄧㄚ

① 叹词，表示惊奇 exclamation for surprise：呀！下雪了。

② 拟声用字 onomatopoeia："呀" 的一声，门推开了。

牙部

一部
3 画

牙 牙 牙 牙

yá, ㄧㄚˊ

牙齿 teeth：牙床/牙齿/牙粉/牙科/牙具/牙医/门牙。

亚 亚 亚 亚 亚 亚

yà, ㄧㄚˋ

(亞)

一部
5 画

① 次一等的 inferior to, sub-, 第二的 second, second class：亚军/亚赛/亚似/亚热带。

② 指亚洲，世界七大洲之一 Asia：东亚/南亚/西亚/中亚/东南亚。

(嚥)

口部
6 画

yān，丨ㄢ
喉腔附近的器官 pharynx：咽部/咽喉。

yàn，丨ㄢˋ
吃下去 to devour, to swallow：咽下了一口饭。

yè，丨ㄝˋ
难过得无法说话（of sound）obstructed and therefore low：呜咽。

(煙)

(菸)

火部
6 画

yān，丨ㄢ
① 物体被火烧着时产生的气状物 smoke：煤烟/油烟。

② 像烟的东西 beacon, fireworks, mist：烟波/烟雨/烟云/烟花/烟火/烟气/风烟/烟消云散。

③ 烟草 opium, tobacco：烟袋/烟斗/烟丝/烟叶。

④ 烟草制品 cigarette：香烟/吸烟有害健康。

延

廴部
4 画

yán，丨ㄢˊ
① 拉长 to extend, to prolong：延长/延伸。

② （时间）推迟 to delay, to postpone, to put off：延迟/延期。

③ 请 to invite, to send for：延请。

Y

④ 姓 a surname。

(嚴)

一部 6画

严 严 严 严 严 严 严

yán, ㄧㄢˊ

① 紧密，没有空处 tight：严密/盖得不严。

② 不降低要求 to be serious about, to be strict with：严办/严词/严防/严格/严厉/严禁/严令/严明/严守/严正/从严/义正词严。

③ 程度很深 severe：严冬/严寒/严重/庄严。

④ 父亲 father：家严。

⑤ 姓 a surname。

讠 讠

yán, ㄧㄢˊ

meaning symbol. 言字旁儿（yánzìpángr），讠 as a meaning symbol is often relevant to speaking or oral communication, such as 说（speaking），论（discussing），话（speech）。

言部

言 言 言 言 言 言 言

yán, ㄧㄢˊ

① 说 to say, to speak, to talk：言和/言重/总而言之/知无不言，言无不尽。

② 说的话 speech, word：言论/言谈/言语/常言/传言/导言/断言/方言/发言/格言/进言/留言/流言/名言/前言/声言/失言/食言/序言/引言/语言/预言/言必有据/言不尽意/言传身教/言为心声/言行一致/一言为定/言之有理/言外之意。

③ 字 character, word：七言诗/五言诗。

氵部 5 画

yán, ㄧㄢˊ

① 顺着 along, down, following: 沿岸/沿海/沿河/沿街/沿江/沿例/沿路/沿线/沿用/沿着/相沿成习。

② 边 brink, edge, border, side: 边沿/前沿。

研

石部 4 画

yán, ㄧㄢˊ

① 磨成细粉 to grind, to pestle: 研药。

② 深入思考 to pursue, to research, to study: 研读/研发/研究/研讨/研习/研修/研制/调研/科研/钻研/研究生/研究员/教研室。

(鹽)

皿部 5 画

yán, ㄧㄢˊ

食盐 salt: 海盐/盐水/开门七件事, 柴米油盐酱醋茶。

颜 (顏)

页部 9 画

yán, ㄧㄢˊ

① 脸 complexion, face, 表情 countenance, facial expression: 颜面/汗颜/红颜/容颜/笑颜。

② 颜色 colour: 颜料/五颜六色。

眼

目部 6 画

yǎn, ㄧㄢˇ

① 眼睛 eye, eyeball: 眼波/眼福/眼花/眼尖/眼看/眼科/眼力/眼泪/眼前/眼色/眼

神/眼下/白眼/冷眼/顺眼/显眼/正眼/转眼/眼底下。

② 小洞 aperture, small hole：心眼/针眼。

[眼红] 很羡慕 be envious of。

氵部
11 画

演演演演演演演演演演演演演演

yǎn, ㄧㄢˇ

①在很多人前表现技能或才艺 to act, to perform, to put on, to show：演出/演唱/演讲/演示/演说/演戏/演员/表演/导演/公演/会演/试演/义演/主演。

② 照模式练习 to drill, to practice：演练/演算/演习/排演。

③ 不停地改变 to develop, to evolve：演变/演化/演进。

宀部
7 画

宴宴宴宴宴宴宴宴宴宴

yàn, ㄧㄢˋ

① 请吃饭 to entertain (to a dinner), to fete：宴客/宴请/欢宴。

② 酒席 feast, banquet：宴会/宴席/便宴/国宴/设宴/晚宴/午宴。

(驗)

马部
7 画

验验验验验验验验验验

yàn, ㄧㄢˋ

① 查证 to examine, 检查 to check：验光/验货/验看/验收/验算/验血/验证/测验/查验/化验/检验/考验/实验/试验/体验。

② 得到预想的效果 to prove, to turn out：灵验/应验。

Y

丨 冂 口 央 央

yāng，丨尢

大部 2画 丨部 4画

① 事物的中心 center，centrality，middle：水中央。

② 真心的请求 to beg，to implore，to plead：央告/央求/央托。

[中央] ❶ 中间的部分 centre，middle：广场中央。❷ 国家级的机构 highest leading body（of a state，party，etc.）：中央电视台/中央气象台。

[央行] 中国人民银行总行 People's Bank of China。

(揚)

扌部 3画

一 扌 扌 扔 扬 扬

yáng，丨尢ˊ

① 向上举 to raise，to lift up，to hoist：飞扬/扬起手。

② 赞美，宣传 to become widely known，to make a name for oneself，to praise：扬名/表扬/发扬/传扬/宣扬/赞扬/张扬/发扬光大。

羊部

丶 丷 䒑 兰 兰 羊

yáng，丨尢ˊ

各种羊的统称 sheep：羊毛/黄羊/奶羊/山羊/替罪羊/羊肠小道。

(陽)

阝部 4画

阝 阝 阝 阳 阳 阳

yáng，丨尢ˊ

① 太阳 sun，sunshine：阳春/阳光/向阳/朝阳。

② 外露的 open，outside，out，overt：阳台/阳文。

③ 和"阴"相对的（in Chinese philoso-

phy, medicine, etc.) Yang, the masculine or positive principle in nature, the world: 阳间/阳性/还阳/阴阳五行。

氵部
6画

洋 洋 洋 洋 洋 洋 洋 洋 洋

yáng, ㄧㄤˊ

① 比海更宽广的水面 ocean: 海洋/远洋/太平洋。

② 外国的 foreign, overseas: 洋服/洋货/洋人/洋气/洋务/东洋/留洋/西洋。

③ 旧指钱 dollar, money: 银洋/一块大洋。

丷部
7画
羊部
3画

养 养 养 养 养 养 养 养 养

yǎng, ㄧㄤˇ

① 照顾并提供生活所需 to give birth to, to provide for, to support: 养护/养活/养家/养老/抱养/供养/给养/生养。

② 种植, 喂养 to cultivate, to raise: 养狗/养花/养鱼。

③ 非亲生的 adoptive, foster: 养父/养母/养女/养子/领养/收养。

④ 让身心休息, 调理 to convalesce, to nourish, to recuperate one's health: 养病/养伤/养神/养生/保养/补养/静养/调养/休养。

⑤ 长时间形成的素质 to cultivate, to foster: 教养/素养/学养/修养。

木部
6画

样 十 才 木 杧 杧 栏 栏 样 样

yàng, ㄧㄤˋ

① 外形特点, 样子 appearance, look, shape: 变样/模样/式样/图样/字样/怪模怪样/一模一样。

② 作标准的 pattern, sample: 样板/样本/

样机/样品/样式/样书。

③ 量词 classifier，表示事物的种类 indicating the kinds/sorts of things：样样/四样礼物。

腰

腰 腰

月部 9画

yāo，ㄧㄠ

① 身体中部，胯上肋下的部分 waist：腰板/腰部/弯腰/伸懒腰。

② 事物的中间部分 the middle part of sth.：山腰/话说到半腰，被他打断了。

③ 裤、裙等围住腰的那部分（of trousers，skirt）the part that surrounds the waist：腰带/裤腰/围腰。

④ 口袋或腰包 pocket，waist pack：腰里没钱。

[腰子] 肾（shèn，ㄕㄣˋ）脏的俗称 kidney。

敫 邀 邀 邀

辶部 13画

yāo，ㄧㄠ

① 约请 to invite：邀集/邀请/邀约/特邀/应邀出席。

② 取得 to get，to seek，要求 to ask for：邀功/邀准。

摇

（搖）

扌部 10画

yáo，ㄧㄠˊ

左右或前后摆动 to rock，to shake，to swing，to wave：摇摆/摇动/动摇/摇身一变/招摇过市。

遥遥遥遥遥遥遥遥遥遥遥遥
遥

(遙)

辶部
10画

yáo, ㄧㄠˊ
远 far away, in distance：遥测/遥感/遥望/遥远/遥遥无期/路遥知马力。

药药药药药药药药药

(藥)

艹部
6画

yào, ㄧㄠˋ
① 可以治病或杀虫的物质 drug, medicine, remedy：药草/药方/药房/药力/药片/药品/药物/补药/成药/毒药/良药/配药/汤药/西药/眼药/医药/中药/不可救药。

② 用药毒杀 to kill with pesticide or poison：药害虫。

③ 某些有化学作用的物品 some chemicals or chemical elements：火药/麻药。

要要要要要要要要要

女部
6画
西部
3画

yào, ㄧㄠˋ
① 取得 to desire for：要命/要钱。

② 想 to want to do，希望 to wish：要强/他要学汉语。

③ 将 to be going to：他要去上海。

④ 应该 should：要听老师的话。

⑤ 请求 to ask for，让 to let sb. do sth.：他要我一起去。

⑥ 值得重视的 essential, important, vital：要点/要道/要地/要犯/要害/要领/要人/要事/要素/要闻/要员/要职/要言不烦。

yāo, ㄧㄠ
请求 to ask, to demand, to request：要求。

丿 钅 钅 钅 钅 钥 钥 钥

(鑰)

钅部
4画

yào，丨幺ˋ
[钥匙] 开锁（suǒ，ㄙㄨㄛˇ）的工具 key。

yuè，ㄩㄝˋ
锁钥，比喻重要的地方 the most important place。

爷 爷 爷 爷 爷 爷

(爺)

父部
2画

yé，丨ㄝˊ
① 爸爸的爸爸 grandfather，grandpa：爷爷。
② 对年长男子的尊称 respect form of address for a man of the elder generation：老大爷/四爷。
③ 旧时对官员、主人的称呼 form of address for an official of rich man in old times：老爷/少爷/师爷/王爷/大少爷/老太爷。

乛 乜 也

乙部
2画
丨部
2画

yě，丨ㄝˇ
① 副词 adv.，表示同样、并列等意义 also，as well，either，too：他同意，你也没意见。
② 文言助词，用于句中表示停顿，用于陈述句尾表示肯定的语气，aux. word in the classical Chinese，indicating a pause in a sentence，or indicating affirmation at the end of a statement。
[再……也……] 表示加强语气 for emphasis：再多的功课我也会做完！
[即使（虽然）……也……] 表示让步或转折 even if，although，though：即使（虽然）读不懂，我也要读。

野野野野野野野野野野野

里部
4画

yě，丨せˇ

① 城外头，边远的地方 rural，suburb：野地/野外/野营/野战/遍野/村野/山野/田野/原野。

② 没礼貌，不讲理 rough，rude，violent：野性/粗野/性子野。

③ 非人工养的 natural，wild：野菜/野狗/野果/野花/野马/野牛/野生/野味。

yè，丨せˋ 见 454 页 yān，丨ㄢ。

(業)

一部
4画
业部

丨 丨丨 丨丨丨 业 业

yè，丨せˋ

① 事业 career，cause：业绩/创业/家业/成家立业。

② 各种不同的工作，行业 industry，line of business，trade，walks of life：工业/产业/商业/实业/专业。

③ 工作 job，occupation，post：业务/业余/业主/副业/就业/失业/停业/职业/无业游民/不务正业。

④ 功课 assignment，course of study，homework：毕业/结业/修业/学业/作业。

(葉)

口部
2画

丨 ㄇ 口 口一 叶

yè，丨せˋ

① 叶子 foliage，leaf：叶片/落叶/树叶/叶落归根/一叶知秋。

② 历史时期的分段 era，period，time：二十世纪中叶。

页页页页页页

yè, ㄧㄝˋ

meaning symbol. 页字旁儿（yèzìpángr），页 as a meaning symbol is likely related to head or neck, such as 项（neck），顶（top）。

(頁)

页部

页页页页页页

yè, ㄧㄝˋ

① 指书、画、纸等的单篇，单张 leaf, page：页码/页面/插页/画页/黄页/活页。

② 量词 classifier，指书本中的一面 page：把书翻到第七页。

夕部 5画

亠部 6画

夜夜夜夜夜夜夜夜

yè, ㄧㄝˋ

从天黑到天亮的一段时间 evening, night：夜班/夜半/夜车/夜间/夜景/夜里/夜晚/夜校/半夜/过夜/黑夜/连夜/日夜/深夜/午夜/星夜/终夜/开夜车/半夜三更/日以继夜/三天两夜。

氵部 8画

液液液液液液液液液液液

yè, ㄧˋ

液体，水一类可以流动的东西 fluid, liquid：液化/液态/液状/毒液/母液/体液/血液/液化气。

一

yī, ㄧ

横笔（héngbǐ），一 component is mainly used to classify characters without definite radical, as their initial or last stroke, such as 才（talent），与（and），丰（abundant），且（also），丞（to assist, auxiliary officials）。

一

一部

yī, ㄧ

① 数目字，1 one：一场/一代/一端/一段/一杯水/一枝笔/一步登天/一草一木/一错再错/一刀两断/一呼百应/一技之长/一家之言/一见如故/一举成名/一刻千金/一了百了/一马当先/一念之差/一拍即合/一盘散沙/一炮打响/一日千里/一日三秋/一星半点/一言不发/一言为定/一言一行/一叶知秋/一语道破/一朝一夕/一针见血/一字千金/一步一个脚印/一不做，二不休/一而再，再而三/一是一，二是二/一日不见如隔三秋。

② 每 each，各 per：一排八个人/一人两本书。

③ 整个 all，every，全部 totality，whole：一切/一生/一辈子/一桌子菜/一路顺风/一门心思/一目了然/一生一世/一无是处/一无所长/一无所有/一无所知/一心一德/一心一意。

④ 相同 same：一样/一致/一模一样/一视同仁。

[一……就……] 表示两件事紧接 as soon as，no sooner than，once：一进门就要喝水。

衤衤衤衤衤

yī, ㄧ

meaning symbol. 衣字旁儿（yīzìpángr），衣补儿（yībǔr）。衤 is likely relevant to clothes，such as 袖（sleeve），被（quilt），裙（skirt）。

衣衣衣衣衣衣

衣部

yī, ㄧ

① 衣服 clothing，clothes：衣食/衣物/衣着/便衣/布衣/成衣/大衣/单衣/冬衣/风衣/更

Y

衣/毛衣/棉衣/内衣/皮衣/上衣/睡衣/外衣/夏衣/血衣/雨衣/衣不解带/衣食住行/丰衣足食/一衣带水。

② 披在或包在物体外面的东西 coating, covering：糖衣片。

医 (醫)

匚部 5画

一 丆 丆 三 至 矢 医

yī, 丨

① 治病的人 doctor, physician：医生/医师/国医/良医/神医/西医/牙医/中医。

② 治病的学问 medicine, iatrology：医道/医书/医术/医学/学医。

③ 治病 to cure, to heal, to treat：就医/行医/医院/医治/他把我的病医好了。

依

亻部 6画

丿 亻 亻 亻 亻 亻 依 依

yī, 丨

① 靠 to depend on, to lean on, to rely on：依附/依靠/相依/归依/依依不舍/相依为命。

② 听别人的意见，顺从 to agree, to comply with, to obey, to yield to：依从/依顺/依随/不依/百依百顺。

③ 按照 according to, as, in accordance with, in the light of：依次/依法/依旧/依据/依然/依照/依然故我/依然如故/依笔划多少排列。

仪 (儀)

亻部 3画

丿 亻 亻 仪 仪

yí, 丨ˊ

① 人的外表和举止 appearance, bearing：仪表/仪容/仪态。

② 指有一定程式的礼节 ceremony, etiquette, rite, 礼物 present, gift：礼仪/谢仪/贺仪。

③ 研究其成分等并测量用的器具 instrument, meter：仪器/测量仪。

宀部 5画

yí, ㄧˊ

① 应当 ought to, should, to be supposed to：不宜如此/事不宜迟。

② 适合 to fit, to suit：宜人/不宜/得宜/时宜/相宜/权宜之计/因地制宜。

禾部 6画

yí, ㄧˊ

① 从一地搬到另一地 to migrate, to remove, 换位置 to shift：移动/移民/移交/移用/推移/位移/游移/转移/移山倒海/物换星移。

② 改变 to alter, to change：坚定不移。

(遺)

辶部 9画

yí, ㄧˊ

① 失去，丢掉了 to lose, to be unable to find：遗失/遗忘。

② 丢掉了的东西 lost property：补遗/拾遗。

③ 留下 to keep back, to leave behind：遗留/不遗余力。

④ 特指死者留下的 (things) left by the dead：遗产/遗容/遗书/遗体/遗物/遗像/遗言/遗愿/遗照/遗志。

疋部 9画 丿部

yí, ㄧˊ

① 不相信 to have a doubt, to disbelieve, to suspect：疑点/怀疑/惊疑/可疑/起疑/生

Y

13 画

疑/无疑/半信半疑/不容置疑。

矢部 9 画

② 很难决定的 doubtful, uncertain: 疑案/疑难/疑团/疑问/存疑。

乙

yǐ, ㄧˇ

折笔 (zhébǐ) 乙 component is also called 乙部, including some typical 折笔 (zhébǐ), such as ㇖, ㇆, ㇈, ㇗, 乙, etc. It is mainly used to classify the character without definite radical, appeared as the initial stroke or marking stroke of the character, such as 九 (nine), 也 (also), 飞 (flight), 乡 (countryside), 尹 (to administer), 以 (in order to, according to), 书 (books), 电 (electricity), 发 (hair), 丞 (to assist), 买 (to buy), 乳 (breast, milk), 乾 (sky, sun), 登 (to step on)。

已

yǐ, ㄧˇ

己部

① 已经 already: 已而/已故/已婚/已然/已往/已知/天色已晚/由来已久。

② 停止 end, stop: 不已/有加无已。

以

yǐ, ㄧˇ

人部 2 画 乙部 3 画

① 用 to apply, to use, 拿 to take: 给以/何以/以身作则/以一当十/以一警百/数以万计/以质量取胜。

② 表示目的所在 in order to, so as to: 以便/以免/难以/学以致用。

③ 用在时间、方位或数量词语前表明界限 used before time, number and direction to confine sth.: 以后/以来/以前/以外/以往/以下/汉水以南/三周以内/九十分以上。

椅 椅 椅 椅 椅 椅 椅 椅 椅 椅 椅 椅

木部
8 画

yǐ, ㄧˇ

有靠背的坐具 chair：椅子/长椅/竹椅/靠背椅。

（義）

丿部
2 画
丶部
2 画

义 义 义

yì, ㄧˋ

① 意思 meaning：本义/词义/大义/定义/含义/释义/意义/疑义/字义。

② 公正合理的道理或行为 justice, righteousness, sense of honor：道义/就义/名义/情义/信义/见义勇为。

③ 合乎正义的 fair：义举/义卖/义士/义务。

④ 被看成是亲人的 adopted, adoptive：义父/义兄。

⑤ 人工制造的 artificial：义齿/义眼。

亿

（億）

亻部
1 画

亿 亿 亿

yì, ㄧˋ

数目字，1 亿 = 1 万万 a hundred million：亿万/亿万富婆。

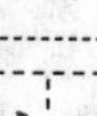

（憶）

忄部
1 画

忆 忆 忆 忆

yì, ㄧˋ

回想，思念 to recall, to recollect：回忆/记忆/记忆力/追忆母亲。

Y

(藝)

艹部 1画

一 艺 艺 艺

yì，丨丶

① 技术 skill，technique，technology：卖艺/球艺/手艺/武艺/园艺/游艺。

② 艺术 ability，talent：艺人/才艺/技艺/艺术家/艺术性/多才多艺。

议

(議)

讠部 3画

议 议 议 议 议

yì，丨丶

① 商量，讨论 to consult，to discuss，to talk over：议案/议程/议和/议会/议决/议论/议题/议员/议政/会议/和议/商议/争议/无可非议。

② 意见，看法 advice，opinion，proposal，suggestion，view：建议/决议。

亦

亠部 4画

亦 亦 亦 亦 亦 亦

yì，丨丶

也是 also，too：不亦乐乎/反之亦然/人云亦云。

(異)

巳部 3画

异 异 异 异 异 异

yì，丨丶

① 不同的 different，distinct，distinctive：异体/异同/异乡/异性/异口同声。

② 特别的 particular，special，unique：异类/异味/奇花异草/奇珍异宝。

③ 奇怪 bizarre，odd，strange：惊异/奇异/神异/珍异。

④ 分开 to separate，to break up：离异。

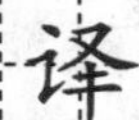

(譯)

讠部
5 画

yì, ㄧˋ

把一种语言文字按原义改成另一种语言文字 to interprete, to translate：译本/译笔/译名/译文/译音/译员/笔译/翻译/口译/意译/直译/把它译成中文。

易

日部
4 画

yì, ㄧˋ

① 不难，不费力 easy, not difficult：易于/容易/简易/轻易/轻而易举/谈何容易。

② 平和 amiable, considerate：平易近人。

③ 交换 to commute, to exchange：交易/以物易物。

④ 改变 to alter, to change, to shift：变易/不易之论。

益

皿部
5 画

yì, ㄧˋ

① 好处 advantage, benefit, profit：益处/利益/补益/公益/进益/权益/收益/受益/实益/无益/效益。

② 有好处的 advantageous, beneficial, profitable：益虫/益鸟/益友/良师益友。

(誼)

讠部
8 画

yì, ㄧˋ

朋友之间的感情 friendship, friendly relations：交谊/情谊/乡谊/友谊/深情厚谊/略尽地主之谊。

辶部
8画

yì，丨ˋ

① 平安快乐 leisure and pleasure：逸乐/安逸/闲逸/好逸恶劳/以逸待劳。

② 丢失的、不易找到的 lost，scattered：逸事/逸闻。

③ 逃跑 to escape，to flee，to run away：逃逸。

④ 超出一般 to excel，to surpass：逸群。

心部
9画

yì，丨ˋ

① 用语言、文字等表达出来的思想内容 idea，opinion，意思 meaning：意见/意义/本意/大意/来意/诗意/示意/意在言外/大有深意/言不尽意/言外之意。

② 心思 desire，mind，thought，愿望 expectation，intention，willingness：意向/意志/得意/会意/假意/敬意/快意/美意/满意/中意/失意/得意忘形/心满意足/称心如意/三心二意/一心一意。

③ 预料 to anticipate，推测 to expect，to predict：意外/出乎意外/出人意表/出其不意/出人意外。

口部
3画

yīn，丨ㄣ

① 使事情发生的条件 cause，reason：因素/病因/成因/近因/内因/起因/外因/远因/原因/前因后果。

② 由于 because of，due to，in virtue of：因此/因果/因为/因材施教/因小失大。

③ 所以 therefore，so，so that：因而。

阝阝阴阴阴阴

(陰)

阝部 4画

yīn, ㄧㄣ

① 见不到阳光的 cloudy, dark, overcast, shady: 阴暗/阴森/阴天/阴影/背阴处。

② 不光明正大的，害人的 hidden, sinister, insidious: 阴险/这人做事有点儿阴。

女部 6画

yīn, ㄧㄣ

结婚形成的关系 kinship, marriage, relation by marriage: 姻亲/婚姻/联姻。

音部

yīn, ㄧㄣ

① 声响 sound, tune, voice: 音变/音标/音长/音节/音色/音素/音响/音乐/读音/发音/方音/今音/口音/配音/声音/土音/乡音/译音/语音/知音/直音/重音。

② 消息 message, news: 音信。

氵部 8画

yín, ㄧㄣˊ

① 过多的 excessive: 淫雨不断。

② 不节制 loose, wanton: 骄奢淫逸。

③ 不正当的性关系 obscene, pornographic: 淫乱/卖淫。

(銀)

yín, ㄧㄣˊ

① 金属元素 a metal element, 符号 Ag, 白色 Argentine, argentum, silver: 银白/银河/银器/银元/银针/白银。

钅部
6 画

② 跟钱有关的 to be related to money：银行/银号/银钱/银票。

弓部
1 画

㇆ コ 弓 引

yǐn，ㄧㄣˇ

① 带领，指引 to guide, to introduce：引导/引见/引进/引路/引领/引水/引子。

② 拉 to draw, to pull，伸 to stretch：引而不发。

③ 使出现 to cause sth. to happen, to give rise to, to lead to：引火/引发/引起/引信。

④ 用来作依据 to cite, to quote：引号/引文/引言/引用/引证/引经据典。

⑤ 离开 to leave, to quit：引避/引退。

⑥ 招来 to make fun of, to tease，惹起 to bring about, to cause：吸引/吸引力/引人入胜/引人注目。

(飲)

饣部
4 画

丿 𠂊 饣 饣 饣 饮 饮

yǐn，ㄧㄣˇ

① 喝，喝酒 to drink：饮酒/饮料/饮品/饮食/饮水/共饮/痛饮。

② 可喝的 beverage, drink：冷饮/热饮。

yìn，ㄧㄣˋ

给动物水喝 to feed animals with some water：饮马/饮牛。

(隱)

阝部
9 画

阝 阝 阝 阝 阝 阝 阝 隐 隐 隐 隐

yǐn，ㄧㄣˇ

① 藏起来 to conceal, to hide, to screen, to shield, to hermit：隐藏/隐居/隐身/隐姓埋名。

② 不明显的 concealed, dormant, latent, subtle：隐隐约约/隐约可见。

③ 秘密的事 privacy, secret：难言之隐。

卩部
3画

印印印印印

yìn, ㄧㄣˋ

① 图章，印记 seal, signet：印信/印章/盖印。

② 痕迹 marking：手印/脚印儿。

③ 印制 to copy, to photocopy, to print, to stamp：印发/重印/翻印/付印/排印/套印/影印/增印/水印木刻。

④ 相合 to confirm, to engrave, to impress：印证/心心相印。

⑤ 姓 a surname。

(應)

广部
4画

应应应应应应应

yīng, ㄧㄥ

该，理所当然 ought to, should：应当/应得/应该/应有/应有尽有/理应如此。

yìng, ㄧㄥˋ

① 回答 to answer, to reply, to respond：应答/答应/呼应/响应/应答如流。

② 满足要求 to comply with one's request, to meet with one's satisfaction：应验/得心应手/有求必应。

③ 相合 to be with sb., to comfort：应和/应景/应时/报应/反应/感应/相应/应声而至。

④ 对付 to cope with, to deal with：应变/应对/应急/应考/应试/应战。

艹部
5画

英英英英英英英英

yīng, ㄧㄥ

① 才能出众 extraordinary ability, outstanding talent：英才/英烈/英灵/英名/英明/英气/

英雄/英勇/英才盖世/英明果断/英勇就义/无名英雄/英雄无用武之地。

② 才能出众的人 outstanding person：精英/群英。

③ 花 flower：落英。

④ 指英国 Britain：英尺/英寸/英吨/英里/英亩/英文/英语。

辶部
4画

yíng，ㄧㄥˊ

① 接 to greet，to receive，to welcome：迎春/迎接/迎新/欢迎/失迎。

② 面对着 to confront，to face to：迎风/迎面/迎战/迎头赶上。

(營)

艹部
8画

口部
8画

yíng，ㄧㄥˊ

① 军队住的地方 camp，station：营地/营房/营区/安营/军营/阵营。

② 军队的编制单位 battalion：营部/团长命令营长。

③ 管理 to administrate，to manage，运作 to operate，to run：营业/营运/合营/国营。

④ 求得 to seek for：营利/营救/钻营/结党营私。

(贏)

亠部
15画

yíng，ㄧㄥˊ

① 胜 to beat，to win：谁赢了这场比赛？

② 因做某事而得到 to gain，to obtain：赢得大家的信任。

Y

贝部
13 画

③ 得到好处，获利 to gain profit：赢利/赢余。

影影影影影影影影影影影影影影影

彡部
12 画

yǐng，ㄧㄥˇ

① 影子 image，shadow：影像/半影/倒影/背影/人影/树影/阴影/无影灯。

② 电影 film，movie：影片/影评/影展/影星/影院。

③ 照片 to have a photo taken，to take photo：影楼/影印/合影/留影。

映映映映映映映映映

日部
5 画

yìng，ㄧㄥˋ

因光线照射而显出 to reflect，to set off by contrast：映照/反映/放映/上映/试映/相映/河水倒映着高山。

硬硬硬硬硬硬硬硬硬硬硬硬

石部
7 画

yìng，ㄧㄥˋ

① 物体质地紧密、坚固 hard，solid，stiff：硬化/硬件/硬结/硬木/硬座/坚硬/土很硬。

② 不屈服 firm，strong，unyielding：硬汉/硬气/过硬/强硬/死硬/心硬/嘴硬/硬骨头。

③ 不能做仍要做 to force to do sth.，to manage to do sth. with difficulty：硬充/硬干/硬是/硬要/生硬/硬着头皮/生搬硬套。

拥拥拥拥拥拥拥拥

(擁)

yōng，ㄩㄥ

① 抱 to embrace，to hold in one's arms，to hug：拥抱。

Y

扌部 5画

② 包围着 to gather around, to surround：前呼后拥。

③ 赞成并且支持 to agree on, to support：拥戴/拥护/拥军爱民。

④ 群集在一起 to be in a crowd：拥挤/一拥而入。

⑤ 具有 to have, to own, to possess：拥有/拥兵百万。

永 亅 ⺄ 永 永

yǒng，ㄩㄥˇ

长久，久远 forever, everlastingly, permanently：永别/永久/永乐/永世/永远/永世长存/永世不忘/永生不忘/永志不忘。

水部 1画

丶部 4画

泳

泳 泳 氵 氵 汀 汅 泳 泳

yǒng，ㄩㄥˇ

在水里游动 to swim：游泳/游泳池。

氵部 5画

勇

勇 勇 勇 勇 勇 勇 勇 勇 勇

yǒng，ㄩㄥˇ

不怕，有胆量 brave, courageous：勇敢/勇气/勇士/勇武/勇于/英勇/勇往直前/见义勇为/自告奋勇。

力部 7画

丿 冂 月 月 用

yòng，ㄩㄥˋ

① 使用 to employ, to use：用处/用法/用品/用途/用意/备用/常用/顶用/改用/公用/功用/管用/合用/没用/日用/实用/试用/无用/误用/信用/选用/有用/中用/专

丿部 4画

冂部 3画

用/作用/大材小用/心无二用/学以致用。

② 所用的钱 cost, expense：费用/家用/急用/零用/用度。

③ 吃，进食 to eat, to drink：用茶/用饭。

④ 需要 necessary：不用着急。

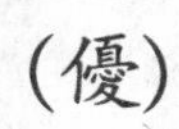

亻部
4画

丿 亻 仁 什 优 优

yōu, ㄧㄡ

① 非常好 excellent, fine：优等/优点/优良/优美/优生/优胜/优先/优选/优越/优质/优质品。

② 厚待 to give preferential treatment：优待/优厚。

③ 古代指戏剧演员 actor, actress：女优/名优。

心部
7画

丿 亻 亻 攸 攸 攸 攸 悠 悠 悠 悠

yōu, ㄧㄡ

① 长久，遥远 long, distant, remote：悠长/悠久/悠远/岁月悠悠。

② 有空闲的时间，并且很快乐的样子 leisurely：悠闲/悠然。

③ 摆动 to sway：悠来悠去。

④ 稳住，把握着 to dominate, to control：干活悠着点！别那么赶。

尢部
1画

一 ナ 九 尤

yóu, ㄧㄡˊ

① 表示程度上更进一步（of degree）more：尤其/尤为漂亮/无耻之尤。

② 特别的，优异的 extraordinary, outstanding, particular：尤物。

田部
丨部
4 画

yóu，丨又ˊ

① 介词 prep.，从，自 from：由北部来/由表及里。

② 原因 cause，reason：由头/案由/根由/来由/理由/情由/事由/原由。

③ 听任，任随 to allow，to let：由不得/由着性子/不由自主/听天由命。

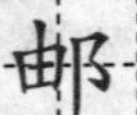

（郵）

阝部
5 画

yóu，丨又ˊ

① 传递信件，有关邮务的 mail，post：邮包/邮车/游船/邮递/邮电/邮费/邮局/邮资/通邮/邮一封信。

② 邮票 stamp：邮展/集邮。

氵部
5 画

yóu，丨又ˊ

油料 fat，grease，oil，paint：油船/油灯/油田/菜油/茶油/豆油/机油/牛油/汽油/石油/食油/素油/花生油/火上加油。

[加油] 鼓励人努力 to encourage sb.，to cheer sb. up。

（遊）

氵部
9 画

yóu，丨又ˊ

① 不固定，移动 to rove，to wander about：游击/游移。

② 出去旅行 to have a journey，to make a tour，to travel：游记/游街/游客/游历/游人/游学/出游/春游/导游/旅游/神游/远游/云游/周游各国。

③ 玩 to entertain，to play：游戏/游园/游

艺/游乐场。

④ 玩水 to swim：游水。

⑤ 河流的一段 a river's section：上游/下游。

⑥ 姓 a surname。

友友友友

yǒu，丨又ˇ

又部
2画

① 跟自己交往多、关系好的人 friends：友人/病友/好友/交友/老友/难友/朋友/校友/良师益友。

② 关系亲近 affectionate，friendly，intimate：友爱/友好/友情。

有有有有有有

yǒu，丨又ˇ

月部
2画

① 表示拥有 to have，to own，to possess：富有/公有/据有/现有/应有/原有/占有/只有/有一说一/三生有幸/无中生有/一无所有/他有一本书。

② 表示存在，出现 to exist，there be：有困难只管说。

③ 表示比较，达到一定数量 referring to comparison：这袋有百把斤重。

④ 跟“某”相近（used to express sth. indefinite）certain，some：有一天。

［有的］用在人物、时地词语前，表示一部分 used before person，time or place indicating part of sth.：有的人/有的城市/有的年头。

［有的是］有很多，多的是 a lot of，plenty of：书有的是，想看就来借。

一 丆 㔾 丙 西 两 酉

yǒu，丨ㄡˇ

meaning symbol. 酉字旁儿（yǒuzìpángr），酉 as a meaning symbol is relevant to wine, such as 酒（wine），醋（vinegar），醉（be drunk）。

又部

㇇ 又

yòu，丨ㄡˋ

① 副词 adv.，表示重复或继续 again and again：又及/又哭了。

② 连词 conj.，表示平等关系 and, as well as：又高又大/又快又好。

③ 表更进一层，加重语气 indicating emphasis and stress：你又不是不懂。

口部 2画 一部 4画

一 ナ 𠂇 右 右

yòu，丨ㄡˋ

与“左”相对 right, the opposite of “left”：右边/右方/右手/右面/往右/左右/左右开弓。

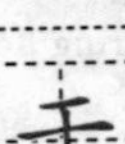

(於)

一部 2画

一 二 于

yú，ㄩˊ

① 表比较 indicating comparison：大于一百/小于新体育场。

② 在，处在 prep.，in, at, on：产于/介于/生于/位于/发生于。

③ 向；对；给 prep.，for：求助于人/有益于健康/嫁祸于人。

④ 从，自 prep.，from：毕业于清华大学/产生于民众之中。

⑤ 动词后缀 used after verb：处于/属于/在于/至于。

⑥ 形容词后缀 used after adj.：敢于/急于/善于/勇于。

⑦ 姓 a surname。

[于是] 表连续发生 consequently, continuously，然后 hence, then：可能他觉得会下雨，于是给了我一把伞。

(餘)

人部
5画

丿 人 亼 亽 仐 余 余

yú，ㄩˊ

① 用不完的，剩下的 left, spare, surplus, remaining：余波/余存/余党/余地/余款/余力/余粮/余钱/余热/余生/余兴/余音/多余/富余/节余/其余/无余/有余。

② 大数后面的零头 more than, odd, over：十余天/百余年。

③ 做某事以后的时间 leisurely：课余/业余/茶余酒后。

(魚)

鱼部

鱼 鱼 鱼 鱼 鱼 鱼 鱼 鱼

yú，ㄩˊ

鱼类的统称 fish：草鱼/带鱼/刀鱼/海鱼/河鱼/黄鱼/金鱼/鲜鱼/鱼水情/比目鱼/美人鱼/鱼水难分。

忄部
9画

愉 愉 愉 愉 愉 愉 愉 愉 愉 愉 愉 愉

yú，ㄩˊ

高兴，快乐 cheerful, happy, pleased：愉快/欢愉。

愚

心部
9 画

禺 禺 禺 禺 禺 禺 禺 禺 禺 禺 愚 愚 愚

yú，ㄩˊ

① 笨，无知 ignorant，silly，stupid：愚笨/愚昧/愚人/愚公移山/大智若愚。

② 说假话骗人 to cheat，to lie：愚弄/愚民政策。

与（與）

一部
2 画

与 与 与

yǔ，ㄩˇ

① 介词 prep.，跟、同（to be）with：与人为善。

② 连词 conj.，和 and，as well as：汉字与汉语。

③ 给 to give，to offer：请交与本人。

yù，ㄩˋ

参加 to join in，to participate in，to take part in：与会/与事/参与。

羽

羽部

习 习 习 羽 羽 羽

yǔ，ㄩˇ

鸟的毛 feather：羽毛/羽毛球。

［党羽］帮坏人做事的人 members of a clique，running dogs。

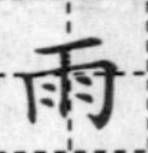

雨 雨 雨 雨 雨 雨 雨 雨

yǔ，ㄩˇ

meaning symbol. 雨字头儿（yǔzìtóur），雨 as a meaning symbol is likely to indicate weather phenomena，such as 雪（snow），雷（thunder）。

雨部

雨 雨 雨 雨 雨 雨 雨 雨

yǔ，ㄩˇ

从天上落到地面的水 rain：雨点/雨季/雨露/雨丝/雨衣/下雨/及时雨/雨过天晴/风

雨交加/风调雨顺/春风化雨/和风细雨/满城风雨。

语语语语语语语语语

yǔ, ㄩˇ

(語)

讠部 7画

① 说 to say, to speak：自言自语。

② 说的话，语言 language, tongue, words：语病/语词/语法/语感/语境/语句/语气/语素/语义/语意/标语/补语/成语/定语/短语/话语/口语/母语/评语/熟语/外语/谓语/言语/状语/书面语/一语破的/千言万语/牙牙学语。

③ 语言的代用品 nonverbal language, sign, symbol：旗语/手语。

yù, ㄩˋ 见484页yǔ, ㄩˇ。

玉玉玉玉玉

yù, ㄩˋ

王部 1画

① 一种美丽又珍贵的石头 jade：玉器/玉石/黄金有价玉无价。

② 比喻洁白或美丽美好的 beautiful, fair, pretty, pure white, stainless：玉树临风/金玉良言/金科玉律/金口玉言/如花似玉/书中自有黄金屋，书中自有颜如玉。

③ 敬辞 honorific，指对方身体、举止 your pretty (sth.)：玉成/玉容/玉体/玉颜/玉照/敬候玉音。

育育育育育育育育

yù, ㄩˋ

月部 4画

① 生养孩子 to give birth to：生育/生儿育女。

Y

② 养活，使有生命的长大 to raise, to rear：育种/保育。

③ 教育 to bring up, to educate, to foster：德育/美育/体育/智育。

预 (預)

页部 4画

预 预 预 预 预 预 预 预 预 预

yù，ㄩˋ

① 事先 beforehand, in advance：预报/预备/预测/预订/预定/预防/预感/预告/预计/预警/预科/预料/预期/预赛/预示/预收/预算/预习/预先/预言/预演/预约/预支/预知/预制。

② 参加 to participate in, to take part in：参预/干预。

域

土部 8画

域 域 域 域 域 域 域 域 域 域 域

yù，ㄩˋ

国土或特定范围内较大的一部分 territory：地域/海域/境域/领域/流域/区域/水域/音域。

(慾)

欠部 7画

谷部 4画

欲 欲 欲 欲 欲 欲 欲 欲 欲 欲 欲

yù，ㄩˋ

① 想要，希望 to want, to wish：欲罢不能/随心所欲/欲速则不达。

② 想得到或达到的愿望 desire, lust, wish：欲望/食欲/情欲/物欲/偿其大欲。

③ 将要 to be just going to：呼之欲出/望眼欲穿。

口部 9画

喻 喻 喻 喻 喻 喻 喻 喻 喻 喻 喻 喻

yù，ㄩˋ

① 比方 analogy：暗喻/比喻。

② 知道，明白 to know, to understand：不言而喻。

③ 使人知道，明白 to make known, to make oneself understood：喻之以理/不可理喻。

④ 姓 surname。

宀部
9画

yù，ㄩˋ

① 住的地方 residence, place to live：寓所/公寓/客寓/王寓。

② 隐含在内的 contained, implied：寓言/寓意/寄寓。

辶部
9画

yù，ㄩˋ

① 碰见 to come across, to encounter, to meet with：遇到/遇害/遇见/遇难/遇事/初遇/相遇/百年一遇/不期而遇/怀才不遇/可遇而不可求。

② 机会 chance, opportunity：机遇/际遇/境遇/奇遇/外遇/随遇而安。

③ 对待 treatment：待遇/礼遇。

心部
9画

yù，ㄩˋ

① 更，越来越 better, more：愈发/愈加/愈来愈多/每况愈下。

② 病好了 to recover, to heal：病愈/久病不愈。

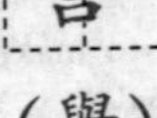

誉 誉 誉 誉 兴 兴 兴 兴 誉 誉 誉 誉 誉 誉

（譽）

言部
6 画

yù，ㄩˋ

① 名声，特指好名声 fame，reputation：名誉/荣誉/信誉。

② 称赞，赞美 to eulogize，to praise：称誉/过誉/誉不绝口/交口称誉。

元 元 元 元

一部
3 画

yuán，ㄩㄢˊ

① 第一 first，initiate，primary：元年/元月。

② 主要的 chief，principal：元素/元音。

③ 钱的单位 the unit of money：美元/欧元/一元。

④ 元素 element，component：多元/多元化。

员员员员员员员

（員）

口部
4 画
贝部
3 画

yuán，ㄩㄢˊ

① 做某事的人 specified member of personnel，person engaged in some field of activity：店员/船员/海员/教员/演员/议员。

② 团体或组织中的一个 member，staff：员工/队员/会员/社员/随员。

园园园园园园园

（園）

口部
4 画

yuán，ㄩㄢˊ

① 种植花草等的地方 garden：园地/园林/园艺/园子/菜园/茶园/果园/花园。

② 供人游玩的地方 park，place for leisure：公园/乐园/动物园。

厂部
8画

yuán，ㄩㄢˊ

① 最早的，开始的 former，initial，original，primary：原版/原本/原产/原创/原地/原告/原件/原理/原配/原色/原始/原型/原意/原则/还原/原封不动。

② 没有加工过的，原料 crude，raw，unprocessed：原煤/原木/原油。

③ 没有改变的，本来的 left intact，original，true，untouched：原价/原来/原先/原著/物归原主。

④ 很平的区域 champaign，open country，plain：原野/平原。

［原谅］谅解，宽容，情有可原 to forgive。

(圓)

口部
7画

yuán，ㄩㄢˊ

① 圈（quān，ㄑㄩㄢ）形 circular：圆规/圆心/半圆/方圆。

② 圆形的 round：圆球/圆形/圆桌。

③ 完全，使满意 complete，satisfactory，integrated：圆满/团圆/大团圆/自圆其说。

扌部
9画

yuán，ㄩㄢˊ

① 用手拉 to offer one's hand，to aid，to rescue：援之以手。

② 引用 to cite，to quote，to invoke：援例/援引/援用。

③ 救助 to aid，to help，to support：援救/援助/求援/外援/支援。

氵部
10 画

yuán，ㄩㄢˊ

① 水流起头的地方 source of a river, fountainhead：源头/河源/发源/源远流长/饮水思源。

② 来源，根由 source, cause, root：病源/根源/货源/资源。

③ 姓 a surname。

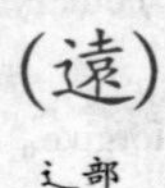

辶部
4 画

yuǎn，ㄩㄢˇ

① 与“近”相对，长度长或时间长 distant, far away, remote (in time or space)：远程/远处/远道/远古/远近/远景/远见/远离/远望/远洋/远足/远祖/边远/久远/深远/永远/山高水远/为期不远/长远规划/天高皇帝远。

② 关系不密切 not close, not intimate：他是我们家的一个远亲。

阝部
7 画

yuàn，ㄩㄢˋ

① 围住的空地，院子 compound, courtyard, yard：院落/前院/四合院。

② 某些公共场所的名称 a designation for certain government offices and public places：戏院/电影院。

③ 特指科学、教育、卫生等机构 scientific, educational or sanitary institutions：院士/院系/院长/病院/出院/法院/画院/入院/学院/医院/住院/科学院/研究院/高等院校。

愿 厂 厂 厂 厂 厉 盾 原 原 原 原 原 愿 愿 愿

(願)

心部 10画

yuàn, ㄩㄢˋ

① 乐于，想要 ready, willing: 愿意/甘愿/情愿/自愿/心甘情愿/一厢情愿/自觉自愿。

② 希望实现的想法 desire, hope, will, wish: 愿景/愿望/但愿/请愿/宿愿/如愿/许愿/遗愿/意愿/志愿/祝愿。

约 ㄥ 纟 约 约 约 约

(約)

纟部 3画

yuē, ㄩㄝ

① 预先说定 to arrange, to make an appointment: 约定/约会/约见/稿约/守约/相约/预约/不约而同/有约在先。

② 不十分确定的 about, approximately, around: 约计/大约/来的学生约有一百人。

③ 限制 limitation, restriction, restrain: 约束/背约/订约/公约/合约。

④ 邀请 to ask (sb.) to do (sth.), to invite (sb.) in advance: 约请/特约记者/他约我下午去商店。

乐

yuè, ㄩㄝˋ 见238页 lè, ㄌㄜˋ。

钥

yuè, ㄩㄝˋ 见462页 yào, ㄧㄠˋ。

月 月 月 月 月

yuè, ㄩㄝˋ

meaning symbol. 月字旁儿 (yuèzìpángr), 月 as a meaning symbol is related to two situations, one is about moon, such as 朦 [(of moonlight)

Y

dim], 胧 [(of moonlight) dim], 期 (date, ancient Chinese people count days according to the change of moon), 明 (bright); the other is about apparatus of human body, such as 肚 (abdomen), 脚 (foot), 肠 (intestines), 肾 (kidney)。

月部

ノ 刀 月 月

yuè, ㄩㄝˋ

① 月亮 the moon: 月亮/月球/月色/月夜/月影/明月/日月/新月/星月满天/春花秋月。

② 计时的单位 monthly: 月报/月票/包月/半月/一个月。

(閱)

门部 7画

阅阅门门闩闩闩闩阅阅

yuè, ㄩㄝˋ

① 看 to go over, to read: 阅兵/阅读/查阅/参阅/传阅/订阅/翻阅/批阅/评阅/已阅/阅览室。

② 经验、经历 experience, practical wisdom: 阅历。

(躍)

𧾷部 4画

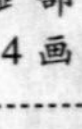

跃跃跃跃跃跃跃跃跃跃跃

yuè, ㄩㄝˋ

跳 to jump, to leap, to spring: 跃进/跃然/飞跃/活跃/跳跃/跃然纸上/跃跃欲试/一跃而起。

走部 5画

越越越越越越走走起越越越

yuè, ㄩㄝˋ

① 跨过 to cross, to stride: 越过/越野/翻越。

② 经过 to pass over: 越冬/穿越/飞越。

③ 超出规定范围 to exceed：越级/越界/越权/越位/超越/激越/优越。

［越……越……］表示程度随情况发展而渐深 the more... the more：越大越好。

［越来越］表示程度随时间发展而渐深 the more... the more。

［越发］更 more。

（雲）

一部
4 画

yún，ㄩㄣˊ

① 说 to say，to speak，to state：云云/不知所云/人云亦云。

② 云朵 cloud：白云/云海/云集/云气/云游/风云人物/行云流水/风流云散/烟消云散/平步青云/万里无云。

儿部
2 画
厶部
2 画

yǔn，ㄩㄣˇ

① 答应 to allow，to permit，to consent：允许/应允。

② 公平 fair，just：公允。

（運）

辶部
4 画

yùn，ㄩㄣˋ

① 输送人或东西 to carry，to transport：调运/航运/海运/货运/客运/空运。

② 时间或空间上的移动 to move（in time or space）：运动/天体运行。

③ 使用 to apply，to use，to utilize：运笔/运脚/运力/运用。

④ 人生的机会 fortune，fate，luck，opportunity：财运/红运/命运/幸运/转运/走运。

Z，丫

zā，ㄗㄚ 见 500 页 zhā，ㄓㄚ。

(雜)

木部
2 画

⺊ 九 卆 杂 杂 杂

zá，ㄗㄚˊ

① 杂乱的，不单纯的 mixed：杂草/人多手杂。

② 混在一起 to mix，to mingle：杂感/杂记/杂粮/杂念/杂事/杂书/杂文/杂务/混杂/杂七杂八。

③ 不是正式的，正项之外的 extra，other than：杂费/杂项支出。

(災)

宀部
4 画

火部
3 画

灾 灾 灾 灾 灾 灾 灾

zāi，ㄗㄞ

祸 calamity，catastrophe，disaster，misfortune：灾难/灾区/水灾/天灾。

zǎi，ㄗㄞˇ 见 533 页 zǐ，ㄗˇ。

再 再 再 再 再 再

zài，ㄗㄞˋ

冂部
4 画
一部
5 画

① 表示又一次（有时专指第二次）once again, once more：再版/再次/再度/再会/再见/再三/再生/再现/再生父母/再造之恩/一而再，再而三/机不可失，时不再来。

② 表示更加 besides, moreover, what's more：再说/再者/再吃一点儿。

土部
3 画

zài，ㄗㄞˋ

① 副词 adv.，正在，表示动作的进行 in course of, in progress：正在/他在考虑问题。

② 存在，生存 to be living, to exist：在场/在此/在即/在学/在座/健在/内在/实在/青春常在/无所不在。

③ 介词 prep.，表示时间、处所、范围等（indicating time, location, scope and etc.）at, in：在学校吃/在 3 天内看完/在书房看报。

④ 取决于 to focus on, to lie in, to rely on：在于/行不行在你。

(偺)

口部
6 画

zán，ㄗㄢˊ

① 北方人称自己，相当于“我”I, me：咱没见过你。

② 咱们，指说话者和听话者双方 us, we：咱走吧/咱俩。

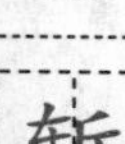

(暫)

日部
8 画

zàn，ㄗㄢˋ

短时间 for a short time, temporary：暂定/暂且/暂缺/暂时/短暂/暂住人口。

（贊）（讚）

贝部 12 画

zàn，ㄗㄢˋ

① 说人好 to make a compliment to, to praise：赞歌/赞美/赞叹/赞扬/称赞/赞不绝口。

② 帮人 to assist, to do sb. a favour, to give sb. a hand, to support：赞助/赞助商。

zāng，ㄗㄤ 见本页 zàng，ㄗㄤˋ。

zàng，ㄗㄤˋ 见 34 页 cáng，ㄘㄤˊ。

脏

（臟）（髒）

月部 6 画

zàng，ㄗㄤˋ

胸腔、腹腔内器官的称呼 internal organs of human body, viscus：脏器/肺脏/肝脏/内脏/脾脏/心脏。

zāng，ㄗㄤ

① 不干净 dirty, filthy, smudged：脏土/脏衣服/脸上很脏。

② 不文明的 bad：脏话/脏字。

遭

辶部 11 画

zāo，ㄗㄠ

① 遇到，碰见 to come across, to encounter, to meet with：遭到/遭难/遭受/遭遇/遭罪。

② 量词 classifier，一圈 circle, round：用绳子多绕两遭。

③ 量词 classifier，次 time，turn：走一遭。

糟 糟 糟 糟 糟 糟 糟 糟 糟 糟 糟 糟 糟 糟 糟 糟 糟

米部
11 画

zāo，ㄗㄠ

① 腐烂的 decayed，rotten：布糟了/木头糟了。

② 有麻烦 bad luck，in a mess，in a wretched state：糟糕/糟心/一团糟/糟了，赶不上车了。

③ 粮食作物做酒后的剩余物 draff，grains：酒糟。

④ 用酒糟加工食物 to be pickled with distillers' grains or in wine：糟肉/糟鱼。

早 早 早 早 早 早

日部
2 画

zǎo，ㄗㄠˇ

① 太阳初出的时候 early morning：早晨/大清早。

② 较久以前 long time ago，as early as：他早就来了。

③ 时间在先的（as in a time sequence）former，previous，early：早年/早期。

④ 比一定的时间还早 earlier，beforehand，in advance：早产/早熟。

澡 澡 澡 澡 澡 澡 澡 澡 澡 澡 澡 澡 澡 澡 澡 澡

氵部
13 画

zǎo，ㄗㄠˇ

洗身体 to take a bath：澡池/澡堂/洗澡。

皂 皂 皂 皂 皂 皂 皂

白部
2画

zào，ㄗㄠˋ

① 黑色 black，dark：不分青红皂白。

② 肥皂 soap：香皂/药皂。

造 造 造 造 造 造 造 造 造 造

辶部
7画

zào，ㄗㄠˋ

① 做，制作 to make，to manufacture，to produce：造船/造反/造福/造句/造林/造势/造型/创造/打造/翻造/营造/天造地设。

② 说假话 to creat，to counterfeit：造假/编造。

③ 到，去 to call on，to drop in，to pay a visit to：造访。

④ 培养 to bring up，to educate，to train：造就/深造/可造之才。

燥 燥 燥 燥 燥 燥 燥 燥 燥 燥 燥 燥 燥 燥 燥 燥 燥

火部
13画

zào，ㄗㄠˋ

干 dry：燥热/天气干燥。

则 则 则 则 则 则

(則)

刂部
4画

zé，ㄗㄜˊ

① 标准，规定 criterion，norm，rule，standard：法则/规则/通则/细则/原则/章则/准则/总则/以身作则。

② 就 so，then，on the contrary：否则/然则/不进则退/闻过则喜/欲速则不达。

③ 量词 classifier，条 a piece of：笑话三则。

(擇)

扌部
5 画

zé, ㄗㄜˊ

挑，选 to pick up, to select, to sort out：选择/择善而从/不择手段。

责

(責)

贝部
4 画

zé, ㄗㄜˊ

① 该做的事 duty, obligation, responsibility：责任/负责/尽责/职责。

② 骂，批评 to blame, to reproach：责备/责问/指责。

心部
5 画

zěn, ㄗㄣˇ

疑问代词，如何 how, what, why：怎的/怎地/怎么/怎样/怎么样/怎么着。

日部
8 画

丷部
10 画

zēng, ㄗㄥ

① 相隔两代的亲属关系 great-grand：曾孙/曾祖母。

② 姓 a surname。

céng, ㄘㄥˊ

表示此前有过的行为、情况 already, ever, once：曾经/不曾/未曾/曾几何时/何曾来过/似曾相识。

土部

zēng, ㄗㄥ

12 画

加多，使更多 to add，to gain，to increase：增兵/增补/增产/增大/增订/增加/增进/增强/增色/增设/增收/增益/倍增/激增。

(贈)

贝部
12 画

zèng，ㄗㄥˋ
送东西给别人而不求报答 to give as a present，to present：赠别/赠答/赠品/赠送/赠用/赠与/赠阅/敬赠/转赠。

zhā，ㄓㄚ 见 38 页 chá，ㄔㄚˊ。

(紮)

扌部
1 画

zhā，ㄓㄚ
① 用针尖等刺 to needle，to pierce，to prick：扎破/扎手/扎针。
② 深入进去 to get into，to get involved with，to plunge into：扎进工作/稳扎稳打。
③ 军队住在某地 to camp，to encamp，to tent：扎营/安营扎寨。

zā，ㄗㄚ
用绳子等捆 to bind，to tie up，to swathe：扎花/扎腿/捆扎/扎头发。

扌部
11 画

zhāi，ㄓㄞ
① 采取 to pick，拿下 to pluck，to pull，to take：摘花/采摘/摘下眼镜。
② 选出重要的 to select，to summarize，to make extracts from：摘编/摘抄/摘记/摘录/

摘要/摘引。

穴部
5 画

zhǎi，ㄓㄞˇ

横向长度短 narrow：窄小/宽窄/路很窄/房子太窄了。

(佔)

卜部
3 画

zhān，ㄓㄢ

迷信的人用某种方法判断有利，还是有害 to practise divination：占课/占星。

zhàn，ㄓㄢˋ

① 用强力取得 to occupy，to seize：占据/占领/占有/攻占/进占/强占/占用位子。

② 处于某种状况 to account for，to be in position：占先/占上风/占便宜。

米部
5 画

zhān，ㄓㄢ

表面相贴或使表面相贴 to adhibit，to paste in，to stick to：粘连/粘贴/粘住/糖都粘到一块儿了。

nián，ㄋㄧㄢˊ

姓 a surname。

尸部
7 画

zhǎn，ㄓㄢˇ

① 张开 to extend，to unfold，to stretch：展开/展露/开展/扩展/花枝招展。

② 排列出来供人参观 to display，to exhibit，to show：展出/展品/展现。

③ 展示活动 display，exhibition，show：展期/展演/车展/花展/画展/美展/书展。

(戰)

戈部
5画

战 战 战 战 战 战 战 战 战

zhàn, ㄓㄢˋ

① 战争 battle, war, warfare: 战备/战场/战车/战斗/战果/战火/战况/战例/战乱/战胜/战士/备战/大战/奋战/海战/交战/决战/开战/空战/停战/百战百胜/不战而胜/速战速决/战无不胜/背水一战/决一死战。

② 泛指争胜负 to fight, to battle: 笔战/论战/舌战/商战/口水战。

③ 发抖 to shiver, to shudder: 打了个冷战。

④ 姓 a surname。

立部
5画

站 站 站 站 站 站 站 站 站 站

zhàn, ㄓㄢˋ

① 立 to be on one's feet, to stand: 站立/站在那儿别动。

② 停下来 to halt, to stop: 站住/不怕慢,只怕站。

③ 固定的停车处 station, stop: 站长/车站/到站。

④ 工作地点 station or centre for rendering certain services: 保健站/休息站。

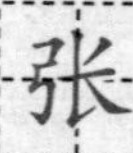

(張)

弓部
4画

张 张 张 张 张 张 张

zhāng, ㄓㄤ

① 打开 to open: 张大/张开/张目/张开嘴。

② 布置 to arrange, to set out, 陈设 to display, to exhibit: 张挂/张贴/开张。

③ 宣传 to publicize, to spread, 扩大 to magnify: 张力/张扬/声张/舒张/伸张正义/张大其词。

④ 看 to see, to watch 望 to look, to view: 张望/东张西望。

⑤ 量词 classifier，多用于利用其平面的东西 a piece of，a sheet of：样张/纸张/一张床/一张纸。

⑥ 姓 a surname。

[张三李四] 指某人 Zhang，Li or anybody。

立部 6 画
音部 2 画

zhāng，ㄓㄤ

① 一些有意义的文字 chapter，section：章节/章句/报章/词章/文章/乐章/断章取义/出口成章/大有文章/顺理成章。

② 一条条的规定 regulations，rules：章程/章法/典章/规章/简章/宪章/约法三章。

③ 可戴在身上的标记 badge，medal：奖章。

④ 有特定意义的记号 seal，stamp：章子/图章。

zhǎng，ㄓㄤˇ 见 41 页 cháng，ㄔㄤˊ。

氵部 7 画

zhǎng，ㄓㄤˇ

价钱或水位等上升（water，prices，etc.）to go up，to rise：涨水/飞涨/高涨/看涨/涨了几块。

zhàng，ㄓㄤˋ

① 体积变大 to swell after absoring water，etc.：涨开/大豆泡涨了。

② 充血 to be swollen by a rush of blood：脸涨得通红。

zhǎng，ㄓㄤˇ

手部 8画
⺌部 9画

① 手掌 palm：掌心/掌印/巴掌/鼓掌/了如指掌/易如反掌。

② 脚掌 sole：熊掌。

③ 像掌的 paw-like object：马掌/鞋掌。

④ 管理 to be in charge of，控制 to control：掌管/掌权/掌握/执掌/职掌。

丈

一部 2画

一 ナ 丈

zhàng，ㄓㄤˋ

① 量词 classifier，市制长度单位，1丈=10尺 a unit of length，equal to 3.333 metres：丈二和尚。

② 对成年，特别是老年男子的尊称 an honorific title for senior，elder man：丈人/大丈夫/老丈。

③ 女人的配偶 form of ddress for certain male relatives by marriage：丈夫/姑夫/姐夫。

账 (賬)

贝部 4画

丨 冂 贝 贝 贝 贝 账 账

zhàng，ㄓㄤˋ

① 收入、支出的记录 a precise list or enumeration of financial transactions，account，record：账目/记账/总账/一笔账/账已经交了。

② 记录财物收支的东西 account book：账本/账单/一本账。

③ 欠人的钱 credit，debt：还账/欠账。

招

扌部 5画

一 十 扌 扌 扌 扌 招 招

zhāo，ㄓㄠ

① 用公开的方式请人来 to enlist，to recruit：招考/招亲/招生/招兵买马。

② 挥手叫人来 to beckon，to gesture：招呼/招手/招之即来，挥之即去。

③ 引来 to bring about, to cause：招引/招灾/招人说/树大招风。

④ 办法 method, mode, way：招数/高招/花招/绝招/他就这两招。

⑤ 认罪 to admit a mistake, to own a fault, 承认 to confess a fault (crime, secret, etc.), to plead guilty：招供/招认/不打自招/一见警察他就招了。

zhāo，ㄓㄠ 见 44 页 cháo，ㄔㄠˊ。

zhāo，ㄓㄠ 见 531 页 zhuó，ㄓㄨㄛˊ。

zháo，ㄓㄠˊ 见 531 页 zhuó，ㄓㄨㄛˊ。

zhǎo，ㄓㄠˇ

meaning symbol. 爪字头儿 (zhǎozìtóur), "爫" is modified from "爪", as a meaning symbol is relevant to hand or claw, such as 采 (to pick), 受 (to bear, to receive), 舀 (to dip)。

扌部 4 画

找 找 扌 扌 找 找 找

zhǎo，ㄓㄠˇ

① 为了见到或得到 to look for, to search for, to seek：找人/找齐/找钱/找事/找死/查找/好找/难找/骑马找马。

② 把多收的退还或将不足的补足 to give change：找补/找还/找了五块钱。

口部 2画
刀部 3画

𠃌 刀 刀 召 召

zhào，ㄓㄠˋ

招呼人 to call for，集合大家 to summon：召集/召见/召开/号召。

照

灬部 9画

丨 ⺆ 日 日 日 昭 昭 昭 昭 照 照 照 照

zhào，ㄓㄠˋ

① 光线射到 to illuminate，to light，to shine：月光照着尖塔。

② 看镜子或水中的影像 to mirror，to reflect：照镜子。

③ 拍照 to take a photo：照相/照一张合影。

④ 相片，照片 photo，picture：剧照/快照/小照/结婚照。

⑤ 看护 to look after，to take care of：照顾/照料。

⑥ 证件 licence，permit：车照/护照/执照。

⑦ 通知，告诉 to inform，to notify：关照。

⑧ 明白 to know，to understand：心照不宣。

⑨ 对着，向着 to，towards，in the direction of：照东走。

⑩ 对比 in comparison with，in contrast with：对照/比照。

⑪ 按，依 according to，in conformity with：照常/照旧/照例/照理/照说。

折

扌部 4画

一 扌 扌 扌 扩 折 折

zhé，ㄓㄜˊ

① 回转 to turn back：折回/刚走出大门又折了回来。

② 减价卖 to allow a discount, to rebate：折半/折价/折旧/折算/打折/对折/打九折。

③ 弄断 to break, to snap：折断/骨折。

④ 损失 to lose：损兵折将。

⑤ 汉字的一种复合笔形 turning stroke，如“已、习、乡”等字的第一笔 the first stroke of “已、习、乡”。

⑥ 量词 classifier，一场戏曲 a part of (drama), a piece of：折子戏/一折戏。

shé，ㄕㄜˊ

① 断 broken, snapped：撞折了腿。

② 做买卖赔钱 to lose money in business：折本/折了一大笔。

口部
7画

一 十 扌 扌 扩 折 折 哲 哲 哲

zhé，ㄓㄜˊ

① 聪明，有学问 knowledgeable, sagacious, wise：哲理/哲人/明哲保身。

② 聪明的人 sage, wise man：先哲。

日部
4画

一 十 土 耂 者 者 者 者

zhě，ㄓㄜˇ

用在词或短语后指人或事物 used after words or phrases, indicating persons or objects：编者/读者/记者/老者/两者/强者/使者/学者/再者/长者/作者/第三者/胜利者。

(這)

辶部
4画

丶 亠 ナ 文 这 这 这

zhè，ㄓㄜˋ

代词 pron.，指较近的 this：这个/这里/这些。

Z

zhe，·ㄓㄜ 见531页zhuó，ㄓㄨㄛˊ。

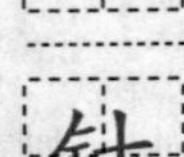

(針)

钅部
2画

丿 𠂉 𠂉 乍 钅 钅一 针

zhēn，ㄓㄣ

① 做衣服时，可以穿引线的工具 needle：针脚/针头/针线/针眼/一针见血。

② 像针的 pin，pointer，pricker：别针/唱针/分针/时针/大头针。

③ 中医一种治病的方法 acupuncture，moxibustion：针法/耳针。

④ 西医注射药液的器具 acus：针头/空针。

⑤ 注射用的药物 injection：打针/预防针。

⑥ 做事的方法 guideline，policy：方针。

王部
5画

一 二 千 王 王丿 玪 玪 珍 珍

zhēn，ㄓㄣ

① 珠、玉类宝物 jewellery，treasure：珍宝/珍藏/珍品/珍玩。

② 宝贵的 rare，valuable：珍本/珍贵。

③ 重视 to cherish，to lay store by，to value：珍爱/珍视。

十部
8画

八部
8画

一 十 亡 冇 育 育 直 直 真 真

zhēn，ㄓㄣ

① 不假的 genuine，real，true：真话/真理/真情/真人/真实/真相/真心/真意/真正/当真/果真/较真/认真/天真/千真万确/弄假成真。

② 人和物的原样 portrait，image：传真/失真/写真。

③ 非常，很 considerably，exactly，really：说得真对。

(陣)

阝部
4 画

zhèn，ㄓㄣˋ

① 军队作战时排列的队形 battle array，formation：阵法/阵容/阵势/阵线/阵营/败阵/疑阵/自乱阵脚。

② 战场 battle，front，position，war：阵地/敌阵/上阵。

③ 量词 classifier，表示事情或动作经过的一段时间 used for the stages that actions or things undergo，period of time：阵风/阵痛/下了一阵雨/这一阵空气不太好。

(鎮)

钅部
10 画

zhèn，ㄓㄣˋ

① 比城市小的地方区域 town：镇长/镇子/城镇/村镇/集镇/市镇/乡镇/重镇。

② 压，压住 to press down：镇尺/镇压/镇纸/书镇。

③ 使安定 to calm，to ease：镇定/镇静/镇守。

④ 用冰或冷水使降温 to cool with cold water or ice：冰镇汽水。

⑤ 姓 a surname。

雨部
7 画

zhèn，ㄓㄣˋ

① 快速、强烈地上下或左右动 quake，shake：震动/震感/震级/地震/防震/减震/微震/余震。

② 强烈的反应 deeply astonished，shocked：震惊/震怒。

Z

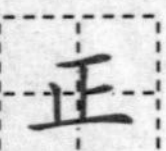

zhēng，ㄓㄥ 见511页 zhèng，ㄓㄤˋ。

(爭)

⺈部 4画

丿 ⺈ ⺈ 彐 争 争

zhēng，ㄓㄥ

① 努力去得到 to take pains to do sth., try hard to get，互不相让 to strive for：争斗/争端/争夺/争光/争脸/争气/争取/争先/争嘴/争第一/争强好胜/争先恐后/与世无争。

② 意见不同，言语不和 to argue，to dispute：争论/争议/争执/大声争了起来。

(徵)

彳部 5画

丿 彡 彳 彳 行 衎 征 征

zhēng，ㄓㄥ

① 走远路 to have a long march，to walk for a long distance：长征/征途。

② 用强力 to conquer，to impose (sth.) upon (sb.)，to use one's power：征服/征讨/出征。

③ 收取 to collect，to get，求得 to ask for，to recruit，to seek for：征稿/征集/征求/征用/征召。

④ 现象 phenomenon，特征 characteristics：征候/表征。

zhēng，ㄓㄥ 见512页 zhèng，ㄓㄥˋ。

目部 6画

丨 П 月 月 目 旷 旷 盼 睁 睁 睁

zhēng，ㄓㄥ

张开眼睛 to open the eyes：睁眼/眼睁睁。

一部 15 画 止部 12 画 攵部 12 画

zhěng, ㄓㄥˇ

① 全部，不缺少也没多余的 complete, entire, total, whole：整个/整年/整套/整体/完整。

② 有条理，不乱 neat, tidy, in good order：整齐/工整/平整/齐整/整然有序。

③ 使有条理，有秩序 to put in order：整顿/整理/整合/整训/整衣/整治/调整。

④ 修理 to fix up, to mend, to renovate, to repair：整容/整形/整修。

⑤ 使吃苦 to give sb. a rough time, to punish：整人/别整我了。

止部 1 画 一部 4 画

zhèng, ㄓㄥˋ

① 不左不右，在中间的 central, mean, medium, just in the middle：正门/正中央。

② 基本的 essential，主要的 main, principal：正版/正本/正事/正文/言归正传。

③ 合适 just, proper, right：他走得正好。

④ 表示好的一面 normal, positive：正常/正经/正面/正派/端正/刚正/公正/正大光明/正色直言/光明正大/一本正经。

⑤ 对的 correct, exact, right：正当/正理/正气/正确/订正/改正/更正/指正/走正路/名正言顺/义正词严/正人先正己。

zhēng, ㄓㄥ

[正月] 农历一年的第一个月 the first month of the Chinese lunar year。

(證)

讠部
5画

zhèng, ㄓㄥˋ

① 借助人物、事物来断定 to demonstrate, to prove, to testify, to verify: 证明/证实/保证/查证。

② 帮助判断事理或情况是否成立的东西 convincing evidence or proof: 证词/证件/证据/证人/证书/证物/证言/对证/旁证/确证/实证/铁证/物证/引证/印证/罪证/身份证/图书证/铁证如山。

攵部
5画

zhèng, ㄓㄥˋ

管理众人的事 to administrate the affairs of an organization: 政党/政府/政见/政界/政局/政客/政令/政论/政情/政权/政体/政务/政治/从政/当政/各自为政/精兵简政/依法行政。

(癥)

疒部
5画

zhèng, ㄓㄥˋ

病 disease, illness, sickness, symptom: 症状/病症/急症/后遗症/对症下药。

zhēng, ㄓㄥ

[症结] 肚内长硬块的病，比喻等待解决的难点 a lump in the abdomen causing distension and pain, (fig.) a difficult problem that needs to be solved, a hard nut to crack。

丶部
2画

zhī, ㄓ

① 助词 aux. word, 相当于“的” equivalent of the preposition “of”: 无价之宝。

② 代词 pronoun, 代指人或物 used to indicate someone or something: 之后/之前/反

Z

之/总之/取而代之/取之不尽/不了了之/等而下之/敬而远之/一笑置之/总而言之/听之任之。

③（文言）往，到（classical Chinese）to forward to，to go to：兄将何之？

支部 十部 2画 又部 2画

支 支 支 支

zhī，ㄓ

① 架好 to erect，to prop up，to set up：支点/支架/把活动桌子支起来。

② 让人离开 to dispatch，to put sb. off，to send away：把旁人都支开。

③ 使物体分开 to divide，to separate：支离破碎。

④ 主体之外又分出的 branch，offshoot：支部/支店/支线/支流/支派。

⑤ 用钱 to pay（money），to spend（money）：支出/支付/支票/超支/借支/开支/收支/透支/杂支。

⑥ 量词 classifier：两支歌/一支毛笔。

木部 4画

枝 枝 枝 枝 枝 枝 枝 枝

zhī，ㄓ

① 由植物的主干上分出来的 branch，sprig，twig：枝干/枝节/枝头/枝叶/枝子/树枝/整枝/横生枝节/节外生枝。

② 量词 classifier，表示枝条状的东西 stick-like things：一枝梅花。

矢部 3画

知 知 知 知 知 知 知 知

zhī，ㄓ

① 明白，懂 to be aware of，to know，to realize，to understand：知道/知情/知己/知交/知心/知音/知足/明知/深知/相知/须

口部
5 画

知/预知/一无所知/众所周知/有自知之明。

② 使知道 to inform, to notify：告知/通知/知照。

③ 知识 knowledge：求知/无知。

织

（織）

纟部
5 画

纟 纟 纟 纟 织 织 织 织

zhī，ㄓ

用线做成布 to knit, to weave：织布/织女/织品/织物/机织/交织。

（執）

扌部
3 画

一 扌 扌 执 执 执

zhí，ㄓˊ

① 拿着，握住 to grasp, to hold：左手执拍。

② 坚持自己的意见 to insist on, to persist in, to stick to：执迷不悟/固执。

③ 做，施行 to carry out, to conduct, to execute, to put into use：执法/执政。

④ 单据 document：回执/收执。

十部
6 画

直 直 直 直 直 直 直 直

zhí，ㄓˊ

① 不弯的 straight, stiff：直路/直线/横直。

② 公正的，正义的 just, fair：正直/理直气壮。

③ 想什么就说什么 candid, frank, open, straightforward：直爽/直说/直言/心直口快。

④ 动作方向不变，不经过其它中间事物 directly, straight：直达/直接/直觉/直属/直通/直系/直至。

⑤ 动作、变化持续不停止 continuously, constantly：一直/会议直到 12 点才结束。

亻部
8 画

zhí, ㄓˊ

① 商品与售价相当 to be worth, to cost：超值/这件衣服不值几个钱。

② 价钱 price, value：价值/净值/数值/升值/市值/增值/总值。

③ 有价值，值得 to be worthwhile, to deserve：值钱/不值一提。

④ 轮到（当班）on duty：值班/值日/值夜/轮值。

⑤ 数目 number：比值/数值。

(職)

耳部
5 画

zhí, ㄓˊ

① 按规定该尽的责任 duty：职责/尽职/失职/天职/尽职尽责。

② 工作职位 job：职能/职权/职务/职业/职员/求职。

③ 工作的地位 post, office：职位/调职/官职/在职。

④ 公文中下级对上级的自称 office rank：职谨受命前往。

植

木部
8 画

zhí, ㄓˊ

① 种 to grow, to plant：植树/移植/种植。

② 植物 foliage, plant：植保/植被。

③ 帮助其成长 to cultivate, to foster, to train：扶植/培植。

Z

丨 𠄌 𣥂 止

zhǐ，ㄓˇ

meaning symbol. 止字旁儿（zhǐzìpángr）as a meaning symbol is related to feet or to walk, such as 址（location, site），趾（toe）.

止部

丨 𠄌 𣥂 止

zhǐ，ㄓˇ

① 停下来 to cease, to end, to stop：禁止/静止/停止/中止/终止/游人止步/到此为止/适可而止/叹为观止/发乎情，止乎礼。

② 使停住 to be brought to a standstill, to halt, to stanch：止痛/止血/防止/制止。

③ 只 merely, only：不止/何止。

只

(隻)

口部
2 画
八部
3 画

丨 ㄇ 口 只 只

zhǐ，ㄓˇ

仅仅 just, merely, only：只得/只顾/只管/只好/只怕/只求/只是/只限/只消/只要/只有/不只/仅只。

zhī，ㄓ

① 单一的，极少的 alone, single：只身一人/只言片语/只字词组/别具只眼/独具只眼/形单影只。

② 量词 classifier：两只手/一只船。

土部
4 画

一 十 土 圵 圵 址 址

zhǐ，ㄓˇ

地点，位置 location, position, site：厂址/地址/故址/会址/旧址/网址/校址/新址/住址。

纟 纟 纟 纟 纟 纸 纸

zhǐ，ㄓˇ

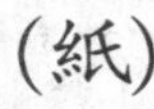

纟部
4 画

① 纸张 paper：纸版/纸片/纸钱/纸头/纸烟/草纸/墙纸/试纸/手纸/图纸/信纸/折纸/字纸/纸上谈兵/片纸只字。

② 量词 classifier，用于文件、书信 a piece of, a sheet of：一纸禁令/一纸公文。

扌部
6 画

指 指 指 指 指 指 指 指 指

zhǐ，ㄓˇ

① 手指头 finger：指甲/指头/食指/十指/十指连心。

② 用手指或物体的前端对着人或东西 to point at, to point to：指出/指向/指着画讲解。

③ 依靠 to count on, to depend on：指望/这事就指着你了。

④ 讲明 to indicate, to show，点出 to point out, to refer to：指导/指点/指定/指名/指示/指正。

土部
3 画

至 至 至 至 至 至

zhì，ㄓˋ

① 到 to, towards，一直到 till, until：至此/至今/至于/甚至/以至/直至/至今未忘/仁至义尽/由南至北/自始至终/无所不至/无微不至。

② 极 extremely, to the utmost，最 most, top：至爱/至宝/至当/至多/至亲/至少/至好/至交/至高无上/至理名言/高兴之至。

心部
3 画

志 志 志 志 志 志 志

zhì，ㄓˋ

① 想有所作为的决心 determination, resolution：志士/志向/志愿/大志/得志/立志/奇志。

② 心意 intention, mind, will：斗志/神志/心志/意志/壮志/雄心壮志。

zhì，ㄓˋ

meaning symbol. 豸字旁儿（zhìzìpángr），豸 as a meaning symbol indicates a kind of beast, such as 豺（jackal），豹（leopard）。

制

(製)

刂部
6 画

zhì，ㄓˋ

① 规定 to regulate, to formulate a statute，法则 rules and regulations：制度/制服/编制/创制/法制/学制/建制/全日制学校。

② 约束 to restrict，限定 to control, to limit：克制/节制/限制。

③ 按某种方式处理 to formulate, to work out：制定/制止/抵制/先发制人/因地制宜。

④ 造 to manufacture, to produce，做 to make：制版/制作/特制/调制/预制/自制/制一张图。

氵部
5 画

zhì，ㄓˋ

① 管理，整理 to administer, to control, to govern, to manage, to rule：治安/治国/治家/治理/治水/治装/法治/根治/统治/政治/自治/治国安民。

② 处罚 to punish：治罪。

③ 看病 to cure, to heal, to treat：治病/医治/眼病要早治。

④ 做学术研究 to research, to study：治学。

质 质 质 质 质 质 质 质

贝部
4 画

zhì，ㄓˋ

① 原有的特性 character，nature，quality：质变/质感/质量/本质/变质/地质/气质/实质/素质/特质/体质/土质/性质/优质/杂质/资质。

② 纯朴，本色的 plain，simple：质朴无华。

③ 弄清事实 to interrogate，to question：质问/质疑。

④ 当作交换物的 hostage，mortgage，pledge，pawn：人质。

致 致 致 致 致 致 致 致 致 致

文部
6 画

zhì，ㄓˋ

① 送 to offer，to send，给 to deliver，to extend：致词/致敬/致力/致谢/致意/此致/致电母校。

② 引起 to bring forth，to cause，使达到 to result in：致病/致富/致命/致使/不致/导致/以致/招致/学以致用/专心致志。

③ 做事的兴趣和心情 to be interested in doing sth.，to be in mood of doing sth.：别致/景致/兴致/错落有致。

秩 秩 秩 秩 秩 秩 秩 秩 秩 秩

禾部
5 画

zhì，ㄓˋ

① 次序 order：秩序。

② 十年 decade：八秩。

智 智 智 智 智 智 智 智 智 智 智 智

日部
8 画

zhì，ㄓˋ

① 认识问题、解决问题的能力 intelligence，resourcefulness，wisdom，wit：智力/智能/

智商/智勇双全。

② 有见识 resourceful, wise：明智/利令智昏/仁者见仁，智者见智。

置

zhì，ㄓˋ

罒部
8画

① 安放 to place, to put：安置/布置/处置/倒置/放置/废置/位置/置身事外/置之不理/置之度外/一笑置之。

② 设立 to establish, to install, to set up：置业/配置/设置/装置。

③ 买 to buy, to purchase：置办/置了几件家电。

zhōng，ㄓㄨㄥ

丨部
3画

① 跟四周距离都相等的位置 center：中间/中央/中原/居中/正中。

② 在……内 among, between, inner, within：房中/途中/教室中/讨论中。

③ 中国 China：古今中外。

zhòng，ㄓㄨㄥˋ

① 正相合，准确对上 to accord with, to fit exactly：中奖/考中/命中/相中/打中了/正中下怀/百发百中。

② 受到影响 to be hit by, to fall into：中毒/中弹/中计/中伤。

zhōng，ㄓㄨㄥ

心部
4画

尽心尽力 to devote, to give allegiance to：忠诚/忠告/忠厚/忠实/忠心/忠言/忠于/尽忠/效忠。

(終)

纟部
5 画

zhōng，ㄓㄨㄥ

① 最后 the end，终了 finish：终场/终点/终端/终结/终局/终止/年终/剧终/最终/终将成功/始终如一/有始无终/有始有终/自始至终。

② 全部 entire，从开始到最后 whole：终年/终日/终身/终夜。

③ 副词 adv.，到底 after all，eventually，at last：终归/终将完成。

(鐘)
(鍾)

钅部
4 画

zhōng，ㄓㄨㄥ

① 较大的计时工具 clock：钟摆/电钟/挂钟/闹钟/时钟。

② 中空的金属乐器，敲击可发声 bell：钟鼓/钟楼/钟声/编钟/金钟/警钟。

③ 时间 o'clock：钟点/钟头/几分钟。

④ 专注于 to concentrate on，to fall in love with：钟爱/一见钟情。

(種)

禾部
4 画

zhǒng，ㄓㄨㄥˇ

① 种子 breed，seed，strain：播种/绝种/良种/选种。

② 人种 race：种族/白种人/黄种人。

③ 量词 classifier，表示种类，用于人和物 a kind of，a sort of：种种/一种观点/一种环境/一种水果/一种生活。

④ 事物区分的类别 kind，style，sort，type：种类/工种/品种。

zhòng，ㄓㄨㄥˋ

把种子或初生的植物埋进土里，让其生长 to cultivate，to grow，to plant：种地/种花/种田/种植/夏种。

(眾)

人部 4画

丿 𠆢 仌 众 众 众

zhòng，ㄓㄨㄥˋ

① 许多 common，general，many，various：众多/众生/众口一词/众望所归/众志成城。

② 许多人 everybody，everyone，multitude：出众/大众/当众/观众/民众/群众/听众/众所周知/万众一心。

里部 2画

丿部 8画

一 二 千 千 舌 舌 重 重 重

zhòng，ㄓㄨㄥˋ

① 分量 stress，weight：重量/有多重。

② 分量大 heavy，a large quantity of，weighty：重兵/重音/重责/沉重/头重脚轻/语重心长/如释重负。

③ 要紧 essential，important：重地/重点/重心/重要/任重道远。

④ 觉得重要 considerable in amount or value：重视/重用/并重。

⑤ 程度深 heavily，seriously：重病/重创/重大/重伤。

⑥ 言行小心，不随便 cautious，discreet：慎重/庄重/老成持重。

chóng，ㄔㄨㄥˊ

① 再一次 again，once more：重唱/重放/重合/重名/重新/重修/重见天日/重温旧梦/旧调重弹/旧事重提/衣服买重了。

② 层 layer：困难重重。

丶部 5画

丶 丿 少 州 州 州

zhōu，ㄓㄡ

① 过去的一种行政区划，多见于地名如通州、广州等 an administrative division or region：州县/神州/中州。

② 一种民族自治行政区划单位 autonomous prefecture：回族自治州。

舟部

舟 舟 舟 舟 舟 舟

zhōu，ㄓㄡ

船 boat，ship：小舟/同舟共济。

(週)

口部 5画

冂部 6画

丿部 7画

周 周 周 周 周 周 周 周

zhōu，ㄓㄡ

① 外围，周围 circumference，surroudings：周边/周长/周围/周游/教室四周都是树/围着月球转一周。

② 完全 absolute，complete，entire：周到/周全/周密/周身/众所周知/照顾不周，还请原谅。

③ 时间的一轮 circle，move in a circular course：周年/周期。

④ 星期 week：一周七天/周报。

⑤ 姓 a surmane。

氵部 6画

洲 洲 洲 洲 洲 洲 洲 洲 洲

zhōu，ㄓㄡ

① 被水、沙石等包围的陆地 islet in a river，sandbar：绿洲/沙洲/长江三角洲。

② 七大洲 seven continents：非洲/欧洲/亚洲/北美洲/大洋州/南美洲/南极洲。

王部 6画

珠 珠 珠 珠 珠 珠 珠 珠 珠 珠

zhū，ㄓㄨ

① 珠子 pearl：珠宝/珍珠。

② 像珠子的东西 bead：泪珠/露珠/水珠/眼珠。

(諸)

讠部
8画

zhū, ㄓㄨ

① 一定范围内的全体，各个 all, every, various：诸位/诸多/诸如此类。

②“之于”或“之乎”的合音 into, to：公诸同好/公诸于世/反求诸己。

③ 姓 a surname。

猪

(豬)

犭部
8画

zhū, ㄓㄨ

① 各种猪的统称 hog, pig, swine：猪排/猪皮/猪肉/野猪。

② 属相 one of the animal signs in the Chinese horoscopes：2007 年是猪年。

⺮

zhú, ㄓㄨˊ

meaning symbol. 竹字头儿（zhúzìtóur），⺮ as a meaning symbol is relevant to bamboo, such as 笔（brush pens）or 筷（chopsticks）。

竹部

zhú, ㄓㄨˊ

多年生植物名，竹子 bamboo：竹管/竹节/竹刻/竹林/竹器/毛竹/文竹/势如破竹。

逐

辶部
7画

zhú, ㄓㄨˊ

① 追赶 to chase after, to pursue, to run after：追逐/追名逐利。

② 赶走 to banish, to drive away, to expel：逐客令。

③ 按照顺序的 in order, one by one：逐步/逐次/逐个/逐渐/逐句/逐条/逐一/逐字。

丶

zhú，ㄓㄨˊ

点笔（diǎnbǐ）丶 component is mainly used to classify the character without definite radical, appeared as the initial stroke or marking stroke of the character, such as 丸（pill），主（master），丹（red），农（farmer），叛（to betray），举（to raise）。

丶部
4 画

主 主 主 主 主

zhǔ，ㄓㄨˇ

① 与“客”相对，接待客人的人 host, hostess：主场/主人/宾主。

② 权力或财物的所有者 owner, master：财主/地主/房主/买主。

③ 当事人 person or party concerned：苦主/失主。

④ 最重要的 main，最基本的 primary：主课/主要。

⑤ 负主要责任的 to be in charge of, to take the key responsibility for：主办/主笔/主编/主唱/主创/主管/主讲/主考/主事/主演。

⑥ 对事情的确定的见解 to hold a definite view about sth.：主见/六神无主/先入为主。

⑦ 从自身出发的 initiative：主动/主观。

灬部
8 画

煮 煮 煮 煮 煮 煮 煮 煮 煮 煮 煮 煮

zhǔ，ㄓㄨˇ

食物放在热水中加热的做菜方法 to boil：煮鸡蛋/水煮鱼。

丿 亻 亻 亻 亻 住 住

亻部
5画

zhù，ㄓㄨˋ

① 居留 to live, to reside, to stay：住处/住地/住读/住房/住户/住家/住所/住校/住院/衣食住行/在上海住过。

② 停，使停 to stop：住笔/住口/住手/打住/雨住了/把他考住了。

③ 保持原动作 to keep：记住/握住/站住。

丨 冂 月 月 且 助 助

力部
5画

zhù，ㄓㄨˋ

帮，协同 to aid, to assist, to help：助理/助手/帮助/补助/辅助/救助/求助/爱莫能助。

(註)

注 注 注 注 注 注 注 注

氵部
5画

zhù，ㄓㄨˋ

① 让液体进去 to let or pour liquor into：注入/注水/注射。

② 集中精神 to concentrate on, to fix on：注目/注视/注重/关注/专注/引人注目/全神贯注。

③ 解释 to annotate, to explain with notes：注明/注音/附注/加注。

祝

礻 礻 礻 礻 礻 祀 祀 祝 祝

礻部
5画

zhù，ㄓㄨˋ

① 对人表达美好愿望 to bless, to wish：祝词/祝贺/祝愿/共祝/敬祝/庆祝/祝福你/祝你生日快乐。

② 姓 a surname。

著 著 著 著 著 著 著 著 著 著 著

艹部
8画

zhù，ㄓㄨˋ

① 写 to compose，to write：著书/著者/编著/论著/著书立说。

② 写出的作品 book，masterpiece，work，writings：巨著/名著。

③ 明显 obvious，remarkable，显眼 noticeable，outstanding：著称/著名/显著。

④ 一个地方的原住民 native，original inhabitants：土著。

（築）

筑 筑 筑 筑 筑 筑 筑 筑 筑 筑 筑 筑

竹部
6画

zhù，ㄓㄨˋ

建造 to build，to construct：筑路/构筑/建筑/修筑。

抓 扌 扌 扌 扌 抓 抓

扌部
4画

zhuā，ㄓㄨㄚ

① 用手指去取 to clutch，to grab：抓举/抓一把糖给我。

② 捉 to arrest，to catch：抓小偷/抓虫子。

③ 认真地做 to make great efforts to，to pay special attention to：抓教学/抓紧时间。

④ 手指头轻划或重挠 to rub with the fingernails，to scratch：抓破脸/抓了抓脑袋。

（專）

专 专 专 专

zhuān，ㄓㄨㄢ

① 特别集中在某事上 to do sth. specially or particularly：专车/专长/专程/专访/专攻/

一部
3 画

专任/专心/专一/专注/专职/专找你有空的时候。

② 独自掌握 to monopolize：专卖/专门/专利/专线。

转

(轉)

车部
4 画

一 车 车 车 车 转 转

zhuǎn，ㄓㄨㄢˇ

① 改变方向或情况 to alter，to change，to shift：转变/转换/转念/转向/转学/转业/转移/转折/转折点/一转眼/天气由阴转晴。

② 中间经过第三者带给另一方 to pass on，to transfer：转产/转发/转交/转让/转手/转送。

zhuàn，ㄓㄨㄢˋ

① 转动 to revolve，to turn：转盘/转速/转台/转向/空转/自转/轮子转得飞快。

② 围着某物动 to circle，to encompass，to make a round：转圈/打转/围着她转。

③ 量词 classifier，围着移动一圈 referring to moving in a circle：跑了一转也没见着人。

传

zhuàn，ㄓㄨㄢˋ　见58页 chuán，ㄔㄨㄢˊ。

zhuàn，ㄓㄨㄢˊ　见本页 zhuǎn，ㄓㄨㄢˇ。

庄

(莊)

广部
3 画

庄 庄 庄 庄 庄 庄

zhuāng，ㄓㄨㄤ

① 村子 hamlet，village：庄园/村庄/农庄/山庄/田庄。

② 商家的一种名称 place of business：茶庄/饭庄/钱庄。

③ 言行严肃而有礼貌 appropriate manners on an official occasion：庄严/庄重/端庄。

装装

衣部
6画

zhuāng，ㄓㄨㄤ

① 放进去 to load，to put into：散装/把书装在箱子里。

② 把部件合成整体 to assemble，to install：装备/装配/装置/安装/装机器。

③ 行李 baggage，luggage：行装/轻装简从/整装待发。

④ 衣服 clothes，clothing，outfit：冬装/短装/服装/西装/戏装/夏装/洋装。

⑤ 打扮，美化 to attire，to deck，to dress up：装点/装修/包装/改装/化装/盛装/卸装。

⑥ 假作 to feign，to make believe，to pretend：装作/假装/装糊涂。

⑦书本外表的制作方式 the style of the book-binding：装订/精装/平装/线装。

壮壮

(壯)

丬部
3画
士部
4画

zhuàng，ㄓㄨㄤˋ

① 身体强健 strong，tall and big，有力 robust：壮美/壮年/壮士/强壮/兵强马壮/身强力壮。

② 雄伟，有志气 grand，heroic：壮大/壮观/壮怀/壮举/壮志/雄壮/气壮山河/理直气壮。

Z

(狀)

丬部 4画

犬部 3画

状 丬 丬 丬 壮 状 状

zhuàng，ㄓㄨㄤˋ

① 外形 form，shape：块状/粉状/形状/奇形怪状。

② 外现的情形，形式 condition，state：状况/状态/病状/现状/不可名状。

③ 文字材料，证书 certificate，letter，written complaint：状纸/状子/告状/供状/奖状/诉状/原状/罪状。

扌部 12画

撞 扌 扌 扌 扌 扌 扌 扌 扌 扌 扌 撞 撞 撞 撞

zhuàng，ㄓㄨㄤˋ

① 碰 to collide，to run into：撞车/撞击/撞钟/冲撞/横冲直撞/别撞了头。

② 无意中遇见 to meet with，to see（sb.）by chance：我刚才撞见他了。

亻 亻 亻 亻 亻 亻 隹 隹

zhuī，ㄓㄨㄟ

meaning symbol. 隹字旁儿（zhuīzìpángr），隹 as a meaning symbol is relevant to finch，such as 雀（sparrow），隼（hawk），雁（wild goose）。

辶部 6画

追 ′ 亻 亻 白 白 ˋ白 追 追

zhuī，ㄓㄨㄟ

① 从后赶上 to chase after，to pursue：追兵/追赶/追回/追击/追随/追星/追逐/追星族。

② 回想 to recall，to recollect，to think back：追念/追思。

③ 补做 to act or do posthumously：追加/追

认/追述。

④ 努力求得 to probe for, to seek, to search for：追查/追究/追求/追问。

准 冫 冫 冫 冫 冫 冫 准 准 准

(準)

冫部
8 画

zhǔn，ㄓㄨㄣˇ

① 让人做某一件事，允许 to allow，许可 to permit：准假/准许/获准/批准。

② 确定 to ensure：准保/准定。

③ 可以依照的规定 norm，standard：准则/标准/基准。

④ 正确 accurate，exact：准确/准时/准头/对准。

⑤ 一定 definitely：他准不来。

捉 扌 扌 扌 扌 扌 扌 扌 捉 捉

扌部
7 画

zhuō，ㄓㄨㄛ

① 抓住 to catch hold of，to capture：捉拿/活捉/捉老鼠。

② 握 to clutch，to grasp，to hold：捉笔/捉刀。

桌 桌 桌 桌 桌 桌 桌 桌 桌 桌

木部
6 画

zhuō，ㄓㄨㄛ

① 桌子 desk，table：桌布/桌灯/桌面/桌子/课桌/饭桌/方桌/供桌/书桌/圆桌/圆桌会议。

② 量词 classifier，用于酒席 of a feast table，etc.：三桌客人。

着 着 着 着 着 着 着 着 着 着 着

zhuó，ㄓㄨㄛˊ

目部 6画 羊部 5画

① 碰到，接触 to come into contact with，to touch：着地/着陆/着色/附着。

② 穿 to put on，to wear：穿着/衣着。

③ 开始做 to set about：着笔/着手/着眼。

zháo，ㄓㄠˊ

① 感受 to catch，to feel：着凉/着迷。

② 烧火 to burn：着火了。

③ 在动词后面表示结果 verb suffix，indicating a result：饿着了/找得着。

zhāo，ㄓㄠ

① 指下棋（qí，ㄑㄧˊ）时走一步 a move in chess：棋高一着/这一着走得不对。

② 办法，主意 device，plan，trick，way：着数/高着。

③ 紧张 anxious：着急。

zhe，·ㄓㄜ

助词 aux. word，紧接动词性词语后表示动态 be doing：唱着/乘着/怀着/躺着/坐着/怎么着/这么着。

(茲)

丷部 7画

zī，ㄗ

① 现在 at present，now：兹订于 12 日全天进行体检，请互相转告。

② 这个 this：兹日/兹理甚明。

资

(資)

贝部 6画

zī，ㄗ

① 钱、财物，费用 capital，fund，money：资本/资产/资金/独资/工资/合资。

② 用金钱帮助 financial support：资助/投资。

③ 从事某工作或活动所需要的身份、条件和经历 experience，qualifications：资格/资历/资料/资深/资质/师资/天资。

zǐ，ㄗˇ
meaning symbol. 子字旁儿（zǐzìpángr），子 as a meaning symbol is generally related to child，such as 孩（child），孙（grandson），孤（orphan）。

子了子

子部

zǐ，ㄗˇ

① 儿子 child，son：独生子。

② 通称人 person：子弟/子女/子孙/才子/父子/男子/女子/男子汉/败家子。

③ 植物的种子 grain，seed：菜子/瓜子。

④ 动植物用于繁育的 egg，seed：子房/鱼子。

⑤ 旁生的，派生的 derived，subdivided：子公司/子系统。

zi，·ㄗ
名词词尾 suffix，读轻声：盖子/尖子/面子/桌子/慢性子/命根子。

仔仔仔仔仔

亻部
3 画

zǐ，ㄗˇ

小动物 young：仔鸡/仔鱼/仔猪。

［仔细］❶ 细心 carefully：看得很仔细。❷ 小心 be careful，to take care，to watch out：走路仔细点儿！

zǎi，ㄗㄞˇ

① 青少年 child，young son，young person：肥仔。

② 生下来不久的动物 young animal：狗仔。

纟部
6 画

丨 亅 ⺊ 止 此 此 些 些 柴 紫 紫 紫

zǐ，ㄗˇ

颜色名（a kind of colour）purple：紫菜/紫红/紫药水/万紫千红/大红大紫。

宀部
3 画

字 字 字 字 字 字

zì，ㄗˋ

① 文字，用来记录语言的符号 characters or words：字表/字典/字据/字面/字体/字型/字形/别字/错字/单字/汉字/排字/题字/正字/错别字/繁体字/方块字/简体字。

② 字音 pronunciation：字正腔圆。

③ 书法作品 calligraphy works：字画。

自部

自 自 白 白 自 自

zì，ㄗˋ

① 从，由 from：来自/自北向南。

② 自身，本人 oneself：自爱/自称/自大/自发/自负/自己/自觉/自律/自强/自卫/自习/自信/自重/自主/各自/私自/不由自主/情不自禁/无地自容。

宀部
5 画

宗 宗 宗 宗 宗 宗 宗 宗

zōng，ㄗㄨㄥ

① 家族 clan，kinship：宗兄/宗族/祖宗。

② 主要的东西 the main things：万变不离其宗。

③ 派别 faction，group，school：宗法/宗教/宗派/宗师/南宗/同宗/正宗/一代宗师。

④ 量词 classifier，件，批 case，piece：一宗案子/大宗邮件。

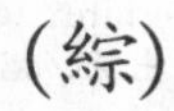

纟部
8 画

综 综 综 综 综 综 综 综 综 综 综

zōng，ㄗㄨㄥ

把东西总合起来 to combine, to put together：综括/综合/错综复杂。

(總)

心部
5 画

总 总 总 总 总 总 总 总 总

zǒng，ㄗㄨㄥˇ

① 合在一起 to get together, to collect：总共/总合/总和/总计/总结/总数。

② 全面的，全部的 general, total：总称/总评/总务/总复习。

③ 概括全部的，提要的 to summarize, to generalize：总部/总括/总会/总集/总论/总目/总体/总之/总而言之。

④ 一直 always, consistently：总是/总这样说。

⑤ 一定（表示推断）after all, eventually：总归/他那么生气，总有什么原因吧。

走部

走 走 走 走 走 走 走

zǒu，ㄗㄡˇ

① 步行 to go, to walk：走道/走向/好走/慢走/逃走/行走/走得快。

② 离开原来的 to go away, to leave：走电/走调/走散/走味/走神/走样。

③ 移动 to move, to shift, to transfer：钟表不走了。

④ 不小心说出了不该说的事 to leak, to let out, to reveal：走漏/他一不小心说走了嘴，把真相透露出来了。

禾部
5 画

zū, ㄗㄨ

① 付财物换取他人东西的使用权 to hire, to lease, to rent: 租借/租金/租用/出租/招租/转租。

② 用使用权所换得的财物 rent: 租子/房租/交租。

zú, ㄗㄨˊ

meaning symbol. 足字旁儿 (zúzìpángr), ⻊ as a meaning symbol is often related to foot or the movement of the foot, such as 跟 (to follow), 踢 (to kick off), 距 (to be apart from)。

足部

zú, ㄗㄨˊ

① 脚 foot: 足球/失足/情同手足/一手一足。

② 够, 充分 enough, plenty, sufficient: 足够/补足/不足/充足/丰足/富足/满足/十足/实足/知足/自足/美中不足。

③ 值得 to be worth: 不足为训/微不足道。

方部
7 画

zú, ㄗㄨˊ

① 具有血统关系的群体 clan, kin: 族人/族群/族兄/部族/家族/亲族/中华民族。

② 不同的民族 ethnic, nationality, race: 汉族/民族/种族/土家族。

③ 某一类的人或物 class or group of things or people with common features: 族类/贵族/望族/上班族/有车族/追星族/单身贵族。

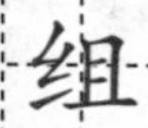

(組)

纟部
5 画

zǔ，ㄗㄨˇ

① 结合成 to form，to organize：组合/组织/组词造句/十个人组成一队。

② 由若干人结合成的单位 group，team：组长/改组/小组。

③ 成组的 a suite of，a set of：组歌/组曲。

礻部
5 画

zǔ，ㄗㄨˇ

① 父母的上一代 grand generation：祖父/外祖母。

② 家族的先代 ancestor：祖产/祖居/祖上/祖先/祖业/祖宗/远祖。

③ 某种事业或流派的开始人 founder，originator：始祖/开山祖师。

(鑽)

钅部
5 画

zuān，ㄗㄨㄢ

① 打洞 to bore，to drill，to dig into：钻了个眼儿。

② 进入 to break through，to get into：钻山洞。

③ 深入研究 to study intensively：钻研/钻问题。

zuàn，ㄗㄨㄢˋ

① 打洞的用具 auger，drill：钻床/钻工/钻机/钻具/钻台/钻头/电钻。

② 一种贵重、坚硬的石头 diamond，jewel：钻石/金刚钻。

嘴嘴嘴嘴嘴

口部 13画

zuǐ, ㄗㄨㄟˇ

① 口 mouth：嘴巴/吵嘴/嘴紧/嘴快/嘴脸/嘴皮/嘴软/嘴硬/亲嘴/顺嘴。

② 说话 to speak, to talk, to utter：插嘴/顶嘴/多嘴/斗嘴/还嘴/回嘴。

③ 像嘴的 sth. shaped or functioning like a mouth：烟嘴/金山嘴/沙湖嘴。

最最

日部 8画

zuì, ㄗㄨㄟˋ

表示程度到顶，极点 (of degree) the best, most：最爱/最初/最好/最后/最近/最先/最终/世界之最/中华之最。

罪

罪罪

罒部 8画

zuì, ㄗㄨㄟˋ

① 犯法的行为 crime, fault, guilt：罪恶/罪过/罪名/罪行/罪因/犯罪/认罪/谢罪。

② 对犯法行为的处罚 to condemn, to sentence：定罪/免罪/问罪/死罪/重罪。

③ 痛苦 distress, pain, suffering：受罪/遭罪。

④ 把错误归到某人 to blame：怪罪/归罪/罪人不如罪己。

酉部
8 画

zuì, ㄗㄨㄟˋ

① 喝酒引起的神志不清 drunk, intoxicated, tipsy：醉鬼/醉汉/醉态/醉乡/醉眼/醉意/烂醉/醉生梦死/酒醉心明/他已经醉了。

② 过分地爱好 to be bent on, 沉迷 to be indulged in, to be wrapped up in：醉心/沉醉/心醉/纸醉金迷。

寸部
9 画

丷部
10 画

zūn, ㄗㄨㄣ

① 地位高，辈分高 elder, respectful, senior：尊贵/尊长。

② 敬重 to honour, to respect, to revere：尊称/尊敬/尊重。

③ 敬辞 honorific, 称与听话人有关的 your：尊亲/令尊（您父亲）/尊姓大名。

辶部
12 画

zūn, ㄗㄨㄣ

按照，依从 to abide by, to follow, to obey：遵从/遵守/遵行/遵照/遵命行事。

日部
5 画

zuó, ㄗㄨㄛˊ

① 今天的前一天 yesterday：昨天/昨夜。

② 过去，往日 past：今不如昨/昨天忙建设，今天忙发展，明天忙开创。

一 ナ 左 左 左

zuǒ，ㄗㄨㄛˇ

① 与“右”相对 left：左边/左手。

② 不同，相反 contrary，different，opposite：意见相左。

工部
2 画

作

ノ 亻 亻 个 作 作 作

zuò，ㄗㄨㄛˋ

① 兴起，做 to act，to do，to make，to rise：作案/作罢/作别/作成/作答/作东/作对/作恶/作怪/作假/作价/作客/作势/作书/作态/操作/合作/制作/做作/装作/日出而作/掌声大作。

② 写，画 to compose，to write，to draw，to paint：作家/作曲/作文/作者。

③ 写或画出的东西，作品 work：创作/大作/名作/原作/著作。

④ 进行 to carry through，to be engaged in，to put up：作斗争/多作观察。

zuō，ㄗㄨㄛ

[作坊（fáng，ㄈㄤˊ）] 手工工场 workshop。

亻部
5 画

丿 人 从 从 丛 坐 坐

zuò，ㄗㄨㄛˋ

① 腿的上部放在椅子等上面以支持身体 to sit，to squat：坐次/坐定/坐位/坐席/坐像/坐镇/静坐/请坐。

② 乘 to travel by：坐车/坐船/坐飞机。

土部
4 画

丶 亠 广 广 广 広 広 応 座 座

zuò，ㄗㄨㄛˋ

① 坐的位子 seat：座次/座机/座谈/座位/

广部

7 画 宝座/茶座/讲座/让座/没座了。

② 器物下面的底座 base, pedestal, stand: 基座/钟座。

③ 星群的名字 constellation: 星座/处女座/金牛座/天平座。

④ 量词 classifier, used of large and solid thing: 一座桥/一座山。

丿 亻 仁 什 估 佔 估 倘 做 做 做

zuò, ㄗㄨㄛˋ

亻部
9 画

① 干，从事工作或进行活动 to do: 做出/做到/做法/做饭/做工/做官/做活/做事/做买卖/做学问/做实验/小题大做。

② 制造 to make: 做衣服。

③ 写作 to write: 做文章。

④ 举行，办 to hold: 做生日。

⑤ 当，成为 to act as, to become: 做东/做客/做人/做主/当做/叫做/看做/做一名好学生。

⑥ 装出，扮成 to pretend, to put on: 做戏/做作/做鬼脸/做样子。

⑦ 用做 to use as: 拿这笔钱做买车钱。

易五码查字法说明

A Guide to Using the Yiwuma

易五码查字法共取五码，其中前三码为外形码，后二码为内质码。外形码取字的相对而言的左上位、右上位、右下位笔型。共有 10 类，用数字 0－9 为代码。每一数字所代表的笔型如下：

An Yiwuma consists of 5 digits, the first three of which are called the outline code, and the last two of which the internal feature code. The digits of an outline code reflect the features of a Chinese character at the upper-left, upper-right, and lower-right corners with numbers from 0 to 9. The detailed meaning of each number is shown below:

一、外形码（前三码）

Outline Code (the first three digits of the Yiwuma)

（一）笔型代码、名称及例字（前三字取左上位，中三字取右上位，后三字取右下位）

The following chart consists of a code number, a feature name that corresponds to the code number, 9 sample characters, and a brief description of the strokes that make up the feature. The first 3 sample characters illustrate the feature at the upper-left corner, the middle 3 the upper-right corner, and the last 3 the lower-right corner.

笔型代码、名称	例　　字	说　　明
9 "个"块	怕崎判沙消 啾啄爬除	三段块，像"个、小、忄"或"兴、山、米"上部，"水、木、家、聚、爪、米"下部

笔型代码、名称	例　字	说　明
8 “人”块	短仁剑绘聪浴袄陡识	撇与横或竖、捺、点等两段构成；撇露尾，横、竖、捺、点不与它笔相交、相连
7 角块	斤成壁肃亿都病泌都	两段连成的角（不包括上包围“门”）；顺时针钩（竖钩、弯竖钩、横钩等）
6 框块	国默题聘汕遇替婶胎	四段构成的方框，框中间可以有横等各种笔段穿过
5 交块	犯长曹绕青必处胶延	相交的笔段（不包括占了上半部的“艹”、占了左半部的“扌”）
4 托块	让射额狼糠喧载代亿	点或短撇等短笔被横与角（一角或两角）托起；逆时针钩（斜钩、竖弯钩等）
3 捺点段	病站刻啦成侪长必边	点、捺、平捺及折笔中的“㇏”形笔段（不包括上三包“门”的点）
2 垂段（竖撇段）	上虑颓水登轧梦啸修	“丨、丿”形笔段（不包括占了上半部的“⺮”“門”、左半部的“彳”的起笔）
1 平段	对登骑滤顾啃姐忙榨	折笔中的“一”（横）形笔段以及提笔
0 特殊块	草闷筑室街摊鬩（限于首码）	自成一体或占了上半部、左半部的几种特殊偏旁：艹、竹、門、门（門）、宀、扌、彳

Code Number Name	Sample characters	Code definition
9 个 *Ge*	怕崎判沙消啾啄爬除	Three strokes like in 个,小,忄; the upper part of 兴, 山, 米; the bottom part of 水, 木, 家,聚,爪,米.
8 人 *Ren*	短仁剑绘聪浴袄陡识	Two strokes with *pie* (丿) and *heng* (一), or *shu* (丨),*na* (㇏), dot (、), etc. *Pie* is alone with no *heng*, *shu*, *na*, or dot crossed or connected with it.
7 Angle 角 *Jiao*	斤成壁肃亿都病汹都	Two strokes form an angle (excluding a 门); clockwise hook such as *shugou* (亅), *shuwangou* (乚), *henggou* (乛), etc.
6 Frame 框 *Kuang*	国默题聘浊遏替婥胎	Four strokes form an frame, which can hold other strokes crossed by it, such as *heng* (一), etc.
5 Crossed 交 *Jiao*	犯长曹绕曹必处胶延	Crossed strokes excluding 艹 as a top part and 扌 as an upper-left part.
4 Support or Suspended 托 *Tuo*	让射额狼糠喧载代亿	Dot (、) or short *pie* (丿) is held by/above *heng* (一) or angle (s); counter-clock-wise hook such as *xiegou* (㇂), *shuwangou* (乚), etc.

Code Number Name	Sample characters	Code definition
3 Dot 捺点 *Na Dian*	病站刻啦放 侪长必边	Dot (、), *na* (㇏), *pingna* (㇀), and *na* stroke in *zhe* (㇇), excluding the dot in 门.
2 Vertical 垂 *Chui* 悬空	上虑颓水登 轧梦啸修	A *shu* (丨) or *pie* (丿), but excluding ⺮ or 門, or the first stroke of 亻 as the left part of the character.
1 Horizontal 平 *Ping*	对登骑滤厥 啃姐忙榕	A *heng* (一) in *zhe* (㇕), and *ti* (㇀).
0 Special 特殊 *Teshu*	草闷筑室街 摊閂（限于首码）	A complete combination of strokes which cannot be subdivided, or some special radicals as the top or left part such as 艹, 竹, 門, 门（門）, 扌, 亻, etc.

口诀：1 平 2 垂 3 捺点，4 托 5 交 6 框圈，
7 角 8 人 9 米小，特殊笔型 0 在前。

Tips：1 Píng 2 Chuí 3 Nàdiǎn, 4 Tuō 5 Jiāo 6 Kuāngquān, 7 Jiǎo 8 Rén 9 Mǐxiǎo, Tèshūbǐxíng 0 zàiqián.

（Tips：1 for horizontal, 2 for vertical, 3 for dot, 4 for support, 5 for crossed, 6 for frame, 7 for angle, 8 for triangle roof shape, 9 for three strokes like 小, 0 for special stroke combinations when used as the first digit.）

（二）外形码取码总则：从左到右，从上到下。左上位为第一码，右上位为第二码，右下位或者下边相对在右的笔型为第三码。注意：第一码常常不是写字时的第一笔。

The digits of the outline code are chosen moving across the character, from left to right, and from top to bottom. The first digit refers to the upper-left corner, the second digit to the upper-right corner, and the third digit to the lower-right corner or the right part of the bottom. Note: The first code is usually not the first stroke of a character.

A. 左、右侧有点时，只要点的上方无其他笔型，均视为左上位、右上位，代码为 3 。例如：

Dots at the left or right side with no other strokes above them are regarded as upper-left corner or upper-right corner, and encoded as 3 as in examples below:

瘦 345　州 320　扑 023　心 330　沁 330

但 861　必 353　办 530

B. 托块、框块以及左、右侧的角块优先取码。

Supports（广）, frames（口）, and angles（厂，㇆）are recognized with priority. For example:

户 407　由 600　申 600　虫 603　成 734

帜 768　病 349

注意：当字的整体是框块（被方框全部包围）时，第 1 码取 6，第 2 码取剩余部分的左上位，第 3 码取剩余部分的右下位，例如：

Note: If the whole outline of the character is a frame, the first digit of the outline code is 6, and the second and third digits refer to the features at the upper-left corner and lower-right corner *inside* the frame. For example:

四八 624　田十 650　图冬 623　目二 611　圃甫 657

C. 门（门、斗）字框、草头（艹）、竹头（⺮）、宝盖头（宀）自成一体或占据字的整个上部（左上位和右上位）、提手旁（扌）、双人旁（彳）自成一体或占据字的整个左部时，为特殊块，代码为0，它们只作第一码。其第二码为剩余部分左上位，第三码为剩余部分的右下位。

If 门（門 or 鬥）forms the enclosure of the character, or 艹 or ⺮ for the entire top section of the character (taking up the space of both the upper-left and upper-right corners), or if 扌 or 彳 form the entire left part of a character, they are regarded as special features, and encoded as 0 in the first digit only. The second and third digits refer to the upper-left and lower-right corners of the remainder of the character, i. e. , with the special features subtracted. For example:

阁各 026　斗 035　苣巨 071　筑巩 014

家 019　推隹 081　彻切 057

但是，当它们只占一个角位而不是占据整个上部或整个左部时，就不是特殊码，不取0，而按一般笔型取码。例如：

If the special features do not form complete enclosures, or do not take up the whole top or side of a character, they are not treated specially, but rather as common strokes. For example:

们 870　搽 089　荆 527　喏 656　喧 641

（三）一码多位。若一个笔型占了多个角位，第一个用本码，后面一律记作0。例如：

One code type (feature) sometimes may cover more than one corner. In this case, the first digit should encode the feature, while the following digits should be 0 if they still refer to the same feature. For example:

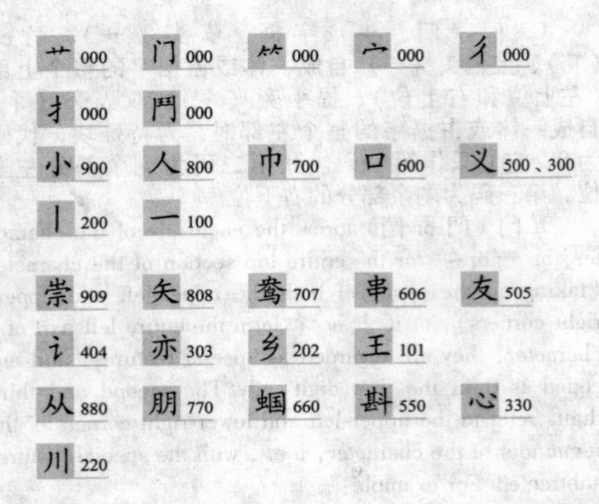

比较：义 500 杀 509 仪 850，而刹 527。

Please compare：义 500 杀 509 仪 850 and 刹 527.

注意：共用同一笔段构成的角块，除最前面一码取 7，其后均为 0；不共用同一笔段时，仍然取 7。例如：

Note：Three angles with shared strokes will be encoded as 700, but angles with no shared strokes will be encoded as 7 separately.

巾 700（第 1、第 2 码共用平段，第 2、第 3 码共用垂段）

（*Heng*（一）is shared by the first and second digits, and *chui*（丨）is shared by the second and third digits.）

尹 170（第 2、第 3 码共用垂段）

（*Chui*（丨）is shared by the second and third digits.）

凹 770（第 1、第 2 码未共用，取 77；第 2、第 3 码共用垂段，取 70）

（No stroke is shared by the first and second digits, but *chui*（丨）is shared by the second and third digits.）

阝707（第1、第2码共用平段，取70；第3码未共用，取7）

(The *heng*（一）is shared by the first and second digits, which makes the first two codes 7 and 0; but no stroke is shared by the third digit, so the third is encoded as 7 instead of 0.)

（四）一种笔型的某个部分同时又与别的笔段构成某种笔型时，分别取码。如：

Partial strokes of a code type are encoded twice if they also form another code type with some other strokes, i. e. they are shared by two code types. For example:

到127（右上“竖”上部构成垂段2，右下“顺时针钩”构成“角块”7）

(The upper right vertical stroke is encoded as 2 by itself, and the lower right hook is a type of angle, giving 7.)

火908（上方“点、撇、点”构成“个块”9，下方“撇、捺”两段构成“人块”“8”）

(The upper dot（、）, *pie*（丿）, and second dot encode as 9, and the lower *pie*（丿）and *na*（㇏）encode as 8.)

木509（上方“竖、横”构成“交块”5，下方“撇、竖、捺”构成“个块”9）

(The upper *shu*（丨）and *heng*（一）encode as 5, and the lower *pie*（丿）, *shu*（丨）and *na*（㇏）as 9.)

白406（上方“短撇”与“日”上双角构成“托块”4，下方“日”构成”框块”6）

(The upper short *pie*（丿）and two corners of 日 encode as 4, and the lower corner of 日 as 6.)

大508（上方“竖、撇”构成“交块”5，右下“撇、捺”构成“人块”8）

(The upper *shu*（丨）and *pie*（丿）encode as 5, and the lower right *pie*（丿）and *na*（㇏as 8.)

广402（上方“点”与“厂”的角构成“托块”

4，下方“厂”的“撇”自成垂段2）

（The upper dot（、）and the corner of 厂 encode as 4, and the lower *pie*（丿）of 厂 is treated as a *chui*（丨），giving 2.）

山907（上方三“竖”构成“个块”9，右下“竖、横”构成“角块”7）

（The upper three *shu*（丨）encode as 9, and the lower right *shu*（丨）and *heng*（—）as 7.）

二、内质码（后二码）
Internal Feature Code (last two digits of the Yiwuma)

（一）第四码（平段码）：取字中平段数为代码。平段是横和折笔中的横段、提（不包括空心竖提、点下的提，如：三点水、两点水中的提）的总称。全字平段总数在9笔内时，按实际笔数取码；总数10段或者超过10段时一律取1为码。例如：

The fourth digit is also called the horizontal number code. It is a count of the number of horizontal strokes in the character, including independent *heng*（—）strokes, a *heng* in *zhe*（㇕）, a *ti* in *zhe*（纟）, but excluding *shuti*（𠄌）and ti below a dot as in 氵 and 冫. 10 horizontal strokes is encoded as 0, but if the number of horizontal strokes exceeds 10, the number 1 is used instead. For example:

义0　又1　羽2　毛2　这2　汞3

扔4　龄4　弼1　瞿1

（二）第五码（交点码）：取字中交点数为代码。全字交点总数在9点以内时，按实际交点数取码；总数为10或者超过10时一律取1为码。例如：

The fifth digit is the number of crossed strokes in the character. As with the horizontal code, counts of crossed strokes numbering 10 are encoded as 0, and above 10 as 1. For example:

须 0　六 0　中 2　申 3　井 4　聿 6

耩 9　耩 1

注意：计算平段数时，“雷霆”一类字中“雨字头”中的短横不算。计算交点数时，“存、在、老”（以及包含它们的字）中，下方左边的竖段和撇段有交叉关系，但是不很明显，常常被人忽视，为方便起见只计2个交点。“孝”字的“子”和撇段的交叉关系虽然也被忽视，但是很明显，应该计4个交点。还有的字如“很、良”，右下方撇、捺并不相交，不能计交点。

Please note: The *heng* (一) strokes in the radical 雨 (found in characters like 雷 and 霆) are not counted as horizontal strokes. Also the vaguely crossed strokes of *shu* (丨) and *pie* (丿) in characters like 存，在，老 are not counted in as crossed strokes, and all three are considered to have only 2 crossed strokes. In contrast, crossed strokes in 孝 and its element 子 are clearer and so are counted, giving 4. Other *pie* (丿) and *na* (㇏) strokes at the lower-right corners of characters like 很 and 良 don't cross, so are not counted.

三、易五码的简便用法 Simplified Yiwuma

有时在一个收字较少的字典（例如本字典）里查字时，可以只取前四码，甚至前三码，而不必用五码，例如：“醺”字的码为12396，如果不想细数交点，可以查简码1239或123。

Sometimes only the first four or three of five Code is used instead of five when a dictionary has fewer entries (like this very dictionary). For example: Yiwuma Code of 醺 is 12396, but you can refer to 1239 or even 123 if you don't want to count the number of crossed strokes.

易五码索引

图书在版CIP数据

学汉语小字典　汉英对照　蔡智敏主编
北京：外文出版社，2008年
ISBN 978-7-119-05470-4
Ⅰ.学…　Ⅱ.蔡…　Ⅲ.汉语—对外汉语教学—字典
Ⅳ.H195.4

责任编辑：曲　径
装帧设计：姚　波
印刷监制：冯　浩

学汉语小字典
蔡智敏　主编

出版发行：
外文出版社（中国北京百万庄大街24号）
邮政编码：100037
网　　址：http://www.flp.com.cn
电　　话：008610-68996075（编辑部）
008610-68320579（总编室）
008610-68995852（发行部）
008610-68327750（版权部）
制　　版：
北京星月鑫图文设计制作公司
印　　刷：
北京蓝空印刷厂
开　　本：787mm×1092mm　1/48　印　张：12.375
2009年6月第1版　第2次印刷
(汉英)
ISBN 978-7-119-05470-4
03900（精）
9-CE-3900P